정치커뮤니케이션
연구의 실제

정치 커뮤니케이션 연구의 실제

Empirical Studies of Political Communication

권혁남 저

전북대학교출판문화원

서문

정치커뮤니케이션 연구의 기원을 고대 그리스 시대 플라톤의 '고르기아스'(Gorgias:선전의 연구)나 아리스토텔레스의 '수사학'(Rhetoric)으로까지 올라가면 정치커뮤니케이션 연구 분야는 약 2천 5백년의 오랜 역사를 갖고 있다. 그러나 일반적으로 1922년에 출간된 월터 리프만의 '여론'(public opinion)의 저서를 현대적 의미에서 최초의 정치커뮤니케이션 연구의 기원으로 여긴다. 그리고 1940년대 라자스펠드 등의 소위 컬럼비아 학파의 투표연구(voting studies)를 본격적인 정치커뮤니케이션 연구의 출발로 보고 있다.

외국의 현대 정치커뮤니케이션 연구 역사가 약 100년에 이르는 것과는 달리 한국에서의 정치커뮤니케이션 연구 역사는 짧은 편이다. 과거 우리나라의 어두웠던 정치 상황, 정치에 예속되었던 언론에 대한 국민적 불신, 그리고 지역주의 정치요인 등으로 인해 1987년 민주화가 이루어질 때 까지 이 땅에서 정치커뮤니케이션 연구가 제대로 이루어지지 못했다. 따라서 한국의 본격적인 정치커뮤니케이션 연구는 이제 겨우 30년의 짧은 역사를 갖는다 하겠다. 이런 점에서 한국에서의 정치커뮤니케이션 연구는 민주화 이후 처음으로 실시된 1987년 13대 대통령선거가 중요한 출발점이 되었다고 하겠다.

저자 역시 1987년 13대 대통령선거에서 유권자들의 투표행위에 관한 논문으로 박사학위를 취득하였다. 그 이후로 30년 동안 거의 전적으로 정치커뮤니케이션의 실증연구에 매달렸다. 그 동안 학회지나 세미나 등에서 수십 편의 논문들을 발표하였는데, 2000년대

초반까지는 거의 전적으로 선거연구에 집중하였다. 그래서 대통령선거나 국회의원 선거철이 되면 TV방송사들의 선거뉴스를 비디오테이프로 녹화하고, 스톱워치를 동원하여 시간을 재는 등의 상당히 귀찮은 내용분석을 하곤 하였다. 당시에는 텔레비전 방송사들의 편파방송과 보도의 공정성 문제가 매우 긴급하고도 중요한 화두였기 때문에 여당과 야당 간의 방송시간을 분초단위로 측정하여 비교분석해야만 했다. 사실 내용분석 연구는 시간이 많이 걸리는 작업일 뿐만 아니라 분석과정이 여간 힘든 게 아니다.

최근 들어 텔레비전 방송사들의 선거보도를 보면 질적 편파성은 여전히 남아있지만 양적 측면에서의 편파성은 크게 줄었다. 그러다보니 양적 편파성을 분초단위로 분석해야 하는 내용분석 연구가 덜 필요하게 되었다. 따라서 저자는 2000년대 후반부터 보도의 편파성을 분석하는 내용분석보다는 서베이를 통해 선거상황에서 미디어가 유권자에게 미치는 효과를 검증하고자 하는 연구로 관심을 돌렸다. 그래서 정치 효능감, 정치냉소주의, 정치적 관용, 제3자 지각 효과, 침묵의 나선효과, 정치참여 등의 다양한 주제를 가지고서 이와 관련된 연구문제와 가설들을 검증하였다.

한편 그동안 많은 대학원생들의 학위논문을 지도하면서 학생들이 논문작성, 특히 양적 연구에 대해 상당한 부담을 갖고 있을 뿐만 아니라 때로는 심한 두려움을 가지고 있다는 사실을 알게 되었다. 석사나 박사논문을 작성하고자 하는 학생들이 공통적으로 갖게 되는 두려움을 크게 다섯 가지로 압축할 수 있다. 첫째, 어떤 주제를 가지고서 논문을 쓸 것이냐, 둘째, 연구문제와 가설을 어떻게 설정할 것이냐, 셋째, 설정한 연구문제와 가설을 검증하기 위해 어떤 연구방법을 동원할 것이냐, 넷째, 내용분석의 경우에는 코딩 스킴을, 서베이와 실험의 경우는 설문을 어떻게 설계해야 하느냐, 마지막으로 어떤 통계방법을 사용하여 분석해야 하느냐이다.

그래서 저자는 지난 30년 동안 학회지를 통해 발표했던 정치커뮤니케이션 연구논문 중에서 논문 작성 학생들의 고민을 덜어주는데 도움이 될 수 있는 13편의 논문들을 선정하였다. 선정된 논문들은 6편의 내용분석 연구와 5편의 서베이 연구들이다. 내용분석 연구는 신문기사 연구 2편(4장, 6장), TV뉴스 연구 4편(2장, 3장, 8장)이다. 서베이 연구는 제3자 지각(7장), 정치 효능감(9장), 전략적 뉴스 이용(10장), 정치 냉소주의(11장), 정치적 관용(12장)과 관련된 논문들이다.

이 책의 중요한 특징은 정치커뮤니케이션의 양적연구의 다양한 연구주제들을 선보였을 뿐만 아니라 실증연구의 절차와 방법, 그리고 무엇보다도 연구에서 사용했던 실제 코딩 스킴(내용분석)과 설문내용(서베이)들을 실제로 제시하였다는 점이다. 이 책을 통해 독자들이 정치커뮤니케이션 연구와 관련된 다양한 주제들 중에서 관심 있는 주제를 선택하고, 양적 연구의 절차와 방법에 대한 이해를 높이며, 아울러 코딩 스킴이나 설문내용을 작성할 때 나름대로 도움이 되기를 바란다. 아무쪼록 독자 여러분의 건투를 빈다.

정유년 원단

건지산 광제헌(光霽軒)에서

권 혁 남

목차

Empirical Studies of Political Communication

CHAPTER

01

정치의 미디어화와 선거보도 특성 변화

정치의 미디어화와 선거보도 특성 변화[1]

머리말

오늘날 선진 민주국가에서의 선거캠페인은 미디어 이벤트라고 불릴 정도로 거의 전적으로 미디어에 의존하고 있다. 실제 유권자들은 최소한 이름 석 자라도 알고 있는 후보자를 지지하는 경향이 있는데, 후보자들에 대한 정보나 지식은 주로 미디어를 통해 얻고 있다. 후보자와 정당 등의 정치 행위자(political actors) 역시 유권자와 접촉하고 소통하기 위해서는 미디어를 이용하지 않을 수 없는, 이른바 미디어 선거시대가 되었다. 이에 따라 정치커뮤니케이션 연구 분야에서 미디어 선거보도와 그에 따른 효과 연구들이 홍수를 이루었다. 우리나라 역시 미디어선거의 원년으로 기록되는 1997년 15대 대통령선거가 계기가 되어 학계에서 서베이, 실험 등을 통해 미디어 이용이 유권자의 투표참여와 지지후보 결정에 미치는 효과 연구, 다른 한편으로는 내용분석을 이용한 선거보도의 특성과 공정성 및 편향성 연구들이 활발히 진행되었다.

정치커뮤니케이션 연구의 핵심인 선거와 관련된 본격적인 연구가 1940년대부터 시작되었다. 컬럼비아학파, 미시간학파 등의 전통적 연구 관점을 필두로 하여 지금까지 수많은 이론과 접근법들을 적용하였지만 미디어가 유권자들에게 미치는 효과의 크기나 그 효과가 일어나는 과정에 대해서는 아직까지도 명확하게 밝혀지지 않고 있다.[2]

---

1 저자 논문 '정치의 미디어화와 선거보도 특성 변화연구, 방송문화연구, KBS, 2014년 제26권 2호 pp.7~32'.

2 이에 대해 스팬제와 드 브리스(Spanje & De Vreese, 2014)는 지금까지 수행된 유권자의 투표 선택에 미치는 미디어 효과 연구의 문제점과 대안에 대해 다음과 같이 지적하였다. 첫째, 미디어 노출에 대한 정확한 측정이 안 되기 때문에 미디어 효과가 과소평가되었다는 점을 인식해야 한다. 둘째, 횡단조사 설계(cross-sectional designs)의 한계를 극복하기 위해 패널 조사와 내용분석을 병행하여야 한다. 셋째, 여러 형태의 미디어 효과가 동시에 일어남에도 불구하고 기존 연구들은 이들 여러 형태의 효과들, 예를 들어 미디어 효과

정당과 후보자들의 선거캠페인 활동의 성패, 그리고 유권자들의 투표참여와 지지후보 선택 등이 모두 미디어에 의해 결정되는 등 미디어 의존도가 갈수록 높아져 가고 있다. 그럼에도 이와 같이 미디어 효과에 대한 이해가 제대로 확보되지 못하는 것은 기존의 미디어효과 연구들이 이론적, 방법론적인 한계를 갖고 있기 때문이기도 하다. 그런데 최근 기존의 미시적 효과 연구의 한계를 벗어나 좀 더 거시적인 관점에서 미디어 효과를 이해해야한다고 주장하는 미디어화(mediatization) 관점이 주목을 끌고 있다. 이 관점은 정치적, 사회적 변화가 전통적인 미디어 효과론의 영역에서 다루어지기 어렵다고 전제하는데, 그 이유는 이러한 변화가 미디어 이용에 따라 발생하는 어떤 결과라기보다는 미디어가 침투한 실체적인 사회의 구성 체계와의 상호작용에 따라 발생하는 보다 넓은 범위의 변화이기 때문이라는 것이다. 다시 말해 미디어가 기존의 현실세계 안으로 침투, 융합되면서 이것이 곧 세계관의 변화 또는 사회 구성 원리의 변화로 이어지기 때문이라는 것이다(김은미 등, 2012).

특히 최근의 인터넷, 모바일 등 디지털 미디어는 그 이전의 미디어와 비교할 수 없는 수준으로 일상의 구석구석까지 빠르게 확산되었고, 사회의 공적인 측면뿐 아니라 사적인 영역까지 변화시키고 있다. 이와 같은 맥락에서 최근에 다분히 기술 결정론적이고 단선적인 논리를 전제하고 있는 미디어 효과라는 개념 대신 보다 포괄적인 범위와 다양한 수준에서 사회와 미디어의 융합을 아우르는 미디어화 개념이 부상하고 있다(김은미 등, 2012). 미디어화란 미디어의 변화가 어떤 특정 영역에 미치는 영향에만 주목하는 것이 아니라 보다 상호교호적인 관점에서 미디어와 그것이 침투하는 영역은 하나의 연결된 장을 이루며 상호작용한다는 것을 기본 전제로 한다. 예컨대 1990년대 전후, 인터넷의 활용이 증가하던 시기에 다수의 연구들이 온라인 커뮤니케이션과 오프라인 커뮤니케이션을 비교했다면 인터넷 이용이 보편화된 오늘날은 온 · 오프라인을 구분하는 의미가 약화되고 둘이 결합된 세계에서의 커뮤니케이션 행위들을 관찰한다는 것이다. 또한 미디어

의 3가지 유형인 미디어 노출(visibility), 논조(tone), 틀 짓기 등을 동시에 연구하지 못하고 각기 별도로 연구하였는데, 앞으로 연구에서는 이들 효과들을 동시에 분석해야 한다는 것이다.

화는 기기로서의 미디어 보다는 사람들이 미디어를 어떤 방식으로 활용하며 커뮤니케이션 행동을 하는가의 차원에서 인간의 행동과 인식의 변화, 그리고 그로 인한 사회적, 문화적 변화에 초점을 둔 과정이라고 할 수 있다(김은미 등, 2012). 요약하자면 미디어화란 미디어가 정치, 경제, 문화 등 사회의 거의 모든 분야에 직접 간접으로 영향을 미치고, 이들 분야들이 미디어에 의존하거나 종속되는 과정을 말한다.

한 사회에서 나타나는 미디어화는 네 단계를 거치면서 진전된다. 첫 번째 단계는 미디어가 사회에서 가장 중요한 정보원으로 자리매김하게 되며, 두 번째 단계는 미디어가 정치기구로부터 독립하고, 세 번째 단계에서는 미디어의 보도내용이 정치논리보다는 미디어 논리를 따르면서 미디어가 의제를 통제한다. 마지막 네 번째 단계에서는 정치 이외의 모든 사회 하부시스템들이 자신을 지배하는 규칙과 방식에 있어서 자신의 논리를 버리고 미디어논리를 따르게 된다(Strömbäck & Esser, 2009:214216). 우리나라의 미디어화 진행 상태를 판단해보자면 아직도 우리 언론이 권력의 눈치를 어느 정도 보고 있기는 하지만 전반적으로 두 번째 단계를 넘어서서 세 번째 단계의 상당 수준에 근접한 것으로 판단된다. 결국 외국의 선진국과 마찬가지로 우리나라 역시 적어도 정치적 측면에서는 미디어화가 상당히 많이 진행되었다고 하겠다.

정치의 미디어화 속에서 미디어 논리(media logic)가 정치논리(political logic)보다 우위에 서기 때문에 정치가 미디어에 종속되는데, 이러한 경향은 특히 선거상황에서 잘 나타난다. 따라서 미디어화가 선거보도에 어떻게 영향을 미치는지를 분석하는 것은 중요한 의미가 있다고 생각한다. 이에 본 연구는 선거기간에 기사를 취재, 작성하고 보도하는 거의 모든 과정에서 미디어화에 의해 많은 영향을 받고 있다고 보고서 그것이 선거보도 과정과 내용적 측면에서 구체적으로 어떻게 나타나는지를 고찰하고자 한다. 이러한 연구목적을 달성하기 위해 본 연구는 많은 학자들(Brants & Van Praag, 2007:Zeh & Hopmann, 2013:Takens et al,, 2013)에 의해 미디어화의 산물로 여겨지고 있는 해석적 보도와 틀 짓기, 미디어의 편향성 문제들을 국내외 사례들을 통해 알아보고자 한다, 또한 오늘날 민주주의 선진 국가들에서 공통적으로 나타나는 미디어의 선거보도 특성들로서 미디어화의 좋은 표상이라 할 수 있는 개인화 보도, 경쟁보도, 부정적 보도 등에 대해서도 국내외 사례들을 통해 살펴보고자 한다. 본 연구가 미디어화 관점을 중심으로 선거보도 현상을 분석하고자 하는 이유는 미디어화 개념이 갖고 있는 유용성 때문이다. 앞에서도 잠깐 언급한 바와 같이 기존의 미디어 효과 개념은 단선적인 논리를 전제하고 있기 때문에 현상에 대한 분석이 미시적이고 제한적이다. 반면에 미디어화 개념은 효과 개념 보다 현상을 훨씬 더 포괄적이고 다양하게 분석할 수 있는 유용성을 갖고 있다고 하겠다.

정치의 미디어화

미국과 영국에 초점을 맞추어 블럼러와 카바나(Blumler & Kavanagh, 1999)는 2차 대전 후 정치 저널리즘의 변화를 세 개의 시기로 구분하였다. 제 1기는 2차 대전 직후인데, 이 당시 저널리즘은 본질적이었고 이슈가 지배하였으며, 정치인들은 미디어에 쉽게 접근할 수 있었다. 그러나 텔레비전의 도입과 함께 제 2기가 시작되면서 상황이 바뀐다. 신문과 달리 텔레비전은 정치적으로 더 균형적이고 덜 편파적이었다. 텔레비전은 의회 등에 의해서 통제되지 않고, 다양한 정치적 의견을 가진 많은 수용자들에게 접근하면서 텔레비전 뉴스가 유권자에게 영향을 미치는 중요한 요인으로 인식되기 시작하였다. 그 결과로 정당들은 미디어로부터 관심을 받기 위한 전략을 개발하기 위해 많은 노력을 하였다. 그래서 정치 논리는 점차 미디어 논리로 대체되었다. 제 3기는 정치커뮤니케이션이 과거보다 역동적이고 더 복잡한 시대이다. 여기에서는 미디어 논리가 더 많이 지배한다. 정당들은 더욱 더 전문화되고, 미디어를 통한 커뮤니케이션은 정치 과정의 중요한 한 부분으로 여겨진다. 언론인들은 정치인에 의해 미리 만들어진 기성품(ready-made package)이 전달되지 않도록 하기 위해 캠페인을 전술 게임으로, 그리고 정치인들을 부정적으로 부각시킴으로써 뉴스 보도에서 더 지배적인 역할을 수행하고자 한다. 언론인들의 부정주의는 주로 현직자에게 영향을 미친다. 언론이 여론조사를 이용하고 전략적 요소를 강조하는 것은 정치를 화려하고 재미있는 게임으로 묘사하여야 만이 수용자들을 끌어들일 수 있기 때문이다(Hopmann, de Vreese & Albaek, 2011).

미디어화를 이해하기 위해서는 먼저 미디어 논리에 대한 이해가 있어야 하겠다. 미디어 논리란 곧 미디어의 '커뮤니케이션 형식'(media's form of communication)을 말한다(Berglez, 2011). 이 개념은 1979년 알테이드와 스노우(Altheide & Snow)가 커뮤니케이션과 사회적 행위의 본질(nature of communication and social action)을 형성하는데 있어서 미디어 기술과 커뮤니케이션 포맷의 중요성을 강조하는 그들의 저서 '미디어 논리'(Media Logic)에서 처음으로 제기하였다. 이들은 미디어 논리에 대해 다음과 같이 설명하였다.

"일반적으로 말해서 미디어 논리는 커뮤니케이션 형식, 그리고 미디어가 정보를 표현하고 전달하는 과정으로 구성되어 있다. 이러한 형식의 요소는 다양한 미디어와 이러한 미디어에 의해 사용되는 포맷을 포함한다. 포맷은 부분적으로 재료가 조직화되는 방식, 그것이 표현되는 스타일, 행위의 특정 특성에 대한 초점 또는 강조, 그리고 미디어 커뮤니케이션의 문법들로 구성되어 있다. 포맷은 현상을 해석할 뿐만 아니라 표현하는데 사용되는 틀(framework) 또는 관점(perspective)이 된다."(Altheide, 2013).

정치커뮤니케이션에서 미디어 논리란 미디어의 요구가 무대 중심에 서서 정치 커뮤니케이션이 정치인에 의해 연출되고, 미디어에 의해 보도되며, 대중들에 의해 이해되는 수단을 형성하는 것을 말한다(Strömbäck, 2008:234). 구체적으로 미디어 논리란 미디어가 자신의 매체와 포맷을 유리하게 활용하고 시청자들의 관심을 끌기위해, 그리고 타 매체와의 싸움에서 좀 더 경쟁력을 갖추기 위해 사용하는 뉴스가치(news values)와 스토리텔링 기술(storytelling techniques)을 말한다(Strömbäck, 2008: 233).

미디어 논리의 핵심적인 역할을 하는 분야가 바로 미디어화[3] 분야이다(Takens et al.,

---

3 미디어화 개념은 주로 mediatization으로 사용되고 있지만 경우에 따라 mediation, medialization과 같이 사

2013). 미디어화란 사회가 미디어와 미디어 논리에 점진적으로 종속적이고 복종되는 과정을 말한다. 정치의 미디어화(mediatization of politics)의 중요한 단면은 정치 뉴스의 내용과 정치행위자의 행동 모두가 정치 논리보다는 미디어 논리의 산물이라는 사실을 통해 알 수 있다(Strömbäck, 2008). 이러한 정치와 미디어간 관계의 변화는 저널리즘 실무의 변화에서도 잘 나타나고 있다. 예를 들어 브란츠와 밴 프라그(Brants & Van Praag, 2007)는 언론인들이 기술적 보도 스타일(descriptive style)보다는 해석적 보도 스타일(interpretive style of reporting)을 더 많이 사용하고 있는 현상 역시 미디어화의 산물이라고 말한다.

스트룀벡과 에서(Strömbäck & Esser, 2009)는 미디어화를 사회에 따라 정도의 차이는 있지만 미디어가 직접적이든 간접적이든 사회의 모든 부분에 영향을 미치는 과정이라고 하였다. 또한 스트룀벡과 디미트로바(Strömbäck & Dimitrova, 2011:3445), 스트룀벡과 에서(Strömbäck & Esser, 2009:214216)는 미디어화의 네가지 차원을 구분하였다. 첫 번째 차원은 미디어가 가장 중요한 정보원인 정도를 의미한다. 두 번째 차원은 (정치)기구로부터 미디어의 독립성 정도를 의미한다. 세 번째 네번째 차원은 미디어 내용과 밀접하게 관련되어있다. 미디어가 시사문제를 보도하는데 있어서 정치 논리 또는 미디어 논리를 따르는가의 문제는 세 번째 차원인데, 이것은 누가 의제를 통제하느냐의 문제이다. 미디어화 가설에 따르면 점차 정치 영역으로부터의 통제가 미디어 통제로 변화하고 있다. 마지막 네 번째 차원은 다른 사회 하부시스템들이 자신들이 지배받는 규칙과 방식을 미디어로 대체하여 미디어 논리를 따르는 정도를 말한다. 세번째 차원에서의 변화는 미디어 보도를 분석함으로써 파악할 수 있고, 네번째 차원에서의 변화는 정치인과 같은 사회적 행위자의 행위에 영향을 미치는 것을 분석함으로써 가능하다고 한다.

용되고 있다. 이들 용어들은 미디어가 정보를 처리하는 과정, 그리고 미디어가 사회와 그 하부시스템에서 점차 중요하게 되는 과정을 의미한다는 점에서 공통적이다(Zeh & Hopmann, 2013). 그러나 스트룀벡(StrÖmbäck, 2008)은 mediation은 사회의 다른 부분 또는 행위자간의 정보 전달자로서 미디어의 중립적 역할이라고 정의하고, mediatization은 미디어가 사회에 점차적으로 영향을 미치는 폭넓은 과정을 의미하는 것으로 구분하기도 하였다

이어서 브란츠와 밴 프라그(Brants & Van Praag, 2007)의 말대로 미디어화의 산물인 해석적 저널리즘과 미디어의 적극적인 언론활동에 의해 일어나는 선거보도의 편향성 문제를 국내외 사례들을 통해 살펴보기로 하자. 미디어의 편향성 문제는 이미 오래전부터 계속된 논쟁점이지만 앞으로 미디어화가 진행될수록 더욱더 논쟁이 가열될 것이며, 또한 공정성과 편향성 문제는 우리나라 선거보도에서 여전히 가장 중요한 화두이기 때문에 반드시 짚고 넘어갈 필요가 있다.

선거보도의 편향성과 해석적 저널리즘

보도의 편향성 논쟁

정치적 편향성(political bias) 문제는 정치인들에게 중요한데, 왜냐하면 자신들이 유권자들에게 비우호적인 관점으로 비쳐지는 것을 원치 않기 때문이다. 또한 이 문제는 언론인들에게도 중요한 관심사인데, 언론계에서는 아직도 좋은 저널리즘을 정의하는데 있어서 객관성이 가장 핵심적인 규범으로 인식되고 있기 때문이다. 편향성 문제를 연구하는데 있어서 두 가지 차원이 특히 중요하다(Hopmann, de Vrees & Albaek, 2011). 하나는 정치권력의 분포이고, 다른 하나는 미디어가 정치를 어떻게 보도하느냐이다. 첫 번째 정치권력의 분포와 관련하여, 어떤 정치인이 강력한 정치적 지위를 가질수록 언론으로부터 더 많은 관심을 받는다는 것인데, 이러한 현상을 "현직자 이점"(incumbency bonus)이라 한다. 정부와 야당 간의 권력이 불공정하게 분포되어 있을수록 이들에 대한 미디어 관심은 불공정하게 된다.

두 번째 차원과 관련하여, 정치 저널리즘은 시간의 흐름에 따라 변화하였는데, 텔레비전 뉴스 방송에서 미디어 시장의 상업화(commercialization) 증가는 인포테인먼트(infotainment)와 연성뉴스(soft news)를 증가시켰다. 또한 정치인의 전문화(professionalization) 증대는 조작(spin)의 과잉 사용을 이끌었으며, 이것은 곧 뉴스 보도의 질적 하락을 가져왔다. 언론인들은 정치인들이 사용하는 전술과 전략에 더 많은 초점을 두게 됨으로써 언론인 스스로를 여론조작 뒤에 머물도록 만들었다(Hopmann, de Vreese & Albaek, 2011).

일반적으로 뉴스 가치 이론(news value theory)에 따르면 정치인의 행위나 정책(initiatives)이 갖는 뉴스가치는 그 정치인의 권력이나 영향력에 의해 결정된다. 그래서 권력과 미디어 관심은 서로가 매우 밀접하다고 할 수 있다. 호프만과 드 브리스, 앨백(Hopmann, de Vreese & Albaek, 2011)의 연구에 의하면 독일, 스페인과 같은 나라에서는 선거기간 동안 현직자의 텔레비전 뉴스 노출(visibility)이 도전자보다 두 세배 더 많았다. 그러나 스웨덴, 노르웨이, 네덜란드 같은 나라에서 선거기간 동안 정치인에 대한 텔레비전 보도는 매우 균등하였다.

현직자 이점은 노출 자체의 문제가 아니라 정치인이 정책 이슈 또는 정치와 관련하여 노출이 되느냐의 문제이다. 과거 연구에 의하면 도전자는 이러한 측면에서 불이익을 받는 것으로 나타났다. 즉 정책 이슈에 관한 뉴스 기사에서 현직자들은 도전자들보다 더 많이 보도되었다. 독일은 현직자가 정치적으로 강력한 위치를 갖는 정치 시스템을 갖고 있기 때문에 결과적으로 도전자보다 더 많은 뉴스가치를 갖는다. 반면에 네덜란드는 많은 의회 정당들이 권력을 분산해서 나눠 갖기 때문에 현직자 이점이 없다. 영국 같은 나라는 오직 뉴스 가치에 근거한 뉴스 보도를 하지 못하도록 하는 장치들을 갖고 있다. 영국은 정치권력의 불공정한 배분 시스템을 갖고 있지만 BBC방송은 선거뉴스 보도를 균형감 있게 하려고 노력하고 있다(Hopmann, de Vreese & Albaek, 2011).

슐츠와 제(Schulz & Zeh)의 연구에 의하면 독일 선거보도에서 현직자 이점은 갈수록 줄어들고 있다. 또한 정책 이슈 보도는 줄어드는 반면에 캠페인의 개인적이고 전략적 부문에 대한 보도는 증가하고 있다. 언론이 선거 캠페인을 '개인들 간의 전투'로 묘사하고, 정치인들을 '서로 반대하는 경쟁자'로 취재하기 때문에 뉴스 보도가 더 균형 잡혔다고 보는 것이 맞다. 요약컨대 언론이 권력을 갖고 있고 현직자인 정치인이 내세우는 정책이나 이벤트에 초점을 맞추고 있다면 권력을 갖고 있는 정치인이 상대 정치인 보다 더 많이 보도되는 것은 피할 수 없다(Tresch, 2009).

한국과 미국 학계의 선거보도에 대한 연구경향을 비교분석한 연구(남지나 · 최윤정, 2010)에 의하면 한국은 공정성 문제를, 반면에 미국은 선거보도에서 다뤄지는 소재에 대한 연구가 활발히 이루어진 것으로 나타났다. 사실 우리나라의 약 70년에 이르는 선거 역사는 불공정 시비의 연속이었다. 불공정 시비의 핵심은 관권과 언론이었는데, 1980년대 이후로는 텔레비전의 불공정성, 편파성이 시비의 중심에 서게 되었다. 따라서 우리나라 선거보도와 관련된 최고의 화두는 공정성 문제로 집중된다고 해도 과언이 아니다. 우리나라에서 뉴스 공정성에 대한 사회적 관심을 증폭시키게 된 것은 2004년 노무현 대통령 탄핵이 중요한 계기가 되었다(이준웅, 2005; 김재영 외, 2007; 이창현, 2008). 이 시기의 공정성 연구(이민웅 외, 2004; 문종대 · 윤영태, 2004; 이창현, 2004; 최영재 · 홍성구, 2004; 박재영, 2005; 이준웅, 2005)는 추상적 개념 차원에서 다루어지던 공정성 개념을 행위적, 실천적 차원으로 전환시키는 데 기여하였다. 다시 말하면 공정성은 진실성, 중립성, 균형성, 다양성 등을 포괄하는 개념이지만, 이러한 추상적 개념을 사회구성원 모두가 공감할 수 있는 규범이나 기준으로 합의해 가는 과정을 강조하였다(심미선 · 강혜란, 2013).

현재 우리 사회는 정치, 사회적으로 심한 갈등과 대립 양상을 보이고 있다. 그런데 문제는 정치, 사회적 소통의 중심에 있는 언론사들의 정치적 이념에 따른 분화와 편향성이 갈등과 대립을 해소하기 보다는 더욱 더 심화시키고 있다는 비판을 받고 있다. 언론의 정파성에 따른 수용자 지각의 양극화는 여타 매체에 비해 신문의 경우 특히 두드러진다. 소위 '조선 · 중앙 · 동아'로 대표되는 보수신문과 '한겨레 · 경향'이 대표하는 진보신문 간의 논조의 양극화와 이념적 대립관계는 수용자들이 직접 경험하거나 사회적으로 일반화된 각 신문사에 대한 평가를 접함으로써 간접적으로 인식된다. 이와 같은 신문 이용자들의 지각의 양극화는 특정 신문에 대한 선택적 노출 및 신뢰-불신의 차원을 넘어 언론 전반에 대한 불신, 나아가 이념적 갈등과 대립으로 인해 사회적으로 중요한 의제 및 이슈에 대한 사회적 소통의 부재를 초래하고 있다(송인덕, 2014).

최근 우리나라에서 미디어 보도의 편향성과 관련하여 부각되는 또 다른 이슈는 이른바 무보도 문제이다(심미선 · 강혜란, 2013). 무보도 문제란 언론이 마땅히 보도해야할 뉴스가치가 높은 이슈나 사건을 고의로 보도하지 않음으로써 일어나는 불공정성 문제이다. 언론의 무보도 문제는 특정 정치인이나 정파에게 이익 또는 불이익을 주기 위한 언론의 의도적 편향이라는 점에서 중요한 문제임에도 그동안 우리 학계에서는 별다른 주목을 하지 않았다. 그러나 최근 우리 학계에서도 무보도 편향성 문제에 대한 연구가 시작되었다는 점은 의미 있는 변화라 하겠다. 언론의 무보도 편향성 사례들은 수없이 많은데, 그중에서 최근의 대표적인 예를 들자면 2012년 19대 총선에서 여당에게 악재로 작용할 수 있는 '민간인 불법사찰' 관련 뉴스가 방송뉴스에서는 제대로 다뤄지지 않았지만(김세옥, 2012), 대형 포털사이트에서는 그 어떤 이슈보다도 네티즌들의 관심을 받았다. 또한 2012년 18대 대통령선거일을 목전에 둔 12월 6일 안철수 후보가 전격적으로 후보를 사퇴하면서 문재인 후보를 지지 선언하였다. 다른 방송사들은 이 뉴스를 첫 번째 뉴스로 중요하게 다뤘지만 〈MBC뉴스데스크〉에서는 처음부터 일곱 번째 보도까지 모두 '한파' 리포트로 내보낸 뒤 대선 보도 3건을 편성했다(심미선 · 강혜란, 2013). 이와 관련하여 최영재(2012)는 "요즘 공영방송의 선거보도를 보면 마치 유권자들이 선거에 무관심해 주기를, 그리고 공영방송에도 관심을 끊어 주기를 바라는 것이 아닌가 하는 착각이 들게 한다"고 전제하고, "그것이 의도적인 것이라면 엄청난 정치적 편향보도 사건이 될 것이고, 우연에 의한 것이라면 시민들에게 유익한 선거정보를 제공해야 하는 공영방송의 책무를 저버린 것이 된다고 지적하였다. 심미선, 강혜란(2013)은 실증적 연구를 통해 우리나라 지상파 방송뉴스가 인터넷과 비교해 당시대 수용자의 욕구와 필요를 잘 반영하지 못하고 있음을 밝혀냈다. 이 연구는 최근 지상파 등 주류 미디어에서 배제되는 뉴스가 많은 상황에서 뉴스 공정성에 대한 평가가 보도된 뉴스에 대해서만 이루어질 수는 없으며 의도적으로 누락되고 배제된 뉴스까지를 포함해야 한다는 시사점을 던져 주었다는 점에서 의의가 있다 하겠다.

해석적 보도와 틀 짓기 논쟁

해석적 저널리즘은 언론이 정치인들의 메시지

를 그대로 전달하는 앵무새와 필경사에 지나지 않는다는 비판을 받았던 객관적 저널리즘에 대한 반발로 등장하였다. 또한 해석적 저널리즘은 언론인의 자율성을 강조하기 위해 언론인들이 스스로 채택한 취재관행이라는 점에서는 긍정적이라 할 수 있다. 그러나 오늘날의 해석적 저널리즘은 기사 속에서 언론인이 정치인 보다 말을 더 많이 하게 만들었으며, 비평가인 언론이 선수로 뛴다는 점에서 문제가 되고 있다. 해석적 저널리즘이 지배하고 있는 지금 시대에는 뉴스기사 속에서 사실과 해석이 자유롭게 상호 결합되어 있다. 해석은 주제(theme)를 제공하고, 사실(fact)은 그것을 밝게 해주는 것이다. 주제가 우선이고, 사실은 예증의 자료로 사용된다. 결과적으로 여러 사건들은 압축되어 공동의 주제 속으로 함께 혼합된다. 해석적 저널리즘은 언론인들에게 뉴스 메시지에 대한 통제권을 더 많이 부여해준다. 객관적 저널리즘은 사실이 주도하지만, 해석적 저널리즘은 주제가 주도한다. 사실들은 선택된 주제를 예증하기 위한 자료로서 사용된다. 객관적 보도는 언론인에게 관찰자의 역할을 요구하지만 해석적 보도는 언론인이 분석가로서 행동하기를 요구한다. 예전에는 언론인들이 뉴스 뒤에서 비교적 수동적인 목소리를 가졌었다면, 이제는 스스로가 뉴스 메이커로서 능동적이고 가시적으로 바뀌었다(권혁남, 2014a:132-134).

대표적인 예가 선거캠페인에서 갈수록 줄어들고 있는 사운드 바이트(sound-bite)이다. 1968년 미국 대통령 선거 당시 텔레비전 뉴스에서 후보들의 평균 사운드 바이트 길이는 42.3초였다. 그러나 1988년에는 9초로 짧아졌고, 2004년에는 7.7초까지 줄어들었다(Bucy and Grabe, 2007: 668). 이러한 경향은 우리나라도 마찬가지다. 권혁남(2009, 1999)의 연구에 의하면 지난 1987년 13대 대통령 선거 때 후보의 사운드 바이트 길이가 평균 45초 정도였으나 1997년 15대 대선에서는 17.3초, 2002년 16대 대선에서는 13.8초로 대폭 줄었다. 국회의원 후보들의 사운드 바이트는 더 짧다. 1988년 13대 총선 때는 평균 30초였으나 1996년 15대 총선에서는 평균 9.45초로 대폭 짧아졌다. 이처럼 후보들의 사운드 바이트 길이가 짧아지는 경향은 최근까지도 계속되고 있다.

텔레비전 뉴스에서 후보자들의 영상 역시 달라졌다. 스트룀벡과 디미트로바(Strömbäck and Dimitrova, 2011)는 TV는 정치인들이 말하는 모습을 보여주면서 정치인의 목소리는 묵음으로 처리하는 대신에 언론인 자신의 목소리를 집어넣는 미디어의 관행을 '정치인 벙어리 만들기'(lip flaps)라고 하였다. 또한 후보자의 모습을 보여주기는 하지만 말하는 것을 허용하지 않는 텔레비전의 관행에 대해 에서(Esser)는 '반후보 편집 기법'(anticandidate editing technique)이라고 꼬집었다(Esser, 2008: 422).

미디어화의 산물이라 할 수 있는 해석적 보도의 또 다른 좋은 사례가 바로 틀 짓기(framing)이다. 미디어 프레임은 어떤 대상이나 이슈를 둘러싸고 있는 맥락을 알려주고, 해당 이슈를 선정, 강조, 배제, 정교화 하는 과정을 거침으로써 관련 내용에 대한 핵심적인 생각을 조직화시킨다. 그 결과로 미디어는 수용자들에게 특정 대상이나 이슈에 대해 생각하는 방식에도 영향을 미친다고 하겠다. 결국 틀 짓기는 해석적 저널리즘의 연장이라고 할 수 있으며, 선거과정에서 미디어의 틀 짓기가 미치는 영향력을 고려한다면 반드시 살펴볼 필요가 있다.

정치커뮤니케이션 연구 분야에서 지난 15년 동안 가장 중요하고 많이 사용된 이론이 바로 틀 짓기 이론이다. 폭발적인 인기에도 틀 짓기에 대한 매우 다양한 정의들이 사용되고 있다. 그렇지만 틀 짓기는 궁극적으로 단어, 강조점, 정보원, 이미지와 문장의 조직에 대한 선택이라는 점에서는 많은 합의가 이뤄졌다. 달리 말하면 틀 짓기란 특정의 해석과 평가, 그리고 해결을 촉구하기 위해 이벤트와 이슈의 특정 측면을 선택하고 강조하는 것, 그리고 그것들 간의 연관성을 만드는 것을 포함한다. 또한 틀 짓기란 "사람들이 어떤 이슈에 대해 특정의 개념화를 개발하거나 특정 이슈에 대한 자신의 생각을 재조정하게 만드는 과정"을 말한다(Strömbäck & Luengo, 2008). 이것은 뉴스, 이슈 또는 사건의 표현 방식이 수용자들로 하여금 그 문제를 특정 방향으로 결정하도록 이끈다는 점을 의미한다. 촘스키(Chomsky) 역시 그의 선전모델에서 "미디어는 토픽을 선정하고 미디어 자신의 관심사항을 전파하며, 이슈를 틀 짓기 하고, 정보를 걸러내며, 자신의 강조점과 논조를 강조하는 등 다양한 기법들을 동원한다."고 하였다(Lazitski, 2014).

틀 짓기 과정은 의도적이거나 비의도적일 수 있으며, 틀 짓기는 정당이나 미디어와 같이 여러 정치 행위자들에 의해 행해질 수 있다. 틀 짓기는 어느 누구든 메시지를 작성할 때 마다 단어와 강조점, 이미지 등에 있어서 선택을 해야 만하기 때문에 언론인은 자신의 기사를 작성할 때 틀 짓기를 할 수 밖에 없다. 틀 짓기 과정은 의도되었든 의도되지 않았든 간에 관계없이 틀 짓기에 노출된 사람에게 영향을 미치는 과정이라는 점을 의미한다. 프라이스 등(Price et al.)이 말한 것처럼 "틀 짓기는 특정 아이디어와 감정, 그리고 가치들을 활성화시킴으로써 뉴스가 정치 현상에 대한 특정의 사고를 부추길 수 있으며 아울러 어느 정도 예측 가능한 결론에 도달하도록 수용자들을 유도한다"고 할 수 있다(Strömbäck & Luengo, 2008).

그러나 틀 짓기는 현실을 조직화하고 이슈를 이해하는 것을 보다 쉽게 해주는 데 목적을 둔 과정이기도 하다. 이것이 일어나기 위해서는 틀(프레임)이 논리적이어야 하고, 이해 가능해야 하며, 문화적으로 수용자와 일치하여야 한다. 엔트만(Entman)은 본질적으로 가장 강력한 틀 짓기의 힘은 대부분의 사회성원들이 습관적으로 사용하는 스키마와 완전히 일치할 때 일어난다고 하였다. 선거보도와 관련해서 미디어는 대체로 정치를 이슈 보다는 전략적 게임으로 틀 짓기하고, 주제 틀 짓기(thematic framing) 보다는 에피소드(episodic) 틀 짓기를 선호하며, 과정보다는 단일 사건에 초점을 맞추는 성향을 보이고 있다(Strömbäck & Luengo, 2008).

우리나라의 선거보도에서는 미디어의 이념 성향에 따라 다양한 프레임들이 경쟁, 혹은 충돌하고 있다. 선거기간 중 뉴스에서는 후보의 전략이나 관심사, 선거의 승패 등에 초점을 맞춘 '전략 프레임'(strategy frame)과 정치 이슈와 문제점, 해결책에 주목하는 '이슈 프레임'(issue frame)이 함께 제시될 수 있고, 이들 프레임이 경쟁하며 뉴스의 이해와 해석에 다른 영향을 주기도 한다(이수범 · 강현곤, 2013). 2010년 6 · 2 지방선거에서는 한나라당의 '안정' 프레임과 민주당의 '심판' 프레임이, 2010년 7 · 28 국회의원 재보궐 선거에서는 '인물' 및 '지역' 프레임(한나라당)과 '심판' 프레임(민주당)이 서로 경쟁을 벌였다(이동훈 · 김원용, 2012). 김은주, 방정배(2010)는 신문 방송 등 일반 언론매체에 뉴스를 공급하는 뉴스통신사인 연합뉴스의 15대, 16대, 17대 대통령선거 뉴스프레임을 분석했다. 이들은 선거보도 프레임을 ① 폭로 · 비방 · 갈등 프레임 ② 후보자 이미지 프레임 ③ 경마 프레임 ④ 단순 후보자 유세/정당/국회활동 프레임 ⑤ 선거전망/게임 프레임 ⑥ 이슈/정책 프레임 ⑦ 지역적 시각 프레임 ⑧ 사건 프레임 ⑨ 후보 단일화 프레임 ⑩ 선거참여/

질서 프레임 ⑪ 정치 · 사회적 반향 프레임으로 분류하였다. ①에서 ⑤까지는 연성적 성격의 프레임으로, ⑥에서 ⑪까지는 경성적 성격의 프레임으로 분류했다. 연구결과 대선 때마다 '폭로/비방/갈등 프레임'이 압도적인 프레임으로 자리 잡았다는 것이 밝혀졌고, 대선이 거듭될수록 이 프레임은 증가하는 추세를 보였다. 또한 후보자의 '이미지 프레임'이 급팽창했음도 드러났다. 반면, '이슈/정책 프레임'이나 '정치참여/질서 프레임'은 크게 감소한 것으로 나타났다. 또한 이미지 프레임 등 연성적 뉴스프레임이 정책프레임 등 경성적 뉴스프레임을 압도하고 있다는 점이 검증됐다.

미디어화 표상으로서의 선거보도 특성

지금까지 수 십 년 동안 국내외에서 수행된 선거보도 내용 연구들을 고찰해 보면 미디어 선거가 활발히 진행되고 있는 나라들의 보도 경향 및 특성은 나라마다 큰 차이를 보이지 않는다. 이와 관련하여 플래저와 플래저(Plasser & Plasser, 2002:77), 스트룀벡(Strömbäck, 2007:52)은 서구와 남미에서 선거캠페인 뉴스보도가 공통적으로 갖고 있는 네 가지 경향을 발견하였다. 첫 번째는 보도가 더욱 더 개인화(personalization)되고, 정치는 "개인 간의 게임"(game between persons)으로 묘사되고 있다. 둘째, 이슈보도는 정치인들이 펼치는 전술분석으로 대체되었다. 셋째, 보도가 점차 부정적으로 변화하고 있다. 넷째, 보도가 점차 극적인 스포츠 드라마(sportive dramatization)로 변해가고 있다.

또한 테이큰스 등(Takens et al,, 2013)도 비슷한 견해를 밝혔는데, 그 역시 오늘날 미디어의 선거보도 특성에 대해 개인화 보도(personalized coverage), 경쟁과 게임 보도(contest and game coverage), 그리고 부정적 보도 등을 지적하였다. 제와 호프만(Zeh & Hopmann, 2013)도 기존 연구들을 종합적으로 고찰한 뒤에 오늘날 선거보도의 특징을 네 가지 현상으로 요약하였다. 그것은 첫째, 미디어에 의한 캠페인 의제의 통제, 둘째, 본질적 이슈 보도 대신에 캠페인 기사에 대한 초점 증가, 셋째, 캠페인과 보도의 개인화, 넷째, 부정적 뉴스 보도의 증가 등이다.

지금까지 수많은 국내외 학자들이 밝힌 오늘날 미디어 선거보도의 특성들을 종합해 보면 개인화 보도, 경쟁보도, 부정적 보도 등의 세 가지 특성으로 집약할 수 있다. 그런데 미디어 기술 발달이 내용적 특성들을 강조시키는데 이는 미디어화의 중요한 한 단면을 보여주는 것이라 하겠다, 대표적으로 텔레비전의 영상 요구(visual requirements)는 정치 토론의 초점을 후보자 자신에게 맞추게 만들었다고 한다. 신문과 방송은 내용적 특성에서 중요한 차이가 있다. 방송은 정당지도자에게 더 많은 초점을 맞추는데 반해 신문은 정치적 경쟁과 부정적 보도에 더 많은 초점을 두었다. 이는 신문과 방송의 포맷의 차이에서 오는 것이다. 텔레비전 포맷은 소위 '말하는 얼굴'(talking heads)을 요구하기 때문에 자연스럽게 개별 정치인에 대해 초점을 맞추게 된다. 반면 신문제목은 정치 경쟁에 대한 계속적인 설명(narratives)을 요구한다(Takens et al., 2013). 바로 이런 점에서 개인화 보도, 경쟁보도, 부정적 보도 등의 선거보도 특성들은 현대 정치커뮤니케이션이 미디어 논리와 미디어화에 지배되고 있음을 보여주는 좋은 사례라 할 수 있다.

개인화 보도

갈퉁과 루지(Galtung and Ruge, 1965)는 1965년 초에 중요한 뉴스가치로서 인간, 특히 엘리트 인간임을 밝혔고, 그 이후로 뉴스가치 연구에서 이것들이 지속적으로 연구되어져 왔다. 이것은 오늘에 와서 미디어의 개인화(personalization) 보도로 이어지고 있다.

베넷(Bennett, 2009:121-126)은 미국 정치 뉴스의 가장 중대한 문제로 뉴스 내용이 정치, 사회, 경제적인 전체 맥락을 경시하고 사건의 표면에 드러난 개인의 시련과 비극, 승리를 선호하는 경향이 너무 많다고 지적하였다. 예를 들어 미디어들은 권력과 과정에 초점을 맞추는 대신, 그 이슈를 놓고 정치 싸움을 벌이는 사람들에게 집중한다는 것이다. 개인화 보도는 미디어에서 '개인 정치인에 대한 강조, 반면에 정당, 조직, 제도에 대한 초점의 감소'를 말한다. 지도적인 위치에 있는 정치인이나 정당 지도자에 대해 초점을 두는 것을 지도자화(presidentialization)라고 한다(Takens et al. 2013). 일반적인 정치인의 미디어 노출(visibility)과 소수 정치 지도자의 미디어 노출은 개인화의 두 개의 별도 하부차원을 이루는데, 이것을 각각 개인화 보도와 지도자화 보도라고 한다. 두 차원은 개인화와 관련이 있는데, 두 차원 모두 정치인이 대표하는 정치기구보다는 정치인 개인에 초점을 두고 있다. 특히 의회선거 상황에서 정당은 전통적으로 중요한 역할을 하지만, 소속정당보다는 개별 정치인의 존재가 더 중요하게 평가된다. 개인화 보도는 공적 사적 영역 모두에서 정치인에 대한 보도를 말한다(Takens & Atteveldt, 2013).

연구에 의하면 개인화 보도 경향은 미국과 유럽에서 갈수록 증가하고 있다(Takens et al., 2013). 그러나 크리시(Kriesi, 2012) 연구에서는 서구의 최근 선거캠페인에서 개인화 보도의 혼합된 양상이 나타났다. 개인화 보도 경향이 독일과 영국에서는 1990년대보다 2000년대에 더 높았으나 네덜란드, 프랑스, 오스트리아와 스위스에서는 오히려 더 낮아진 것으로 나타났다. 네덜란드에서 1990년대에서 2000년대까지 개인화 보도 경향이 감소하였지만 10명의 상위 개별 정치인에 대한 관심은 증가하였다. 블리겐탈트 등(Vliegenthart et al.) 역시 네덜란드와 영국 신문에서 개인화 보도와 지도자화 보도의 혼합된 최근 양상을 밝혀냈다(Takens et al., 2013).

우리나라 언론의 선거보도에서도 개인화 보도와 지도자화 보도 경향이 뚜렷한 편이다. 특히 지도자화 보도성향은 국회의원선거에서 두드러지게 나타나는데, 국회의원 선거임에도 불구하고 뉴스의 초점이 되는 인물은 국회의원 후보자가 아니라 정당의 지도자인 경우가 더 많다. 예를 들어 1996년 국회의원 총선의 TV뉴스를 분석한 연구(권혁남, 1997)에 의하면 텔레비전 선거 뉴스는 불과 약 10명 내외의 정당 지도자들이 거의 매일같이 등장하고 있는 것으로 나타났다. 불과 약 10명의 정당 수뇌부들의 기사가 전체 선거기사의 무려 약 30%를 차지하고 있는 것과는 대조적으로 무소속을 포함한 5개 정당(파)의 1,389명 후보들은 58.9%의 기사 속에 자신을 나타내기 위해 온갖 수단을 동원해야만 하였다. 위에서 든 실증 데이터가 조금 오래전의 것이기는 하지만 이러한 미디어의 보도 관행은 지금도 계속되고 있다.

경쟁 보도

정치를 경쟁으로 보도하는 경향에 대해 다양한 용어들이 사용되어 왔는데, 경마식 저널리즘(horse race journalism, Broh, 1980), 전략적 스키마(strategy schema, Jamieson, 1992), 게임 스키마(game schema, Patterson, 1993), 그리고 최근에 와서 게임 프레임(game frame, Aalberg et al., 2012)으로 불렸다. 이러한 개념들은 공통적으로 정치적 이슈 보도 보다는 선거 경쟁 측면에 더 많이 보도하는 것을 의미한다.

미국의 캠페인 뉴스는 후보의 속성과 자질, 정책 입장 등의 내용에 초점을 맞추는 경성뉴스 보도 보다는 누가 앞서고 있는가 등의 후보 간의 경마식 보도에 집중되어있다. 실제로 경마식 기사에 대한 공중들의 요구는 본질적인 캠페인 뉴스내용에 대한 요구보다 높은 것으로 나타났다(Dunaway & Stein, 2013).

한편 경쟁보도는 갈등과 화합(cooperation)에 관한 뉴스를 포함한다. 갈등과 화합은 정치인간 관계의 부정적(갈등) 또는 긍정적(화합) 표상이라는 측면에서 동전의 양면인데, 이는 경마식 보도에서 성공과 실패가 긍정적 또는 부정적 표상이라는 점에서 비슷하다 하겠다(Takens et al., 2013). 지금까지 갈등은 학문적 관심을 받아왔지만 화합은 경시되어왔다. 미국과 같이 양당 정치 제도가 발달한 나라에서 갈등은 매우 흥미 있는 기사거리다. 그러나 유럽과 같이 다당제 정치 제도가 발달한 나라에서 화합은 갈등만큼이나 흥미있는 기사거리이다. 정당들이 연정으로 화합할 때, 또는 정당들이 미래의 연정에 대한 아이디어를 내놓을 때, 특히 이러한 연정이 극우 또는 극좌 정당을 포함할 때 좋은 뉴스거리가 된다(Takens et al., 2013).

게임 프레임, 경마식 보도 등 경쟁보도는 캠페인 기간의 길이와 직접적으로 관련 있는 것으로 알려졌다(Iyengar et al., 2004). 대체로 미국에서는 1976년 대통령 선거 이후로 캠페인 기간이 길어지고 있다. 장기간의 캠페인 기간은 후보와 뉴스 미디어에게 새롭고 신선한 캠페인 메시지와 뉴스 기사를 만들어내도록 압박한다. 후보의 이전 경력, 이슈 입장과 정보는 캠페인 초반 첫 보도 이후에는 거의 사라진다. 따라서 후보와 미디어는 누가 앞서고 뒤지고 있는 가에 대한 여론조사를 매일같이 집중해서 보도할 수 밖에 없다

(Dunaway & Stein, 2013). 경마식 기사와 함께 후보의 전략적 행위와 동기, 전술 등을 다루는 해석적 뉴스기사가 증가하고 있다. 본질적이고 이슈중심의 캠페인 뉴스에 대한 식상함과 매일같이 더 많은 뉴스기사를 채우도록 하는 요구는 경마식 기사와 해석적 기사를 더 많이 강요하고 있다(Dunaway & Stein, 2013). 캠페인 뉴스 패턴 연구에 의하면 일반적으로 이슈 보도는 캠페인 초반에 두드러지는데, 캠페인 초반에 후보자들이 이슈와 개인적 주장에 초점을 맞추기 때문이다. 그러나 이슈 지향적인 뉴스 보도는 캠페인 후반기에 사라지는데, 그 이유는 두 가지로 해석될 수 있다. 하나는 선거일이 다가올수록 경마식 보도가 늘어나기 때문일 것이고, 또 다른 이유로는 이슈에 대한 후보의 입장은 캠페인 초기에 이미 보도되었기 때문에 캠페인 후반기에는 이미 뉴스가치를 잃어버리기 때문이다(Dunaway & Stein, 2013).

우리나라 언론의 선거보도 역시 경마식 보도 또는 경쟁보도가 주류를 이루고 있는데, 15대, 16대 대통령선거에서 텔레비전 뉴스의 선거보도를 내용분석한 연구(권혁남, 2009)에서 이러한 보도경향이 뚜렷하게 잘 나타나고 있다. 연구에 의하면 '선거운동, 선거유세', '여론조사, 판세분석', '폭로전, 인신공격' 등의 경마식 보도 또는 경쟁보도가 15대 대선에서는 66.0%로 텔레비전의 15대 대선 보도의 약 2/3가 경마식 보도였다. 그러나 16대 대선에서는 경마식 보도가 98.4%로 무려 32.4% 포인트가 증가한 것으로 나타났다.

부정적 보도

갈퉁과 루지(Galtung and Ruge, 1965)는 일찍이 부정주의(negativity)가 어떤 사건의 뉴스 가치를 결정짓는 중요한 요인이라는 사실을 지적하였다. 그 이후로 패터슨(Patterson, 2000)은 1960년부터 1992년까지 미국 대통령 선거에서 언론에 보도된 주요 정당 대통령 지명자에 대한 좋은 뉴스나쁜 뉴스 비율을 분석하였다. 그 결과 이 기간 동안에 나쁜 뉴스가 상승한 것으로 나타났다. 1960년 케네디와 닉슨에 대한 기자들의 모든 평가적 언급 중 75%는 긍정적이었으나 1992년 클린턴과 부시에 대해서는 오직 40%만이 긍정적이었다. 1980년과 1988년, 1992년 선거에서 부정적인 평가가 긍정적 평가보다 많았다. 또한 미디어의 현직 대통령에 대한 방송사들의 보도는 매우 부정적이다. 조사에 따르면 대통령들의 임기 첫 해에 텔레비전 보도의 긍정적 논조는 30% 이하였는데, 클린턴은 22%, 부시는 27%였다고 한다(Eshbaugh-Soha, 2010).

1980년대 후반부터 의회와 대통령에 대한 뉴스보도가 극단적으로 비판적이었고, 이 시기에 의회와 대통령에 대한 공중의 인지는 매우 부정적이었다. 연구에 의하면 부정적 뉴스보도는 정부에 대한 공중의 불신을 높여주는데(Capella & Jamieson, 1997), 이러한 효과는 신문 독자와 텔레비전 시청자 모두에게서 발견되었다. 이와 같이 미디어가 일반 공중의 정치에 대한 무관심, 국가나 시민 문제에 대한 경시, 그리고 정부에 대한 불신 등을 직접적으로 조장했다는 것이다. 이게 바로 미디어 부정주의 이론(media malaise theory)이다(권혁남, 2014a:20). 미디어 부정주의는 매스 미디어가 정치와 사회생활에 본질적이고 부정적인 효과를 미쳤다는 주장이다. 플래저와 플래저(Plasser and Plasser, 2002: 70)는 오늘날 정치 전문가들은 정치인들에게 저널리즘 선택 관행의 요구를 맞추어 자신의 미디어 노출을 높이기 위해 상대방에 대해 '부정적으로 공격하라'(go negative)고 조언하고 있다고 지적한다.

렌거 등(Lengauer et al., 2012: 189)은 부정주의 보도에 관한 중요 연구결과들을 고찰한 다음에 "매우 드문 예외는 있지만 연구결과들은 개별 정치지도자와 정당에 대한 부정주의가 크게 증가하고 있다"고 결론지었다. 뉴스의 논조가 미국과 독일에서 더욱더 부정적이었다. 네덜란드에서 캠페인 보도는 1970년대와 1980년대 보다는 1994년-2002년 기간에 더욱더 부정적이었다. 그러나 평균적으로 신문보도 논조는 1990-2007년 기간에 네덜란드와 영국에서는 더욱 더 긍정적이었다(Takens et. al., 2013).

우리나라 언론 역시 선거에 대한 냉소주의, 혐오감을 심어줄 수 있는 불법 부정 선거, 흑색선전, 선거 무관심 등 부정적인 내용들을 보도하는 경향이 있다. 연합뉴스의 15대, 16대, 17대 대통령선거 뉴스프레임을 분석한 연구(김은주 · 방정배, 2010)에 의하면 대선 때마다 '폭로/비방/갈등 프레임' 등 부정적 내용이 압도적으로 많았으며, 대선이 거듭될수록 이 프레임이 증가하는 추세를 보였다고 한다. 또 다른 연구에 의하면 선거에 대한 부정적인 내용은 대통령 선거보다는 국회의원 선거, 국회의원 선거보다는 지방 선거에서 더 많이 나타나는 것으로 나타났다. 1998년의 지방 선거에서 선거에 대한 부정적인 내용을 담고 있는 기사는 전체의 33.2%이었고, 1996년 15대 국회의원 총선에서는 13.8%, 1997년 15대 대통령 선거에서는 10.6%의 비율을 보였다. 심지어 텔레비전 뉴스는 지방 선거가 국민들로부터 외면 받고 있을 뿐만 아니라 외면 받아 마땅하다는 식으로 보도하여 국민들의 선거에 대한 중요성을 떨어뜨리고 선거에 대한 무관심, 냉소주의, 그리고 투표 기권 욕구를 조장하기까지 하였다(권혁남, 1998).

결론 및 논의

정치인과 유권자간의 커뮤니케이션은 건강한 민주주의를 위해 필수적이다. 유권자들은 후보자들의 정치활동과 이슈에 대한 입장 등에 대한 정보를 필요로 한다. 그러나 유권자들은 시간부족, 관심과 정보 부족으로 인해 정치인에 대한 정보를 뉴스 매체에 의존할 수밖에 없다(Gershon, 2012). 미디어선거 시대에 사는 정치인들 역시 뉴스 미디어에 보도되는 양은 자신의 정치적 성공에 있어서 중요한 요소로 인식하기 때문에 정치인들의 선거캠페인은 미디어를 향하여, 그리고 미디어를 중심으로 펼쳐지고 있다.

미디어화 관점의 연구들에 의하면 새로운 미디어의 도입은 크게는 시공간에 대한 인식에서부터 구체적인 미디어 이용방식에 이르기까지 우리 일상 삶의 작은 부분에까지 영향을 미친다고 할 수 있다(김은미 등, 2012). 따라서 미디어 기술의 발달은 정치커뮤니케이션의 변화를 가져오기도 한다. 정치에 대한 해석과 보도는 기술적 발달로 인한 미디어의 포맷 변화의 결과로 인해 달라진다. 미디어 기술의 발달이 어느 정도는 내용적 특성들을 강조시킨다. 앞에서도 설명한 바와 같이 텔레비전의 영상 요구(visual requirements)는 정치 토론의 초점을 후보자 자신에게 맞추게 만들었다. 텔레비전 포맷은 말하는 얼굴(talking heads)을 요구하기 때문에 자연스럽게 개별 정치인에 대해 초점을 맞추게 된다

(Takens et al., 2013). 또한 영상과 방송기술의 발달에 의해 뉴스 보도가 변화하기도 하였다. 예를 들어 사운드 바이트 길이가 줄어든 것은 영상 편집기술의 발달 때문이다. 1960년에는 아무리 시간과 재정적 지원이 있었다 하더라도 텔레비전 방송이 닉슨의 사운드 바이트를 10초 이내로 줄이는 것이 불가능했다고 한다. 그리고 SNG(Satellite News-Gathering devices)의 발명은 기자들이 서서 보도하는 영상(stand-ups)을 증가시켰다(Zeh & Hopmann, 2013). 인터넷 뉴스의 등장, 소셜 미디어의 부상과 같은 최근의 미디어 발달은 뉴스 속도의 중요성을 강조시켰다(Takens et al, 2013).

물론 미디어의 포맷과 내용이 미디어 기술 발달에 의해서만 변화하는 것이 아니라 미디어 환경을 둘러싸고 있는 정치, 경제, 사회, 문화 등의 모든 요소들로부터도 영향을 받는다. 예를 들어 한 나라의 경제 상태가 선거 캠페인과 선거보도에 중요한 영향을 미칠 수 있는데, 높은 실업률이나 GDP의 위축은 경마식 기사를 줄이는 대신 정책보도를 늘리고, 후보에 초점을 두는 기사 꼭지수를 줄이게 된다고 한다(Zeh & Hopmann, 2013).

일반적으로 우리나라의 1997년 15대 대선은 TV선거, 2002년 16대 대선은 인터넷선거, 2012년 19대 총선과 18대 대선은 SNS선거였다고 평가한다. 물론 아직도 텔레비전의 정치적 영향력이 가장 강력하게 지배하고 있지만 과거에 비해 인터넷과 SNS 등 새로 등장한 뉴미디어들의 정치적 힘이 나날이 커지고 있다. 예를 들어 인터넷은 과거의 미디어가 보여주지 못했던 통합적인 커뮤니케이션 환경을 하나의 시스템에서 가능하게 해 줌으로써 한 인간이 처한 커뮤니케이션 상황, 예를 들면 개인적 대화 상황, 집단 토의 상황, 또는 정보 이용과 같은 다양한 환경에 유연하게 대처할 수 있게 해준다. 특히, 인터넷의 상호작용적 특성은 일방향적 매체와는 확연하게 다른 것이다. 수용자와 저널리스트 또는 수용자간의 능동적인 커뮤니케이션이 가능한 상호작용적인 매체환경을 제공한다는 점이다(황용석, 2004).

또한 커뮤니케이션 기술의 급속한 발전으로 등장한 페이스 북(Facebook), 트위터(Twitter) 같은 소셜 네트워크 사이트들(SNSs)이 공중의 정치 참여를 확대하며, 선거에도 적지 않은 영향을 미치고 있다. 정치 커뮤니케이션 도구로서 가장 대표적인 SNS는 트위터(Twitter)이다. 트위터는 정치적 소통과 여론 형성의 도구로 긍정적 평가를 받고 있다. 2008년 미국 대통령 선거에서 트위터 등 SNS를 효과적으로 활용한 오바마 후보의 사례를 비롯해 2010년 영국 총선거, 한국의 2010년 6 · 2 지방선거 등에서 트위터가 투표 참여에 미친 영향력이 보고되었다. 국내에서도 20~30대 유권자들의 정치적 메시지 생산과 유통, 토론과 여론 형성 등에서 트위터의 역할이 중요한 연구대상이 되고 있다(이수범 · 강현곤, 2013). 소셜 미디어 업계는 국내 트위터 이용자를 2012년 현재로 550만 명 정도로 추산한다. 그중에서 리트윗 등을 통해 이슈의 확산에 참여하는 이용자 수는 10% 남짓, 55만 명 안팎인 것으로 추산된다. 자신의 주장을 적극 올리는 이용자는 1%, 약 5만 5000명 선이다. 1%의 발신자, 10%의 전달자, 100%의 수용자가 있는 셈이다. 여기서 55만명 내외로 추산되는 전달자들이 버즈를 만들어내면서 영향을 미친다(시사IN, 2012. 1. 10).

앞으로 새로운 미디어들의 등장과 기술발달, 그리고 미디어 환경을 이루고 있는 정치, 경제 등의 변화가 정치커뮤니케이션의 포맷과 내용의 변화를 어떠한 방향으로 이끌지는 알 수 없다. 이러한 변화의 결과로서 미디어화가 가속화될 것이며, 동시에 미디어의 선거보도 형식과 내용 역시 계속적으로 달라질 것임은 분명해 보인다.

CHAPTER

02

텔레비전의 대통령선거 보도 내용 분석

텔레비전의 대통령선거 보도 내용 분석[1]

문제의 제기

대의민주주의 제도의 핵심은 공중이 선거를 통해 자신들의 대표를 선출하는 과정이다. 공중의 입장에서 보면 선거는 정치 참여의 중요한 수단인데, 민주주의 과정은 선거와 선거 과정에 모든 것이 함축되어 있다(Alger, 1996 : p. 7). 선거는 단순히 국민의 대표자를 선출하는 정치이벤트가 아니다. 국민은 선거를 통해 정책결정에 직접 또는 간접적으로 참여하게 된다. 대부분의 국민들에게 선거는 정치과정에 구속력을 갖는 결정에 직접 참여할 수 있는 유일한 기회다. 선거에서 후보자나 정당은 당선 후 추진할 정책 방향과 실현할 정책과제를 약속하게 된다. 선거는 이런 의미에서 사회의 문제점과 갈등이 표출되며, 그에 대한 조정을 요구하는 과정이기도 하다. 선거기간에는 정치적 뉴스가 높은 주목을 받는다. 이러한 주목 때문에 선거에서 패배한 후보자나 정당, 혹은 당선권에 들지 못하는 정치 세력들도 현실 정치에 참여할 수 있는 기회를 부여 받는다(김영욱, 김위근, 2007: 14).

민주주의가 제대로 작동되기 위해서는 적어도 다음의 두 가지 요소가 필수적이다(Alger, 1996: p. 9). 첫째는 공중에게 대안적인 선택들이 주어져야 한다는 것이다. 사회가 안고 있는 정책 결정을 위해 공중이 받아들일 수 있는 경쟁적인 대안들이 있어야 하듯이, 선거에서도 경쟁하는 두 명 이상의 대안적 후보들이 존재하여야 한다. 또한 경쟁하는 대안들을 상호 비교하여 이들의 장단점을 공중에게 알리려는 노력이 민주주의 개념에

---

1 저자의 '텔레비전의 15대 대통령선거 보도 분석, 『한국언론학보』, 1999. 43-4호. 5-44', '텔레비전의 15대, 16대 대통령선거 보도 비교 분석, 정치커뮤니케이션 연구, 통권 12호, 2009. 45-91' 두 편의 논문을 바탕으로 재구성하였음.

필수적이며, 시민들의 선택에 도움을 주는 것이다. 선택은 곧 민주주의의 핵심이다.

둘째는 공중이 정치적 선택에 필요한 정보를 가질 수 있어야 한다는 것이다. 선거에서 공중은 ① 지도력, 후보의 자질(학력, 공직 경력, 기타 경력 등), ② 후보의 일반적인 정치 성향 및 정치 철학, 중요 이슈에 대한 입장, ③ 선출되는 직위의 성격(공식적인 책임과 요구 등), ④ 중요 이슈에 대한 주장과 요소에 대해 본질적이고 정확한 정보를 가져야만 한다.

결국 언론은 선거 과정에서 유권자들이 필요로 하는 정보를 충분히 객관적이며 공정하게 보도함으로써 유권자들로 하여금 이성적이고 현명한 선택을 할 수 있도록 하여야 한다. 이것이 바로 선거에서 언론이 지켜야할 가장 기본적인 윤리라 하겠다. 그러나 불행하게도 지난 60여년의 과거 선거 역사를 뒤돌아보면 언론의 가장 기본적인 저널리즘 윤리가 제대로 지켜지지 않았다. 한마디로 우리의 과거 선거역사는 불공정의 역사이다. 지금까지 불공정 시비로부터 자유로웠던 선거는 한 번도 없었다. 불공정 시비의 중심은 여당에 의해 동원된 관권과 언론의 편파보도이었다. 1970년대 초반까지는 관권에 의한 불법, 부정선거 시비가 많았으나, 1980년대부터는 언론의 편파보도가 불공정 선거 시비의 핵심으로 자리하게 되었다. 특히 1971년 7대 대통령선거에서 처음으로 동원된 텔레비전은 1980년대 5공 시절부터 편파보도의 대명사가 되어버렸다(권혁남, 1999).

1996년 4월 11일에 있었던 15대 총선에서도 예외 없이 선거기간 내내, 그리고 선거가 끝나고 나서도 언론의 편파보도문제로 시끄러웠다. 야당을 비롯한 일부 지식인들은 장학로 사건과 북한의 DMZ 무효화 선언사건, 이른바 장풍과 북풍에 대한 언론의 축소보도, 과장보도가 선거결과에 결정적인 영향을 미쳤다고 언론을 성토하였다. 소위 북풍의 결정적 요인론을 주장하는 사람들은 이구동성으로 사건 자체가 국민들에게 미친 충격파보다는 텔레비전과 신문이 부풀린 과장보도가 훨씬 더 큰 파장을 일으켰다고 말했다.

이와 같은 언론의 편파보도 논쟁은 곧 언론의 정치적 영향력을 기본 전제로 하고 있음은 물론이다. 한국의 선거 역시 외국과 마찬가지로 언론이 막대한 영향을 미치고 있는 것이 사실이다. 후보자와 직접 접촉할 수 없는 유권자들은 언론을 매우 중요한 정치정보 전달자와 영향원으로 의존하고 있다. 또한 언론은 정당 조직 내의 비공식적인 커뮤니케이선 통로를 대신하는 대행자로서의 역할이 급속히 증대하는 한편으로, 정당의 후보자를 결정하는 과정에도 영향력을 행사하고 있다. 우리 언론은 뉴스보도, 여론조사, TV토론을 통해 선거 과정에 깊숙이 개입하고 있다.

1997년 12월 18일에 치러진 제 15대 대통령선거는 과거 선거에 비해 언론의 편파보도와 관련된 시비가 상대적으로 줄었지만 특정 후보에 대한 일부 언론의 줄서기 등은 여전했던 것으로 지적되었다. 언론의 특정 후보 편들기, 특히나 조선일보와 중앙일보의 노골적인 여당후보 편들기와 관련된 시비는 선거기간 내내 끊이지 않았다. 15대 대통령선거일을 약 4개월 남겨놓은 시점인 1997년 8월에 한국기자협회가 언론인들을 대상으로 실시한 여론조사에 의하면 대부분의 기자들은 "방송 3사는 거의 여당후보를 지지하고 있다고 생각하고 있으며 10개 중앙지중 2개 신문만이 야당후보를 지지하는 것으로 보고 있다". 또한 기자들의 79.2%가 언론사의 대선 후보 줄서기가 어느 정도 이루어졌다고 느끼고 있으며, 이들 중 85.3%가 이회창 후보를 중심으로 줄서기가 이루어지고 있다고 보고 있는 것으로 나타났다. (기자협회보, 1997).

1997년의 대통령선거는 30년 만에 여야 간 수평적 정권교체가 이뤄졌다는 점에서 매우 큰 의미를 갖는다. 과거 여당과 야당의 입장이 바뀐 채 1998년 국민의 정부가 출범한 이후 편파보도의 시비는 소위 조중동의 친 야당 편향보도와 한겨레, 경향신문, 그리고 TV방송사들의 친 여당 편향성이라는 양극화 현상으로 바뀌었다. 2002년 12월 19일에 있었던 16대 대통령선거 역시 조선일보와 동아일보의 노골적인 야당후보 편들기로 인해 적지 않은 논란이 있었고, 동시에 텔레비전의 편파성에 대한 시비가 야당에 의해 제기되었다.

어쨌거나 오늘날 텔레비전은 최고의 정보원이자 신뢰매체로 자리매김하고 있다. 텔레비전이 선거에서 최고의 정보원이자 신뢰매체, 나아가 가장 영향력 있는 매체라는 사실은 양승찬(2003)의 연구에서 잘 나타나고 있다. 1997년 대선과 2002년 대선에서 응답자들에게 지지후보를 결정 또는 판단하는데 가장 큰 영향력을 준 미디어 관련 사항이 무엇인지를 물었다. 그 결과 〈그림 2-1〉에서 보듯이 1997년, 2002년 대선 모두 텔레비전의 영향력이 매우 컸음을 알 수 있다. 1순위로 선정된 사항을 보면 1997년과 비교해 볼 때 약간 차이가 있다. TV토론이 대선과정에 처음 등장한 1997년과 비교해서 2002년 대선에서는 TV토론을 꼽은 응답자가 상대적으로 줄어들었으며, 주변사람과의 대화 역시 중요도가 감소했다. 2002년에는 상대적으로 TV정치 연설을 꼽은 사람들의 수가 많은 특징이 있다.

〈그림 2-1〉 1997년, 2002년 대선에서 영향을 준 요인 선택 1순위

(단위: %)

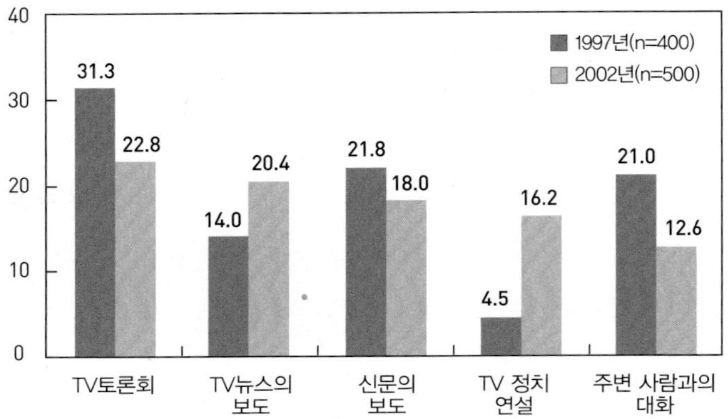

(자료: 양승찬, 2003)

이러한 점에서 텔레비전의 선거보도에 대한 장기적이고 체계적인 연구가 필요하다고 하겠으며, 본 연구의 의의는 바로 여기에 있다 하겠다. 모든 선거가 중요하지만 우리나라에서 대통령선거의 중요성은 아무리 강조해도 지나치지 않다. 한국 대통령제는 엄격한 권력분립보다는 제도적이나 실질적으로 대통령에게 권력이 집중된 형태를 보이고 있다. 한국의 대통령은 국가원수, 국가수호자, 평화통일 수행자, 국군통수권자이다. 이와 함께 국회 법률안 제출권, 거부권, 대법원 구성권, 사면권, 긴급명령권, 긴급 재정경제 처분 명령권, 계엄 선포권을 갖고 있다. 또한 대통령은 국무총리와 국무위원들을 임면할 수 있다. 국무총리는 대통령의 '명'을 받아 행정각부를 통제하며, 국무위원은 국정에 관하여 대통령을 '보좌'한다. 한국의 대통령은 국회의원을 국무위원으로 임명할 수 있어 "국회의원이 동시에 대통령의 부하가 됨으로써" 대통령이 의회보다 우월한 지위에서 국회를 간

접적으로 지배할 수 있는 구조를 갖고 있다(최한수, 2005: 302).

이에 본 연구는 지난 1997년의 15대 대통령선거와 2002년의 16대 대통령선거에서 나타난 텔레비전의 선거보도 경향을 비교 분석하기로 하는데, 특히 정치적 편향성과 이의 변화를 중점적으로 연구하고자 한다. 15대 대선 당시 여당이던 한나라당이 16대 대선에서는 야당으로, 반대로 15대 대선에서는 야당이던 민주당(당시 새정치 국민회의)이 16대 대선에서는 여당으로 탈바꿈한 상황에서 텔레비전 방송사들의 여야당에 대한 보도태도가 어떻게 달라졌는지를 집중적으로 분석하고자 한다.

이론적 배경

15대, 16대 대선의 특징과 전개과정

15대 대선

15대 대통령선거의 특징을 다음과 같이 정리할 수 있겠다.

첫째, "여권후보 분열, 야권후보 통합"이라는 우리나라 선거사상 초유의 선거구도를 가졌다는 점이다. 과거와는 달리 15대 대선에서는 여당이 분열됨으로써, 본격적인 선거가 있기 전에 후보들 간의 다각적인 합종연횡이 활발하여 선거기간 내내 돌발변수의 개연성이 높았다. 따라서 비록 투표일까지 야당후보인 김대중 후보가 여론조사에서 선두를 유지하였지만 과연 이 땅에서 30년 만에 수평적인 정권교체가 이루어질 수 있을 것인지 그 전망이 매우 불투명하였다. 이에 따라 선거전이 더욱더 뜨거울 수밖에 없었으며, 과거에는 비교적 분명한 색깔을 드러냈던 경제계나 기타 이익단체, 그리고 언론사들의 입장 정립이 어려웠다는 점이 특징이라 하겠다.

둘째, TV토론이 본격화되면서 텔레비전의 영향력이 더욱 더 막강해 졌다는 점이다. 1997년 5월부터 시작된 TV토론은 국민들의 높은 관심을 불러 일으켰는데, 특히 공식후보들인 이회창, 김대중, 이인제 후보 간의 3차례 합동토론회는 50% 이상의 매우 높은 시청률을 기록하였다. 선거뉴스보도나 정치광고와는 달리 TV토론은 후보들에 대한 걸러지지 않은 생생하고 풍부한 정보가 유권자에게 직접 전달된다는 점에서 한국의 유권자에게는 매우 신선한 충격을 주었다. TV토론은 후보들의 지지도 순위를 바꿔놓기도 하였는데, 무명에 가까웠던 이인제 후보를 일약 스타로 만들기도 하였다.

그러나 TV토론이 끝난 후 이를 보도하는 언론의 태도는 많은 문제가 있었다. 무엇보다도 방송사와 신문사들은 개별적으로 TV토론을 주최하는 데에만 열중하고 TV토론에서 나온 내용에 대해서는 별다른 관심을 두지 않았다는 점이다. 다시 말해 우리 언론사들은 TV토론을 경쟁적으로 주최하면서도 막상 TV토론이 끝난 후 TV토론을 제대로 평가하지 않으며, 토론에서 나왔던 내용들에 대한 의미를 제대로 검토하거나 진실여부를 검증하지 않았다.

TV토론이 끝나면 토론을 주최한 언론사는 자신들이 개별적으로 주최한 토론이 성공적으로 끝났음을 자랑하고, 시청률이 얼마였고, 여론조사 결과 후보들의 지지율에서 변화가 나타나 자사가 주최한 TV토론의 영향력이 매우 컸다고 자랑한다. 또한 여론조사 결과 어느 후보가 토론을 잘하거나 못했으며, 이번 TV토론이 선거결과에 미칠 영향력 정도를 공개한다. 우리 언론은 물론이고 외국의 언론 역시 TV토론을 보도할 때 대체로 세 가지 측면에 초점을 맞추는 경향이 강하다. ① TV토론에서 어느 후보가 이겼나? ② 왜 이겼나? ③ 그리고 후보들의 토론 능력이 선거결과에 어떠한 영향을 미칠 것인가에 관한 것이다. 그러나 사실 이러한 물음에 대해 어느 누구도 제대로 대답할 수 없으며, 여론조사를 통해 알아본다는 것 자체도 문제가 있다 하겠다.

셋째, 선거여론조사가 홍수를 이루었다는 점이다. 지난 1987년 13대 대통령선거 때부터 본격화된 우리의 선거여론조사는 1996년 4.11 총선 투표자 여론조사에서 대실패를 하였음에도 불구하고 15대 대통령선거가 있던 해인 1997년 새해 아침부터 각 언론사들이 경쟁적으로 여론조사를 실시하여 이를 적극적으로 기사화 하였다. 이와 같이 15대 대선에서 선거여론조사가 급증하였던 것은 신한국당이 대통령후보를 자유 경선을 통해 선출함에 따라 경선 관련 여론조사가 많았고, 대통령 선거 본선의 양상이 다자 구도로 전개됨에 따라 후보들의 출마 선언 등과 같은 정치 이벤트가 많았으며, TV토론이 끝나고 난 뒤에 후보들의 인기도 변화추이를 알아보고자 하는 욕구가 많았기 때문이다.

15대 대통령선거 여론조사는 선거기간 내내 소위 3자 대결, 7자 대결, DJP단일화가 이뤄질 경우의 대결 등 대부분이 가상대결에 관한 것이었고, 어느 후보가 지난번 조사에 비해 지지율이 얼마나 증감하였는지에 관한 추이분석들이었다. 이것이 바로 경마식 저널리즘의 전형이다. 다시 말해 우리 언론의 여론조사는 정책이나 이슈문제에는 별다른 관심을 두지 않는 반면에 현재 어느 후보가 얼마나 앞서 있고, 과연 최종적인 승리자는 누구일까에 초점을 두었던 것이다.

이러한 경마식 저널리즘 중심의 선거보도는 정치권과 정치인들에게 심대한 영향을 미쳤다. 1997년 5월초까지만 해도 국민적 지지율이 불과 한 자리 숫자에 불과하였던 이인제 후보는 TV토론 이후 인기가 올랐는데, 이러한 사실을 언론이 여론조사결과를 가지고 집중적으로 부각시키자 이인제 후보의 인기는 또 다시 급상승하게 되는 순환 고리를 형성하였다. 그리고 조순 후보와 이인제 후보가 각기 시장과 지사직을 그만두고 출마를 선언하게 된 결정적인 동인은 바로 여론조사에서 나타난 높은 국민적 지지율이었다.

1997년 12월 18일 오후 6시 투표가 종료되자마자 MBC 전파를 통해 공표된 갤럽여론조사는 선거결과를 정확히 맞추어 15대 대선 여론조사의 대미를 장식하였지만, 선거기간에 홍수처럼 쏟아졌던 각종 여론조사 결과들은 유권자들에게 심각한 혼란을 가져다주기도 하였다. 특히 거의 같은 시점에 조사되어 공포된 조사결과들이 제각기 달라 후보자나 유권자들을 어리둥절하게 만들기도 하였다.

넷째, 과거 선거와 마찬가지로 선거가 지역대결 구도로 진행되었다는 점이다. 비록 과거에 비해 지역감정이 노골화되지 않고, 특정 후보에 대한 거부반응이 약해졌다고는 하지만 각 후보들은 지역을 분할하여 강력한 정치 기반을 구축하였다.

16대 대선

2002년에 치러진 16대 대통령선거는 전반적으로 과거 대통령선거에 비해 선거과정에 있어서 많은 변화와 굴곡이 있었다. 국민의 정부 4년차 이후 권력형 부패에 대한 한나라당의 폭로공세가 적중하면서 전반적으로 '이회창 대세론'이 팽배하였다. 이에 정치적 위기에 직면한 민주당은 김대중 대통령의 총재직 사퇴와 탈당, 국민경선제 도입을 통한 반전을 모색하는 과정에서 노무현 바람이 부각되었다(정대화, 2002). 그러나 노무현이 민주당 후보로 선출된 이후 노무현의 지지도 하락, 민주당의 지방선거와 재보선 패배, 당 내분의 가속화, 월드컵 축구 이후 정몽준 변수의 부각 등 안팎의 요인에 의해 1강 2중의 선거구도가 형성되면서 이회창 대세론이 고착화되는 듯싶었다. 그러나 선거를 불과 1달 남겨놓은 11월 22일 노무현과 정몽준 간의 후보 단일화가 극적으로 타결됨에 따라 선거 막판 노무현의 지지도가 급상승하였으며, 이후 선거일 까지 노무현의 우위가 지속되었다. 이러한 노무현의 우위는 선거일 전날인 12월 18일 정몽준의 노무현에 대한 지지철회가 발생했지만 선거결과를 뒤엎는 상황으로 발전하지는 못하였다(정대화, 2002).

16대 대선에서 나타난 특징들을 살펴보기로 하자.

무엇보다도 2002년 대선은 과거 선거와는 달리 20여 년 동안 뿌리 깊은 이른바 3김씨가 모두 정치무대에서 퇴장한 가운데 치러진 첫 번째 선거였다는 점이다. 이는 곧 우리나라 선거에서 변수가 아닌 상수라 할 수 있었던 지역주의가 과거보다 노골화되지 않았음을 의미하는 것이다. 물론 선거결과는 과거와 마찬가지로 특정 정당 후보에 대한 지역적 편중현상이 뚜렷하게 나타난 것은 사실이지만, 적어도 선거과정에서는 과거처럼 지역주의나 지역감정이 첨예하게 노골화되지 않았다.

둘째, 16대 대선에서는 지역주의를 대신하여 세대간, 혹은 이념에 따른 지지후보의 차이가 뚜렷하게 부각되었다. 특히 20-30대의 젊은 세대와 50대 이상 나이든 세대 간에 커다란 시각 차이가 부각되었고, 이러한 시각 차이는 투표 결정에도 적지 않은 영향을 미친 것으로 나타났다. 특히 노무현 후보가 젊은 층으로부터 유난히 높은 지지를 받으면서부터 세대에 대한 관심이 부각되었다(강원택, 2003: 225).

셋째, 새천년 민주당이 우리나라 최초로 대통령 후보 선출을 위해 국민참여 경선제를 도입하였다는 점이다. 과거에는 특정일을 정해놓고 정당의 대의원들이 체육관에 모여 전당대회를 통해 미리 내정된 후보를 공식적인 정당의 후보로 선출하였지만, 2002년 민주당 후보 선출을 위한 국민경선은 미국의 예비선거(Primary)처럼 몇 달 동안 각 지역을 순회하면서 당원과 일반국민들을 참여시킴으로써 전 국민의 관심을 불러일으키는데 성공하였다. 그 결과 국민경선은 무명에 가까웠던 노무현 후보를 민주당의 후보로 당선시키게 하였고, 나아가 이회창 대세론을 역전시키는 데 있어서 결정적인 계기로 작용하였다.

넷째, 15대 대선이 TV선거였다면, 16대 대선은 인터넷선거였다고 할 정도로 우리나라 선거사상 처음으로 인터넷이 중요한 역할을 하였다. 예를 들어 노사모(노무현을 사랑하는 사람들의 모임)의 조직과 활동은 주로 온라인상에서 이뤄졌는데, 인터넷이 단순한 의사표현, 의사소통의 기능을 넘어서 정치적 의견의 조직과 지지의 동원까지 가능하게 한 실증적 사례라 할 수 있다. 노사모는 인터넷이라는 가상공간에서 만들어진 자발적인 정치인의 팬클럽이었지만 노무현 후보의 지지를 확산시키고 조직화하는데 매우 중요한 역할을 수행했다(강원택, 2003: 260).

이러한 인터넷의 위력은 대선 하루 전날 밤인 12월 18일 정몽준이 노무현에 대한 지지를 철회한다는 결정을 전격적으로 내린 후, 노무현 지지자들이 자발적으로 인터넷 공간의 여기저기를 찾아다니며 노무현 후보에 대한 지지규합을 호소하고 다녔고, 그것이 노무현 후보의 당선에 중요한 기여를 했다는 확인되지 않은 세간의 소문으로 인해 더욱 확대되는 양상을 보였다(강원택, 2003: 260). 또한 선거과정에서 오마이뉴스나 프레시안과 같은 인터넷 언론이 적지 않은 영향력을 갖게 되었고 실제로 노무현 대통령은 당선 후 오마이뉴스와 첫 인터뷰를 갖기도 하였다. 대선 개표 이후 오마이뉴스는 '대한민국의 언론권력이 교체되었다'라고 선언까지 하였다(강원택, 2003: 386).

선거보도의 공정성

우리나라에서 미디어 정치, 미디어 선거가 갑자기 활성화된 것은 오래 전부터 국민들 사이에서 우리나라 선거의 고질적 병폐인 고비용 선거 구조를 바꿔야 한다는 여론이 들끓고, 이를 해결할 수 있는 하나의 대안으로서 미디어 선거운동이 강력히 제기되었기 때문이다. 이에 따라 정치권은 미디어 선거가 가능하도록 선거법을 개정하였는데, 특히 지난 1997년의 15대 대통령 선거에서 사실상 처음으로 등장한 TV토론은 본격적인 미디어 선거의 개막을 알리는 중대 사건이었다(권혁남,

2006: 222).

미디어선거 시대에서 최고의 정보원이자 신뢰매체, 나아가 최고의 영향력 있는 매체로 자리하고 있는 텔레비전의 선거보도는 매우 중요하다 하겠다. 그러나 우리국민들은 텔레비전의 선거보도에 대해 적지 않은 불만을 갖고 있다. 우리 국민들이 텔레비전의 선거보도에 대해 갖고 있는 불만 중 특히 정치적 편향성에 대한 불만과 이로 인한 TV보도에 대한 불신은 매우 뿌리가 깊다.

우리나라에서 TV가 선거에 처음으로 활용된 1971년 제 7대 대통령선거 때부터 시작된 편파방송 시비는 본격적인 TV선거시대를 개막한 1987년 13대 대통령 선거에서 절정을 이뤘다. 당시 우리 TV는 내용상의 불공정 보도는 물론이고 양적인 면에서도 엄청난 편파방송을 하였는데, KBS와 MBC는 당시의 타 후보들에 비해 노태우 후보의 유세관련 보도를 2배에서 5배 이상 길게 보도하였다. 이러한 논란은 지난 15대, 16대 대선에서도 계속되었는데, 특히 16대 대선이 끝난 직후 야당은 방송 때문에 선거에서 졌다고 강하게 주장하기까지 하였다(권혁남, 2006: 241-242).

과거 우리나라 TV방송이 사용한 편파보도 수법으로는 주로 ① 방송시간, 즉 양적인 면에서의 편파성(이민웅, 1996; 권혁남, 1998) ② 이미지의 편파적 왜곡과 조작(이민웅, 1996) ③ 의제설정 효과 ④ 불공정한 뉴스밸류 선정 ⑤ 앵커 멘트나 기사 내용에서의 왜곡, 편파(이민웅, 1996; 권혁남, 1999) ⑥ 후보의 평가와 직간접으로 관련된 이슈나 사건을 집중적으로 보도함으로써 특정 정당 후보에 대한 평가를 긍정적으로 유도하는 점화효과(권혁남, 2006) ⑦ 음향처리에서의 편파성(이민웅, 1996) ⑧ 카메라 앵글에서의 편파성(권혁남, 2006) 등을 들 수가 있다.

우리나라 TV방송의 편파보도와 관련하여 더더욱 문제가 되는 것은 사실관계를 왜곡하거나, 보도하는 사안을 이해하는데 중요한 사실과 사실관계를 생략해서 시청자가 사실의 전모를 잘못 인지하도록 하는 경우이다. 이 경우 저널리즘의 기본가치인 진실추구 혹은 진실성에 반하는 결과를 낳는다(김영욱 · 김위근, 2007: 17).

결국 오늘날 우리나라 TV방송이 선거보도와 관련하여 안고 있는 최대의 화두는 공정보도라 하겠다. 공정보도는 어느 한 쪽의 의견이나 입장에 치우침이 없이 특정 인물이나 사건을 중립적으로 보도, 논평하는 자세를 말한다. 물론 공정성은 객관성을 전제로 한다. 그래서 객관 보도는 공정보도의 충분조건은 아니지만 필요조건에 해당되는 셈이다. 어떤 보도가 공정하기 위해서는 객관보도가 담보되어야만 한다. 그러면 객관 보도는 무엇인가? 그것은 의견(opinion)과 사실(fact)을 구별하여 사실만을 보도하는 것을 말한다. 그러나 사실과 의견을 철저히 구분하여 사실만을 보도한다는 것이 쉬운 일이 아니다. 특히나 선거판에서 왜곡, 조작되기 일쑤인 사실을 거짓으로부터 구별해내기 조차 어렵기 때문에 엄격한 의미에서 객관성은 거의 존재할 수 없다. 그렇기 때문에 객관성과 공정성 논의가 무의미하다고 주장하는 사람도 있다. 그러나 완전한 객관성 확보가 어렵다고 해서 공정성을 포기해서는 안 된다(권혁남, 2006: 45).

16대 대선을 앞두고 한국언론학회는 2002년 7월 30일 "선거보도 가이드라인제정을 위하여"라는 보고서를 발간하였다. 이 보고서에서 "보다 좋은 선거보도를 위한 체크리스트"를 제시했다. 그중 14개 항목을 제시했는데, 6개는 바람직한 선거보도 방식, 8개는 바람직하지 않은 선거보도 방식과 관련된 것이다(이준웅, 2003). 먼저 바람직한 선거보도 방식으로는 (1)유권자가 필요한 이슈와 정책을 분석, 해석하는 보도 (2)후보 간의 공약, 정책을 비교분석하는 보도 (3)후보의 공식적인 발언, 공약, 정책 등에 대한 사실 검증 (4)언론의 선거보도 자체를 점검하는 보도 (5)인신공격과 추문 들추기와 같은 부정적 캠페인을 비판하는 보도 (6)선거의 의미와 참여의 의의 등을 강조하는 보도 등이다. 또한 바람직하지 않은 보도는 (1)질적인 편파 (2)부정적 캠페인의 대변인 노릇하기 (3)전략적 용어를 주로 사용하는 보도 (4)근거 없는 추측성 보도 남발 (5)기자의 감정을 주관적으로 윤색하는 인용 (6)부정부패 선거, 무관심 선거 방조 (7)비과학적인 설명제공 (8)지역감정을 자극하는 보도 등이다.

연구문제 및 연구방법

본 연구는 15대, 16대 대통령선거 기간에 방송사들의 선거보도가 보도의 형식과 내용면에서 어떠한 변화가 있었고, 특히 보도의 양과 질적인 면에서 특정 후보나 정당에 대한 편파성은 없었는지를 분석하고자 한다. 구체적으로 본 연구는 다음과 같은 연구문제들에 대한 해답을 구하고자 한다.

1. 선거보도의 양과 형식에서 변화가 있는가?
2. 선거보도의 내용적 측면에서 변화가 있는가?
3. 정당이나 후보자들에 대한 보도가 질과 양적으로 공정하였으며, 어떠한 변화가 있는가?
4. 이슈와 정책관련기사에서 변화가 있는가?

본 연구는 15대 대선과 16대 대선 기간에 방송된 텔레비전 뉴스를 내용 분석하였는데, 본 연구의 분석대상이 된 뉴스 프로그램은 KBS 1 TV, MBC TV의 9시 뉴스와 SBS TV의 8시 뉴스이다. 분석기간은 양대 선거 모두 선거 공고일 2주일 전부터 선거일(15대 대선은 1997년 12월 18일, 16대 대선은 2002년 12월 19일) 전날까지로 하였다. 실제 분석은 15대 대선은 1997년 11월 11일부터, 그리고 16대 대선은 2002년 11월 12일부터 매 3일씩

걸러서 선거 전날까지 각각 13일분으로 한정하였다.[2]

본 연구에서 분석단위는 각기 독립된 기사로 하는데, 비록 한 명의 기자가 여러 명의 후보나 정당 소식을 전달하였다 하더라도 각 후보나 정당 관련기사를 각기 별도의 기사로 인정하여 독립적으로 분석한다. 본 연구에서는 이것을 단위기사란 용어로 사용하고자 하는데, 예를 들어 3명 후보들의 동정을 한 명의 기자가 취재, 보도하였다면 3개의 단위기사가 되는 셈이다. 그러나 이 때 기사의 시간은 순순히 특정 정당이나 후보에게만 해당되는 시간만을 계산하였으며, 복수의 정당이나 후보에게 공통적으로 해당되는 시간은 해당되는 정당과 후보들에게 똑같이 나누어 추가합산토록 하였다. 코딩은 두 명의 코더들이 담당하였는데 코더간의 의견이 일치되지 않을 경우 연구자와 같이 토론을 벌여 문제를 해결하였다.[3]

본 연구에서 기사유형은 크게 스트레이트, 스케치기사, 해설, 기획기사, 단신으로 분류하였다. 스트레이트기사는 기자가 육하원칙에 따라 보도하는 기사를 말하고, 스케치기사는 육하원칙을 따르지는 않았지만 주로 후보들의 선거운동장면을 보여주는 뉴스로 하였다. 또한 해설기사는 특정 사건의 배경이나 파장 등을 설명하는 기사이며, 기획기사는 방송사가 시리즈물로 구성한 뉴스나 각 후보나 정당간의 정책이나 이슈의 차이점을 비교 분석한 뉴스, 그리고 단신은 기자의 리포팅 없이 앵커가 직접 간략히 읽어주는 뉴스로 정의하였다.

기사내용은 크게 10가지로 분류하였는데, 10개 유목은 '선거운동, 선거유세', '이슈문제', 'TV토론, 미디어선거', '여론조사, 판세분석', '폭로전, 인신공격', '개표방송', '기자회견', '공명선거, 부정선거', '투표', '공약, 정책' 등이다.

기사내용의 성격은 기사의 부분이 아니라 전체적인 내용을 기준으로 부정적, 긍정적,

---

2 본 연구에서 분석한 뉴스시간은 전국 뉴스시간만을 분석대상으로 하였고, 지방뉴스시간은 분석에서 제외시켰다. 따라서 본 연구에서 분석된 뉴스시간은 중앙에서 방송된 뉴스보다 5-10분 정도 짧다고 하겠다. 그러나 다행스런 점은 선거관련 기사는 대부분이 지방뉴스 시간 이전에 방송되었기 때문에 본 연구의 분석에서 제외된 선거기사는 거의 없었다.

3 코더간의 신뢰도를 계산해 본 결과 스코트 파이계수가 각각 .92(15대 대선), .90(16대 대선)이었다.

중립적으로 구분하였다.

기사의 초점인물은 기사에서 가장 중심적으로 다뤄지거나 양적으로 가장 많이 다뤄지는 인물을 말한다. 초점인물은 이회창, 김대중(16대 노무현), 이인제(정몽준), 군소후보, '정부기관-인사', 신한국당(한나라당) 관계자(소속의원, 당직자, 당원, 운동원 포함), 국민회의(민주당) 관계자, 국민신당(국민통합 21) 관계자, 전체 후보(특정 후보를 중심으로 하는 것이 아니라 후보 전체를 중심으로 하는 경우), 기타 등으로 나누었다.

분석결과

선거기사 보도량

먼저 선거관련 단위기사수를 보면 15대가 320건, 16대가 431건으로 15대에 비해 매우 큰 폭(34%p)으로 증가하였다. 기사건수가 이렇게 크게 늘어난 것은 15대 대선이 IMF기간에 치러졌기 때문에 방송사들이 선거뿐만 아니라 경제문제에 같은 무게를 주었기 때문으로 판단된다.

방송사별로 보면 15대 대선에서는 KBS가 120건(37.5%), MBC가 107건(33.4%), 그리고 SBS가 93건(29.1%)으로 가장 적었다. 그러나 16대 대선에서는 15대 대선과는 달리 SBS가 156건(36.2%)으로 가장 많았고, KBS가 152건(35.3%), 그리고 MBC가 123건(28.1%)으로 상대적으로 가장 적었다. 결국 SBS는 15대 대선에 비해 67.7%p(15대 93건, 16대 156건)가 늘어났으며, KBS는 26.7%p, MBC는 15.0%p 증가하였다. 결국 SBS는 15대 대선 때와는 달리 16대 대선에서는 매우 관심 있게 보도하였음을 알 수 있다.[4]

한편 15대 대선에서는 320건의 기사 중 157건(49.1%)이 단일 기사, 163건(50.9%)이 두 개 이상 다른 상황의 정보를 같이 전달하는 복합기사 형태를 띠었다. 그러나 16대 대선에서는 431건의 기사 중 144건(33.4%)이 단일 기사, 287건(66.6%)이 복합기사로 15대 대선

---

4 이 같은 결과는 2002년 대선이 끝난 후 발표한 민언련의 방송모니터분석 결과와 거의 같다. 민언련의 분석 결과의 일부를 인용하면 "...방송3사는 메인뉴스에서 11월 1일부터 12월 18일까지 총 48일 동안 884건의 선거 관련 보도를 하였다. 방송사별 보도량에서는 SBS 8시뉴스가 선거관련 보도량이 가장 많았다. SBS는 총 312건을 보도했으며, KBS 뉴스9은 304건, MBC는 268건을 보도했다. SBS의 선거관련 보도량이 많은 것은 상당히 이례적이다. SBS는 다른 두 방송사와 비교했을 때 전체 보도시간이나 보도량이 가장 적음에도 가장 많은 선거 관련 보도를 내보냈다." (이송지혜, 2003)

에 비해 복합기사가 더 늘어난 점이 두드러진다.

보도기사 건수뿐만 아니라 방송 시간량으로 보더라도 SBS는 15대 대선에 비해 16대 대선에서 크게 증가한 점이 두드러진다. 15대 대선에서 KBS는 총 137분 5초, MBC는 122분 9초, SBS는 118분 45초 동안 방송하였다(표 2-2 참조). 하루 평균 선거보도시간은 KBS 10분 32초, MBC 9분 23초, SBS 9분 8초이며, 전체적으로는 평균 9분 41초이다.

〈표 2-1〉 15대, 16대 대선 관련 단위기사건수

날짜 \ 방송사		KBS		MBC		SBS		전 체	
15대	16대	15대	16대	15대	16대	15대	16대	15대	16대
11월11일(화)	12일(화)	7	7	6	5	6	8	19	20
14일(금)	15일(금)	9	12	6	8	4	6	19	26
17일(월)	18일(월)	4	10	4	12	5	11	13	33
20일(목)	21일(목)	8	7	10	8	7	7	25	22
23일(일)	24일(일)	7	9	5	8	4	8	16	25
26일(수)	27일(수)	9	14	6	6	7	12	22	32
29일(토)	30일(토)	8	11	10	11	5	17	23	39
12월02일(화)	02일(월)	8	13	9	18	7	19	24	50
05일(금)	05일(목)	7	18	4	10	6	17	17	45
08일(월)	08일(일)	10	14	9	9	10	13	29	36
11일(목)	11일(수)	11	15	12	10	9	17	32	42
14일(일)	14일(토)	14	12	16	5	8	8	19	25
17일(수)	17일(화)	18	10	10	13	15	13	43	36
계		120	152	107	123	93	156	320	431

16대 대선에서 KBS는 총 136분 8초로 15대 대선에 비해 약 1분 정도 줄었고, MBC는 118분 3초로 15대 대선에 비해 14분 정도가 줄었다. 그러나 SBS는 139분 6초로 15대에 비해 무려 약 21분이 늘었는데, 이는 하루에 1분 정도 늘어난 셈이다. 방송사별 하루 평균 선거보도시간을 보면 KBS 10분 05초, MBC 9분 01초, SBS 10분 07초로 SBS가 가장 길며, 전체적으로는 평균 9분 07초이다.

〈그림 2-2〉 15대, 16대 대선 관련 단위기사건수

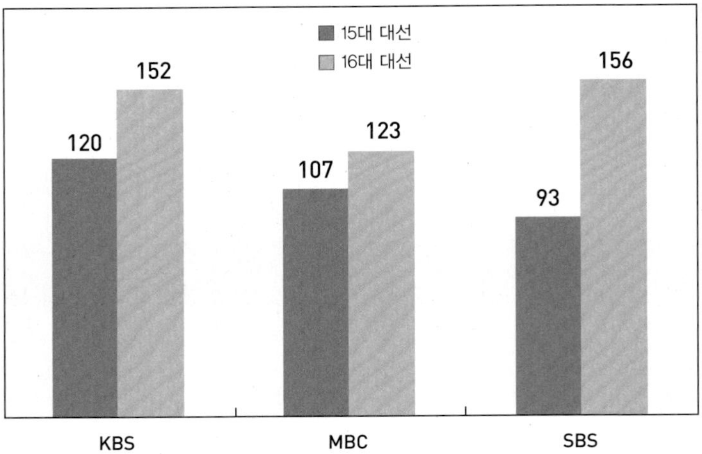

〈표 2-2〉 15대 16대 대선관련 방송사별 선거기사 방송시간

날짜 \ 방송사		KBS		MBC		SBS		전 체	
15대	16대	15대	16대	15대	16대	15대	16대	15대	16대
11월11일(화)	12일(화)	8′02″	6′00″	7′46″	3′01″	9′26″	6′01″	25′14″	15′02″
14일(금)	15일(금)	9′00″	6′01″	9′04″	6′04″	10′05″	3′03″	28′09″	15′08″
17일(월)	18일(월)	8′11″	13 09″	5′57″	7′06″	9′25″	8′06″	23′33″	28′21″
20일(목)	21일(목)	5′48″	11′01″	7′38″	8′08″	4′04″	6′02″	17′30″	25′11″
23일(일)	24일(일)	3′54″	9′00″	7′05″	9′07″	3′06″	8′04″	14′05″	26′11″
26일(수)	27일(수)	12′16″	14′07″	9′30″	7′05″	10′46″	13′02″	32′32″	34′14″
29일(토)	30일(토)	8′07″	10′05″	7′03″	8′01″	5′22″	13′02″	20′32″	31′08″
12월02일(화)	02일(월)	10′48″	9′09″	8′03″	18′09″	9′05″	17′04″	27′56″	44′22″
05일(금)	05일(목)	7′06″	12′08″	7′08″	5′08″	7′30″	14′01″	21′44″	31′17″
08일(월)	08일(일)	9′24″	11′01″	9′47″	7′03″	9′05″	11′06″	28′16″	29′10″
11일(목)	11일(수)	13′19″	11′10″	9′57″	12′35″	12′46″	13′02″	36′02″	36′47″
14일(일)	14일(토)	15′10″	8′04″	13′10″	8′00″	7′20″	9′04″	35′40″	25′08″
17일(수)	17일(화)	26′00″	11′03″	20′02″	14′05″	20′45″	15′01″	66′47″	40′09″
계(단위: 분/초)		137′05″	136′08″	122′09″	118′03″	118′45″	139′06″	378′00″	393′17″
하루선거기사시간(평균)(단위: 분/초)		10′32″	10′05″	9′23″	9′01″	9′08″	10′07″	9′41″	9′07″

기사유형 및 뉴스밸류

우리나라 방송의 선거보도 문제점 중 하나가 심층적인 정보를 담보할 수 있는 해설기사나 기획기사보다는 피상적인 정보만을 담을 수밖에 없는 스트레이트나 스케치기사를 지나치게 많이 강조한다는 점이다.

〈그림 2-3〉 15대, 16대 대선 관련 기사 방송시간 비교

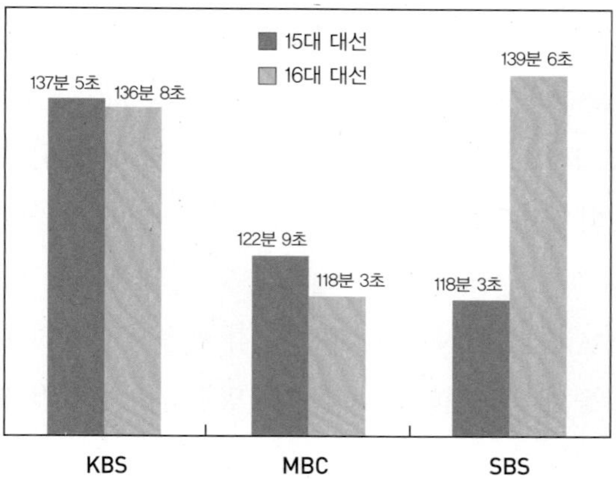

〈표 2-3〉 기사유형 (%)

방송사 / 기사유형	KBS		MBC		SBS		전 체	
	15대	16대	15대	16대	15대	16대	15대	16대
스트레이트-스케치 기사	88.3	74.3	86.9	82.1	86.0	78.2	87.2	78.0
기획-해설기사	3.3	21.1	5.6	16.3	3.2	19.2	4.1	19.0
단신	8.3	4.6	7.5	1.6	10.8	2.6	8.8	3.0
계 (사례수)	100.0 (120)	100.0 (152)	100.0 (107)	100.0 (123)	100.0 (93)	100.0 (93)	100.0 (320)	100.0 (431)

15대: χ^2= 1.6, df=4, p〉.05 , 16대: χ^2= 3.521, df=4, p〉.05

지난 15대 대선에서도 3방송사 전체 선거보도의 87.2%가 스트레이트기사나 후보들의 선거운동 장면, 선거유세장의 분위기를 전달하는 스케치 기사이며, 단신이 8.8%이었다. 따라서 TV선거기사의 96% 정도가 본질적으로 피상적인 정보를 담을 수밖에 없는 기사

들이다. 이와는 대조적으로 심층적인 정보를 담을 수 있는 해설기사는 2.2%, 기획기사는 1.9%에 불과하다. 방송사별로 분석해 보면 〈표 2-3〉에 제시한 바와 같이 방송사간에 별다른 차이를 보이지 않았으나, MBC가 타방송사에 비해 기획-해설기사(5.6%)가 상대적으로 약간 더 많고, SBS가 단신기사(10.8%)가 많다는 점이 두드러진다.

그러나 16대 대선에서는 15대 대선에 비해 변화가 일어났다. 물론 여전히 스트레이트-스케치기사가 78.0%로 가장 많으나 지난 15대 대선에 비해 9.2%p가 줄어든 반면에, 기획-해설기사는 15대 4.1%에서 19.0%로 크게 늘어났다. 단신기사 역시 15대 8.8%에서 3.0%로 줄어들었다. 방송사별로 보면 3방송사 모두 스트레이트-스케치 기사가 줄고, 기획-해설기사가 크게 늘었다. 기획-해설기사의 경우 KBS가 15대 3.3%에서 21.1%로, SBS가 3.2%에서 19.2%로, MBC가 5.6%에서 16.3%로 크게 늘어났다. 결국 15대 대선에 비해 16대 대선 보도가 좀 더 심층적이고 분석적인 기사가 더 많았음을 알 수 있다.

이어서 방송사들이 선거기사를 어느 정도 비중 있게 기사화 하였는지를 알아보기 위해 각 방송사들의 뉴스밸류를 분석하였다. 그런데 각 방송사들의 하루 방송뉴스 건수가 제각기 다르고, 같은 방송사라 하더라도 요일별로 방송뉴스 건수가 달라 이들의 뉴스밸류를 정확히 측정하기 위해서는 표준화시킬 수밖에 없다. 하루에 방송된 전체 뉴스 건수의 방송순서를 4등분하여 톱뉴스에서부터 1/4순위까지를 상, 1/4순위에서 2/4순위까지를 중상, 2/4순위에서 3/4순위까지를 중하, 3/4순위에서 끝 뉴스까지를 하로 분류하였다.[5]

그 결과 15대 대선에 비해 16대 대선에서 선거관련기사를 매우 비중 있게 보도한 것으로 나타났다. 먼저 15대 대선에서 전체적으로 선거기사의 18.4%가 상에 해당하였고, 38.4%가 중상, 26.9%가 중하, 16.3%가 하로 분류되었다. 따라서 15대 대선에서는 선거기사가 별로 비중 있게 다뤄지지 않았는데, 이는 15대 대선이 IMF기간에 치러졌기 때문에 방송사들은 IMF와 경제문제에도 선거기사 못지않은 비중을 두었기 때문인 것으로 판단된다.

---

5 뉴스밸류와 뉴스 방송순위가 완벽하게 일치할 수는 없다. 그렇지만 실제 방송현업에서는 상대적으로 더 중요한 뉴스를 먼저 방송하고 있으며, 또한 뉴스밸류를 측정할 때 뉴스순위보다 더 객관적이고 합리적인 기준치가 없기 때문에 본 연구에서의 뉴스밸류는 해당 뉴스의 방송순위를 기초로 하여 측정하였다.

〈표 2-4〉 뉴스밸류 (%)

기사유형 \ 방송사	KBS		MBC		SBS		전 체	
	15대	16대	15대	16대	15대	16대	15대	16대
상	11.7	58.6	23.4	74.0	21.5	42.3	18.4	57.1
중상	51.2	24.3	33.6	14.6	26.9	27.6	38.4	22.7
중하	29.2	2.6	32.7	0.0	17.2	4.5	26.9	2.6
하	7.5	14.5	10.3	11.4	34.4	25.6	16.3	17.6
계 (사례수)	100.0 (120)	100.0 (152)	100.0 (107)	100.0 (123)	100.0 (93)	100.0 (93)	100.0 (320)	100.0 (431)

15대 대선: χ^2=45.9, df=6, p=.0001
16대 대선: χ^2=32.2, df=6, p=.000

방송사별로 보면 〈표 2-4〉에서 보듯이 15대 대선에서 MBC가 선거기사를 가장 비중 있게 다루었으며, KBS는 주로 중상위 순위(뉴스 꼭지의 순서가 6번째에서 11번째까지)에 배치하였으며, SBS는 주로 하위의 순서에 배치하였다. MBC의 선거기사는 23.4%가 상위 뉴스밸류를 갖고 있으며, KBS는 상위의 뉴스밸류를 갖는 기사는 3사중에서 가장 적은 11.7%에 불과하지만 선거기사의 51.2%가 중상의 뉴스밸류를 갖고 있었다. SBS는 상위 뉴스밸류를 갖는 기사가 21.5%로 KBS 보다 높지만 34.4%가 하위 뉴스밸류를 갖고 있어 다른 방송사에 비해 상대적으로 선거기사에 대해 뉴스밸류를 낮게 주었다.

16대 대선에서는 큰 변화가 일어났는데, 모든 방송사들이 선거기사에 대해 높은 뉴스밸류를 주었는데, 전체 기사의 57.1%가 상위 순위, 22.7%가 중상, 2.6%가 중하, 17.6%가 하위 순위에 방송되었다. 방송사별로 보면 기사건수에서는 상대적으로 가장 적었던 MBC가 선거기사를 가장 비중 있게 보도하였는데, 전체 선거기사의 약 4건 중 3건(74.0%)이 상위 순위에 배치되었다. KBS는 전체 선거기사의 58.6%가 상위 순위에 배치되었고, 기사건수에서는 가장 많았던 SBS가 상대적으로 선거기사에 비중을 덜 주었는데, 선거기사의 42.3%가 상위 순위에 해당되었다.

뉴스의 초점인물

어떤 정치인이 뉴스의 초점이 되었는지를 분석해 보았다. 분석결과 15대, 16대 대선 메이저 후보들 간에 통계적으로 유의미한 편파성은 발견되지 않았지만, 메이저 후보와 군소후보 간의 편파성은 뚜렷하였는데, 이러한 편파성은 15대 대선에서 특히 심했다가 16대 대선에서는 크게 개선된 점이 두드러진다.

먼저 15대 대선에서 이회창(19.4%), 김대중(18.4%), 이인제(18.1%) 후보 순으로 많이 보도되었지만 이들 메이저 후보들 간에 유의미한 차이가 없었다. 이들 3대 메이저 후보들은 전체 기사의 55.9%를 차지하였으나, 권영길, 김한식, 허경영, 신정일 등 4명의 군소후보들은 겨우 4.6%에 불과하였다(표 2-5 참조).

〈표 2-4〉 방송사별 초점인물(%)

* ( )안은 16대 인물임

방송사 / 기사유형	KBS		MBC		SBS		전 체	
	15대	16대	15대	16대	15대	16대	15대	16대
이회창 (이회창)	19.5	20.4	16.0	21.1	23.3	24.4	19.4	22.0
김대중 (노무현)	20.3	19.1	17.0	22.0	17.4	23.1	18.4	21.3
이인제 (정몽준)	18.6	7.2	17.0	4.9	18.6	5.8	18.1	6.0
(권영길)	–	7.9	–	9.8	–	7.1	–	8.1
군소 후보	5.1	21.1	7.0	17.9	1.2	14.1	4.6	17.6
정부기관, 인사	7.6	2.6	5.0	2.4	5.8	3.2	6.3	2.8
신한국당 관계자 (한나라당 관계자)	5.1	4.6	12.0	6.5	7.0	7.1	7.9	6.0
국민회의 관계자 (민주당 관계자)	4.2	3.3	12.0	4.9	5.8	5.8	7.2	4.6
국민신당 관계자 (국민통합21 관계자)	4.2	0.7	9.0	0.8	5.8	3.2	6.3	1.6
(민주노동당 관계자)	–	0	–	0	–	0	–	0
전체 후보, 정당	6.8	13.2	3.0	8.9	8.1	5.8	5.9	9.3
기 타	8.5	0	2.0	0.8	7.0	0.6	5.9	0.5
계 (사례수)	100.0 (118)	100.0 (152)	100.0 (100)	100.0 (123)	100.0 (86)	100.0 (156)	100.0 (304)	100.0 (431)

15대 대선: χ^2= 22.5 df=18, p〉.05,
16대 대선: χ^2= 16.1 df=20, p〉.05

방송사별로 보면 KBS는 김대중 후보(20.3%)가 이회창 후보(19.5%)보다 약간 더 많았으며, MBC도 김대중, 이인제 후보(똑같이 17.0%)가 이회창 후보(16.0%)보다 좀 더 많았다. 그러나 SBS는 이회창 후보 23.3%, 이인제 후보 18.6%, 김대중 후보 17.4%로 이회창 후보가 다른 후보들보다 훨씬 더 많았다.

결국 15대 대선에서는 메이저 후보들 간에 편파성이 뚜렷하지는 않았지만 KBS, MBC에 비해 SBS가 여당후보인 이회창 후보를 좀 더 많이 보도하는 편향성이 발견되었다. 또한 메이저 후보들과 군소후보 간에 차별이 심하게 나타났다고 할 수 있겠다.

16대 대선에서도 메이저 후보인 이회창, 노무현 후보 등 메이저 후보 간의 편향성은 나타나지 않아 여당후보에 대한 편파성은 없었던 것으로 판단된다. 다만 15대 대선에 비해 괄목할만한 변화는 군소후보들에 대한 배려가 크게 증가하였다는 점이다. 먼저 전체적으로 보면 야당후보인 이회창(22.0%) 후보가 여당후보인 노무현(21.3%) 후보보다 오히려 약간 더 많았으며, 중도 사퇴한 정몽준 후보가 6.0%이었다. 그러나 15대 대선에서는 권영길 후보를 포함한 군소후보가 4.6%에 지나지 않았지만, 16대 대선에서는 권영길 후보가 8.1%, 나머지 군소후보가 17.6%로 권영길 후보를 포함한 군소후보들의 기사 비율은 무려 25.7%나 되었다. 분명 15대 대선에 비해 커다란 변화라 하겠다.

방송사별로 보면 MBC만이 노무현 후보(22.0%)가 이회창 후보(21.1%)보다 약간 더 많았을 뿐 KBS, SBS는 이회창 후보가 노무현 후보보다 약간 더 많았다. 15대 대선에서 다른 후보들보다 이회창 후보에게 더 많이 초점을 맞추었던 SBS가 16대 대선에서는 편향성이 거의 나타나지 않았다. 그러나 SBS는 KBS, MBC에 비해 권영길 후보 등의 군소후보에 대한 배려가 상대적으로 적었다. SBS는 권영길 후보를 포함한 군소후보들에 대한 비율이 21.2%인데 비해 KBS는 29.0%, MBC는 27.7%이었다.

기사내용

이어서 방송사들이 어떠한 내용을 많이 보도하였는지를 분석해 보았다. 이를 위해 각 기사의 내용을 최대 2개까지 체크하였는데, 그 결과 〈표 2-6〉에서 보는 바와 같이 15대와 16대 대선의 선거보도는 많은 변화가 일어났다. 먼저 15대 대선에서는 '선거운동, 선거유세'가 52.2%로 가장 많았다. 이어서 이슈문제가 39.3%로 두 번째로 많았고, 15대 대선에서 우리나라 선거 사상 처음으로 후보들 간의 합동TV토론회가 실시된 관계로 TV토론과 관련된 기사가 19.7%로 세 번째로 많았다. 이밖에 과거 다른 선거에 비해 15대 대선에서 유난히 많았던 '여론조사, 판세분석'이 8.8%, '공약, 정책' 6.6%, '폭로전, 인신공격' 5.6%, 개표방송 5.6%, 기자회견 5.0%, '공명선거 촉구, 부정선거 규탄' 5.0%, 투표 3.4% 등이다.

〈표 2-6〉 기사 내용(%) (복수 체크)

	15대 대선	16대 대선	변 화
선거운동, 선거유세	52.2	72.2	+20.0
여론조사,판세분석	8.8	13.9	+5.1
TV토론, 미디어선거	19.7	18.3	−1.4
폭로전, 인신공격	5.6	12.3	+6.7
개표방송	5.6		
투 표	3.4	2.3	−1.1
이 슈	39.3	20.6	−18.7
기자회견	5.0		
공명선거, 불법선거	5.0	6.7	+1.7
공약, 정책	6.6	53.6	+47.0
사례수	320	431	

16대 대선을 보면 '선거운동, 선거유세'가 72.2%로 가장 많았는데, 이는 지난 15대 대선 때(52.2%) 보다 20.0%p가 늘어났다. 이어서 지난 15대 대선에서는 겨우 6.6%에 지나

지 않았던 '공약, 정책'이 53.6%로 두 번째로 많아 큰 변화를 보였다. 그리고 이슈문제가 20.6%로 세 번째로 많았으며, 'TV토론, 미디어선거'18.3%, '여론조사, 판세분석' 13.9%, '폭로전, 인신공격' 12.3% 순으로 많았다. 이밖에 '공명선거 촉구, 부정선거 규탄' 6.7%, 투표 2.3% 순이었다.

경마식 저널리즘과 관련 있는 '선거운동, 선거유세', '여론조사, 판세분석', '폭로전, 인신공격'등을 모두 합하면 15대 대선에서는 66.0%로 텔레비전의 15대 대선 보도의 약 2/3가 경마식 보도였다. 그러나 16대 대선에서는 경마식 보도가 98.4%로 오히려 32.4%p 증가하였다. 대신에 이상적인 선거보도라 할 수 있는 이슈와 정책 보도가 15대 대선에서 45.9%에서 74.2%로 28.3%p가 늘어난 것은 매우 긍정적인 변화라 하겠다. 결국 16대 대선에서는 경마식 저널리즘과 이슈와 정책 보도가 동시에 크게 늘어난 것이 두드러진다 하겠다.

한편 뉴스의 초점인물별로 보면 15대, 16대 대선 모두 후보 간에 큰 차이를 보이지 않았다. 다시 말해 메이저 후보에 대한 보도내용에 있어서 별다른 편파성을 찾아볼 수 없었다. 다만 16대 대선에서 메이저 후보들은 '선거운동, 선거유세'와 '공약, 정책' 관련 보도를 거의 비슷하게 보도하였으나, 권영길 후보를 포함한 군소후보들의 경우는 '공약, 정책'(권영길 46.2%, 군소후보 52.2%)보다는 '선거운동, 선거유세'(권영길 103.8%, 군소후보 113.0%)에만 집중적으로 보도한 것이 눈에 띈다(표 7 참조). 이 같은 결과는 방송사들의 군소 후보들에 대한 보도건수가 작은 것도 문제지만 보도된 기사의 내용이 주로 선거운동과 선거유세와 관련된 내용인 반면에 이들이 주장하는 정책이나 공약에 대해서는 상대적으로 소홀하였음을 의미하는 것이다.

방송사별로 보면 15대 대선에서 MBC가 타방송사에 비해 이슈문제(50.5%)를 상대적으로 많이 다룬 점과, SBS가 '선거운동, 선거유세'(63.4%)를 매우 많이 보도 한 점, 그리고 KBS가 타방송사들보다 공약과 정책문제(10.0%)에 상대적으로 더 많이 보도한 점(MBC 4.5%, SBS 2.2%)이 눈에 띈다.

〈표 2-7〉 초점인물별 기사 내용(%) (복수 체크)

초청 인물 / 기사 내용	15대	16대	15대	16대	15대	16대	15대	16대	15대	16대
	이회창	이회창	김대중	노무현	이인제	정몽준	–	권영길	군소 후보	군소 후보
선거운동, 선거유세	55.9	74.0	60.7	66.4	69.1	67.4		103.8	35.7	113.0
여론조사, 판세분석	8.5	10.4	8.9	18.2	4.3	23.9		0.0		13.0
TV토론, 미디어선거	25.4	19.8	25.0	18.2	23.6	15.2		26.9	28.6	4.3
흑색선전, 폭로전	6.8	8.3	7.1	6.4	7.3	2.2		7.7		8.7
개표방송	5.1		3.6		5.5					
투 표		1.0		0.9	1.8	0.0		0.0		0.0
이 슈	45.8	14.6	42.9	20.9	43.6	50.0		15.4	42.8	8.7
기자회견	8.5		5.4		9.1				21.4	4.8
공명선거, 불법선거	1.7	1.0		1.8		2.2		0.0		0.0
공약, 정책	8.5	70.8	16.1	67.3	7.3	39.1		46.2	7.1	52.2
사례수	59	96	56	110	55	46		26	14	23

16대 대선에서는 KBS가 타방송사보다 '선거운동, 선거유세'를 가장 많이 보도하였는데, KBS가 77.6%, MBC 70.7%, 그리고 SBS가 67.9%로 상대적으로 가장 적었다. 반면에 SBS는 '공약, 정책'문제를 상대적으로 가장 많이 보도하였는데, SBS 60.9%, KBS 50.7%, MBC 48.0% 순이었다. 결국 15대 대선과는 완전히 상반된 결과라 하겠는데 15대 대선에서는 KBS가 공약과 정책문제를 상대적으로 가장 많이 보도하였고, SBS는 '선거운동, 선거유세'를 상대적으로 가장 많이 보도 한 점을 상기한다면 매우 큰 변화라 하겠다.

이어서 선거 시기[6]별로 분석해보았는데, 먼저 15대 대선에서 선거초반기에 공약과 정책문제(13.0%)가 다른 시기보다 많이 보도되었고, 선거중반기에 '선거운동, 선거유세'(70.4%), 이슈문제(39.3%)들이 집중적으로 많이 보도되었으며, 선거종반기에는 다른 시기보다 TV토론과 관련된 내용들(27.4%)이 많이 다뤄졌다.

〈표 2-8〉 시기별 선거관련 기사 내용(%) (복수 체크)

	선거초반		선거중반		선거종반	
	15대	16대	15대	16대	15대	16대
선거운동, 선거유세	46.7	60.4	70.4	69.1	38.0	84.9
여론조사, 판세분석	15.2	12.9	2.6	14.1	9.7	14.4
TV토론, 미디어선거	14.1	29.7	16.5	18.3	27.4	10.1
폭로전, 인신공격	7.6	0.0	1.7	24.6	8.0	4.3
개표방송	10.9		.9		6.2	
투 표		1.0	.9	2.6	8.8	2.9
이 슈	34.8	46.5	51.3	19.9	31.0	2.9
기자회견	1.1		7.0		6.2	
공명선거, 불법선거	9.8	10.9	2.6	6.8	3.5	3.6
공약, 정책	13.0	38.6	4.3	44.5	3.5	77.0
사례수	92	101	115	191	113	431

분석결과 〈표 2-8〉에서 보는 바와 같이 15대 대선과는 약간 다른 양상을 보였다. 먼저 '선거운동, 선거유세'는 선거일에 가까워질수록 크게 증가하였는데, 선거초반 60.4%, 중반 69.1%, 그리고 선거종반에는 84.9%의 비율을 보였다. '공약, 정책' 역시 선거종반으로 갈수록 크게 늘어났는데, 선거초반 38.6%, 중반 44.5%, 그리고 선거종반에는 77.0%의 비율을 보였다. 이에 반해 이슈문제는 선거초반에 집중적으로 보도되었다가 선거일에 다

6 선거 시기는 15대 대선에서는 11월 11일부터 11월 25일까지를 선거초반기, 선거 공고일에서 12월 8일 까지를 선거중반기, 그리고 12월 9일부터 17일까지를 선거종반기로 구분하였다. 16대 대선에서는 11월 12, 15, 18, 21일을 선거초반, 11월 24, 27, 30, 12월 2, 5일을 선거중반, 12월 8, 11, 14, 17일을 선거종반으로 구분하였다.

가갈수록 그 비율이 크게 줄어드는 경향(선거초반 46.5%, 중반 19.9%, 종반 2.9%)을 보였다. 'TV토론과 미디어선거' 역시 선거일에 가까워질수록 보도비율이 줄어드는 것으로 나타났다.

육성(sound bite) 분석

우리 방송사들의 정치인 육성(sound bite) 방송율은 15대 64.7%, 16대 84.9%로 16대 대선에서 매우 높아졌다, 다시 말해 선거관련 뉴스기사의 대부분이 정치인들의 사운드 바이트를 들려준다는 것을 의미한다. 육성 방송율을 방송사별로 보면 KBS가 후보들의 사운드 바이트를 가장 많이 들려주었는데, 15대 대선에서 70.0%, 16대 대선에서는 무려 90.9%의 방송율을 보여 거의 모든 기사에서 후보들의 육성을 들려준 셈이다. MBC는 15대 60.8%, 16대 83.7%였으며, SBS는 15대 53.8%, 16대 89.7%이었다.

육성의 길이는 15대 대선에서 각 기사당 평균 17.3초였으나 16대 대선에서는 평균 13,8초로서 약 4초 정도가 줄어들었다. 방송사별 사운드 바이트 길이는 비교적 많은 차이가 났는데 15대, 16대 모두 MBC-SBS-KBS순으로 길었다. MBC는 평균 16대 15.9초(15대 24.1초), SBS는 13.6초(15대 16.6초), 그리고 KBS가 12.3초(15대 11.8초)였다.

이어서 각 후보별로 사운드 바이트 길이에서 차이가 있는지를 분석해 보면 〈표 2-9〉에 제시한 바와 같이 15대, 16대 모두 여당후보보다는 오히려 야당후보가 더 길었던 점이 공통적이다. 먼저 15대 대선에서 전체적으로 김대중 후보가 평균 20.4초, 이회창 후보가 19.8초, 이인제 후보 18.2초, 군소 후보 22.3초로 군소 후보들이 가장 긴 것으로 나타났으나 군소 후보들의 경우는 사례수가 매우 적어 큰 의미는 없다고 하겠다. 중요 3후보 중에서는 김대중 후보가 상대적으로 가장 긴 것으로 나타났으나 통계적으로 유의미한 차이를 보이지는 않았다. 그러나 16대 대선에서는 전체적으로 이회창 후보가 평균 16.0초, 노무현 후보가 15.0초, 정몽준 후보 10.6초, 권영길 8.5초, 군소 후보 8.7초였으며 이러한 차이는 통계적으로도 유의미하게 나타났다. 다시 말해 후보 간에 사운드 바이트의 길이가 차이가 있다는 것이다(F=5.1, df=4/240, p=.01).

〈표 2-9〉 각 후보별 육성(sound bite) 평균 방송시간 (단위:초)

	KBS*		MBC**		SBS***		전 체****	
	15대	16대	15대	16대	15대	16대	15대	16대
이회창 (이회창)	11.9	14.1	30.2	19.2	19.1	15.3	19.8	16.0
김대중 (노무현)	12.9	14.8	31.2	18.0	18.4	13.8	20.4	15.0
이인제 (정몽준)	12.0	10.8	23.6	10.5	17.1	10.4	18.2	10.6
(권영길)		7.9		8.4		9.5		8.5
군소후보		7.7	22.3	8.1		10.8	22.3	8.7
전체 평균	11.8	12.3	24.1	15.9	16.6	13.6	17.6	13.8

	15대	16대
*	F=0.19, df=2/57, p〉.05	F=3.5, df=4/79, p=.012
**	F=0.23, df=3/47, p〉.05	F=1.14, df=4/62, p〉.050
***	F=0.12, df=2/35, p〉.05	F=3.62, df=4/89, p=.009
****	F=0.20, df=3/145, p〉.05	F=5.10, df=4/89, p=.001

이어서 방송사별로 보면 15대 대선에서 SBS만 이회창 후보가 다른 후보보다 약간 길고, 나머지 KBS, MBC는 김대중 후보가 상대적으로 가장 길었다. 그러나 이러한 차이 역시 통계적으로 유의미하지 않았다. 그러나 16대 대선에서는 KBS만 노무현 후보가 이회창 후보보다 약간 더 길뿐, MBC, SBS 모두 이회창 후보가 노후보보다 약간 더 길었다. 이러한 차이는 MBC를 제외하고 나머지 두 방송사에서는 통계적으로도 유의미 하였다.

한편 한 가지 주목할 만한 사실은 선거일에 가까워질수록 사운드 바이트 길이가 길어진다는 사실이다(표 2-10 참조). 15대 대선의 선거초반기에는 평균 12.7초, 중반기에는 15.5초, 종반기에는 23.0초로 늘어나는데, 특히 선거종반기에 증가폭이 매우 큰 점이 두드러진다. 16대 대선에서도 마찬가지로 선거초반에는 11.1초, 선거중반에 13.8초, 그리고 선거종반에 14.1초로 선거일에 가까울수록 사운드 바이트 길이가 증가하였다. 15대 대선, 16대 대선 모두 변량분석 결과 통계적으로 유의미한 차이를 보였다.

〈표 2-10〉 선거시기별 사운드 바이트 길이 (초)

	선거 초반	선거 중반	선거 종반
15대 대선 *	12.7	15.5	23.0
16대 대선 **	11.1	13.8	14.1

* F=12.5, df=2/281, p=.002
**F=4.7 , df=2/363, p〈.05

기사의 방송시간

선거관련기사의 방송시간은 15대 대선 평균 76.2초, 16대 대선 56.2초로 약 20초가 짧아졌다. 이는 16대 대선에서 종합기사가 많았기 때문인 것으로 판단된다. 방송사별로 보면 15대 대선에서는 MBC가 평균 82.4초로 가장 길고, 이어서 SBS가 79.2초, KBS가 68.3초 순이었다. 그러나 16대 대선에서는 KBS가 57.9초로 가장 길어졌고, MBC가 57.4초, 그리고 SBS가 53.7초로 상대적으로 가장 짧아졌다.

각 후보별로 보면 15대, 16대 모두 주요 야당후보들이 여당후보보다 방송시간이 더 길었다. 15대 대선에서 김대중 후보와 관련된 뉴스가 86.7초로 가장 길고, 이회창 후보 83.4초, 이인제 후보 79.5초, 군소 후보 31.6초이다. 이러한 차이는 통계적으로도 유의미한 차이를 보였다(F=12.0, df=3/180, p=.0000). 16대 대선에서도 야당후보인 이회창 후보와 관련된 뉴스가 71.0초로 가장 길고, 노무현 후보 62.1초이고, 군소후보들은 20초 내외였다. 이러한 차이는 통계적으로도 유의미한 차이를 보였다(F=29.1, df=4/264, p=.0000).

각 방송사별로 보면 〈표 2-11〉에서 보는 바와 같이 후보 간에 비교적 많은 차이를 보였는데, 15대 대선에서 KBS와 SBS는 김대중 후보와 관련된 뉴스가 가장 길고, MBC는 이회창 후보와 관련된 뉴스가 가장 길었다. 각 방송사별 후보들의 뉴스길이 차이는 SBS만을 제외하고 통계적으로 유의미한 차이를 보였다. 16대 대선에서도 모든 방송사들이 노무현 후보보다는 이회창 후보의 기사길이가 더 길었으며, 각 방송사별 후보들의 뉴스길이 차이는 모두 통계적으로 유의미한 차이를 보였다.

사운드 바이트에서와 같이 기사의 길이 역시 선거일에 가까워질수록 길어지는 경향을 보였는데, 15대 대선 초반기에는 평균 72.3초, 중반기에는 74.1초, 종반기에는 81.4초로 늘어나는데, 선거종반기에 그 증가폭이 매우 컸다. 16대 대선에서도 선거초반 평균 54.0초, 선거중반 54.5초, 선거종반 58.0초로 선거일에 가까울수록 기사의 길이가 조금씩 길어지는 경향을 보였다.

〈표 2-11〉 방송사별 각 후보 평균 방송시간 (단위:초)

	KBS*		MBC**		SBS***		전 체****	
	15대	16대	15대	16대	15대	16대	15대	16대
이회창 (이회창)	67.6	71.5	102.4	76.0	86.2	67.1	83.4	71.0
김대중 (노무현)	74.1	66.6	101.9	64.5	89.7	56.9	86.7	62.1
이인제 (정몽준)	64.2	63.6	96.5	40.6	82.4	35.7	79.5	46.9
(권영길)		22.8		20.3		28.0		24.0
군소후보	26.0	18.8	38.3	16.8	18.6	20.0	31.6	18.6
전체 평균	68.3	57.9	82.4	57.4	79.2	53.7	76.1	56.2

	15대	16대
*	F= 3.72, df=3/71, p=.01	F=12.7, df=4/79, p=.000
**	F=11.2, df=3/53, p=.0001	F=7.81, df=4/72, p=.000
***	F= 1.98, df=3/48, p〉.05	F=12.1, df=4/95, p=.000
****	F=12.0, df=3/180, p=.0001	F=29.1, df=4/264, p=.000

후보, 정당별 질적 편파성 분석

지금까지는 양적인 측면에서 각 후보 간에 편파적인 보도가 있었는지를 살펴보았다. 여기에서는 방송의 내용적 측면, 즉 질적인 면에서 편파성이 있었는지를 비교 분석해 보고자 한다.

먼저 화면에 나타난 각 정당 관계자들의 분위기가 어떻게 묘사되었는지를 분석해 보았다. 화면에 나타난 분위기는 밝은 모습이나 화합하는 장면 등을 '긍정적 묘사'로, 반면에 분위기가 어둡거나 무겁고, 갈등을 나타내는 장면 등을 '부정적 묘사'로, 그리고 이것도 저것도 아닌 것을 '중립적 묘사'로 분류하였다.

〈표 2-12〉 화면에 나타난 각 정당 분위기(%)

	15대	16대	15대	16대	15대	16대
	신한국당	한나라당	국민회의	민주당	국민신당	국민통합21
긍정, 화합	33.3	45.7	25.6	48.5	26.3	45.5
갈등, 부정적	22.6	20.2	23.2	16.5	22.4	18.2
중립, 담담	44.0	34.0	51.2	35.1	51.3	36.4
계 (사례수)	100.0 (80)	100.0 (94)	100.0 (81)	100.0 (97)	100.0 (75)	100.0 (33)

15대	16대	15대	16대	15대	16대	15대	16대
	민주 노동당	군소후보	군소후보	전체후보	전체후보	전체	전체
	28.0		25.3		18.2	25.0	38.9
	8.0	15.8	7.6	13.3	9.1	21.7	14.6
	64.0	84.2	67.1	86.7	72.7	53.3	46.6
	100.0 (25)	100.0 (17)	100.0 (79)	100.0 (9)	100.0 (22)	100.0 (276)	100.0 (350)

15대: χ^2=19.8, df=8, p=.011 , 16대: χ^2=35.824, df=10, p=.000

분석 결과 〈표 2-12〉에서 보는 바와 같이 전체적으로 부정적 묘사보다는 밝은 장면들이 더 많았는데 15대 대선에서는 전체 기사의 25.0%가 긍정적 묘사, 21.7%가 부정적 묘사, 그리고 53.3%가 중립적으로 묘사되었다. 16대 대선에서는 전체 기사의 38.9%가 긍정적 묘사, 14.6%가 부정적 묘사, 그리고 46.6%가 중립적으로 묘사되어 15대 대선 때보다 더 밝게 묘사되었다.

각 정당별로 보면 15대, 16대 모두 야당보다는 여당에 대해 보다 긍정적으로 묘사하였다. 먼저 15대 대선에서 다른 정당에 비해 여당인 신한국당이 상대적으로 긍정적으로 묘사되었는데 신한국당 관련기사의 33.3%가 긍정적으로 묘사된 반면에 부정적 묘사는 22.6%이었다. 이에 비해 야당인 국민회의는 긍정적 묘사가 25.6%, 부정적 묘사가 23.2%이고, 국민신당은 긍정적 26.3%, 부정적 22.4%이다. 군소 후보들은 긍정적으로 보도된 경우가 한 건도 없었다. 이러한 차이는 통계적으로도 유의미한 차이를 보였다(χ^2 =19.8, df=8, p=.011).

16대 대선에서도 비슷한 경향을 보였는데, 여당인 민주당 관련기사의 48.5%가 긍정적으로 묘사된 반면에 부정적 묘사는 16.5%이었다. 이에 비해 한나라당은 긍정적 묘사가 45.7%, 부정적 묘사가 20.2%로 민주당보다 약간 더 덜 긍정적으로 묘사되었다. 군소 후보들은 긍정적으로 보도된 비율이 상대적으로 낮았다. 이러한 차이는 통계적으로도 유의미한 차이를 보였다(χ^2 =35.8, df=10, p=.000).

이어서 화면에 나타난 초점인물의 표정이 어떻게 비쳐졌는지를 살펴보기로 하자. 15대 대선에서 각 정당별로 보면 〈표 2-13〉에서 보는 바와 같이 여당인 신한국당 인물들은 다른 정당 인물들에 비해 더 밝은 표정으로 묘사되었다. 신한국당 인물을 초점으로 한 기사의 41.3%가 밝게 묘사된 것과는 대조적으로 국민회의는 29.6%, 국민신당은 33.3%이었으며, 군소 정당은 밝게 비춰진 경우가 한 건도 없었다. 이러한 차이는 통계적으로 유의미한 차이를 보였다.(χ^2 =20.7, df=8, p=.0079)

16대 대선에서는 각 정당별로 큰 차이를 보이지는 않았지만 여당인 민주당 인물들이 약간 더 밝은 표정으로 묘사되었다. 민주당 인물을 초점으로 한 기사의 47.4%가 밝게 묘사된 데 비해 한나라당은 45.7%였으며, 어둡게 묘사된 것은 한나라당이 2.1%고, 민주당은 없었다. 군소 정당 인물들이 밝게 묘사된 것은 겨우 10%대에 불과하였다. 이러한 차이는 통계적으로 유의미한 차이를 보였다(χ^2 =42.07, df=8, p=.000).

〈표 2-13〉 각 정당별 초점인물의 표정 (%)

	15대	16대	15대	16대	15대	16대
	신한국당	한나라당	국민회의	민주당	국민신당	국민통합21
밝음	41.3	45.7	29.6	47.4	33.3	45.5
중립	58.8	52.1	65.4	52.6	67.7	54.5
어두움		2.1	4.9			
계 (사례수)	100.0 (80)	100.0 (94)	100.0 (81)	100.0 (97)	100.0 (75)	100.0 (33)

15대	16대	15대	16대
	민주 노동당	군소후보	군소후보
밝음	12.0		15.2
중립	88.0	100.0	79.7
어두움	0.0		5.1
계 (사례수)	100.0 (79)	100.0 (17)	100.0 (22)

15대: χ^2=20.7 df=8 p=.0079 , 16대: χ^2=42.043 df=10 p=.000

화면에 비쳐진 초점인물들의 표정을 각 후보별로 보면 15대 대선의 경우 〈표 2-14〉에 제시한 바와 같이 이회창 후보는 다른 후보들보다 밝은 표정으로 보였는데, 이회창 후보 기사의 43.9%가 밝게 비춰진 반면, 김대중 후보는 27.3%만이. 이인제 후보는 30.9%만이 밝게 묘사되었다. 군소 후보는 밝게 비춰진 경우가 한 건도 없었으며, 이러한 후보 간의 차이는 통계적으로 유의미한 차이를 보였다(χ^2=15.0, df=6, p=.008).

16대 대선에서는 메이저 후보 간에는 큰 차이가 없었으나 메이저 후보들과 군소후보들 간에는 많은 차이가 발견되었다. 이러한 후보 간의 차이는 통계적으로 유의미한 차이를 보였다(χ^2=45.5, df=8, p=.000).

〈표 2-14〉 각 후보별 표정 (%)

	15대	16대	15대	16대	15대	16대
	이회창	이회창	김대중	노무현	이인제	정몽준
밝음	43.9	55.8	27.3	55.4	30.9	57.1
중립	56.1	44.2	44.6	44.6	69.1	42.9
어두움			7.3			
계 (사례수)	100.0 (57)	100.0 (95)	100.0 (55)	100.0 (92)	100.0 (55)	100.0 (35)

	15대	16대	15대	16대	전체*	
	–	권영길	군소후보	군소후보	15대	16대
밝음		11.5		4.8	31.7	50.9
중립		88.5	100.0	90.5	66.1	13.0
어두움				4.8	2.2	3.3
계 (사례수)		100.0 (26)	100.0 (13)	100.0 (21)	100.0 (21)	100.0 (269)

15대: χ^2=15.0, df=6 p=.008 , 16대: χ^2=45.471, df=8 p=.000

이어서 15대 대통령선거보도에서 나타난 질적 편파방송의 실제사례들을 살펴보기로 하자. 분석 결과 기사의 내용 중에서 당시 여당이었던 신한국당에게 편향된 표현들이 적지 않았는데, 특히나 여론조사 결과를 보여주면서 이회창 후보에게 우호적인 표현들이 적지 않게 발견되었다.

〈사례 1〉

〈...오늘 각 언론사들이 발표한 여론조사 결과를 보면은, 대선 판도의 근본적인 변화기류가 뚜렷해지고 있습니다. 그 동안 3위를 달리던 신한국당 이회창 후보가 2위 고지를 탈환했거나 또 근접해있다는 것이 그 대표적인 변화입니다. 신한국당이 이에 고무돼서 1위인 김대중 후보를 따라잡기 위해서 당력을 집중하고 있습니다.〉

〈...제일 당황하는 쪽은 국민신당입니다...〉

〈신한국당 이회창 후보의 지지율이 급상승하는 것도 그렇지만은 국민회의 측은 김대중 후보의 지지율이 답보상태인 것으로 나타나자 내심 긴장하는 그런 모습입니다... 〉

(11월 17일, KBS 앵커의 멘트중에서)

이 기사는 문제가 있다. 무엇보다도 여론조사 결과를 인용한 언론사의 이름을 밝히지 않고 막연히 '각 언론사'라고만 밝힌 것은 보도의 정확성을 꾀하지 못했다고 하겠다. 또한 대통령선거를 1달 남겨둔 시점에서 타 언론사들이 실시한 여론조사 결과를 상세하게 소개하면서 이회창 후보 지지도의 가파른 상승과 이인제 후보의 낙차 큰 하강세를 강조하였다. 이러한 지지도의 변화에 따라 신한국당은 자신을 얻어 1위인 김대중 후보와 양자대결을 계획하고 있고, 반대로 야당은 매우 초조하거나 긴장하고 있다는 점을 강조한 것은 공정한 보도라 할 수 없다.

〈사례 2〉

〈...신한국당 이회창 후보의 지지도가 최근 급격한 상승세를 보임에 따라서 대선 판세에 상당한 변화가 일고 있습니다. 특히 1, 2, 3위의 격차가 전보다 훨씬 좁혀짐에 따라서...〉 (11월 14일, KBS의 앵커 멘트 중에서)

이러한 보도 역시 뚜렷한 증거 없이 후보들의 지지도가 바뀌어 이회창 후보가 김대중 후보를 앞지르고 당선될 수 있다는 인식을 심어줄 수 있는 추측성, 주관적 보도라 하겠다.

〈사례 3〉

〈...앞으로 대통령 선거일까지 37일, 3자 대결 구도로 압축된 대선 정국에서...이회창 총재의 지지율 상승으로 고무된 신한국당은 이제 폭로나 비방전에서 벗어나 정책 대안 제시에 주력하기로 했습니다.〉 〈...지지율 상승 추세로 자신감을 얻은 신한국당은 정책 대결을 통한 득표전에 들어갔습니다.〉

(11월 11일, MBC 앵커의 멘트와 기자의 리포트 중에서).

신한국당은 폭로나 비방전을 지양하고 건전한 정책대결에 주력하고 있다는 점을 강조하고 있어 편파적인 멘트라 하겠다.

〈사례 4〉

〈신한국당이 내분에서 벗어나 눈에 띄게 안정세를 찾아가고 있습니다. 이제 비주류 중진들까지 나서서 이회창 대통령 만들기에 앞장서고 있습니다.〉

〈당 내분으로 어수선하던 신한국당이 지도부를 중심으로 한 번 해 보자는 바람이 강하게 불고 있습니다. 관망하는 모습을 보이던 이한동 대표부터 선거 운동의 전면에 나서기 시작했습니다.〉

(11월 14일, MBC 앵커와 기자의 리포트 중에서)

신한국당이 내분을 끝내고 화합하고 있다는 점을 강조하고 있다. 이러한 정당 내부의 화합적 분위기를 담고 있는 기사가 다른 정당에서는 찾아볼 수가 없었다.

〈사례 5〉

〈국민신당에는 적신호가 켜졌습니다. 여론 조사 결과 이인제 후보의 지지율이 떨어지는 추세인데다가 2위 자리를 내주고 있는 것으로 나타나자...〉

〈국민회의는 신한국당 이회창 후보의 상승세를 경계의 눈빛으로 바라보고 있습니다. 너무 빨리 양자 대결 구도로 압축되는 것은 국민회의가 원치 않는 대선 구도이기 때문입니다...〉

〈...몇몇 언론사의 여론 조사 결과, 2위 자리에 올라선 신한국당의 이회창 후보는 이제는 '김대중 후보와의 양자 대결이다' 이렇게 보고 지지도 확산에 힘을 쏟고 있습니다.〉

(11월 17일, MBC 앵커와 기자의 멘트중에서)

이러한 보도는 선거 판세를 이회창 후보와 김대중 후보의 양자대결 양상으로 인식시킴과 동시에 야당의 침울한 분위기를 강조하고 있기 때문에 문제가 있다 하겠다.

〈사례 6〉

〈…여론조사 결과는 이번 대선이 이회창, 김대중 두 후보의 양자 대결로 좁혀지는 양상을 보였습니다. 이회창 후보는 지난주보다 이인제 후보와의 간격을 더 벌리고 1위 김대중 후보를 바짝 쫓고 있습니다.〉

〈…DJT 연합을 성사시킨 김대중 후보의 지지율은 좀처럼 오르지 않은 반면 조순 총재와 결합한 이회창 총재는 연대의 효과를 톡톡히 보고 있습니다.〉

(11월 23일, MBC가 실시한 여론조사결과를 보도하면서…)

이러한 보도 역시 이회창, 김대중 두 후보 간의 양자대결을 강조하고 있으며, 이회창 후보는 더욱 더 힘을 얻어가고 있는 반면에 김대중 후보는 주춤하고 있다는 인식을 줄 수 있는 편파적인 보도라 하겠다.

〈사례 7〉

〈이회창 후보의 가파른 상승세가 2주째 이어지면서 선거전은 점차 김대중, 이회창 후보의 양자대결로 양상으로 바뀌고 있습니다.〉 (11월 23일, SBS 앵커 멘트중에서)

이 보도 역시 이회창 후보의 계속적인 상승세와 이회창, 김대중 후보의 양자대결을 강조하고 있다.

〈사례 8〉

〈신한국당이 마침내 내분상태를 마감하고 결속을 향한 움직임을 가속화하고 있습니다〉

〈…국민신당은 이를 위해 중량급 인사의 영입에 주력하고 있지만 성과가 기대에 미치지 못해 지도부가 애를 태우고 있습니다.〉 (11월 14일, SBS)

신한국당은 내분을 끝내고 화합을 하고 있는 반면에 국민신당은 계속 주춤거리고 있음을 강조하고 있다.

〈사례 9〉

〈각 여론조사의 결과 각 후보 진영의 표정이 엇갈렸습니다. 신한국당은 몇몇 여론조사에서 2위로 나타나자 아연 활기를 되찾으면서 대세반전을 위한 총력득표전에 나섰습니다〉

〈오늘 하루 신한국당 당지자들 사이에는 "이제는 해볼 만하다"는 말이 많이 돌았습니다. 일단 2위 탈환은 성공했다는 판단에 따라섭니다. 남은 9일 동안 김대중 총재와의 양자 구도를 굳히는 데 당력을 모으기로 했습니다.〉

〈국민신당은 최근 여론조사에서 이인제 후보의 지지율 2위가 흔들리자 당황과 긴장 속에서 대책 마련에 부심하고 있습니다.〉

(11월 17일, SBS)

지지도의 변화에 따라 신한국당은 완전히 자신감을 회복한 반면 국민신당은 당황하고 긴장하고 있다는 점을 강조하고 있다.

〈사례 10〉

SBS는 11월 11일 신한국당의 자체여론조사 결과(김대중 34.8%, 이회창 25.0%, 이인제 23.9%)를 가지고서 이회창 후보가 이인제를 후보를 따돌리고 2위를 탈환했다고 보도하였다. 언론사의 자체 여론조사가 아니라 객관적이라고 보기 어려운 특정 정당의 자체여론조사 결과를 인용한 것은 매우 위험한 일이라 하겠다.

이슈, 정책기사 분석

15대 대선에서 각 정당의 후보, 그리고 언론이 가장 많이 제기한 이슈는 '경제위기 극복문제'인데, 전체 이슈와 정책기사의 29.9%가 적어도 이 문제를 한번 이상 다루었다. 각 기사마다 최대 두 개까지의 이슈나 정책문제를 분석하였는데[7], 두 번째로 많이 거론된 이슈는 '폭로전, 인신공격'으로서 13.7%이다. 이어서 IMF책임문제(13.2%), 3김 청산(12.8%), 금융개혁문제(9.4%), 이회창 후보 아들 병역문제(8.5%), IMF재협상문제(8.1%), 정권교체(6.4%), 공명선거(6.0%), 정치개혁(5.1%), DJ비자금(4.3%) 등이 비교적 많이 거론되었으며, 기타가 29.9%이다. 기타에는 내각제문제, 지역감정문제, 세대교체, DJ건강문제, 언론의 편파보도 등이 포함되어 있다.

방송사별로 보면 큰 차이가 없었으나 모든 방송사들이 경제위기 극복문제를 가장 많이 다뤘다는 점과 SBS가 타 방송사에 비해 3김 청산(20.6%), '폭로전, 인신공격'(19.0%) 문제를 상대적으로 많이 다룬 반면에 DJ비자금 문제는 전혀 다루지 않은 점이 두드러진다 하겠다(표 2-15 참조).

15대 대선은 IMF시기에 선거가 치러졌기 때문에 주로 경제와 관련된 이슈나 정책들이 많이 다뤄진 것과는 대조적으로 16대 대선에서는 비교적 다양한 주제가 고르게 다뤄진 것이 특징이라 하겠다. 16대 대선에서는 15대 대선에서 두 번째로 많았던 '폭로전, 인신공격'이 23.0%로 가장 많았고, 노무현-정몽준 후보 간의 '후보단일화'가 21.0%로 두 번째로 많았다. 이어서 '정치개혁'(19.7%), '수도이전 및 지역개발문제'가 17.8%, 공약발표가 16.4%, 복지정책 12.2% 순으로 많았다. 이밖에 경제위기극복(8.6%), '통일, 북한문제' 7.6%, 반미 4.9%, 정권교체 3.3%, '공명선거, 부정선거' 2.3%, 기타가 8.2%였다.

방송사별로 보면 비교적 많은 차이가 났는데, KBS는 정치개혁(23.9%)과 공약발표(22.1%)를 가장 많이 다룬 반면에 MBC는 유달리 후보단일화(33.3%)를 가장 많이 다룬 점이 두드러지며, SBS는 '폭로전, 인신공격'문제(28.3%)를 가장 많이 다뤘다. 또한 KBS가 다른 방송사에 비해 경제위기 극복(15.9%) 문제를 상대적으로 많이 다룬 점이 눈에 띈다.

한편 선거시기별로 다뤄진 이슈나 정책을 분석해 보면 시기별로 많은 차이가 난다. 먼

7 하나의 기사에서 여러 이슈들이 다뤄지는 경우가 많지만, 해당 이슈를 언급하는 빈도와 양이 제각기 달랐다. 예를 들어 어떤 이슈에 대해서는 자주 언급하고 비교적 많이 다루는 반면에 또 다른 이슈에 대해서는 그저 언급만 하고 지나가는 경우가 있다. 따라서 본 연구에서는 하나의 분석단위기사에서 두 개 이상의 이슈들이 언급되었을 경우에 많이 언급되거나 자세히 다뤄진 순서대로 두 개의 이슈들만을 분석의 대상으로 삼았다.

저 15대 대통령선거의 본선 기간 내내 경제위기 극복문제가 가장 많이 다뤄진 이슈이지만 이를 제외한 나머지 이슈나 정책을 선거시기별로 분석해 보면 약간의 차이가 나타난다. 선거초반에는 다른 시기에 비해 공명선거문제가 많이 다뤄졌으며, 중반에는 IMF책임문제와 '폭로전, 인신공격'이, 선거 막판에는 IMF재협상문제가 집중적으로 다뤄졌다.

16대 대선에서는 선거초반에는 후보단일화 문제(64.9%)가 집중적으로 다뤄졌고, 중반에는 '폭로전, 인신공격'(45.3%)이, 선거종반에는 '수도 이전 및 지역개발문제'(41.9%)가 가장 많이 다뤄졌다.

〈표 2-15〉 15대 대선 방송사별 이슈·정책(%) (복수 체크)

	KBS	MBC	SBS	전체
IMF책임	12.8	11.8	15.9	13.2
DJ비자금	7.0	4.7		4.3
이회창병역문제	7.0	8.2	11.1	8.5
공명선거	5.8	8.2	3.2	6.0
정권교체	1.2	9.4	9.5	6.4
경제위기극복문제	26.7	31.8	31.7	29.9
정치개혁	7.0	2.4	6.3	5.1
폭로전, 인신공격	11.6	11.8	19.0	13.7
3김청산	10.5	9.4	20.6	12.8
금융개혁	12.8	7.1	7.9	9.4
IMF재협상	7.0	11.8	4.8	8.1
기타	29.1	28.2	33.3	29.9
사례수	86	85	63	234

〈표 2-16〉 16대 대선 방송사별 이슈 · 정책(%) (복수 체크)

	KBS	MBC	SBS	전체
공명선거, 부정선거	1.8	0.0	4.4	2.3
정권교체	5.3	0.0	3.5	3.3
경제위기 극복	15.9	5.1	3.5	8.6
정치개혁	23.9	19.2	15.9	19.7
지역감정 청산	6.2	3.8	5.3	5.3
폭로전, 인신공격	19.5	20.5	28.3	23.0
후보단일화	18.6	33.3	15.0	21.0
공약발표	22.1	15.4	11.5	16.4
통일, 북한 문제	5.3	11.5	7.1	7.6
복지정책	11.5	10.3	14.2	12.2
수도 이전, 지역개발	19.5	15.4	17.7	17.8
반 미	4.4	6.4	4.4	4.9
기 타	5.3	5.1	13.3	8.2
사례수	113	78	113	304

결론

본 연구는 15대, 16대 대통령선거 기간에 방송사들의 선거보도가 보도의 형식과 내용면에서 어떠한 변화가 있었고, 특히 보도의 양과 질적인 면에서 특정 후보나 정당에 대한 편파성은 없었는지를 분석하고자 하였다. 특히 정권교체에 따른 방송사들의 여당 편향성이 있는지를 집중적으로 밝혀보고자 하였다. 지금까지의 분석을 통해 다음과 같은 결론을 내릴 수 있겠다.

첫째, IMF기간에 치러진 15대 대선에 비해 16대 대선에서는 선거에 대한 관심도가 매우 높았다. 이는 기사건수, 방송시간, 그리고 뉴스밸류에서 그대로 잘 나타났다. 결국 1997년 대선 직전에 터진 IMF라는 건국 이래 최대의 국가위기 상황이 방송사들로 하여금 대선에 대한 관심을 덜 갖게 만들었던 것이다.

또한 15대 대선에서 기사건수나 방송시간에서 가장 적었던 SBS가 16대 대선에서는 타 방송사보다 훨씬 적극적으로 대통령선거를 보도한 점이 두드러진다. 뉴스밸류에 있어서도 큰 변화가 있는데, 15대 대선에서는 전체 선거기사의 18.4%만이 상위 순위에 배치되었다. 그러나 16대 대선에서는 전체 기사의 57.1%가 상위 순위에 배치되었으며, 특히 기사건수에서는 상대적으로 가장 적었던 MBC가 선거기사의 약 4건 중 3건(74.0%)을 상위 순위에 방송한 점이 눈에 띈다.

둘째, 여전히 방송사들은 해설-기획기사보다는 스트레이트-스케치 기사에 많은 관심을 갖고 있으나 16대에서는 해설-기획기사가 괄목할만하게 크게 증가한 반면에 스트레이트-스케치기사는 줄어드는 긍정적인 변화를 보였다. 결국 15대 대선에 비해 16대 대선

보도가 좀 더 심층적이고 분석적인 기사가 많아졌다고 할 수 있겠다.

셋째, 15대, 16대 대선 모두 양적인 편파성은 거의 나타나지 않았으며, 경우에 따라서는 오히려 야당후보에게 우호적인 편파가 발견되기도 하였다. 특히 지난 15대 대선에서는 양적인 측면에서도 조금은 이회창 후보에게 편파적이었던 SBS도 16대 대선에서는 양적인 편파가 크게 줄어들었다.

넷째, 메이저 후보들 간의 편파성은 두드러지지 않았으나 메이저 후보와 군소후보 간의 편파성은 여전했다. 그러나 15대 대선에 비해 16대 대선에서 크게 개선된 점은 매우 긍정적인 변화라 하겠다. 15대 대선에서 군소후보를 초점인물로 다룬 기사의 비율이 4.6%에 불과하였으나 16대 대선에서는 25.7%로 크게 늘어났다.

이러한 군소후보들에 대한 차별은 보도건수 뿐만 아니라 기사의 보도내용에서도 나타나는데, 군소후보들에 대한 보도 내용이 주로 선거운동이나 선거유세와 관련된 내용인 반면에 이들이 주장하는 정책이나 공약에 대해서는 상대적으로 소홀하였다.

다섯째, 기사내용은 16대 대선에서 많은 변화가 일어났는데, 15대 대선에서는 '선거운동, 선거유세'와 관련된 기사가 주류를 이룬 반면, 이슈나 정책과 관련된 기사들이 매우 적었다. 그러나 16대 대선에서는 '선거운동, 선거유세'관련 내용들이 증가하기는 하였지만 15대 대선에 비해 이슈와 정책, 공약과 관련된 기사들이 괄목할만하게 증가하였다. 다시 말해 경마식 저널리즘과 관련된 내용이 크게 증가(15대 대선 66.0%, 16대 대선 98.4%)하였지만 이상적인 선거보도라 할 수 있는 이슈와 정책 보도가 15대 대선 45.9%에서 16대 대선 74.2%로 크게 늘어난 것은 매우 긍정적인 변화라 하겠다.

여섯째, 방송사들의 정치인 육성(sound bite) 방송율은 15대 64.7%, 16대 84.9%로 16대 대선에서 매우 높아졌는데, 특히 KBS는 16대 대선에서 90.9%의 매우 높은 방송율을 보여 거의 모든 기사에서 후보들의 육성을 들려주었다. 정치인 육성 길이는 갈수록 줄어들고 있다는 점, 메이저 후보들 간의 사운드 바이트 길이가 별 차이가 없다는 점, 그리고 선거일에 가까워질수록 사운드 바이트 길이가 길어진다는 사실이 발견되었다.

일곱째, 각 후보별 기사의 방송시간을 보면 15대, 16대 모두 주요 야당후보들이 여당후보보다 방송시간이 더 길었으며, 사운드 바이트에서와 같이 기사의 길이 역시 선거일에 가까워질수록 길어지는 경향을 보였다.

여덟째, 15대 대선에 비해 16대 대선에서 이슈와 정책문제가 많이 다뤄진 것은 매우 고무적이었다. 방송사별로 보면 큰 차이가 없었으나 15대 대선에서 SBS가 타 방송사에 비해 3김 청산(20.6%), '폭로전, 인신공격'(19.0%) 문제를 상대적으로 많이 다룬 것과 16대 대선에서 MBC가 유달리 노무현-정몽준 간의 후보단일화(33.3%)를 가장 많이 다룬 점이 두드러진다. 그렇지만 모든 방송사들이 후보들의 정책을 직접 비교하는 기사는 여전히 많지 않았으며, 후보들의 공약 내용도 피상적으로 보도한 점이 아쉬웠다.

마지막으로 과거에 비해 양적인 측면에서의 여당 편향성은 사라졌으나 질적인 측면에서의 여당 편향성은 아직도 완전히 없어지지 않았다. 여당의 후보나 정당인사는 야당에 비해 밝은 모습이나 화합하는 장면 등을 상대적으로 더 많이 보여주는 경향이 발견되었다.

결국 15대 대선과 16대 대선을 비교해보면 몇 가지 긍정적인 변화가 일어났는데, 이러한 변화가 일어난 원인에 대해서는 내용분석을 중심으로 분석한 본 연구를 통해서는 정확히 알 수 없다. 그러나 그동안 학계에서 줄기차게 지적을 하고 개선을 요구했고, 동시에 언론계 내부에서도 자성의 소리가 공명효과를 일으켜 결과적으로 방송사들이 그 동안의 잘못된 보도관행들인 여당후보 편향성, 경마식 보도, 이슈와 정책보도에 대한 인색함 등을 적극적으로 개선하였기 때문에 이 같은 긍정적인 변화가 일어난 것으로 판단된다.

마지막으로 우리 TV방송사들은 과거에 비해 분명히 양적인 측면에서는 메이저 후보 간에 어느 정도 균형을 이루었으나, 질적인 측면에서는 여당 후보 편향성이 사라지지 않고 있다고 하겠다. 또한 군소후보들에 대한 양적, 질적 차별은 과거에 비해 많이 개선되었지만 아직도 메이저 후보들에 비하면 더 많이 개선될 필요가 있겠다.

<15대, 16대 대선보도 코딩스킴I>

( )안은 칼럼번호

(1–3) ID :
(4) 방송국 1. KBS 2. MBC 3. SBS
(5–6) 날짜 (11월 4일은 04로 코딩)
(7) 요일 1.월 2.화 3.수 4.목 5.금 6토 7.일
(8) 기사유형1 1.단일기사 2.종합기사(2건 이상의 기사가 하나로, 대선후보자와 정당기준)
(9) 기사유형2 1.스트레이트 2.스케치 3.기획기사 4.해설기사 5.단신 6.인터뷰, 대담
(10–11) 기사내용 1
(12–13) 기사내용 2

15대 대선

1. 유세 2. 정당행사, 이벤트 3. 후보등록 4. 선거관심, 무관심
5. 선거운동 6. 입당 7. 여론조사 8. TV토론 9. 미디어선거
10. 흑색선전, 인신공격 11. 선거판세 분석 12. 개표방송 13. 투표(부재자 투표)
14. 개표방송 15. 출마의 변 16. 후보대결 17. 환란책임 18. DJ선거자금
18. 이회창 아들 병역문제 19. 이인제 병역문제
41. 공명선거 촉구 42. 불법 부정선거 적발 43. 선거의 부정적 측면
44. 공약, 정책 45. 투표참여 촉구

16대 대선

1.유세 2.정당 행사, 이벤트 3.후보등록 4.선거관심, 무관심 5.선거운동 6.입당
7.여론조사 8.TV토론 9.미디어선거 10.흑색선전, 인신공격 11.선거판세 분석
12.여성정책 13.투표, 부재자 투표 14.출마의 변 5.후보대결 16.선거자금 17.노인정책
18.후보들의 건강관리 19.청와대 노무현 후보 지원설 반박 20.탈당 21.경제위기극복
22.정권교체 23.이미지 선거 24.홍보수단 25.지지성명발표 26.세대교체 27.교육문제
28.민생현장 방문 29.지역감정 청산(지역대결구도 청산) 30.후보부인 내조 경쟁
31.후보지원 인물들의 경쟁 32.대화제의(수락) 33.민생현안문제 34.토론, 포럼참여
35.선관위 결정 36.후보단일화 협상 갈등 37.이회창 대세론 38.유권자 의식변화
39.주가조작 연루설 40.공명선거 촉구 42.불법 부정선거 적발(의혹) 43.선거의 부정적 측면
44.공약, 정책 45.투표 참여 촉구 46.지지호소 47.종교계 방문 48.수도 이전문제
49.정치개혁 50.노무현–정몽준 단일화 51.불법 부정선거 수사 52.국정원 개혁

53.실업문제 54.선거보도 55.재벌 개혁 56.북한 미사일 수출 중단 촉구 57.개헌문제 58.복지문제 59.후보단일화 비방 60.남편격려 61.후보직 사퇴 요구 62.정몽준 주가조작연루설 수사촉구 63.정치광고 64.노동현장 방문 65.사회주의국가 건설 66.도청공방 67.국정조사요구 68.검찰조사촉구 69.한나라당 문서작성경위 규명 촉구 70.후보 포스터, 구호, 로고송 소개 71.사이버 선거 72.금품수수의혹 73.인재등용 정책 74.SOFA서약 75.SOFA폐지 주장 76.중부신당설(중부정권론) 77.정몽준(정책)공조 78.농민, 서민 문제 79.지역개발 80.출정식 81.노무현 재산 은닉 의혹 82.기존 정치비판 83.대북문제 84.주한미군철수 85.안보위기 86.선거의 긍정적 측면 87.신당창당(재창당) 88.정책검증 89.선관위 결정비판 90.여중생 사망사건 규탄대회 91.광주망월동 5.18묘지 참배 92.김영삼 전대통령 이회창후보지지 93.후보지지 인터넷 사이트폐쇄 결정(선관위) 94.도청공방해명 95.반미집회참석 96.국립현충원참배 97.이회창후보 부친과 아들의 재산공개 98.후보사퇴요구 일축 99.젊은층 표심잡기

(14) 화면에 나타난 분위기 1.긍정, 화합 2.갈등, 부정적, 무거움 3.중립, 담담
(15) 기사 성격 1.긍정적 2.부정적 3.중립 4.긍정+부정
(16–17) 갈등관계

15대 대선

1. 신한국당–국민회의 2. 신한–자민련 3. 신한–국민신당 4. 신한–기타정당 5. 국민회의–국민신당 6. 국–기타 7. 자–국민신당 8. 자–기타정당 9. 4정당간 10. 선관위–정당간 11. 선관위–후보 12. 검찰–후보 13.검찰–야당 14. 후보–유권자 15. 정당 내부 16. 언론–후보 17. YS–이회창

16대 대선

1.한나라당–민주당 2.한나라당–민노당 3.한나라당–국민통합21 4.민주당–민노당 5.민주당–국민통합21 6.국민통합21–민노당 7.선관위–정당간 8.선관위–후보 9.검찰–후보 10.검찰–야당 11.후보–유권자 12.정당내부 13.언론–후보 14.DJ–노무현 15.병무청–김대업 16.정부–정당간 17.정부–한나라당 18.정부–민주당 19.정부–민노당 20.정부–국민통합21 21.국정원–한나라당 22.없음 23.한나라–자민련 24.한나라당–노무현, 정몽준 25.이회창–노무현–정몽준 26.후보–정부 27.모든후보 28.민주당–자민련 29.민주당–한나라당, 민주당 30.후보–미국 31.선관위–네티즌

32.후보-재벌 33.사회당-무소속(장세동) 34.유권자-언론 35.유권자-선관위
36.청와대-한나라당 37. 구분불가

(18-19) 기사꼭지 번호
(20) 주초점 인물정당

15대 대선

1. 신한국당 2. 국민회의 3. 자민련 4. 국민 신당 5. 기타정당, 무소속 6. 전후보
7. 메이저 정당(1-4번 정당)

16대 대선

1.한나라당 2.민주당 3.민노당 4.국민통합21 5.기타정당, 무소속 6.전 후보
7.메이저 정당(한나라 민주 국민통합21) 8.4개 정당(한나라 민주 국민통합21 민노)
9.민주당-국민통합21

(21-22) 주초점 인물 1
(23-24) 주초점 인물 2

15대 대선

1. 이회창 2. 김대중 3. 이인제 4. 군소후보 5. 김영삼 6. 김종필 7. 고건
8. 조세형 41. 선관위 42. 검경찰 43. 법원 44. 헌법재판소 45. 시민단체 46. 유권자
47. 방송사 61. 한나라당(당원) 62. 국민회의(당원) 63. 자민련(당원) 64. 국민신당(당원)
65. 전체 후보 66. 전체 정당 67. 메이저 정당 후보 68. 군소정당 후보

16대 대선

1.이회창 2.노무현 3.권영길 4.정몽준 5.군소후보 6.김대중 7.김영삼 8.김종필
9.이규택 10.한인옥 11.권양숙 12.이인제 13.김행 14.이해찬 15.이회창-노무현-정몽준
16.조윤선 17.신계륜 18.민창기 19.자민련의원(이양희) 20.이한동
21.이회창-노무현-정몽준-권영길 22.이철 23.국민통합 21 당원 24.임채정 25.김무성
26.김경재 27.지지연애인들 28.이낙연 29.노무현-정몽준 30.이익치 31.남경필

32.신경식 33.민영삼 34.김영일 35.서청원 36.김원기 37.신건 38.한화갑 39.김한길
40.선관위 41.검 · 경찰 42.법원 43.시민단체 44.유권자 45.방송사(기자)
46.청와대 비서실(박선숙대변인) 47.국정원 48.한나라당원 49.민주당원 50.민노당원
51.전체 후보 52.전체 정당 53.노무현-이회창 54.군소정당후보(김영규, 김길수)
55.후보 부인들 56.교원단체 57.대통령선거방송토론위원회 58.김선용 59.이상현
60.정대철 61.TV토론후보들 62.최연희 63.이호웅 64. 65.추미애 66.강재섭
67.박근혜 68.노무현-이회창 69.외신기자들 70.문석호 71.한화갑
72.하나로국민연합 당원 73.홍윤오 74.김병호 75.정동채 76.유지담 77.박원홍
78.이원영 79.정동영

(25) 주초점 인물 성 1. 남 2. 여

(26-27) 주초점 인물 행동 1.연설 2.시민과 악수 3.시민과 대화 4.회의
5.환호 답례, 대회장 입장 6.시민과 행동같이(춤....)
7.당원과 악수 8.참모들과 현지시찰 9.투표
10.기자회견, 선언 11.혼자사색 12.TV(신문사) 토론참여
13.인터뷰 14.후보등록 15.없음 16.후보간 만남
17.TV프로그램 참여 18.광고제작 참여 19.시민들과 갈등

(28-29) 사건발생지 1.서울 2.부산 3.대구 4.인천 5.광주 6.대전 7.경기 8.강원
9.충남 10.충북 11.전남 12.전북 13.경남 14.경북 15.제주
16.해외 17.불상 18지방 19서울, 지방

(32) 주 초점 인물표정 1.자신만만, 밝은 표정 2.중립, 무표정 3.근심, 피곤

(33) 주 초점 인물 사운드 바이트 1.인터뷰 2.현장녹음 3.없다

(34-35) 주 초점 인물의 사운드 바이트 내용 (위 기사내용과 동일)

(36) 주 초점 인물의 사운드 바이트 완성도 1.완성 2.중간에 커트

(37-39) 주초점 인물의 사운드 바이트 길이 ________초 (예, 12.7초는 127로 표기)

(40) 사운드 바이트 내용의 성격 1.자기능력 과시, 자기자랑 2.상대방 공격
3.공격에 대한 반박, 해명 4.지지호소
5.특정 주장, 제의, 각오, 의견표명
6.격려, 독려 7.출마의 변 8.선거전략, 계획

(43-44) 이슈, 정책 내용 1

(45-46) 이슈, 정책 내용 2

15대 대선

1. IMF환란 책임 2. DJ비자금 3. 이회창 아들 병역문제 4. 이인제씨 병역문제 5. 실업 6. 공명선거 7. 미디어 선거 41. 중소기업 지원 42. 쓰레기 등 환경문제 43. 통일, 북한문제 44. 복지정책 45. 그린벨트 46. 교통문제 47. 고속철도 48. 공단유치 49. 교육문제 50. 지역개발 51. 행정개혁

16대 대선

1.선거문화변화 2.노인문제 3.공명선거 4.미디어 선거 5.정권교체 6.선관위선거정책 7.경제위기극복 8.정치 개혁 9.지역감정 청산(지역대결구도) 10.합당 11.TV토론(준비) 12.흑색선전(비판) 13.사전선거운동 14후보단일화 15.여론조사 16.민생문제 17.정보통신정책 18.공약발표 19.선관위 20.중소기업 지원 21.환경문제 22.통일, 북한 문제 23.재벌 개혁 24.복지 정책 25.교육문제 26.편파보도 27.지역 개발 28.수도 이전문제 29.인사정책 30.후보단일화 방식문제 31.후보차별화 32.젊은층지지 호소 33.실업대책 34.개헌문제 35.이미지 선거 36.후보단일화 비방 37.여성정책 38.유권자선거참여 39.선거운동 40.후보부인들 내조 41.남편격려 42.부정선거수사 43.후보사퇴요구 44.수사촉구 45.주가 조작연루설 46.부패정권심판 47.후보등록 48.각 후보 정보 49.사회주의국가 건설 50.정치광고 51.3김청산 52.진보정치 지지호소 53.빈부격차 해소 54.도청공방 55.광고제작참여 56.금품수수의혹 57.국정원 개혁 58.SOFA문제 59.중부신당문제 60.정책공조 61.의혹제기 62.노동, 서민정책 63.부재자 투표 64.반미 65.안보 66.신당창당(재창당) 67.정책검증 68.지지호소 69.사이버 선거 70.후보검증 71.중부권 시대 72.특정후보지지 73.수도권 민심 74.후보들의 건강관리 75.충청권 민심 76.입당 77.대구민심 78.정부조직 개편

(47) 정책 해결책 유, 무 1.있다 2.없다

(49–52) 전체기사의 길이 ____________초 (예 112.7초는 1127로 표기)

(54) 선거의 부정적인 측면 유, 무 1.있다 2.없다

(55) 지역감정 내용 1.조장 2.전언 3.구도 인정 4.타파주장 5.없음

(56) 흥미로운 표현 유, 무 1.있다(있다면 무엇?) 2.없다

(57–58) 당일 전체 기사건수 ________건

<15대, 16대 대선보도 코딩스킴2>

(1–2) ID
(3) 방송국 1.KBS 2.MBC 3.SBS
(4–5) 날짜 (12월 3일은 03로 코딩)
(6) 요일 1.월 2.화 3.수 4.목 5.금 6.토 7.일
(7–8) 전체 기사건수 ________건
(9–10) 선거 기사건수 ________건
(11–12) 단일기사 수 ________건
(13–14) 종합기사 수 ________건
(15–16) 톱기사 (제목 별도 메모)
(17–18) 두 번째 기사 (제목 별도 메모)
(19) 북한 관련 기사 건수 ________건
(20) 정책기사 건수 ________건
(21) 선거의 부정적 측면 강조 기사 건수 ________건
(22) 지역감정 내용이 있는 기사 건수 ________건
(23–26) 전체 선거관련 기사의 길이 ________초 (예, 1287초)
(27–30) 전체 뉴스 시간 ________초
(31–32) 첫 번째 선거관련 뉴스가 몇 번째에 나왔는가? ________꼭지

CHAPTER

03

텔레비전의 지방선거 보도 내용 분석

텔레비전의 지방선거 보도 내용 분석[1]

머리말

지난 1991년은 한국정치사에서 매우 중요한 해로 기록된다. 30년 동안 중단되었던 지방자치제가 부활되어 '지방시대', '풀뿌리 민주주의'의 실현을 기약할 수 있었기 때문이다. 지방의원은 물론 지방자치단체장까지 주민들이 직접 선출한 1995년의 지방선거가 지자제를 본격화시킨 선거였다면, 3년 뒤인 1998년 6월 4일에 치러진 지방선거는 지자제의 의미와 방향을 새롭게 점검하는 중간평가의 성격을 지녔다고 할 수 있다.

흔히 민주주의의 꽃이요, 풀뿌리 민주주의의 실천이라고 불리는 지방자치제가 갖는 정치적 의미를 다음과 같이 두 가지로 요약할 수 있다. 하나는 중앙에 집중되어 있던 권한이 지방으로 분산된다는 점이고, 또 하나는 모든 정책이 위에서 결정되던 것이 밑에서 결정됨으로써 국민의 정치참여가 확대된다는 것이다. 이러한 두 가지 정치적 의미가 실천되기 위해서는 무엇보다도 주민들이 지역사회문제에 관심을 갖고 적극적으로 참여를 해야만 한다. 주민의 적극적인 관심과 참여야말로 지방자치제의 성패를 결정짓는 가장 중요한 요인인 것이다.

주민들이 지자제에 적극적으로 참여하기 위해서는 주민들이 지역문제에 관심을 갖고 동시에 지역사회문제에 대한 충분한 정보를 갖고 있지 않으면 안 된다. 지방자치시대에 있어서 언론의 역할과 책무는 바로 여기에 있다. 언론은 주민들이 지역문제에 관심을 갖고 적극 참여할 수 있도록 주민들에게 정확하고 풍부한 정보를 제공하는데 일차적인 책

1 저자의 논문 '98 지방선거에서 나타난 TV방송의 무관심과 부정적 보도에 관한 연구.『한국언론학보』. 1998, 43-2호. 3-36'을 일부 수정하였음.

임이 있다. 또한 언론은 지방자치 기구가 원활히 운영될 수 있도록 협조하고, 때로는 비판과 감시를 하여야 한다. 물론 지방행정기구의 감시는 일차적으로 지방의회의 몫이지만, 경우에 따라서는 언론이 지역주민을 대표하여 지방의회의 역할을 대행하여야 한다.

언론은 대의민주주의 정치과정에서 결코 외부관찰자 또는 제 3자적 존재가 아니라 대의 민주주의의 일부분을 담당하고 있는 국민의 비공식적 수탁기구이다. 따라서 대의민주주의가 올바로 기능하지 않을 경우 언론 역시 공식적인 국민의 수탁기구인 행정, 입법, 사법조직과 함께 똑같은 책임을 져야한다. 부활된 지 10년이 다 되어가는 현 시점에서 지방자치제가 주민들의 관심과 참여를 제대로 이끌어내지 못하는 등 제자리를 잡지 못하고 있는데 대한 책임으로부터 언론 역시 결코 자유로울 수 없다.

1998년의 지방선거는 처음부터 끝까지 국민들의 철저한 무관심속에 치러졌다. 선거결과 52.6%라는 역대 선거 사상 두 번째로 낮은 투표율을 나타냈다. 1960년 12월 29일의 광역단체장 선거가 38.8%의 최악의 투표율을 기록하였지만 당시는 폭설에다 후보의 이름을 유권자가 직접 적어 넣는 투표방식을 택하는 등 여러 특수상황이 겹쳤던 점을 감안한다면 이번 1998년 지방선거의 투표율은 사실상 역대 최저 투표율이라 할 수 있다(한겨레, 1998. 6. 5).

1998년 지방선거의 52.6%의 투표율은 지난 1995년 6월 지방선거에서 나타난 68.4%의 투표율보다 무려 15.8%포인트가 낮은 것이며, 1996년 15대 국회의원 총선거에서의 63.9%, 그리고 1997년 15대 대통령선거에서 80.7%의 투표율에 비한다면 매우 낮은 수치이다.

그러면 왜 이렇게 투표율이 낮았을까? 그것은 한마디로 정치와 지방선거에 대한 불신과 무관심에서 비롯됐다고 할 수 있다. 이와 같은 사실은 선거가 끝난 직후에 실시된 한 여론조사(한겨레, 1998. 6. 8)에서도 잘 나타나고 있다. 투표를 하지 않은 사람들의 68.1%가 정치에 대한 불신과 무관심 때문에 기권했다고 하였다.[2]

2 구체적으로, "찍을 만한 후보가 없어서" 23.4%, "누가 되어도 달라질 것 같지 않아서" 15.6%, "정치, 선거에 대한 관심이 없어서" 15.5%, "후보자의 인격이나 능력을 알지 못해서" 9.3%, "현재의 선거풍토가 마음에 들지 않아서" 4.3%이었다.

그렇다면 여기서 또 하나의 궁금증이 일어나는데, 그것은 과연 무엇이 국민들로 하여금 1998년 지방선거를 외면하게 만들었는지 그 원인에 관한 것이다. 이 물음에 대한 답을 설명하는 데에는 여러 가지 원인들을 동원할 수밖에 없다.

첫째, 지방선거가 대통령선거나 국회의원선거에 비해 정치적 중요성이 낮기 때문이다. 따라서 다른 선거에 비해 지방선거에 대한 관심이 상대적으로 떨어질 수밖에 없다. 둘째, 1997년 연말부터 시작된 IMF체제로 인해 실업자가 급증하고, 경제생활이 어려워지는 등 개인생활은 물론이고 가정과 사회의 안정이 흔들리고 위협받는 분위기에서 치러지는 지방선거는 많은 유권자들의 관심을 불러일으키기 어려웠을 것으로 보인다. 또한 IMF체제의 고통이 본격화된 시점에 실시된 지방선거는 유권자들로 하여금 IMF경제위기를 초래한 정치인과 정치제도에 대한 불만과 불신을 촉발시켜 지방선거를 거부의 대상으로 인식시키고 냉소주의를 확산시켜주었을 것으로 판단된다. 셋째, 지방자치제도와 지방정치인들에 대한 실망감이 지방선거에 대한 무관심을 불러 일으켰다. 공선협(공명선거 실천시민운동협의회)이 지방선거 직전에 실시한 여론조사에 의하면 지난 3년간의 1기 지방자치제에 대해 '성과가 있었다'(43.4%)는 의견보다 '성과가 없었다'(54.2%)는 부정적 평가가 더 많았다. 또한 주민들의 지방의원에 대한 인지도가 매우 낮은 데에서도 지방정치인들에 대한 실망감을 알 수 있는데, 자신이 거주하는 지역의 광역지방의원과 기초지방의원의 이름을 제대로 아는 사람이 각각 20%대에 불과하다 (전주MBC, 1998). 넷째, 과거 선거와 마찬가지로 이번 선거 역시 철저히 지역구도 아래 치러졌기 때문에 수도권을 제외한 나머지 지역에서는 선거에 대한 관심과 열기가 낮을 수밖에 없었다. 다섯째, 각 정당과 후보들의 지나친 네거티브 선거 전략이 유권자들의 선거에 대한 무관심과 환멸을 불러 일으켰다. 이번 선거에서 각 정당이나 후보들은 정책이나 이슈보다는 인신공격, 흑색선전에 열을 올렸는데, 급기야 김홍신 의원의 '공업용 미싱'발언 파동으로 확대되기까지 하였다.[3] 여섯째, 현수막은 물론이고 일체의 홍보물을 배포할 수 없도록 규

3 지난 95년의 지방선거와 비교해 보았을 때 검찰에 단속된 전체적인 선거사범 건수는 비슷하였으나 유달리 흑색선전 사범 건수는 지난 선거보다 두 배 이상이 늘어난 것으로 밝혀졌다(세계일보, 98. 6. 6). 물론 법 집행의 강도가 서로 다른 양선거의 선거사범 건수를 가지고서 흑색선전의 심각성을 직접 비교할 수는 없

정한 선거법이 결과적으로 선거분위기를 가라앉히는 구실을 하였다(한겨레 21, 98.6.4). 이러한 선거법은 선거비용을 크게 줄이는 데에는 성공하였지만 후보자를 알리는 데에는 걸림돌로 작용했을 것으로 판단된다. 마지막으로 선거운동기간은 물론이고 선거가 끝나고 나서도 계속적으로 제기된 문제로서 언론이 지방선거에 별다른 관심을 보이지 않았고, 동시에 선거를 지나치게 부정적으로 보도하여 유권자들의 선거에 대한 무관심과 냉소주의, 그리고 선거거부를 부추겼다는 것이다.

여기서 마지막 원인으로 지목된 언론관련 주장은 언론학 연구자들에게 매우 중요한 연구문제를 던져주고 있다. 그것은 바로 지난 '1998지방선거에서 우리 언론이 과연 지방선거에 무관심했으며, 선거를 부정적으로 보도하였는지, 또한 이러한 언론의 선거에 대한 부정적 보도가 유권자들의 선거관심도와 투표참여에 영향을 미칠 수 있는가에 관한 문제이다.

사실 이 문제는 정치커뮤니케이션의 효과에 관한 매우 기본적이고도 중요한 연구주제였음에도 불구하고 지금까지 우리나라에서 이 문제가 본격적으로 다뤄지지 않았다. 따라서 본 연구는 우리의 TV방송이 '98지방선거에 대해 정말로 무관심했으며, 선거를 부정적으로 보도했는지를 내용분석을 통해 실증적으로 밝혀보는 것을 연구의 주목적으로 한다. 아울러 언론의 선거에 대한 부정적 보도가 유권자들의 선거 무관심, 냉소주의, 혐오감, 정치참여와 어떠한 관계가 있는지를 문헌고찰을 통해 살펴보고자 한다.

지만 과거 선거에 비해 이번 선거가 그만큼 흑색선전이 많았음을 알 수 있는 간접적인 비교준거기준은 될 수 있을 것으로 판단된다.

언론의 부정적 선거보도 성향과 원인, 효과

여기서는 언론의 부정적 선거보도 성향과 그것이 일어나는 과정과 원인, 그리고 부정적 선거보도가 유권자에 미치는 효과 등을 문헌고찰을 통해 알아보도록 하겠다.

각 정당이나 후보들의 부정적 선거캠페인 전략, 그리고 선거자체와 과정을 부정적으로 묘사하는 언론의 선거보도가 민주주의를 위협한다는 우려가 일고 있다. 다시 말해 부정적 선거캠페인과 선거에 대한 언론의 냉소적이고 부정적인 보도가 유권자들로 하여금 선거에 대한 무관심과 혐오감을 일으켜 결과적으로 유권자들의 투표참여를 떨어뜨린다는 것이다. (Cappella, Jamieson, 1997; Ansolabehere et als., 1993).

많은 학자들은 매스미디어, 특히 텔레비전이 유권자들의 정치에 대한 무관심과 냉소주의를 부추긴다고 주장한다. 대표적인 학자로 로빈슨(Robinson, 1975)을 꼽을 수 있는데, 로빈슨은 텔레비전의 뉴스보도가 정부를 비롯한 정치제도와 정치인들에 대한 국민들의 불만과 불신을 조장한다는 이른바 비디오 불만조장이론(Videomalaise Theory)을 제기하였다. 또한 선거보도에 있어서 텔레비전은 유권자들이 반드시 알아야할 정책이나 이슈 등의 본질적인 정보보다는 유권자들이 후보를 선택하는데 별로 도움이 되지 않는 사소한 흥밋거리와 사운드 바이트 중심으로 보도하기 때문에 유권자들을 실망시키고 있다는 주장도 강하게 제기되고 있다.

그러나 텔레비전의 선거보도에 대한 가장 큰 불만은 뉴스내용이 지나치게 부정적이라는 점이다. 실제로 패터슨(Patterson)의 분석에 의하면 1960년대 대통령선거 때만 하더라도 긍정적 이미지 뉴스가 75%, 부정적 이미지 뉴스가 25%로 긍정적인 뉴스가 지배적이었으나, 1988년에는 부정적 이미지 뉴스가 57%, 긍정적 이미지 뉴스가 37%로 부정적 뉴스가 훨씬 더 많았다(Jamieson et als, 1993). 또한 1992년 민주당 후보지명을 위한 예비선거에서 TV뉴스보도의 60%가 클린턴 후보에게 부정적이었으며, 공화당 후보 지명전 관련기사의 70%가 부정적이었다. 1996년 대통령선거 본선에서도 밥 돌 후보에 대한 텔레비전 뉴스의 59%, 클린턴에 대한 뉴스의 53%가 부정적이었다(권혁남, 1997).

우리나라의 언론 역시 선거를 지나치게 부정적으로 보도한다는 비판을 받아왔다. 방송위원회(1995:44)가 분석한 바에 의하면 14대 대통령선거에서 TV선거보도의 19.3%가 불법 타락선거, 8.8%가 비난성명 공방전과 관련된 기사로서 전체 기사의 28.1%가 부정적 보도였다. 또한 지난 95년의 지자제선거 역시 TV보도 뉴스의 19.2%가 부정적인 내용이었다. 지난 96년의 15대 국회의원 총선거에서는 〈불법 및 타락선거〉, 〈비난성명, 공방전〉과 관련된 기사가 13.8%를 차지하였다(방송위원회, 1996).

한편 이민웅(1996:203-5)은 지난 14대 대통령선거에 대한 TV보도 성향을 분석한 후 우리 나라 TV방송은 선거를 부정적으로 보도하고 있다고 결론지었다. 우리 TV방송이 선거를 부정적으로 보도하는 방식으로는 ① 후보자간의 갈등을 조장함으로써 선거를 과열시키고 ② 특정 정당의 내부 분열을 조장(최고위원간의 불협화음, 계파간의 갈등 등) ③ 부정적 이미지 또는 실수에 대한 차별 ④ 낮은 투표율이 선진국형인 것처럼 암시함으로써 기권 조장 ⑤ 양비론적 보도 ⑥ 선거의 과열 및 타락을 강조하는 보도 등을 제시하였다.

백선기(1997:275-323) 역시 지난 15대 국회의원 총선을 내용분석한 후 우리 언론은 선거의 부정적 측면을 많이 강조하고 있다고 진단하였다. 백선기가 진단한 우리 언론의 부정적 선거보도 방식은 ① 추문 밝히기식 폭로보도(공천자금 유포설, 공천괴문서, 비자금 폭로, 흑색선전 등) ② 타락 중심의 보도(낯 뜨거운 비방전, 흑색선전 판친다 등) ③ 가십 중심의 보도(로비 비방전 가열, 돈타령 등) ④ 역설적인 공명선거 강조 보도(공천헌금 수사, 정당불법행위 집중 단속, 금품제공 처벌 등)를 들 수 있다.

이러한 학자들의 지적에 대해 언론인들도 수긍을 하고 있다. 지난 15대 국회의원 총선이 끝난 뒤 선거담당기자들을 대상으로 실시한 연구(이재호, 1997)에 의하면 응답자들의

69.2%가 '선거구도를 후보자들 간의 대결 및 갈등구조로 묘사'하였음을 인정하였다. 또한 응답자의 80.8%가 '언론은 불법이나 타락 상황을 크게 부각시킴으로써 궁극적으로 공명선거를 지향하고자 하는 역설적인 보도경향을 보였다'는 지적에 대해서도 그렇다고 동의하였다.

그러면 왜 언론은 선거를 부정적으로 보도하는가? 언론이 선거를 부정적으로 보도하는 과정과 그 원인에 대해 살펴보도록 하겠다. 언론인들의 의식 속에 오랫동안 자리하고 있는 뉴스가치관은 "나쁜 뉴스가 곧 좋은 뉴스"(bad news is good news)라는 기준이다. 미국의 경우 부정적 뉴스는 70년대에 급격히 증가하였다가 80년대에 다시 증가하여 지금까지 계속 이어지고 있다. 왜 이렇게 정치에 대한 부정적 뉴스가 늘어났는가? 미국의 언론계를 중심으로 그 과정과 원인에 대해 잠시 살펴보도록 하자.

1960년대 까지만 해도 미국의 언론계는 뉴스인물들의 말을 중시하여 그들이 자기 자신이나 앞으로의 계획에 대해 말하는 내용을 거의 긍정적으로 보도하는 경향이 강했다. 그러나 잇따른 정부와 정치인들의 실책, 여기에 언론의 힘이 막강해졌음을 느낀 언론인들의 인식 변화는 더 이상 정치인들이 하는 말을 그대로 기사화할 수 없도록 만들었다. 언론인들은 정치인들의 말과 행동을 비판적으로 검증해야한다고 결론을 내렸으며, 정치인들이 말한 내용뿐만 아니라 그 말의 정확성, 소스의 신뢰도 등에 대해 따지기 시작하였다(Patterson, 1996).

1970년대 말 소위 비판적 저널리즘(critical journalism), 또는 공격저널리즘(attack journalism)은 보도의 정확성보다는 논쟁을 더 중시하게 되었다. 그래서 거의 매일 정치지도자의 실책에 대한 내용이 보도되었으며, 정치인이 무슨 말을 하면 언론은 즉각적으로 그것을 공격하였다. 정치인을 공격할 때 언론은 정치인들의 주장이나 행동을 철저히 조사한 결과를 보도하기보다는 주로 그 정치인과 반대되는 입장을 갖고 있는 정치인을 동원하여 공격하였다. 그래서 정치인끼리의 멋진 싸움은 항상 언론의 주목을 받을 수밖에 없었다. 본질적으로 공격저널리즘은 논쟁이나 스캔들을 선호한다. 미국 정가에 공직자 비리가 늘었다는 확실한 증거가 없음에도 언론에서 정치인들의 스캔들과 관련된 기사는 크게 늘어났다.

언론의 정치인에 대한 불신은 매우 뿌리 깊다. 언론인들은 정치인들이 지킬 의사도 없고 노력해봤자 지키기 어려운 약속을 남발한다고 비난한다. 그래서 언론은 자신의 입장을 바꾸거나 어려운 문제를 포기하는 정치인에 대해서는 매우 혹독하게 비난한다. 그러나 많은 학자들의 연구에 의하면 정치인들은 자신의 공약을 깨기보다는 지키려는 강한 욕구를 갖고 있으며, 당선된 후에 선거 때 약속한 공약을 대부분 실천하고 있다고 한다. 정치인이 공약을 지키면 기사거리로 취급되지도 않고, 되더라도 짧게 소개되는데 그치지만 공약이 지켜지지 않거나 바뀌게 되면 매우 중요한 뉴스로 다뤄지게 된다(Patterson, 1996).

패터슨은 언론의 부정적 뉴스보도는 정치지도자와 정치제도에 대한 국민의 환멸을 강화시킨다고 말한다(Patterson, 1994). 이러한 주장에 대해서는 논쟁이 계속되고 있지만 공격저널리즘이 국민들의 대통령이나 정치인들에 대한 비우호적인 인상을 갖게 만든 유일한 원인은 아니지만 매우 중요한 요인이라는 점은 부인할 수 없다. 또한 언론의 정치나 선거에 대한 부정적 보도는 국민들의 정치 효능감(political efficacy)[4] 에도 영향을 미치고 있다(Patterson, 1996).

유권자들의 선거에 대한 무관심과 혐오감, 냉소주의를 조장하는 것은 뉴스보도만이 아니다. 언론을 통해 전달되는 부정적 정치광고 역시 유권자들에게 적지 않은 영향을 미친다. 일반적으로 정치광고의 전략은 두 가지이다. 하나는 자신에 대한 좋은 이미지를 불러일으키는 것이고, 다른 하나는 상대방에 대한 부정적인 이미지를 심어주는 것이다. 부정적 정치광고는 상대 후보를 불리한 입장에 빠뜨리거나 유권자들이 상대 후보에 대한 불만과 불신의 감정을 갖도록 하는 목적을 갖고 있다. 부정적 정치광고의 대표적인 것이 바로 공격광고이다.

부정적 정치광고를 사용함으로써 일어나는 가장 큰 문제점은 유권자들이 선거를 외면하게 된다는 점이다. 다시 말해 대부분의 내용이 인신공격에 관한 것이고, 절반의 거짓을

4 정치적 효능감은 일반적으로 "한 개인이 정치과정에서 무시당하지 않고 광범위한 정책에 영향을 미칠 수 있다는 신념"으로 정의된다.

담고 있는 공격광고는 유권자의 선거에 대한 무관심과 불만을 일으켜 결과적으로 선거 참여율을 떨어뜨린다는 점이다(Prinkleton et als., 1998). 그러나 일부 학자들은 이러한 주장을 일축한다. 투표율의 저하가 공격광고 때문이라는 직접적인 증거가 없으며, 부정적 정치광고가 유권자를 선거로부터 떠나게도 하지만 반대로 투표를 동기화시키기도 한다고 말한다(Garramone et als, 1990:308).

이와 같이 공격광고가 갖고 있는 위험성에도 불구하고 각 후보들이 공격광고에 매달리는 이유가 무엇일까? 그것은 공격광고로 인해 얻는 이점이 불이익보다 더 크기 때문이다. 몇몇 연구들에 의하면 유권자들은 비공격광고보다는 공격광고에 더 많은 영향을 받는다. 유권자들은 공격광고에 더 많이 주목하고, 더 정확히 그리고 더 오랫동안 그 내용을 기억한다는 것이다. 공격광고를 내보낼 때 갖게 되는 두려움은 유권자들이 공격광고에 반발하여 오히려 상대방 후보를 지지하게 될지도 모른다는 이른바 반발효과에 관한 것이다. 그러나 연구결과에 의하면 반발효과는 별로 두려워할 만한 게 못된다. 왜냐하면 유권자들은 시간이 지남에 따라 정치메시지의 발신처(소스)를 망각하게 되고, 오직 그 내용만을 보존하기 때문이다(Trent, Friedenberg, 1991:132-140).

한편의 공격광고는 상대방으로부터의 공격광고를 유발하여 연쇄적인 공격광고를 확대재생산하게 된다.[5] 많은 선거전문가들은 공격적 정치광고에 대한 대응시점은 가능한 한 빨라야 한다고 믿고 있다. 왜냐하면 일반 사람들은 정치인들에 대한 최악의 정보를 믿는 성향이 있기 때문에 그것을 한시라도 빨리 차단시켜야 하기 때문이다. 또한 대응이 늦으면 공격자가 선거캠페인의 주도권을 쥘 위험이 있고, 공격내용이 캠페인의 새로운 이슈문제로 자리잡게 되기 때문이다(Trent, Friedenberg, 1991:132-140).

부정적 광고는 유권자들의 캠페인 메시지에 대한 주목을 감소시키고, 반발을 불러일으킨다. 언론의 선거 캠페인 보도에 대해 불만이 많은 사람들은 선거정보에 대해 주목하지 않으며, 궁극적으로 정치과정에 참여도가 낮다. 다시 말하면 언론의 선거보도에 대한 불

---

5 공격광고에 대한 반응은 세 가지가 있는데, 공격에 대해 즉각적인 반박하는 반박전략(refutation strategy), 반박대신에 공격자의 성격, 이슈입장, 공격동기, 행위에 대해 공격을 하는 역공전략(counterattack strategy), 그리고 공격을 유머나 조롱으로 무시해버리는 무시전략이 있다.

만은 결과적으로 선거에 대한 참여도를 떨어뜨린다고 하겠다.

이와 같이 선거에 대한 부정적인 뉴스보도와 공격적 정치광고가 유권자들의 선거에 대한 무관심과 냉소주의, 혐오감을 불러일으켜, 결과적으로 투표참여율을 떨어뜨린다는 주장에 대한 비판도 만만치 않다. 비판론자들은 이러한 주장이 지나치게 과장되어 있고, 유권자의 선거참여과정은 매우 복잡한 문제임에도 불구하고 그 복잡성을 무시한 결과라고 말한다. 다시 말해 매스미디어 이용, 정치적 무관심, 그리고 정치행위간의 관계는 매우 복잡하여 이들 간의 관계를 정확히 파악하기가 어렵다는 것이다(Prinkleton et als., 1998).

그래서 연구들마다 서로 다른 결과들을 보여주었는데, 한 연구(Cappella Jamieson, 1997)에 의하면 유권자들이 언론의 뉴스보도에 의존할수록 정치지식수준이 떨어지고, 정치에 대해 혐오감을 갖게 되며, 정치참여가 감소된다고 한다. 그러나 또 다른 연구(McLeod & McDonald, 1985)는 정반대의 결과를 나타냈는데, 이 연구에 의하면 텔레비전의 이용은 공공문제에 대한 지식과 정치 효능감, 나아가 정치참여와도 긍정적인 관계가 있다고 한다.

과연 미디어 이용이 냉소주의를 일으키는지, 아니면 냉소주의가 적극적인 미디어 이용을 감소시키는지에 대해서는 확실치 않지만, 좀 더 분명한 것은 냉소주의가 정치적 효능감과 직접적으로 부정적인 관계가 있다는 점이다(Austin & Pinkleton, 1995). 냉소적인 시민은 정부제도를 혐오하고, 정부가 하는 일에 영향을 미칠 수 없다고 느끼는 경향이 있다.

지금까지 언론의 부정적 선거보도 성향을 살펴보고, 이어서 언론이 선거를 부정적으로 보도하는 원인과 과정, 그리고 부정적 선거보도가 유권자에게 미치는 효과 등에 대해 알아보았다. 이러한 문헌고찰을 통해 외국은 물론 우리 나라의 언론 역시 선거를 부정적으로 보도하는 성향이 강하며, 비록 확실한 인과관계가 밝혀지지는 않았지만 언론의 부정적 선거보도가 유권자의 선거에 대한 관심도와 투표참여에 부정적인 영향을 미칠 수 있는 위험성을 알 수 있었다.

연구문제 및 연구방법

1998년 6월 4일에 있었던 지방선거에서 국민들의 관심과 투표율이 낮았던 것이 과연 언론의 선거에 대한 부정적 보도태도와 관계가 있는지를 알기 위해서는 6.4지방선거에 대한 언론의 보도내용을 철저히 분석하고, 동시에 수용자조사를 통해 언론의 보도내용 중 어떠한 내용이 어떤 과정을 거쳐 유권자들에게 영향을 미쳤는지를 분석하여야 한다.

매스미디어의 효과를 연구하기 위해서는 먼저 매스미디어가 보도한 내용을 정확히 분석하지 않으면 안 된다. 정치커뮤니케이션 연구가인 Graber(1993: 248-249) 역시 그동안 우리가 매스 미디어의 효과를 정확히 이해하지 못한 것은 매스 미디어의 내용을 제대로 분석하지 못했기 때문이라고 말한다. 이어서 그녀는 뉴스 내용을 정확히 알지 못하고서는 매스 미디어의 영향이 어떤 것인지 알기가 불가능하다고 강조하였다.

따라서 본 연구는 매스 미디어, 특히 텔레비전 뉴스보도가 유권자의 선거에 대한 관심도와 투표참여에 미치는 영향에 관한 본격적인 연구의 선행 작업으로서 과연 우리나라 TV방송이 6.4지방선거에 대해 무관심했으며, 선거를 부정적으로 보도했는지를 실증적으로 밝혀보고자 한다. 다시 말해 본 연구는 우리나라 TV방송사들이 6.4 지방선거 기간에 "지방선거에 대해 얼마만한 관심을 가지고서 무엇을 어떻게 보도"했는지를 분석하고자 한다. 구체적으로 본 연구는 다음과 같은 연구문제들에 대한 해답을 구하고자 한다.

1. 선거를 얼마나 관심 있게 보도하였는가?
2. 선거기사 중 부정적인 내용이 어느 정도인가?
3. 선거의 어떠한 측면을 부정적으로 보도하였는가?

본 연구의 분석대상이 된 뉴스 프로그램은 KBS-1 TV의 9시 뉴스와 MBC TV의 9시 뉴스 데스크, 그리고 SBS의 8시 뉴스이다. 분석기간은 선거 공고일인 5월 19일을 전후로 하여 각기 2주일씩, 모두 4주일을 잡았는데, 실제 내용분석은 5월 4일부터 격일로 하여 선거 전날인 6월 3일 까지 모두 16일분으로 한정하였다. 본 연구에서 분석단위는 각기 독립된 기사꼭지로 하였다. 코딩은 두 명의 코더들이 담당하였는데 코더들 간의 의견이 일치되지 않을 경우 연구자와 같이 토론을 벌여 문제를 해결하였다.[6]

본 연구에서 기사유형은 크게 스트레이트, 스케치기사, 해설-기획기사로 분류하였다. 스트레이트기사는 육하원칙에 따라 보도한 뉴스를, 스케치기사는 육하원칙을 따르지 않으며 주로 후보들의 선거운동장면을 보여주는 뉴스, 해설-기획기사는 방송사가 시리즈물로 구성한 뉴스나 각 후보나 정당간의 정책이나 이슈의 차이점을 비교분석한 뉴스로 구분하였다.

선거유형은 광역단체장, 기초단체장, 광역의원, 기초의원, 그리고 선거 전체 등 5가지로 분류하였으나, 모든 TV방송사들이 광역단체장선거를 제외한 나머지 선거에 대해서는 거의 보도를 하지 않아 실제 분석에서는 광역단체장선거, 기타선거, 전체선거 등 3개 선거로 구분하였다.

기사내용은 크게 10가지로 분류하였는데, 세부 유목은 선거운동(선거캠페인, 선거전략 등), 후보확정(후보 공천 및 소개), 불법 부정선거 적발 및 공명선거 캠페인, TV토론보도, 흑색선전 및 인신공격, 후보들 간의 갈등 및 대결, 정책이나 이슈, 유권자들의 선거무관심, 여론조사보도, 투표(투표율, 부재자 투표 등) 등이다.

기사의 갈등성은 갈등, 화합, 중립으로 구분하였다. 갈등기사란 후보자나 정당간의 언

---

6 코더간의 신뢰도를 계산해 본 결과 스코트 파이계수가 .88이었다.

어 또는 행동상의 충돌과 대결구도를 담고 있는 기사를 말한다. 예를 들어 흑색선전, 상대방에 대한 비방, 그리고 TV토론에서의 후보자간 공방과 관련된 기사들은 물론이고, 정당과 후보자간의 대결구도를 담고 있는 기사를 말한다. 화합기사란 후보나 정당관계자들이 갈등이나 이견을 해결하는 내용을 담은 기사를 말하며, 중립기사란 갈등과 화합기사가 아닌 나머지 기사를 말한다.

기사내용의 성격은 기사의 부분이 아니라 전체적인 내용을 기준으로 부정적, 긍정적, 중립적으로 구분하였다.

분석결과

선거관심도(보도량)

이번 6.4지방선거에 대한 방송사들의 관심은 그다지 높지 않았던 것으로 나타났다. 먼저 선거관련 기사건수를 보면 KBS가 44건, MBC가 53건, SBS 39건으로 모두 136건이다. 방송사당 하루 평균 2.8건씩의 선거기사를 보도한 셈이지만, KBS와 MBC는 5월 10일, SBS는 5월 12일과 14일에 선거기사가 한건도 없었다.

분석기간에 방송되었던 총 기사건수는 1,211건으로 선거기사의 비율은 11.2%이다. 방송사별 전체기사중 선거기사가 차지하는 비율을 보면 KBS가 10.0%, MBC가 12.7%, SBS가 10.9%이다. 결국 절대적인 선거기사건수뿐만 아니라 전체기사중 선거기사의 비율에 있어서도 MBC가 가장 많은 걸로 보아 이번 6.4 지방선거에 있어서 MBC가 타방송사들보다 선거보도에 훨씬 적극적이었음을 알 수 있다.

한편 분석기간에 보도되었던 정치기사[7] 건수를 보더라도 결코 많지 않았는데, 〈표 3-1〉에서 보는 바와 같이 총 117건(전체기사의 9.7%)으로 선거기사보다도 더 적은 것으로 나타났다. 물론 이와 같이 선거기사와 정치기사 건수가 적은 것은 IMF사태 이후에 우리 언론이 정치보다는 경제구조조정, 실업문제 등 시급한 경제현안들에 대해 더 많은 관심과 시간을 할애하는 데에서 일어나는 현상으로 이해할 수 있다. 그러나 본 연구의 분

---

7 본 연구에서는 6.4지방선거와 직접 관련된 내용을 담고 있는 기사만을 '선거기사'로 분류하였다. 정치기사는 "6.4지방선거와 직접적으로 관련이 없는 정부, 정치인과 정당의 활동과 관계된 기사"로 한정하였다.

석기간이 본격적인 지방선거 운동 기간이었음에도 불구하고 이 기간에 보도된 경제관련 기사는 약 30% 인데 반해 정치기사와 선거기사는 모두 합해 겨우 20% 수준에 불과하다. 따라서 비록 선거시점이 IMF라는 국가위기와 맞물린 특수성을 감안하더라도 우리 방송사들의 지방선거에 대한 관심은 낮았다고 말 할 수 있겠다.

이러한 주장은 과거 선거에서 보여준 방송사들의 선거에 대한 관심도와 이번 관심도를 직접 비교해 보면 좀 더 분명해진다. 지난 92년 14대 대통령선거에서 선거기사는 전체 기사의 39.3%, 95년 지방선거에서는 36.4%를 차지하였다(방송위원회, 1995). 결국 이번 6.4지방선거에서 나타난 11.2%의 선거기사 비율은 과거 선거 때에 비해 약 3배 정도가 줄어든 셈이다.

〈표 3-1〉 선거기사, 정치기사 건수 (( ) 안은 %)

	KBS	MBC	SBS	전체
선거기사	44(10.0)	53(12.7)	39(10.9)	136(11.2)
정치기사	41 (9.4)	42(10.1)	34 (9.5)	117 (9.7)
전체기사	438	416	357	1,211
전체기사중 선거기사의 비율(%)	10.0	12.7	10.9	11.2
14대 대선에서 선거기사의 비율(%) *	39.5	38.9	39.3	39.3
95지방선거에서 선거기사의 비율(%) *	40.1	35.7	33.3	36.4

* 자료: 방송위원회, 1995년 지자체 선거방송 분석결과 보고서(1995).

이어서 우리 방송사들이 선거기간 중 어느 시점에 많은 관심을 기울였는지를 분석해 보았다. 예상대로 대부분의 선거기사가 선거공고일 이후에 집중되었는데, 전체 선거기사의 62.5%가 선거공고일(5월 19일) 이후에 보도되었고, 공고일 이전에 보도된 기사는 37.5%이다. 이와 같이 선거시기를 공고일을 기준으로 두 개로 나누면 한쪽으로 몰려 선거시기에 따른 심층분석의 의미가 줄어들게 된다. 따라서 본 연구에서는 공고일 이후의 선거시기를 다시 둘로 나누어 모두 세 개의 선거시기로 분류하여 분석하였다. 그래서 5

월 4일에서 선거공고일 전날인 18일까지, 선거 공고일 이후는 5월 20일에서 26일까지, 그리고 5월 28일에서 투표전날인 6월 3일까지로 분류하였고, 분석의 편의상 각 시기를 선거초반기, 중반기, 종반기로 명명하였다. 이러한 분류시기별 선거기사 건수를 보면 〈표 3-2〉에 제시한 바와 같은데, 초반기가 37.5%, 중반기가 30.1%, 종반기가 32.4%이다.

방송사별로 보면 큰 차이가 없지만 MBC는 각 기간마다 매우 고르게 관심을 보였고, KBS는 비교적 고루지만 선거초반에서 종반으로 갈수록 보도건수가 약간씩 줄어드는 것이 특징이다. 이들 방송사와는 달리 SBS는 선거초반(43.6%)에 집중적으로 보도하였고, 중반(23.1%)에는 주춤하다가 종반(33.3%)에 다시 선거기사를 많이 보도하는 경향을 보였다.

〈표 3-2〉 시기별 선거기사 보도건수 (%)

	KBS	MBC	SBS	전체
선거초반	36.4	34.0	43.6	37.5
선거중반	34.1	32.1	23.1	30.1
선거종반	29.5	34.0	33.3	32.4
계 (사례수)	100.0 (44)	100.0 (53)	100.0 (39)	100.0 (136)

기사유형

기사유형을 보면 과반수인 57.4%가 스트레이트 뉴스이며, 후보들의 선거운동 장면이나 선거유세장 분위기를 전달하는 스케치 기사가 28.7%이다. 결국 전체 선거기사의 86.0%가 정보가 피상적일 수밖에 없는 스트레이트 뉴스와 스케치기사인 셈이다. 이에 반해 비교적 심층적인 정보를 담을 수 있는 해설, 기획기사는 14.0%에 지나지 않아 텔레비전 뉴스는 매우 피상적인 선거정보만을 전달해 주었다. 이러한 피상적인 보도 경향은 3방송사가 거의 비슷하였다.

그러나 시기별로 보면 많은 차이를 보였는데 〈표 3-3〉에 제시한 바와 같이 선거초반기에는 스트레이트기사(72.5%)가 지배적이다. 그러다 선거공고와 함께 공식적인 선거운동과 선거유세가 시작되는 선거중반기에는 스트레이트 기사(48.8%)가 줄어드는 반면에 스케치 기사(48.8%)가 급속히 늘어난다. 선거종반기에는 여전히 스트레이트 기사(47.7%)와 스케치 기사(40.9%)가 절대 다수를 차지하지만 스트레이트 기사가 약간 더 많다.

한편 해설과 기획기사는 선거초반에 25.5%로 가장 많고, 중반기에 2.4%로 급속히 줄어들다가 종반에 11.4%로 약간 늘어났다.

〈표 3-3〉 시기별 기사유형 (%)

	선거초반	선거중반	선거종반	전체
스트레이트	72.5	48.8	47.7	57.4
스케치	2.0	48.8	40.9	28.7
해설,기획기사	25.5	2.4	11.4	14.0
계 (사례수)	100.0 (51)	100.0 (41)	100.0 (44)	100.0 (136)

$X^2 = 33.0$, df=4, p=.0000

선거유형별 관심도

이번 6.4지방선거는 광역단체장, 기초단체장, 광역의원, 기초의원 등 4가지 선거를 동시에 실시하였는데, 방송사들이 어떤 선거에 초점을 두었는지를 분석해 보았다. 그 결과 〈표 3-4〉에서 보듯이 우리 방송사들은 광역단체장선거만을 집중적으로 보도하였는데, 광역단체장 선거가 59.6%, 기초단체장 선거가 8.1%, 기초의회선거가 0.7%, 그리고 전체선거와 관련된 기사가 31.6%이다.

방송사별로 보면 3방송사 모두 광역단체장 선거에 초점을 맞추고 있지만 특히 SBS는 선거기사의 71.8%가 광역단체장 선거와 관련된 기사이다. KBS는 59.1%, MBC는 11.3%이다.

〈표 3-4〉 방송사별 선거유형 (%)

	KBS	MBC	SBS	전체
광역단체장	59.1	50.9	71.8	59.6
기타 선거	9.1	11.3	5.1	8.8
전체선거	31.8	37.7	23.1	31.6
계 (사례수)	100.0 (44)	100.0 (53)	100.0 (39)	100.0 (136)

χ^2= 4.2, df=4, p〉.05

시기별로 보도된 선거유형을 보면 선거초반기에는 광역단체장 선거가 74.5%로 압도적으로 많지만 선거가 종반으로 갈수록 광역단체장 선거에 대한 보도는 줄어든다. 선거 중반기에 53.7%, 종반기에 47.7%의 비율을 보인다. 그러나 전체선거에 대한 보도는 선거종반으로 갈수록 늘어나는 경향을 보이는데 선거초반에 23.5%, 중반에 29.3%, 그리고 선거종반에는 43.2%로 크게 늘어난다.

기사내용

우리 방송사들은 과거 대통령선거나 국회의원 선거에서 주로 선거운동과 관련된 내용들을 집중적으로 보도하였다. 그러나 이번 6.4 지방선거에서는 다른 선거와는 달리 특정의 내용에 집중하기보다는 다양한 내용들을 비교적 고르게 보도한 것이 특징이라 하겠다. 그중에서도 가장 많이 보도한 내용은 〈후보나 정당의 선거운동〉과 관련된 기사인데 전체 기사의 약 4건 중 1건인 25.7%가 여기에 해당되었다 (표 3-5 참조). 이어서 각 정당별 〈후보확정〉에 관한 내용이 12.5%로 두 번째, 불법 부정선거적발 및 공명선거 캠페인이 11.8%로 세 번째이다. 이밖에 TV토론(11.0%), 〈흑색선전, 인신공격〉, 〈후보 간 갈등, 대결〉, 〈정책, 이슈〉(똑같이 7.4%), 선거무관심(6.6%), 여론조사(5.9%) 순이고, 투표(투표율 및 부재자 투표 등)와 관련된 기사가 4.4%로 가장 적었다.

결국 우리 텔레비전 방송은 유권자들이 꼭 알아야 할 정책이나 이슈 등의 본질적인 내용보다는 선거캠페인이나 전략, 후보들의 대결 등 피상적이고 흥미로운 내용에 초점을 두는 경마식보도에 혈안 되어 있음을 알 수 있다. 경마식 보도에 해당되는 내용들인 선거운동, TV토론(주로 분위기와 흥미로운 내용들만을 보도), 흑색선전, 인신공격, 후보간 갈등-대결, 여론조사(주로 후보들의 지지도에 관한 내용) 등은 전체의 57.4%를 차지한다.

과거 대통령선거나 국회의원 선거에서 경마식 보도는 약 80-90%에 이른다는 연구결과(권혁남, 1997)를 고려한다면 이번 6.4 지방선거에서 나타난 60% 미만의 수치는 과거보다는 진일보한 현상이라 하겠다. 그러나 유감스러운 것은 경마식 보도가 줄어들었다고 해서 정책이나 이슈 등의 본질적인 내용이 늘어나지 않았다는 점이다. 대신에 대통령선거나 국회의원선거에서는 그 비율이 낮았던 불법 부정선거, 선거 무관심과 관련된 내용들이 비교적 크게 늘어났다. 이것은 이번 선거에서 바로 이러한 불법 부정선거문제와 흑색선전, 선거무관심이 선거기간동안 줄곧 중요한 화두였음을 보여주는 증거물이라 하겠다.

결국 불법 부정선거, 후보 간 갈등, 흑색선전이나 인신공격, 선거무관심 등 선거에 대한 부정적인 내용을 담고 있는 기사가 전체의 약 3건 중 1건 꼴인 33.2%이다. 이러한 수치는 과거 선거에 비해 높은 편이다. 지난 95년의 지방선거에서는 〈불법 및 타락선거〉, 〈비난성명, 공방전〉과 관련된 기사가 19.2%였고(방송위원회, 1995), 지난 96년의 15대 국회의원 총선거에서는 〈불법 및 타락선거〉, 〈비난성명, 공방전〉과 관련된 기사가 13.8%에 불과하였다(방송위원회, 1996).

한편 방송사별로는 별다른 차이를 보이지 않았으나 선거종류에 따라서는 많은 차이를 보였다. 선거유형별 기사내용을 보면 광역단체장선거에 대한 보도는 부정적인 내용이 적었으나, 나머지 기타 선거에 대한 보도와 전체선거에 대한 보도에 있어서는 대부분이 부정적인 내용을 담고 있는 것이 특징이다. 먼저 광역단체장선거는 선거운동(28.4%), TV토론(18.5%), 후보확정(16.0%) 등과 관련된 내용들이 많은 것과는 달리 선거에 대한 부정적인 내용이라 할 수 있는 〈후보 간 갈등-대결〉(11.1%), 〈흑색선전, 인신공격〉(7.4%), 〈불법부정선거적발, 공명선거 캠페인〉(1.2%) 등은 19.7%에 불과하였다.

광역단체장선거에 대한 보도와는 달리 기타 선거에 대한 보도에 있어서는 선거에 대한 부정적인 내용이 무려 58.3%이다. 전체선거에 대한 보도 역시 불법 부정선거(23.3%), 선거무관심(18.6%) 등 부정적인 기사가 과반수인 51.2%를 차지하였다. (표 3-5 참조).

〈표 3-5〉 선거유형별 기사내용 (%)

	광역단체장 선거	기타 선거	전체선거	전체
선거운동	28.4	41.7	16.3	25.7
후보확정	16.0		9.3	12.5
불법 부정선거적발, 공명선거 캠페인	1.2	41.7	23.3	11.8
TV토론	18.5			11.0
흑색선전, 인신공격	7.4		9.3	7.4
후보간 갈등-대결	11.1	8.3		7.4
정책, 이슈	12.3			7.4
선거무관심		8.3	18.6	6.6
여론조사	4.9		9.3	5.9
투표(투표율,부재자투표 등)			14.0	4.4
계 (사례수)	100.0 (81)	100.0 (12)	100.0 (43)	100.0 (136)

X^2= 79.3, df=18, p=.0000

뉴스 밸류

이어서 TV 3사가 선거관련기사를 얼마만한 관

심을 갖고서 어느 정도 비중 있게 기사화하였는지를 분석하였다. 본 연구의 분석기간 동안 선거관련기사가 톱뉴스로 보도된 것은 모두 8번으로 전체 톱뉴스 중(16일분 X 3방송사=48) 16.7%를 차지한다. 이어서 각 방송사들이 선거기사를 얼마나 비중 있게 다루었는지를 분석하기 위해 뉴스밸류를 상, 중상, 중하, 하 등 4등급으로 분류하였다.[8] 그 결과 전체 선거기사의 40.4%가 상에 해당하였고, 23.5%가 중상, 20.6%가 중하, 15.4%가 하로 분류되었다. 선거기사의 뉴스밸류는 그런대로 높게 취급되었다고 할 수 있겠다.

방송사별로 보면 〈표3-6〉에서 보듯이 MBC가 선거기사를 가장 비중 있게 다룬 것과는 반대로 SBS는 선거기사에 대한 뉴스밸류를 높게 두지 않았음을 알 수 있다. MBC의 선거기사는 과반수(50.9%)가 상의 뉴스밸류를 갖고 있으며, 하는 불과 9.4%에 지나지 않는다. KBS는 상이 43.2%, 하가 18.2%이다. 그러나 SBS는 상이 겨우 23.1%이고, 하는 20.5%이다.

〈표 3-6〉 방송사별 뉴스밸류 (%)

	KBS	MBC	SBS	전체
상	43.2	50.9	23.1	40.4
중상	13.6	28.3	28.2	23.5
중하	25.0	11.3	28.2	20.6
하	18.2	9.4	20.5	15.4
계 (사례수)	100.0 (44)	100.0 (53)	100.0 (39)	100.0 (136)

$X^2 = 12.9$, df=6, p=.04

이어서 시기별 뉴스밸류를 보면 선거일에 가까울수록 선거기사의 뉴스밸류가 높아지

8 각 방송사들의 하루 방송뉴스 건수가 제각기 다르고, 같은 방송사라 하더라도 요일별로 방송뉴스 건수가 달라 이들의 뉴스밸류를 정확히 측정하기 위해서는 표준화시킬 수 밖에 없었다. 하루 평균 방송뉴스 건수를 보면 KBS가 27.3건, MBC가 26.0건, SBS가 22.3건이다. 하루에 방송된 전체 뉴스 건수의 방송순서를 4등분하여 톱뉴스에서부터 1/4순위까지를 상, 1/4순위에서 2/4순위까지를 중상, 2/4순위에서 3/4순위까지를 중하, 3/4순위에서 끝뉴스까지를 하로 분류하였다.

는 뚜렷한 경향을 보였다. 〈표 3-7〉에서 보는 바와 같이 선거초반기에는 17.6%만이 상의 뉴스밸류를 갖고 있으나 중반기에는 46.3%, 종반기에는 무려 61.4%가 상의 뉴스밸류를 가졌다.

〈표 3-7〉 시기별 뉴스밸류 (%)

	선거초반	선거중반	선거종반	전체
상	17.6	46.3	61.4	40.4
중상	31.4	19.5	18.2	23.5
중하	33.3	14.6	11.4	20.6
하	17.6	19.5	9.1	15.4
계 (사례수)	100.0 (51)	100.0 (41)	100.0 (44)	100.0 (136)

χ^2 = 22.1, df=6, p=.001

기사의 갈등성

각 방송사들은 이번 지방선거를 지나치게 후보와 정당간의 갈등 또는 대결적 구도로 틀지었다. 기사 내용의 갈등성을 보면 전체기사의 64.6%가 후보와 정당간의 갈등과 대결구도를 그렸다. 이에 반해 화합은 2.3%, 중립은 27.8%이다(표 3-8 참조).

물론 선거는 곧 후보와 정당간의 경쟁을 전제로 하며, 뉴스 또한 갈등을 가장 중요한 뉴스밸류로 하고 있음을 인정한다. 그러나 후보나 정당간의 대결과 갈등구도를 지나치게 강조하거나 조장하는 것은 쓸데없이 선거를 과열시켜 불법 부정선거와 후보나 정당간의 흑색선전 및 인신공격을 부추길 수 있고, 결과적으로 유권자들의 선거에 대한 환멸과 냉소주의를 조장할 위험성이 높다. 또한 선거에 관심이 있는 유권자에게도 선거라고 하는 것은 승패만이 전부인 것으로 인식시킬 수 있다는 점에서 바람직스럽지 않다.

방송사별로 보면 SBS가 선거를 갈등과 대결관계로 가장 많이 묘사했는데 전체기사의 76.9%가 후보나 정당간의 갈등과 대결기사이다. MBC는 71.1%가 갈등기사이다. 이와는 달리 KBS는 갈등보다는 중립적인 관계를 더 많이 강조했는데, 전체기사의 45.3%만이 갈등기사이고, 52.4%가 중립적인 기사이다(표 8 참조).

〈표 3-8〉 방송사별 기사내용의 갈등성 (%)

	KBS	MBC	SBS	전체
갈 등	45.3	71.1	76.9	64.6
화 합	2.4	1.9	2.6	2.3
중 립	52.4	26.9	20.5	33.1
계 (사례수)	100.0 (42)	100.0 (52)	100.0 (39)	100.0 (133)

X^2 = 17.1, df=4, p=.02

갈등관계는 여당전체와 야당관계가 51.2%로 가장 많고, 국민회의-한나라당 37.2%, 국민회의-자민련이 3.5%, 김영삼-임창열 3.5%, 검경찰-후보 3.5%, 자민련-한나라당 1.2%, 후보-유권자 1.2%, 언론사-후보 1.2%이다.

선거에 대한 부정적 묘사

기사내용의 성격을 보면 대다수인 69.1%가 긍정도 부정도 아닌 중립적인 내용이지만 22.1%는 부정적인 내용을 담고 있고, 8.8%만이 긍정적인 내용을 담고 있다. 방송사별로는 별다른 차이를 보이지 않았으나 선거유형별로 보면 많은 차이를 보였다. 〈표 3-9〉에서 보는 바와 같이 광역단체장선거에 대해서는 12.3%만이 부정적 기사인데 반해 전체선거는 37.2%, 기초단체장선거가 대부분을 차지하고 있는 기타 선거는 33.3%가 부정적 내용이다. 결국 이번 6.4지방선거에서 우리 방송사들은 다른 선거보다는 광역단체장 선거에 대해서는 덜 부정적으로 보도한 셈이다.

〈표 3-9〉 선거유형별 기사의 성격 (%)

	광역단체장	기타 선거	전체 선거	전체
긍정적	9.9		9.3	8.8
부정적	12.3	33.3	37.2	22.1
중 립	77.8	66.7	53.5	69.1
계 (사례수)	100.0 (81)	100.0 (12)	100.0 (43)	100.0 (136)

$X^2 = 12.2$, df=4, p= .01

한편 기사의 전체적인 내용과 관계없이 기사에서 선거에 대한 부정적인 표현이 있었는지 여부를 분석해 보았다. 그 결과 〈표 3-10〉에 제시한 바와 같이 전체기사의 34.6%가 선거에 대해 부정적인 표현을 하였다. 방송사별로 보면 KBS가 43.2%로 가장 많고, MBC가 35.8%, SBS가 23.1%이다.

또한 선거일에 가까와질수록 부정적인 표현을 많이 사용하였는데, 선거초반기에는 17.6%, 중반기에는 41.5%, 종반기에는 47.7%가 부정적 표현을 담았다.

〈표 3-10〉 방송사별 선거에 대한 부정적 표현 유무 (%)

	KBS	MBC	SBS	전체
있다	43.2	35.8	23.1	34.6
없다	56.8	64.2	76.9	65.4
계 (사례수)	100.0 (44)	100.0 (53)	100.0 (39)	100.0 (136)

$X^2 = 3.8$, df=2, p〉.05

방송사의 선거에 대한 지나친 부정적인 묘사는 유권자들의 선거에 대한 무관심과 냉소주의를 불러일으킬 수 있다는 점을 간과해서는 안 된다. 이번 지방선거보도에서 나타난 선거나 정치를 부정적으로 묘사한 몇 가지 사례들을 살펴보도록 하자.

〈사례 1〉

〈지방선거를 앞두고 일부 지역에서는 벌써 금품살포같은 한심한 작태가 벌어지고 있고 특히 기초단체장일 경우에는 각 정당이 후보조차 확정하지 못하고 있는 그런 실정입니다. 스스로 개혁을 하지 못한 정치권의 탓이지만 이번 선거에서도 정치권이 구태를 벗지 못한다면 정치권도 국민의 힘에 의해서 개혁되는 이른바 IMF 사태를 정치권도 피할 수 없을 것이라는 그런 지적까지 나오고 있습니다…〉 (5월 4일 KBS뉴스, 앵커 멘트)

앵커멘트 중 '한심한 작태' 등의 표현도 거칠지만 이러한 내용은 자칫 유권자들에게 정치권이 이른바 퇴출의 대상이라는 인식을 심어줄 수 있는 위험성이 있다.

〈사례 2〉

〈…지방선거가 중반전에 접어들면서 인신공격과 흑색선전 그리고 관권선거 시비 등으로 선거전이 갈수록 혼탁해지는 양상을 보이고 있습니다. 특히 수도권지역에서는 선거전은 고소고발전으로 얼룩져가고 있습니다. 여야 모두가 참을 수 없다는 얘기를 하고 있지만 더이상 참을 수 없는 것은 아마 국민일 것입니다…〉 (5월 26일, KBS 앵커 멘트)

이러한 멘트 역시 유권자들에게 선거의 혼탁성을 부각시키고, 국민들의 정치권에 대한 불신을 조장할 위험성이 높다 하겠다.

〈사례 3〉

〈…선거전은 이렇게 달아오르는데 이번 선거에 대한 유권자들의 관심과 반응은 역대 그 어느 선거 때보다 차가와 투표율이 낮을 것이라는 우려도 나오고 있습니다. 이른바 무관심, 무반응, 무투표 이런 3무 현상의 조짐이 나타나고 있습니다…〉 (5월 26일, MBC 앵커 멘트)

이러한 멘트는 많은 유권자들이 선거에 관심이 없다는 점을 부각시켜 마치 선거에 관심이 있는 유권자가 오히려 이상한 사람인 것 처럼 인식시킬 수 있다는 점에서 문제이다.

〈사례 4〉

〈...지방선거전이 막바지에 접어들면서 정치권은 마치 진흙탕에 빠진 듯 추한 모습을 보이고 있습니다. 여야가 쌍심지를 켜고 고발전으로 맞서고 있습니다. 이미 상식과 이성은 실종 된 지 오래입니다...〉 (5월 30일 MBC 앵커 멘트.)

'진흙탕', '쌍심지', '상식과 이성의 실종' 등의 표현도 지나치며, 선거전을 지나치게 부정적으로 묘사하고 있는 것이 문제이다.

〈사례 5〉

〈...단상에서는 열띤 연설이 계속됐지만 청중들의 열기는 찾아 볼수 없습니다. 여야 각 정당은 사활을 건 선거전을 펴고 있지만 유권자들에게는 이번 선거가 역대 선거 가운데 가장 무관심한 선거가 될 것으로 보입니다...〉 (5월 20일, SBS 앵커 멘트)

이러한 멘트 역시 유권자들의 지방선거에 대한 무관심이 일반화되었음을 부각시킬 수 있다는 점에서 문제라 하겠다.

기사의 제목 역시 선거에 대해 부정적인 표현을 담고 있는 기사들이 적지 않았다. 그중 몇 가지만을 열거하자면 〈비방전 가열〉, 〈진흙탕 싸움 언제까지〉, 〈난무한 흑색선전〉, 〈서로 깎아내리기〉, 〈무관심...무반응〉, 〈왜 그런가, 유권자 무관심〉, 〈뻥긋하면 비방〉, 〈툭하면 고발〉, 〈한심한 비방전〉, 〈최저투표율 비상〉 등을 들 수가 있다.

맺는말

본 연구는 과연 우리 언론이 '98지방선거에 대해 정말로 무관심했으며, 선거를 부정적으로 보도했는지를 실증적으로 분석해 보았다. 아울러 문헌고찰을 통해 언론이 왜 선거를 부정적으로 보도하는지 그 원인을 찾고, 나아가 언론의 선거에 대한 부정적 보도가 유권자들의 정치적 무관심, 정치참여에 미치는 영향에 대해서도 알아보았다.

'98지방선거에 대한 텔레비전 방송사들의 뉴스보도에 대한 내용분석 결과를 통해 다음과 같은 결론을 내릴 수 있겠다.

무엇보다도 방송사들은 이번 6.4 지방선거에 별다른 관심을 두지 않았다고 할 수 있겠다. 방송사당 하루 평균 2.8건씩의 선거기사를 보도하였고, 전체기사의 11.2%만이 선거기사이다. 정치기사 건수는 선거기사보다도 더 적은 것으로 나타났는데, 전체기사의 9.7%에 불과하였다. 반면에 경제기사는 약 30%를 차지하여 대조를 보였다. 지난 92년 14대 대통령선거에서 선거기사는 전체기사의 39.3%, 95년 지방선거에서는 36.4%를 차지하였다. 비록 선거시점이 IMF라는 국가위기와 맞물린 특수성을 감안하더라도 우리 방송사들의 지방선거에 대한 관심이 낮았다고 할 수 있다.

둘째, TV방송의 선거기사는 심층보도를 담보할 수 있는 해설기사는 극소수에 지나지 않은 반면, 피상적인 보도를 담을 수밖에 없는 스트레이트 기사와 스케치기사가 절대 다수(86.0%)를 차지하고 있다. 그래서 정책과 이슈 등 본질적인 정보를 추구하고자 했던 유권자들에게 실망을 주었고, 지방선거에 대한 중요성 인식을 떨어뜨렸을 것으로 판단된다.

셋째, 이번 6.4지방선거는 광역단체장 선거라고 할 수 있을 정도로 방송사들이 광역단체장선거만을 집중적으로 보도하였다. 따라서 기초단체장 선거와 광역 및 기초지방의원 선거에 대한 유권자들의 관심을 더욱 더 떨어뜨렸을 가능성이 높다.

넷째, 선거기사의 내용을 보면 선거에 대한 냉소주의, 혐오감을 심어줄 수 있는 부정적인 내용들이 과거 선거 때보다 훨씬 많았다. 과거 선거에 비해 경마식 보도가 줄어들었지만 그 대신에 불법 부정선거, 흑색선전, 선거 무관심등 선거의 부정적 측면이 비교적 많이 부각되었다. 이와 같이 선거에 대한 부정적인 내용을 담고 있는 기사가 전체의 33.2%로 지난 95년 지방선거에서의 19.2%, 96년 15대 국회의원 총선거에서의 13.8%에 비하면 매우 높은 수치이다.

다섯째, 방송사들은 지방선거 관련기사를 양적으로는 많이 보도하지 않았지만 선거기사의 뉴스밸류는 비교적 높게 취급하였다는 점에서는 긍정적이다. 시기별 뉴스밸류를 보면 선거일에 가까울수록 선거기사의 뉴스밸류가 높아지는 뚜렷한 경향을 보였다.

여섯째, 각 방송사들은 이번 선거를 지나치게 후보와 정당간의 갈등 또는 대결적 구도로 틀지어 유권자들의 지방선거에 대한 냉소주의와 혐오감을 심어주었을 가능성이 높다. 기사의 64.6%가 갈등 또는 대결구도를 갖고 있다.

이러한 언론의 선거보도행태를 전략적 대결보도라 하는데, 언론은 선거 자체를 흥미로운 게임이나 전쟁으로 인식하며, 후보들의 선거캠페인 목표를 오직 승리로 묘사한다. 따라서 언론은 유권자에게 후보의 일거수 일투족이 모두 선거에서의 승리만을 위한 계획적이고 의도적인 활동인 것으로 인식시켜주고 있다.

전략적 대결보도에서 후보는 연기자, 기자는 비평가, 수용자는 관중으로 여겨진다. 전략적 대결보도의 언어는 스포츠와 전쟁이며, 후보와 기자, 공중들이 공동으로 묻는 질문은 오직 "현재 누가 얼마나 이기고 있는가?"에 관한 것이다. 이러한 전략적 대결보도는 결과적으로 수용자들을 소극적이고 수동적이며, 또한 선거에 대해 무책임한 존재로 만들기 때문에 문제가 있다(권혁남, 1997).

일곱째, 유권자들로 하여금 지방선거에 대한 무관심을 조장하고 선거에 대해 부정적인 인식과 냉소주의를 불러일으킬 수 있는 기사내용과 표현들이 적지 않았다는 점이다.

결론적으로 우리 방송사들은 이번 지방선거에 대해 별다른 관심을 기울이지 않았으며, 국민들의 지방선거에 대한 관심을 높이려는 노력도 부족하였다. 또한 지방선거에 대한 보도내용이 부정적이었는데, 텔레비전 방송사들은 지방선거가 국민들로부터 외면받고 있을뿐만 아니라 외면 받아 마땅하다는 식으로 보도하여 국민들의 지방선거에 대한 중요성 인식을 떨어뜨리고 지방선거에 대한 무관심, 냉소주의, 그리고 투표기권욕구를 조장했을 가능성이 높다. 그러나 이것은 어디까지나 지금까지의 내용분석의 결과만을 가지고 내린 잠정적 결론에 불과하며, 보다 분명하고 정확한 결론은 수용자조사를 병행한 연구에서 밝혀질 수 있을 것으로 생각한다.

<1988 6.4 지방선거 방송보도 코딩 스킴I>

(1–3) ID
(4) 방송국 1. KBS 2. MBC 3. SBS
(5,6) 날자
(7) 요일 1. 월 2. 화 3. 수 4. 목 5. 금 6. 토 7. 일
(8) 기사유형1 1. 단일기사 2. 종합기사
(9) 선거유형 1. 광역단체장선거 2. 기초단체장 선거 3. 광역의회선거
4. 기초의회선거 5. 중복
(10) 기사유형 3
(1) 스트레이트 (2) 스케치 (3) 가십 (4) 기획기사 (5)해설기사
(6) 단신 *(7) 인터뷰 + 대담
(11,12) 기사내용 1
(13,14) 기사내용2

1. 지구당 지원 유세 2. 정당행사, 이벤트 3. 후보 정보추구 4.선거관심도 5. 선거유세
6. 선거운동 21. 후보대결 31. 공명선거 촉구 32. 불법 부정선거 적발 41. 안정–견제
42. IMF 책임 43. 보수–진보 44. 내각제 개헌 45. 세대교체 46. 지역주의 문제
47. 경제문제 48. 정계 개편 61. 정책,공약

(15) 기사 성격 1　(1) 긍정적 (2) 부정적 (3) 중립 (4) 긍정 + 부정
(4는 2로 처리)
(16) 기사 성격 2　(1) 갈등 (2) 화합 (3) 중립
(17,18) 갈등 관계 (13=14, 17,18=15)
(1) 국–신 (2) 자–신 (3) 국–자 (4) 여–야 (5) 야–야
(6) 신–야 (7) 4당간 (8) 선관위–4정당 (9)선관위–후보
(15)검찰–선거브로커 (16) 정당내부 (17)법원,검찰–후보
(18) 검찰–야당 (19) 후보–유권자
(19,20) 기사의 꼭지번호
(21) 주초점 인물 정당　(1) 신한국당 (2) 국민회의 (3) 자민련 (4) 국민신당
(5)무소속 (6) 여당 (7)여–야 (8) 전후보
(22, 3) 초점인물 1

1. 김대중　2. 김종필　3. 조세형　4. 조순　5. 박태준　6.이회창
31. 선관위　32. 검찰　33. 법원　34. 헌법재판소　35. 아동　36. 젊은층 유권자
61. 신한국당 후보　62. 국민회의 후보　63. 자민련 후보　64. 국민신당후보
65. 무소속 후보　66. 전체후보　67. 전체 후보　71. 신한국당　72. 국민회의
73. 자민련　74. 국민신당　75. 무소속 후보　76. 4개 정당

(24) 판세 분석, 전망?　(1) 한쪽–여당 우세 (2) 한쪽–야당 우세
(3) 후보의 일부(두세명) 우세　(4) 경합　(9) 언급없음
(25) 그 근거는?　(1) 인물　(2) 지역 바람　(9) 근거없음
(26) 주초점 인물 성　(1) 남　(2) 여
(27,28) 장소　(1) 서울 (2) 부산 (3) 대구 (4) 인천 (5) 광주
(6) 대전 (7)경기 (8)강원 (9)충남 (10) 충북 (11) 전남 (12) 전북
(13) 경남 (14) 경북 (15) 제주 (16) 전국
(29) 육성　(1)있다 (2) 없다
(30,31) 육성(또는 주장) 내용
(32) 육성 완성도　(1) 완성 (2) 중간에 짤림
(33) 육성(또는 주장) 내용의 성격　(1)긍정적 주장(업적 찬양,능력과 시, 출마의 변 등)
(2) 공격적 주장 (3) 반박 (4) 지지호소
(5) 주장, 제의 (6)격려, 독려 (7) 각오 (8) 의견 표명

(9) 정책 (0) 이슈

(34) 주초점 인물 성격묘사 (1) 긍정적 (2) 부정적 (3)중립 (4) 긍정 + 부정

(35) 정책의 성격 (1) 정당간 뚜렷한 차이 (2) 몇몇 정당간 차이
(3) 한 정당의 일방적 주장 (9) 파악불능

(36) 정책에 대한 후보 입장 (1)육성으로 직접표명 (2)기자멘트로 간접표명
(3)육성+기자멘트 (4)육성,기자멘트 없음

(37,8) 이슈, 정책 내용1

(39,40) 이슈, 정책 내용2

(41) 정책 해결책 유무 (1)있다 (2)없다

(42) (정책) 각 후보, 정당간 정책 비교 (1) 있다 (2) 없다

(43) 미확인, 추측보도 (1) 있다 (2) 없다

(44) 선거의 부정적 측면 표현 유무 (1) 있다 (2)없다

(45) 지역감정(정서) 내용 (1) 조장 (2) 전언 (3) 구도 인정 (4) 타파 주장

(46) 혈연 학연 내용 (1)있다

(49,50) (62-3)(64-5) 강조내용, 이슈, 정책

1. 세대교체 2. 지역감정 타파 3. 지역감정 자극
4. 인사문제 5. 정계개편 6. IMF
9. 실업문제 10. 선거전략 11. 공명선거(부정선거 고발)
12. 젊은 후보뽑자 13. 정부비판(DJ비판) 14. 내각제 주장
15. 지역경제 활성화 16. 출마 동기 17. 후보 노래
18. 상대방 비판 19. 경제살리기 20. 선거관심
21. 정부실책 공격 22. 깨끗한 정치 23. 지지호소
24. 자신의 능력과시(능력자 뽑자. 의정활동) 25. 생활정치
26. 지역대변자(인물) 27. 해결책 제시
41. 중소기업 지원 42. 쓰레기 소각장 43. 소음방지 대책
44. 통일 안보정책 45. 복지정책 46. 주차장문제
47. 지역물류단지 신설 48. 그린벨트, 환경보호 49. 정보센터 건립
50. 농촌개발 51. 교통지옥해결 52. 댐건설
53. 대학 건설 54. 레저 스포츠 도시건설 55. 고속철도 건설
56. 관광도시 57. 지역개발 58. 공단유치
89. 코믹한 내용 90. 특별한 내용 없음

<지방선거 방송보도 코딩 스킴2>

(1-2) ID
(3) 방송국 1. KBS 2. MBC 3. sbs
(4,5) 날자
(6) 요일 1. 월 2. 화 3. 수 4. 목 5. 금 6. 토 7. 일
(7) 단일기사 수(선거관련)
(8) 종합기사 수(선거관련)
(9) 앵커처리 단신기사 수(선거관련)
(10,11) 선거 관련 첫 기사 꼭지 번호
(12,3) 톱기사
(14,5) 두 번째 기사
(16,7) 세 번째 기사
(18) DJ등장 기사건수
(19,20) DJ등장 기사 꼭지번호
(21) 북한관계기사 건수
(22) 정책기사 건수
(23) 각 후보, 정당 간 정책 비교 기사 건수
(24) 선거의 부정적 측면 강조 기사 건수
(25) 지역감정(정서) 내용이 있는 기사 건수
(26) 혈연 학연 내용이 있는 기사건수
(27,8) 전체기사 건수
(29,30) 선거기사 건수

CHAPTER

04

신문의 선거보도 내용분석

신문의 선거보도 내용분석[1]

문제 제기 및 연구 목적

민주주의 국가에서 선거는 국민이 직접 참여하여 그들의 대표를 뽑을 수 있는 거의 유일한 제도적 장치이며, 동시에 여론과 정치정책을 직접 연결시켜주는 중요한 기능을 하고 있다. 그러나 유권자들이 자신을 대표하여 행동할 사람을 자유롭고 이성적으로 선출할 때 비로소 대의 민주주의의 기본 가정이 충족될 수 있는 것이다. 자유롭고 이성적인 선거는 그것을 가능케 하는 선거제도의 마련도 필요하지만 유권자들이 후보들에 대한 충분한 정보에 근거하여 투표결정을 할 수 있을 때 이루어지는 것이다. 이러한 점에서 현대정치에서 중심적인 위치에 있는 매스 미디어의 역할과 책임이 강조되는 것이다.

많은 사람들은 현대의 선거를 '매스 미디어선거'로 일컫고 있다. 과거 투표행위의 결정요인으로 인식되어 왔던 정당일체감(party identification)과 정당 영향력의 급속한 퇴조, 정치인과 정치제도에 대한 불신이 크게 증대하면서 매스 미디어는 이러한 정당과 정치제도의 역할 대행자로 등장하게 되었다. 또한 시간적, 공간적으로 제약된 생활을 하고 있는 대부분의 유권자들은 선거과정에서 후보들과의 직접적인 접촉을 통한 정보추구보다는 주로 매스 미디어를 통한 간접적인 정보추구를 하고 있다. 매스 미디어를 통해 선거관련 정보를 추구하는 과정에서 매스 미디어는 유권자들에게 영향을 미치고 있다. 선거 캠페인에서 후보들은 대중연설, 전단 및 포스터, 편지 및 전화, 가가호호 방문 대화 등을 이용하고 있지만 가장 중심적인 선거캠페인 활동은 역시 매스 미디어를 이용한 캠페인이

---

1 저자의 논문 '신문의 지방선거보도의 문제점과 개선방안. 한국언론연구원(편), 지방자치와 언론, 1990, 165-230'을 일부 수정하였음.

다. 선거기간동안 매스 미디어는 선거에 관한 뉴스보도, 논평 및 사설, 정치광고, TV토론, 여론조사결과 보도 등을 통해 후보나 유권자 모두에게 많은 영향을 미치고 있다.

그러나 매스 미디어 중심의 선거가 진행되면서 이에 따른 많은 역기능이 일어남으로써 매스 미디어 중심의 선거에 대한 비판이 일고 있다. 대표적으로 Latimer(1984)는 매스 미디어가 민주사회의 적절한 기능화를 위한 본질적인 정보를 전달해야 함에도 불구하고 선거캠페인을 본질적인 것보다는 게임으로 해석하고 있다고 비난하였다. 다시 말해 매스 미디어는 선거에서 논쟁이 되고 있는 정책 이슈를 전달하여 유권자로 하여금 후보선택을 심사숙고하도록 하기 보다는 마치 프로야구나 축구 등의 스포츠나 경마(horserace)를 중계하는 방식으로 보도하여 선거를 단순히 흥밋거리로 즐길 수 있는 일종의 오락으로 인식하도록 만들었다는 비난이다. 오늘날 매스 미디어의 선거캠페인 보도에 관한 연구는 이러한 언론의 경마식 저널리즘 문제에 초점을 두고 있다.

그런데 과거 미국의 선거캠페인 보도에 관한 연구는 대부분이 정치적 중요성이 높고 유권자의 참여율이 비교적 높은 대통령선거 등의 전국선거에만 집중되었으며, 상원이나 하원선거를 비롯하여 지방선거에서의 미디어의 캠페인보도에 대해서는 별로 연구가 이루어지지 않았었다. 그러다가 1978년 미시간 대학의 NES(National Election Study)가 선거조사에서 상원과 하원의원 선거에 관한 질문을 포함시킨 이후 의회선거가 학자들로부터 점차 주목을 받기 시작하면서 지방선거에서의 언론의 선거캠페인 보도에 관한 연구가 활성화되기 시작하였다(Vermeer, 1987).

매스 미디어가 선거에 미치는 영향에 관한 완전한 이해를 위해서는 이러한 지방선거 과정과 미디어의 역할에 대한 이해가 선행되어야 한다는 점에서 지방선거캠페인에 대한 지방 미디어의 캠페인보도에 관한 연구는 중요한 의미가 있는 것이다. 또한 전국선거에 비해 후보들의 지명도와 유권자들의 관심이 낮은 지방선거에서 미디어의 역할은 중요하고 그 영향력 역시 크다 하겠다.

외국에서 선거와 매스 미디어간의 관계에 관한 연구들이 활발한 것과는 달리 우리나라에서의 연구는 매우 부진하다. 그러한 이유는 여기에 대한 관심이 부족해서라기보다는 과거 우리나라의 모든 정치선거들이 비민주적인 절차에 의해 진행되어온 정치 환경 때문에 그렇다. 이러한 정치 환경 속에서 선거에 관한 연구가 활발하게 이루어지지 않았으며 이와 함께 선거와 매스 미디어간의 관계에 관한 연구, 그리고 언론의 선거캠페인보도 내용 및 보도방식에 관한 연구가 거의 이루어지지 않은 실정이다.

본 연구는 1990년 4월 3일에 치러진 13대 국회의원 보궐선거인 대구 서갑, 진천-음성 선거에 있어서 중앙지와 지방지들이 무엇을 어떻게 보도하였으며, 선거캠페인 보도에서 나타난 문제점은 무엇인지를 실증적으로 분석하여 앞으로 우리 언론이 추구해야 될 바람직한 선거캠페인 보도방향을 모색해 보는 것을 연구의 목적으로 한다.

연구문제 및 연구방법

연구문제

본 연구는 1990년 4월 3일에 실시된 대구 서갑, 진천-음성의 국회의원 보궐선거에 대한 선거 해당지역 지방지와 중앙지의 보도내용을 비교 분석하고 그 결과를 기초로 하여 신문의 선거보도의 문제점과 개선방안을 검토하고자 한다.

본 연구에서는 다음과 같은 연구문제들을 설정하였다.

1. 선거관련기사를 얼마나 많이 취급하였는가?

* 여기에서는 선거관련기사의 건수, 보도면적 등을 조사하여 보도건수와 보도면적을 각 선거구별, 신문별, 선거시기별로 분석하기로 한다.

2. 선거관련기사를 얼마나 비중 있게 다루었는가?

* 연구문제 2에서는 선거관련기사를 얼마나 중요하게 다루었는지를 분석하는데 구체

적으로 선거관련기사의 게재면, 전체기사의 뉴스밸류, 그리고 1면기사의 뉴스밸류 등을 분석하고자 한다.

3. 어떠한 내용의 제목을 어떻게 보도하였는가?

* 연구문제 3의 제목분석에서는 제목의 성격, 제목인물들 간의 관계유형, 제목인물들 간의 관계가 갈등관계라면 누구와 누구 간의 갈등인가, 또 제목의 내용은 무엇이며, 제목에 어떠한 용어들을 사용 했는가 등을 분석하기로 한다.

4. 기사의 내용은 무엇이며 어떻게 보도하였는가?

* 여기에서는 기사의 형식적인 측면과 내용적인 측면으로 나누어, 형식적인 측면으로는 기사의 유형을, 내용적인 측면으로는 기사인물들 간의 관계유형, 갈등관계라면 누구와 누구 간의 갈등인지, 기사의 핵심내용이 무엇인지, 그리고 기사의 설명성 등을 분석하고자 한다.

5. 이슈를 얼마나 많이 보도하였으며, 어떠한 이슈들을 보도하였는가?

6. 후보들에 대한 기사가 얼마나 균형되고 공정했는가?

* 여기에서는 후보들에 대한 기사의 양적인 균형성과 질(내용)적인 공정성에 대해 분석하기로 한다. 구체적으로 제목에서 각 후보들의 이름 거명율, 기사 속에서의 후보이름 거명율, 기사의 초점인물 비율 등의 양적인 균형성과 후보들에 대한 기사내용이 긍정적인지 부정적인지의 질적 공정성 등을 살펴보도록 하겠다.

연구 방법

일반적으로 내용분석(Content Analysis)을 사용하는 목적은 3가지가 있는데, 그것은 커뮤니케이션 내용의 특성을 기술하고, 커뮤니케이션의 선행요인을 추론하고, 마지막으로 커뮤니케이션의 효과를 추론하는데 있다. 본 연구는 이러한 3가지 목적 중 첫 번째 목적인 커뮤니케이션 내용의 특성을 기술하는데 초점을 두어 지방신문들이 선거캠페인기간에 독자들에게 「무엇을 어떻게 전달하려 하였는가」를 중점적으로 분석하고자 한다.

이를 위해 본 연구에서는 해당 선거지역의 지방신문 중 그 지역의 대표적인 신문으로 매일신문과 충청일보를 선정하였으며, 이들 지방지들을 중앙지와 비교하기 위해 같은 석간지인 동아일보를 선정하였다.

분석기간은 보궐선거에 관한 기사가 처음으로 보도된 1990년 1월 중순부터 4월 2일까지의 약 80일간이며, 이 기간 동안에 보도된 모든 선거관련기사를 분석하기로 하였다. 이와 같이 분석기간을 법적으로 허용된 공식적인 선거캠페인기간(18일, 3월 16일-4월 2일)보다 넓게 잡은 것은 두 가지 이유에서이다. 첫째는 과거의 경험으로 보아 우리나라의 정치선거는 선거공고일 훨씬 이전부터 사실상의 선거캠페인이 시작되며, 이에 따라 언론 역시 선거공고일 이전부터 각 정당의 공천과정이나 출마 예상자들의 경력, 각 후보들의 선거활동, 선거조직 등에 대해 보도하기 때문이다. 둘째는 우리나라의 경우는 축적된 연구결과의 부족으로 확신할 수는 없으나 외국의 연구들을 보면 언론의 보도가 유권자들에게 미치는 제반 효과는 선거중반이나 종반보다는 오히려 선거초반에 더 크게 일어난다는 결과들을 보여주고 있기 때문이다. 물론 본 연구가 선거에서의 언론의 보도효과를 직접적으로 연구의 대상으로 하고 있지는 않지만 선거에서의 언론의 보도효과를 정확하게 규명하기 위해서는 언론의 보도내용을 포괄적으로 분석할 필요가 있다는 인식에서 이와 같이 분석기간을 폭넓게 잡은 것이다.

한편 본 연구의 내용분석에서 분석단위는 각기 독립된 기사(꼭지)로 하였으며, 분석대상이 된 기사는 스트레이트기사, 사설, 해설·배경기사, 기명·무기명칼럼, 가십기사, 선거스케치기사 등이었으며, 사진, 만화, 만평, 신문사 외부칼럼니스트의 칼럼, 독자란 등은 분석대상에서 제외시켰다.

4.3보궐선거의 특성

1990년 1월 22일 민정, 민주, 공화 3당의 전격적인 합당선언으로 여소야대의 정국이 하루아침에 여대야소의 정국으로 개편되었다. 이에 여야는 3당 합당에 대해 밀실야합에 의한 정치쿠데타, 신사고에 의한 구국적인 결단이라는 등의 정치공방이 계속되었으며, 3당 합당에 반대하는 일부 구민주당의원들을 중심으로 하여 2월 27일에 새로운 민주당이 창당되었다. 이와 같이 민자당의 출범에 따른 정통성과 정치적 도덕성에 대한 공방이 계속되는 시점에 실시된 대구 서갑, 진천-음성보궐선거는 3당 합당에 대한 국민적인 심판의 성격을 띠지 않을 수 없었다.

대구 서갑 선거는 광주민주화운동에 대한 정치적 책임으로 여야합의에 따라 당시 국회의원이었던 정호용 의원이 90년 1월초에 의원직을 사퇴함에 따라 공석이 되었다. 그러나 의원직을 자진 사퇴한 정호용 씨가 민자당의 출범에 따른 새로운 정치상황을 맞아 자신은 정치적 희생양이었으며, 대구시민의 명예를 회복시키겠다는 주장 아래 민자당의 공천을 모색하다가 민자당 내부와 야당의 거센 반발로 공천이 어려워지자 3월 2일 민자당을 탈당하고 무소속 출마를 선언하였다. 이에 맞서 민자당은 3월 5일 노대통령의 분신으로 자처하는 문희갑 대통령 경제담당 수석비서관을 공천하여 3당 통합의 당위성을 심판받음으로써 노대통령의 국정운영 안정과 지속적인 경제발전을 확보하겠다는 선거 전략을 세웠다. 한편 구공화당 지구당 위원장인 백승홍 후보는 민자당의 공천을 기대하다가 민자당이 문희갑 후보의 공천을 내정하자 3월 5일 민자당을 탈당하고 무소속 출마를 정식으로 선언하였다. 백후보는 선거등록 직전에 새로 창당한 민주당의 공천을 받게 되었으며, 여당 일색인 대구, 경북지역의 야당 육성을 내세우며 자신의 지지를 호소하였다. 또한 민중의 대변자로 자처한 재야의 김현근 후보는 민중들의 권익회복을 캐치프레이즈로 하여 선거에 뛰어들었다.

대구 서갑선거는 선거시점이 3당 합당 직후였다는 정치상황의 중요성과 여권의 비중있는 인물들 간의 내부 갈등에서 오는 흥미성이 맞물려 단순히 결원이 된 국회의원을 충원하는 지역선거의 차원을 넘어선 전 국민의 비상한 관심이 쏠린 전국적인 선거로 발전되었다. 정부와 민자당은 각종의 압력을 행사하면서 정호용 후보의 사퇴를 종용하는 한편, 우리나라 국회의원 선거사상 유래가 없는 40명의 민자당 현역의원들을 선거사무원으로 등록시켜 각기 동책(洞責)으로 임명함으로써 대구 서갑선거는 선거 초반부터 과열된 분위기에서 출발하였다. 정호용 씨와 여권간의 갈등, 대립은 3월 16일 정호용 씨 부인이 자살을 기도함으로써 정호용 씨의 사퇴 압력문제는 크게 증폭되면서 중요한 정치쟁점으로 확산되었다. 그러나 노태우 대통령과의 두 차례 면담 끝에 3월 26일 정호용 씨가 후보를 사퇴함으로써 정호용 씨의 사퇴문제는 또 다시 여야 간의 뜨거운 쟁점으로 부각되었다. 대구 서갑선거는 시종 정호용 씨 출마-사퇴문제가 논란이 되었으며, 정호용 씨의 후보사퇴 압력과정에서 숱한 불법, 타락선거가 횡행했던 선거로 기록되었다.

반면 진천-음성 선거는 이 지역 국회의원이었던 민자당의 김완태 의원이 사망함에 따라 실시되었는데, 이 선거는 대구 서갑 선거와는 달리 전국적인 관심을 거의 받지 못한 전형적인 지역선거의 성격을 띠었다. 그것은 대구 서갑 선거에 비해 후보들의 정치적 비중이 낮았으며, 전통적으로 여당성향이 강한 지역적인 정치성향 때문에 「민자당 공천은 곧 당선」이라는 인식이 지배적이었기 때문이었다.

이 보궐선거에서 민자당은 현직 충북도지사인 민태구 후보를 내세웠고, 민주당은 지난 13대 총선에서 3위를 하였던 허탁 후보를 내세워 선거를 치렀다. 선거 종반까지 대구 서갑 선거에 비해 비교적 조용히 치러지던 선거는 3월 26일 밤 20여명의 민자당 선거운동원들이 민주당 박찬종 의원을 포함한 4명의 민주당원을 폭행한 사건이 발단이 되어 뒤늦게 전국적인 관심을 받게 되고 선거열기가 가열되기 시작하였다.

선거 결과는 대구 서갑에서는 민자당의 문희갑 후보가 고전 끝에 행승을 하였고, 진천-음성에서는 예상을 뒤엎고 민주당의 허탁 후보가 당선됨으로써 3당 합당으로 탄생한 민자당에게는 상당한 정치적 손실을 가져다주었다. 양 선거 모두 선거과정에서 나타난 불법, 타락, 과열현상은 국민 모두에게 정치와 선거에 대한 심한 회의와 불신을 심어준 오점으로 가득한 선거였다.

내용분석 결과

선거 보도량 분석

선거 보도량 분석에서는 매일신문, 충청일보, 동아일보 3신문의 대구 서갑, 진천-음성 보궐선거에 대한 보도건수와 보도면적을 선거별, 신문별, 시기별로 각각 분석하였다.

보도건수

4.3보궐선거는 선거 해당지역 지방지는 물론이고 중앙지로부터도 중요한 관심의 대상이 되었다. 특히 처음부터 끝까지 정호용 씨의 출마, 사퇴문제로 전 국민의 비상한 관심을 끌었던 대구 서갑 선거는 단일 지역선거로서는 과거에 그 전례를 찾아볼 수 없을 정도로 신문의 많은 지면을 차지하였다.

아래 〈표 4-1〉에 제시된 바와 같이 매일신문, 충청일보, 동아일보 3신문의 4.3보궐선거에 관한 기사는 모두 595건이었다. 앞에서 전술한 바와 같이 본 연구에서 분석 대상이 된 선거기사는 스트레이트기사, 사설, 칼럼, 가십, 스케치기사, 인물 동정기사 등만을 포함하고 있다. 595건의 기사를 각 선거구별로 보면 전체 기사건수의 약 70%인 414건이 대구 서갑 선거에 관한 기사이고, 진천-음성 선거에 관한 기사는 158건(26.6%), 대구 서갑 선거와 진천-음성 선거를 동시에 하나의 기사로 처리하고 있는 혼합기사는 23건(3.9%)이었다.

이어서 선거구를 구별하지 않고 각 신문별 보도건수를 보면 매일신문이 다른 신문들에 비해 4.3보궐선거(주로 대구 서갑 선거)에 대단한 관심을 보였는데, 매일신문은 3신문의 총 보도건수의 과반수인 306건(총 기사건수의 51.4%)을 보도하였다. 이에 반해 충청일보는 170건(28.6%), 동아일보는 119건(20.0%)으로 매일신문에 비해 보도건수가 적었다.

또한 당연한 결과이겠지만 지방지들은 다른 지역 선거보다는 해당 지역 선거보도에 집중하고 있는데, 충청일보보다는 매일신문에서 이러한 해당지역 선거보도 집중경향이 매우 강했다. 매일신문은 총 306건의 선거기사 중 298건(97.4%)을 대구 서갑 선거에 집중시킨 반면, 진천-음성 선거에 대해서는 단 3건(1.0%)만을, 혼합기사는 5건(1.6%)만을 보도했을 뿐이다. 충청일보는 매일신문에 비해 해당지역 선거보도 경향이 상대적으로 낮았지만 총 170건의 선거기사 중 139건(81.8%)을 진천-음성 선거에 집중시켰으며, 대구 서갑 선거는 28건(16.5%), 혼합기사는 3건(1.8%)을 보도하였다. 동아일보 역시 대구 서갑 선거보도에 집중시키고 있는데 총 119건의 선거기사 중 88건(73.9%)이 대구 서갑 선거, 16건(13.4%)이 진천-음성 선거와 관련된 기사였고, 15건(12.6%)은 혼합기사로 처리된 것이었다. 그런데 동아일보의 경우 혼합기사는 사실상 대구 서갑 선거를 진천-음성 선거보다 더 비중 있게 다루는 기사들이 주류를 이루고 있기 때문에 동아일보의 대구 서갑 선거보도 집중도는 73.9%보다 훨씬 높은 것으로 해석되어야 할 것이다.

이와 같이 동아일보의 4.3보궐선거 보도가 진천-음성 선거보다는 대구 서갑 선거에 집중한 것은 대구 서갑 선거의 정호용, 문희갑 후보가 정치적 비중이 높고, 전국적인 지명도를 갖고 있는 정치인인데 반해 진천-음성 선거의 후보들(민태구, 허탁)은 전국적으로 그 이름이 별로 알려지지 않은 정치인이라는 데에서 이유를 찾을 수 있겠다. 또한 여기에 같은 여권의 중요 인물인 동시에 소위 같은 TK그룹의 핵심 인물들이라는 후보들 간 의 관계에서 오는 흥미성이 대구 서갑 선거의 뉴스밸류를 높였기 때문인 것으로 판단된다. 이러한 대구 서갑 선거의 높은 뉴스밸류는 매일신문의 진천-음성 선거 보도율이 1.0%인데 반해서 충청일보의 대구 서갑 선거 보도율이 16.5%로 상대적으로 높은 비율을 보인 데에서도 간접적으로 확인할 수 있겠다.

한편 동아일보와 지방지들의 두드러진 차이점은 동아일보가 지방지들에 비해 대구 서갑 선거와 진천-음성 선거를 한 기사 속에 같이 처리하는 혼합기사의 비율(12.6%)이 높다는 점이다. 동아일보의 혼합기사는 주로 대구 서갑 선거와 진천-음성 선거 모두에 공통적으로 해당되는 선거일, 선거공고, 불법・타락선거, 합동유세장 스케치기사 등을 포함하고 있다.

〈표 4-1〉 신문별 선거보도건수

	매일신문	충청일보	동아일보	계
대 구 서 갑	298	28	88	414
진천 · 음성	3	139	16	158
대구 · 진천	5	3	15	23
계	306	170	119	595

시기별 보도건수

본 연구에 의하면 4.3보궐선거에 관한 첫 기사는 충청일보가 90년 1월 15일자 1면에 「김완태 의원의 사망으로 보궐선거가 4월초에 있을 것」이라는 내용의 단신보도이다. 매일신문은 3당 합당선언이 있은 지 약 1주일 후인 2월 2일자 5면에 「정호용 씨가 새로운 정계개편에 따라 보궐선거에 민자당 공천을 희망하나 여의치 않을 경우 무소속 출마의사를 갖고 있다」는 내용의 해설기사를 처음으로 보도했다. 동아일보는 이들 신문들보다 늦은 2월 14일자 2면에 「민자당 대구 서갑 보궐선거에 정호용 씨 공천검토」라는 제목의 5단 기사를 처음으로 보도하였다. 그래서 충청일보가 타 신문들 보다 먼저 보궐선거에 관심을 두기 시작한 셈이다.

3신문의 시기별 선거보도 건수를 보면 선거일(4월 3일)에 가까워질수록 보도건수가 증가하는 경향을 보였는데, 매일신문의 경우 선거열기가 한창일 때인 3월 19일 하루에 모두 25건의 기사를 게재하여 선거기간 중 1일 보도건수로서는 최고를 기록했으며, 충청일보는 선거 막바지인 3월 31일자에 22건의 기사를, 동아일보는 정호용 씨가 후보를 사퇴한 날인 3월 26일자에 모두 11건의 기사를 게재하여 각각 최고의 1일 보도건수를 기록하였다 (표 4-2 참조).

본 연구에서는 충청일보의 첫 선거보도일인 1월 15일부터 투표일 전날인 4월 2일까지의 약 80일을 1월 15일부터 2월 28일까지(선거 준비기), 3월 1일부터 선거공고일 전날인 3월 15일까지(선거 초반기), 선거공고일인 3월 16일부터 3월 24일(토요일)까지(선거 중반기), 투표일 전주인 3월 26일(월요일)부터 4월 2일까지(선거 종반기) 등 모두 4개의 시기로 분류하여 각 시기별 보도건수를 분석하였다.

전체적으로 보면 「1월-2월말까지」는 총 595건 중 46건(7.7%)이 보도되었고, 「3월 1일-3월 15일까지」는 150건(25.2%), 「3월 16일-3월 24일까지」가 189건(31.8%), 「3월 26일-4월 2일까지」가 210건(35.3%)으로 투표일에 가까워질수록 보도건수가 늘어났다.

선거구별로 보면 약간의 차이를 보였는데 대구 서갑 선거의 경우 선거 막바지보다는 선거 중반기에 가장 많은 보도가 있은 반면, 진천-음성 선거는 선거막바지에 보도건수가 급증하였다. 이러한 경향은 대구 서갑 선거는 정호용 씨가 후보를 사퇴한 3월 26일 이후 갑자기 선거열기가 식어버린 반면, 진천-음성 선거는 3월 26일 민주당의 박찬종 의원 등이 민자당 선거운동원들로부터 폭행을 당한 이후 전국적인 관심을 끌게 됨과 동시에 선거열기가 갑자기 증폭됐기 때문인 것으로 판단된다.

먼저 대구 서갑 선거의 경우 3신문을 종합해 보면, 준비기가 총 414건 중 27건(6.5%), 초반기가 112건(27.1%), 중반기는 147건(35.5%), 종반기는 128건(30.9%)이었다. 대구 서갑 선거를 각 신문별로 나누어 살펴보면 매일신문의 경우 2월말까지는 총 298건의 기사 중 19건(6.4%)이 보도되었고, 초반기에 74건(24.8%), 정호용 씨의 후보 사퇴압력이 최고조에 달한 시기인 중반기에 116건(38.9%)으로 가장 많았지만 종반기에는 89건(29.9%)으로 중반기에 비해 27건이 줄어들었다. 동아일보의 경우 2월말까지는 대구 서갑 선거에 별다른 관심을 두지 않았으나(총 88건 중 7건, 8.0%), 정호용 씨에 대한 후보 사퇴압력이 본격화된 선거초반기에 29건(33.0%)으로 가장 많았고, 이후에 보도건수가 증가하지는 않았지만 중반기에 25건(28.4%), 종반기에 27건(30.7%)으로 동아일보의 대구 서갑 선거에 대한 관심은 꾸준히 지속되었다. 충청일보의 대구 서갑 선거보도는 어떤 정형화된 경향을 보이지는 않았다. 2월말까지는 총 28건의 기사 중 1건만이 보도되었고, 초반기에 9건, 중반기에는 6건, 종반기에는 12건으로 가장 많았다.

진천-음성 선거의 경우 3신문의 보도건수 158건 중 19건(12.0%)이 1월-2월말 사이에 보도되었고, 선거초반기에 29건(18.4%), 중반기에 36건(22.8%)이었으나, 선거종반기에는 74건(46.8%)으로 중반기보다 무려 2배 이상의 증가율을 나타냈다. 충청일보는 2월말까지는 총 139건의 보도건수 중 19건(13.7%), 초반기는 26건(18.7%), 중반기도 33건

(23.7%)이었으나 종반기에 61건(43.9%)으로 크게 늘었다. 동아일보의 경우도 2월말까지는 한 건의 보도도 없었으며, 초반기에도 총 16건 중 겨우 2건만이 보도되었고, 중반기에도 3건에 지나지 않았으나, 박찬종 의원 폭행사건이 발생한 시기인 종반기에 11건으로 크게 증가하였다. 매일신문의 진천-음성 선거보도는 3건에 지나지 않았으며, 초반기에 1건, 종반기에 2건이었다.

〈표 4-2〉 시기별 보도건수

시기	대구 서갑				진천-음성				전체*
	매일	충청	동아	계	매일	충청	동아	계	
1월-2월 말	19	1	7	27	0	19	0	19	46
3월1일-3월 15일	74	9	29	112	1	26	2	29	150
3월 16일-3월24일	116	6	25	147	0	33	3	36	189
3월24일-4월2일	89	12	27	128	2	61	11	74	210
계	298	28	88	414	3	139	16	158	595

* 전체 건수는 표에서 제외된 혼합기사를 포함한 수치임.

기사면적

보도건수 분석에 이어 기사면적을 분석하기로 하겠다. 전체 595개 기사들의 면적은 1기사 당 평균 122cm2이었으며 최소 7cm2로부터 시작하여 최고로 넓은 면적을 차지한 기사는 매일신문의 2월 28일자 3면에 게재된「피곤한 대결…모두가 "괴롭다"/불붙은 대구서갑 보궐선거 전망」이라는 제목으로 된 기사로 기사면적은 740cm2이었다.

3신문의 4.3보궐선거에 관한 전체 기사면적은 72,671cm2인데, 이 중 대구 서갑 선거보도는 전체 면적의 약 70%에 해당하는 50,403cm2이며, 진천-음성은 19,474cm2(26.8%), 대구 서갑과 진천-음성 선거 혼합기사는 2,794cm2(3.8%)로 대구 서갑 선거는 보도건수와 보도면적에서 모두 선거기사의 대부분을 차지하고 있다(표 4-3 참조).

신문별로 보면 매일신문이 역시 가장 많았는데 34,780cm2로 전체 면적의 47.9%, 충청일보의 선거기사 면적은 21,141cm2(29.1%), 동아일보는 16,750cm2(23.0%)이었다. 매일신문의 전체 선거 보도량은 한 면에 5단 광고를 포함하는 통상적인 신문 조판방식인 경우 약 34면에 해당되는 많은 분량이다.

이어서 신문별 기사면적을 보면 매일신문은 전적으로 대구 서갑 선거보도에만 집중하여 매일신문의 전체 선거기사 면적의 99.3%인 34,540cm2를 대구 서갑 선거보도에 할애한 반면, 진천-음성 선거보도는 122cm2로 0.4%에 불과하다. 충청일보의 경우도 전체 선거기사면적의 79.9%인 16,893cm2를 진천-음성 선거에 집중시켰으며, 대구 서갑 선거보도는 15.2%인 3,214cm2이었다. 동아일보의 경우 대구 서갑 선거보도는 총 기사면적의 75.5%인 12,649cm2, 진천-음성 선거보도는 14.7%인 2,459cm2이었으며, 혼합기사는 1,642cm2(9.8%)이었다. 그래서 앞에서 살펴보았던 보도건수 분석에서 나타난 경향과 큰 차이를 보이지 않았다.

〈표 4-3〉 각 신문별 선거보도면적

단위:cm2

	매일신문	충청일보	동아일보	전 체
대 구 서 갑	34,540	3,214	12,649	50,403
진 천 · 음 성	122	16,893	2,459	19,474
대 구 · 진 천	118	1,034	1,642	2,794
계	34,780	21,141	16,750	72,671

시기별 보도면적

각 시기별 보도면적을 보면 투표일에 가까워질수록 보도면적이 증가하는 경향을 보였다. 1월-2월말까지의 전체 보도면적은 5,284cm2로 전체면적의 7.3%이며, 초반기의 보도면적은 17,157cm2(23.6%), 중반기는 21,983cm2(30.3%), 종반기는 28,247cm2(38.9%)이었다.

각 선거구별로 보면 앞의 보도건수 분석에서와 같이 대구 서갑 선거 보도면적은 중반기까지 계속 증가하다가 종반기에 줄어드는 반면, 진천-음성 선거 보도면적은 종반기에 크게 증가하는 경향을 나타냈다.

대구 서갑 선거의 경우 1월-2월말까지는 전체 면적의 6.8%인 3,423cm2, 선거초반기에는 13,606cm2(27.0%), 중반기에는 17,489cm2(34.7%)로 증가하다가 선거종반기에 15,885cm2(31.5%)로 줄어들었다 (표4- 4 참조). 이러한 경향은 매일신문에서 강하게 나타났는데 2월말까지의 보도면적은 2,189cm2(전체 면적의 6.3%), 선거초반기에는 9,514cm2(27.5%), 중반기에는 12,930cm2(37.4%)이었으나 종반기에는 9,907cm2(28.7%)로 크게 줄어들었다. 동아일보는 2월말까지는 835cm2(6.6%), 초반기에 3,061cm2(24.2%), 중반기에 4,359cm2(34.5%), 종반기에 4,394cm2(34.7%)로 종반기의 보도면적은 중반기와 거의 같았다. 충청일보의 경우 시기별로 변동이 심했으나 선거종반기에 1,584cm2(전체의 49.3%)로 가장 보도량이 많았다.

〈표 4-5〉 진천-음성 선거 보도면적

단위:cm2

	매일신문	충청일보	동아일보	전 체
1월-2월말	2,189	399	835	3,423
3.1-3.15	9,514	1,031	3,061	13,606
3.16-3.24	12,930	200	4,359	17,489
3.26-4.2	9,907	1,584	4,394	15,885
계	34,540	3,214	12,649	50,403

진천-음성 선거의 경우 2월말까지의 보도면적은 1,861cm2로 전체 면적의 9.6%이었다. 선거초반기의 면적은 3,287cm2(16.9%)로 크게 증가하다가 중반기에는 2,972cm2(15.3%)로 줄어들었으며 종반기에 11,354cm2(58.3%)로 중반기보다 약 4배의 증가율을 나타냈다(표 4-5 참조). 이러한 선거종반기의 선거 보도량의 급증현상은 충청일보와 동아일보 모두에서 나타났으나 동아일보의 급증경향이 더 강했다. 충청일보는 2월말까지 1,861cm2(11.0%)의 보도량을, 선거초반기에 3,211cm2(19.0%)로 증가하였다가 중반기에는 2,576cm2(15.2%)로 감소, 종반기에 9,245cm2로 중반기에 비해 약 4배정도 증가하였다. 동아일보는 2월말까지는 보도가 없다가 선거초반기에 겨우

63cm2(2.6%), 중반기에도 396cm2(16.1%)에 불과하다가 종반기에 2,000cm2로 중반기에 비해 5배 이상의 증가를 보였다. 그래서 동아일보의 진천-음성 선거 전체 보도량의 81.3%가 선거종반기에 집중 보도된 셈이다. 매일신문의 진천-음성 선거 보도량은 매우 적었는데 선거초반기에 13cm2, 종반기에 109cm2에 불과하였다.

〈표 4-4〉 대구 서갑 선거 보도면적

단위:cm2

	충청일보	매일신문	동아일보	전 체
1월-2월말	1,861	0	0	1,861
3.1-3.15	3,211	13	63	3,287
3.16-3.24	2,576	0	396	2,972
3.26-4.2	9,245	109	2,000	11,354
계	16,893	122	2,459	19,474

선거보도의 비중분석

선거보도의 비중이란 각 신문이 선거관련기사를 얼마나 중요하게 다뤘는가에 관한 것으로써 선거관련기사의 게재면, 기사의 게재위치 등의 분석을 통해 파악하고자 한다.

게재면

3신문의 선거기사 게재면을 보면 중앙지보다는 지방지들이 1면에 더 많이 기사를 실었으며, 지방지 중에서 충청일보가 매일신문보다 선거기사를 1면에 더 많이 실었다. 각 신문의 1면 게재율은 충청일보가 28.8%로 가장 높고, 매일신문이 21.6%, 동아일보가 18.5%이며 전체 평균은 23.0%이다(표 4-6 참조).

사회면에 게재하는 비율을 보면 매일신문(주로 15면에 사회면을 게재하나 경우에 따라 11면에 게재)이 10.5%로 가장 높고, 동아일보(15면, 경우에 따라 19면)가 8.4%인 반면, 충청일보(11면)는 1.2%로 매우 낮은 것이 특징이다. 매일신문과 동아일보의 사회면에 실리는 선거관련기사들은 주로 불법, 타락선거행태, 선거운동원간의 충돌, 또는 공무원의 선거간여에 관한 기사들이 대부분이다.

한편 가십기사, 해설·배경기사, 칼럼, 사설, 스케치기사 등이 실리는 면을 간지로 통칭하여 분류해 본 결과 3신문 모두 1면이나 사회면보다는 간지에 선거기사를 게재하는 비율이 매우 높았다. 동아일보가 73.1%로 가장 높고, 충청일보가 70.0%, 매일신문이 67.9%의 비율을 보였다.

이어서 선거구별로 분석해보면 대구 서갑, 진천-음성 선거 모두 해당지역 지방지들이 중앙지보다 선거기사를 1면에 더 많이 싣고 있다. 먼저 대구 서갑 선거를 보면 매일신문의 1면 게재율이 20.5%인데 반해 동아일보는 13.6%이다. 진천-음성 선거 보도에서 충청일보의 1면 게재율은 30.2%로 매우 높고, 동아일보의 1면 게재율은 25.0%로 대구 서갑 선거보도의 1면 게재율(13.6%)보다 높았다. 동아일보의 진천-음성 선거에 관한 보도건수나 보도면적은 대구 서갑 선거에 비해 매우 적지만 1면에 게재되는 비율은 더 높은 점이 주목된다. 또 충청일보는 진천-음성 선거기사를 사회면에 거의 싣지 않는 점이 다른 신문들과의 차이점이라 할 수 있겠다.

〈표4-6〉 선거기사 게재면 (%)

	전 체				대구 서갑		진천-음성	
	매일	충청	동아	계	매일	동아	충청	동아
1면	21.6	28.8	18.5	23.0	20.5	13.6	30.2	25.0
사회면	10.5	1.2	8.4	7.4	10.4	9.1	0.7	12.6
간지	67.9	70.0	73.1	69.6	69.1	77.3	69.1	62.4
계	100.0 (306)	100.0 (170)	100.0 (119)	100.0 (595)	100.0 (298)	100.0 (88)	100.0 (139)	100.0 (16)

기사의 뉴스 밸류

각 기사의 뉴스 밸류는 크게 면 톱, 사이드 톱, 중간 톱, 보통, 토막기사, 단신기사로 분류하였다. 보통기사란 면 톱, 사이드 톱, 중간 톱기사보다는 비중이 낮지만 토막기사가 아니거나 단신기사보다는 비중 있게 다룬 기사를 의미한다. 토막기사란 일반적으로 가십난이나 선거 스케치란에 옴니버스 식으로 게재된 기사를 말하며, 단신기사는 스트레이트기사 중에서 제목의 크기가 1단이면서 기사량도 10행 정도를 넘지 않는 짧은 기사를 말하는데 인물 동정란이 단신기사의 전형적인 예라 하겠다.

분석결과 〈표 4-7〉에 제시된 바와 같이 3신문을 종합하면 전체적으로 토막기사가 가장 많았는데, 전체 기사의 약 절반(44.9%)이 토막기사였다. 토막기사에 이어서 면톱(15.6%)이 두 번째로 많았으며, 보통기사가 14.6%로 세 번째로 많았고, 나머지 사이드톱(8.6%), 단신기사(8.2%), 중톱(8.1%) 등은 거의 엇비슷한 분포를 나타냈다. 신문별로 분석을 해 보면 3신문 모두 토막기사를 가장 많이 실었는데 특히 매일신문은 전체기사의 과반수(50.3%)가 여기에 속하는 기사들이며, 충청일보는 44.1%가, 동아일보는 가장 낮은 31.9%가 토막기사들이었다. 3신문 간에 나타난 또 다른 두드러진 차이점은 충청일보가 면 톱기사를 많이 싣고 있는 점인데 전체 기사의 24.1%가 면톱기사였다. 이에 비해 매일신문은 12.1%, 동아일보는 12.6%에 불과했다.

〈표 4-7〉 기사의 뉴스밸류 (%)

	전체				대구 서갑		진천-음성	
	매일	충청	동아	계	매일	동아	충청	동아
면톱	12.1	24.1	12.6	15.6	12.4	11.4	25.9	25.0
사이드톱	6.5	11.2	10.1	8.6	6.7	10.2	12.2	6.3
중간톱	6.9	9.4	9.2	8.1	7.0	10.2	8.6	12.5
보통기사	14.4	6.5	26.9	14.6	14.4	23.9	6.5	25.0
토막기사	50.3	44.1	31.9	44.9	51.0	36.4	43.2	18.8
단신기사	9.8	4.7	9.2	8.2	8.4	8.0	3.6	12.5
계 (사례수)	100.0 (306)	100.0 (170)	100.0 (119)	100.0 (595)	100.0 (298)	100.0 (88)	100.0 (139)	100.0 (16)

1면 기사의 뉴스밸류

이어서 1면에 게재된 선거기사들만의 뉴스 밸류를 분석해 보았다. 1면에 게재된 기사는 모두 137건이었는데 이 중 17.5%가 톱기사였으며, 사이드 톱은 10.9%, 중톱은 15.3%, 보통기사는 29.2%로 가장 많았고, 단신기사는 27.0%로 두 번째로 많았다. 각 신문별로 보면 매일신문이 1면 톱기사의 비율(22.7%)이 가장 높았고, 충청일보는 16.3%이며, 동아일보는 4.5%에 불과하였다.

앞의 〈표 4-7〉에서 충청일보의 면톱 게재율이 가장 높았으나 1면 톱 비율에서는 매일신문이 충청일보보다 더 높은 점이 두드러진다. 동아일보는 매일, 충청일보에 비해 1면에 톱기사보다는 보통기사를 많이 사용하였는데 1면 게재기사의 절반(50.0%)이 보통기사였다.

각 선거구별로 보면 대구 서갑 선거에 대한 매일신문의 1면 톱 보도비율이 24.6%, 충청일보의 진천-음성 선거에 대한 1면 톱 보도비율이 19.0%였다. 반면에 동아일보의 대구 서갑 선거에 관한 1면 보도건수는 모두 12건인데, 이 중 1건만이 머리기사로 사용되었고, 진천-음성 선거에 대해서는 1면 톱이나 사이드톱 기사는 없으며, 중톱이 1건, 보통기사가 2건, 단신기사가 1건에 불과하였다.

제목 분석

제목분석에서는 제목의 성격, 제목인물들 간의 관계유형, 제목인물들 간의 관계가 갈등관계라면 누구와 누구의 갈등인가, 제목의 내용, 그리고 제목에 어떤 용어들을 사용했는지를 분석하기로 한다. 제목분석에서는 기사와 관련 없이 독립적으로 게재된 15건의 독립사진과 제목이 없는 25건의 토막기사 등 모두 40건의 기사를 제외한 555건의 기사만을 가지고서 분석하였다.

제목의 성격

제목의 성격에 대한 분석에서는 제목의 내용이 내포하고 있는 의미나 제목 속의 사건이 사후에 미칠 영향이 긍정적(또는 조화적)인가 아니면 부정적(또는 갈등적)인가를 파악하고자 한다.

분석결과 3신문을 종합했을 때 부정적인 내용이 47.8%로 가장 많았으며, 부정도 긍정도 아닌 중립형이 43.7%인데 반해 긍정적 내용은 8.5%에 불과하였다. 이러한 제목의 성격을 신문별로 보면 많은 차이를 보였는데 대체로 중앙지가 지방지보다 더 부정적인 내용을 많이 실었으며, 충청일보는 다른 신문들에 비해 긍정적인 제목을 상대적으로 많이 사용하였다.

먼저 동아일보는 과반수인 56.9%가 부정적인 성격인 반면에 긍정적인 성격의 제목은 1.7%로 매우 적었으며, 중립형은 41.4%이었다. 매일신문 역시 54.0%가 부정적인 내용인 반면, 긍정적인 내용은 7.4%에 그쳤고, 기사의 38.6%가 중립형이었다. 이에 비해 충청일보는 중립형이 54.9%로 가장 많았고, 부정적인 내용은 29.4%로 다른 신문들보다 매우 낮은 반면, 긍정적인 내용은 15.7%로 타 신문들 보다 높았다.

각 선거구별로 보면 대구 서갑 선거에 대한 보도는 동아일보, 매일신문 모두 부정적인 내용이 대부분이었는데, 동아일보의 대구 서갑 선거 보도기사의 64.7%가 부정적인 내용이었으며, 매일신문 역시 기사의 54.5%가 부정적 성격의 제목이었다. 이에 반해 긍정적인 내용은 동아일보가 1.2%, 매일신문이 7.6%로 매우 적었으며, 중립형은 동아일보가 34.0%, 매일신문이 36.8%이었다.

한편 진천-음성 선거에 대한 동아일보의 보도건수는 16건에 불과했으나 이 중 56.3%가 부정적인 제목인데 반해 긍정형은 6.3%에 불과했고 중립형은 37.6%이었다. 충청일보는 중립형이 55.8%로 가장 많았고, 부정형은 25.4%, 긍정형은 18.9%이었다. 그래서 충청일보의 진천-음성 선거 보도는 다른 신문들에 비해 부정적인 내용이 적은 반면 긍정적인 내용의 제목이 상대적으로 많은 점이 두드러진다.

제목 인물들 간의 관계

제목 속의 인물들 간의 관계를 갈등형, 조화형, 그리고 갈등도 조화도 아닌 중립형으로 나누어 분석해 보면 중립형이 지배적이나 중앙지인 동아일보는 대구 서갑 선거와 진천-

음성 선거보도를 인물들 간의 갈등관계로 제목화하는 경향이 두드러졌다.

3신문을 종합해 보면 제목이 달린 전체 보도건수의 68.1%가 갈등도 조화도 아닌 중립형이며, 갈등형은 29.2%인 반면에 조화형은 2.7%로 매우 적었다. 신문별로 보면 매일신문과 충청일보 모두 중립형(각각 72.6%, 82.3%)을 가장 많이 사용하였지만, 매일신문은 충청일보에 비해 제목 속의 인물들간의 관계를 갈등관계(매일-23.2%, 충청-17.0%)와 조화관계(매일 4.2%, 충청-0.7%)로 더 많이 묘사하였다. 이들 지방지와는 달리 동아일보는 전체 건수의 60.3%를 갈등관계로 묘사한 반면, 조화형은 1.7%, 중립형은 38.0%로 4.3보궐선거를 후보나 정당간의 갈등 중심으로 보도하는 성향을 뚜렷이 나타냈다.

동아일보의 이러한 보도경향을 각 선거구별로 나누어 분석해 보면 대구 서갑 선거보다는 진천-음성 선거를 조금 더 갈등적으로 보도하였다. 진천-음성 선거에 대한 동아일보 보도의 68.8%가 갈등관계인 반면에 조화관계는 6.3%, 중립은 24.9%이었다. 동아일보의 대구 서갑 선거보도는 진천-음성 선거 보도보다는 좀 낮은 65.9%가 갈등관계, 1.2%만이 조화관계이고, 32.9%가 중립이었다. 이러한 동아일보의 보도태도와는 달리 지방지들은 해당지역 선거를 갈등 또는 조화보다는 중립관계로 보도하는 경향이 매우 강했는데 매일신문에 비해 충청일보에서 이러한 경향이 더 두드러졌다.

이어서 제목 속 인물들 간의 관계가 갈등형인 기사들만을 대상으로 누구와 누구 간의 갈등인지를 분석해 보았다. 다시 말해 제목에 어떤 후보(또는 정당)간의 갈등관계로 묘사되었는지를 분석하고자 한다.

분석결과 전체적으로 「여야 간」의 갈등관계가 48.0%로 가장 많았고, 「정호용씨와 여당 간」의 갈등관계가 26.4%로 두 번째로 많았다. 이어서 정호용씨의 출마, 사퇴문제로 인한 여당내부 인물들 간의 갈등관계인 「여당내부」와 「후보와 유권자 또는 특정단체 간」의 갈등관계가 각각 8.8%로 세 번째로 많았다. 이밖에 「선거관리위원회와 후보 간」의 갈등이 6.1%, 「야당과 경찰」, 「언론과 후보 간」의 갈등이 각각 1.4%이었다 (표 4-8 참조).

신문별로 보면 3신문 모두 「여야 간」의 갈등을 가장 많이 다뤘으나, 충청일보의 여야갈등 보도는 전체 갈등기사의 73.1%로 다른 신문들에 비해 매우 높았다. 매일신문은 「여야 간」의 갈등이 41.1%, 「여당-정호용 후보 간」의 갈등이 30.4%로 타 신문에 비해 「여당-정호용 후보 간」의 갈등을 더 많이 다루었다. 동아일보는「여야 간」의 갈등이 43.9%,「여당-정호용 후보 간」의 갈등이 27.3%로 이들 두 유형의 갈등관계가 대부분을 차지하였다.

각 선거구별로 보면 대구 서갑 선거의 경우 매일신문은「여야 간」의 갈등(40.0%)을 가장 많이 다룬 반면, 동아일보는「여야 간」의 갈등(32.7%)보다는「여당-정호용 후보 간」의 갈등(34.6%)을 가장 많이 다뤄 대조를 보였다. 매일신문 역시「여당-정호용 후보 간」의 갈등을 30.9%로 비교적 많이 다루었다. 대구 서갑 선거보도에서 또 하나 주목할 만한 결과는 동아일보가「여당 내부 간」의 갈등(13.5%)을 매일신문(9.1%)보다 더 많이 다룬 점이라 하겠다.

진천-음성 선거 보도에 있어서 충청일보는 갈등기사의 무려 89.5%를「여야 간」의 갈등으로 집중시킨 점이 두드러지며, 동아일보 역시 총 11건의 갈등기사 중 9건을 여기에 집중화시켰다. 이와 같이 충청일보나 동아일보가 진천-음성 선거 갈등보도를 여야 간의 갈등에 집중시킨 것은 진천-음성 선거가 대구 서갑 선거와는 달리 민자당과 민주당 두 후보만의 대결이었기 때문에 나타난 현상으로 해석할 수 있겠다.

〈표 4-8〉 제목 속의 갈등 인물(%)

	전 체				대구 서갑		진천-음성	
	매일	충청	동아	계	매일	동아	충청	동아*
여당내부	8.9	3.8	10.6	8.8	9.1	13.5	5.3	(0)
여야간	41.1	73.1	43.9	48.0	40.0	32.7	89.5	(9)
여당 – 정호용	30.4	15.4	27.3	26.4	30.9	34.6	0.0	(0)
후보 – 유권자단체	8.9	7.7	9.1	8.8	9.1	11.5	5.3	(0)
선관위 – 후보	7.1	0.0	7.6	6.1	7.3	7.7	0.0	(1)
야 – 경찰	1.3	0.0	1.5	1.4	0.0	0.0	0.0	(1)
언론 – 후보	3.6	0.0	0.0	1.4	3.6	0.0	0.0	(0)
계 (사례수)	100.0 (56)	100.0 (26)	100.0 (66)	100.0 (148)	100.0 (55)	100.0 (52)	100.0 (19)	(11)

*「동아일보」의 진천 · 음성 선거보도는 사례수가 적어 해당건수를 제시하였음.

주제목의 내용

주제목이 어떠한 내용을 다루고 있는지를 각 선거구별로 분석하였다. 대구 서갑 선거에 대한 매일신문과 동아일보의 주제목 내용을 보면 두 신문 모두 각 후보나 정당의 정책 이슈는 거의 다루지 않고 거의 모든 제목의 내용을 선거캠페인에 관한 것으로 일색하고 있다. 매일신문과 동아일보 모두 「정호용 씨의 출마, 사퇴문제」(각각 14.6%, 32.5%)를 가장 많이 다루고 있는데, 특히 동아일보는 대구 서갑 선거 보도기사의 약 1/3을 이 문제에 집중시키고 있다. 이어서 매일신문은 후보나 정당의 「선거운동」 내용(13.1%)을 두 번째로, 중앙당이나 유력인사, 특정 단체의 「후보선거지원」이 10.6%로 세 번째였으며, 선관위의 「불법, 타락선거 단속」(7.7%), 「선거전략」(5.8%), 「선거조직」(5.1%), 「흑색선전, 비방」(5.1%), 「불법 · 타락선거운동」(4.7%) 순으로 많이 보도하였다.

동아일보는 「후보선거지원」과 「후보출마문제」(각각 10.8%)를 똑같이 두 번째로 많이 보도하였고, 이어서 「선거운동」(8.4%), 「후보탄압, 압력」, 「정호용 씨 부인 자살기도」, 「불법 · 타락선거운동」, 「후보공천」(각각 4.8%) 내용들을 비교적 많이 보도하였다. 사실 동아일보의 경우 「후보출마문제」, 「후보탄압, 압력」, 「정호용 씨 부인 자살기도」 등이 모두 정호용 후보와 직접 관련된 것으로서 이것들을 모두 포함시킨다면 동아일보의 정호용 씨 문제에 대한 관심은 매우 높았다고 할 수 있겠다.

이러한 결과와 앞의 〈표 4-8〉의 제목인물들 간의 갈등관계에서 동아일보가 「여당-정호용 후보」간의 갈등관계에 집중시킨 결과를 같이 고려한다면, 동아일보는 대구 서갑 선거를 거의 정호용 씨 중심으로 보도하였다고 말할 수 있겠다.

진천-음성 선거 보도 역시 정책이슈보다는 선거캠페인 보도에 집중하고 있다. 충청일보는 「선거운동」에 관한 내용을 가장 많이 보도하였는데 전체 기사건수의 11.8%를 차지하고 있다. 이어서 박찬종 의원 폭력사건을 포함한 「선거운동원끼리의 충돌」과 「후보공천」 과정에 관한 내용이 똑같이 10.9%로 두 번째로 많이 보도되었다. 이밖에 많이 보도된 내용들은 「선거전략」(9.2%), 「이슈문제」, 「선거전망, 유권자 분석」, 「선관위의 선거업무」 등이 각각 6.7%이었으며, 「후보의 개인적 배경, 특성」과 「합동연설회」 내용이 4.2%이었다.

동아일보는 진천-음성 선거 보도건수가 매우 적어 충청일보와 직접 비교할 수는 없지만 전체 16건 중 4건을 박찬종 의원 폭력사건(선거운동원끼리 충돌)에 집중시켰으며, 「후보 선거지원」이 2건으로 두 번째로 많았고, 이밖에 「선거운동」, 「공명선거 촉구」, 「후보 탄압, 압력」, 「선거전략」, 「정치집회」, 「불법 · 타락선거 단속」, 「불법 · 타락선거 운동」, 「합동연설회」, 「후보공천」, 「선관위 선거업무」 등이 각각 한 번씩 보도되었다.

여기서 충청일보가 다른 신문들에 비해 비록 비율은 낮지만 「이슈문제」를 비교적 많이 제목화시킨 점이 주목되는 결과라 하겠다. 그렇지만 전반적으로 3신문 모두 공통적으로 선거를 후보나 정당간의 정책대결이나 이슈 중심적으로 보도하기보다는 선거캠페인 자체나 그 과정에서 파생되는 문제들을 중심으로 보도하고 있다. 따라서 우리나라의 신문 역시 미국의 언론에 대해 가해지고 있는 비난처럼 선거를 본질적인 것보다는 비본질적이고 피상적인 내용을 중심으로 마치 게임이나 오락물로 다루고 있다는 비판을 면하기 어려울 것으로 생각된다.

제목용어 분석

이와 같이 3신문이 모두 선거를 정책대결이나 이슈를 중심으로 보도하기보다는 흥미위주의 게임방식으로 보도하는 경향은 제목에 사용하는 용어들을 살펴보면 더욱 더 두드러지게 나타난다. 물론 모든 제목이 그렇지는 않지만, 전쟁용어나 군사용어를 사용하는 제목들이 결코 적지 않았다. 그래서 본 연구에서는 이들 신문들의 제목에서 사용되는 선거용어, 전쟁용어, 비속어들을 주제목이나 부제목에서 어느 정도 사용하는지를 분석하였다.

그 결과 동아일보가 제목에 이러한 용어들을 사용하는 비율이 50.0%로 가장 많았으며, 지방지들은 동아일보보다는 사용빈도가 낮았는데 매일신문의 용어 사용율이 21.1%, 충청일보는 25.5%이었다. 그런데 이들 3신문이 사용하는 용어들의 내용이 큰 차이 없이 거의 비슷하다는 점이 특징이라 하겠다.

매일신문은 양면작전(전략), 그물작전, 저인망작전, 김빼기 작전 등의 「oo작전, 전략」 용어를 가장 많이 사용하였는데 선거, 전쟁용어 또는 비속어를 사용한 제목(63건)의

17.5%가 여기에 속했다. 두 번째로 많이 사용된 용어는「총력전, 총공세」로 12.7%이었고, 이어서「정면충돌, 대결」(7.9%),「표발(갈이)」(6.3%),「열전」,「규탄, 비난」,「혼탁」(각각 4.8%) 등이 많이 사용되었다.

충청일보는 39건의 제목기사 중「부동표 흡수」(15.4%)를 가장 많이 사용하였고,「총력전, 총공세」(12.8%),「공방」(10.3%),「oo작전, 전략」(10.3%),「2파전」(7.7%) 순으로 많이 사용하였다. 동아일보는「부동표 흡수」와「과열」(각각 8.6%)을 똑같이 가장 많이 사용하였고, 이어서「열전 00일」,「규탄, 비난」,「본격전」,「정면충돌, 대결」,「정치공세」(각각 5.2%) 등을 세 번째로 많이 사용하였다.

한편 본문기사 속에도 이러한 용어들을 많이 사용하였는데 그 용어들은 제목용어들과 비슷하였다. 이밖에 본문기사 속에서의 사용빈도는 적었지만「사생결단」,「결사항전」,「일전불사」,「전쟁터」,「맹공」,「도전장」,「배수진」,「TK목장의 결투」,「중무장」,「인해전술」 등의 살벌하거나 섬뜩한 용어들을 함부로 사용하였다. 전술한 바와 같이 언론이 이러한 용어들을 사용하는 것은 독자의 관심과 흥미를 유발시키고자 하는 의도에서 나오는 것이지만 이러한 용어들의 남용은 결과적으로 유권자들로 하여금 선거자체를 흥미위주로 인식하게 만들 수 있다는 점에서 결코 가볍게 넘길 문제는 아닐 것이다.

기사내용 분석

기사내용 분석에서는 기사의 형식적인 측면과 내용적인 측면으로 나누어 살펴보도록 하겠는데, 주로 내용적인 측면을 중심으로 살펴보도록 하겠다. 구체적으로 기사의 형식적인 측면에서는 기사의 유형을 분석해 보고, 기사의 내용적인 측면에서는 기사인물들 간의 관계가 갈등형인지, 조화형인지 그 관계유형을 밝혀보고, 만약 인물들 간의 관계가 갈등관계라면 누구와 누구 간의 갈등인지를 살펴보겠다. 이어서 기사의 핵심적인 내용이 무엇인지에 대해 살펴보고, 마지막으로 기사의 내용이 얼마나 설명적인지를 고찰하도록 하겠다.

기사의 유형

4.3보궐선거에 대한 3신문의 보도기사는 스트레이트기사가 31.3%로 가장 많고, 가십기사와 선거스케치기사가 각각 26.1%, 24.2%로 두 번째, 세 번째로 많았다 (표 4-9 참조). 그래서 3신문 전체기사의 80% 이상이 스트레이트, 가십, 선거스케치 기사로 집중되어 있다. 그러나 해설, 배경기사(8.1%), 인터뷰나 기자회견기사(3.0%), 기명 또는 무기명 칼럼(2.7%), 사설(2.2%) 등은 그 비율이 매우 적었으며, 기사와 관계없이 단독으로 실리는 「독립사진」은 2.5%이었다.

본 연구에서 가십기사는 매일신문의 경우 정치가십난인 「설왕설래」와 경제가십을 다루는 「거스름」, 사회가십난인 「이삭」에 게재된 기사들을 여기에 분류시켰으며, 충청일보는 「기자석」과 「확대기자석」, 동아일보는 「여록」란에 실리는 기사들을 가십기사로 분류하였다. 그리고 선거스케치 기사는 매일신문의 「표밭」과 같이 선거기간 동안 정기적 또는 부정기적으로 게재되는 유세현장 스케치, 후보동정 등의 기사들을 여기에 포함시켰다.

〈표 4-9〉 기사유형(%)

	전 체				대구 서갑		진천.음성	
	매일	충청	동아	계	매일	동아	충청	동아
스트레이트	30.7	26.5	39.5	31.3	29.5	35.2	25.9	37.5
해설, 배경	4.2	14.1	9.2	8.1	4.4	11.4	11.5	6.3
사설	2.0	2.4	2.5	2.2	2.0	2.3	2.9	6.3
칼럼	4.2	0.6	1.7	2.7	4.4	2.3	0.7	18.8
가십기사	22.5	26.5	34.5	26.1	22.5	39.8	25.2	
독립사진	0.7	7.6		2.5	0.7	0.0	9.4	
인터뷰, 기자회견	1.6	6.5	1.7	3.0	1.7	2.3	5.8	
스케치 기사	34.0	15.9	10.9	24.2	34.9	6.8	18.7	31.3
계 (사례수)	100.0 (306)	100.0 (170)	100.0 (119)	100.0 (595)	100.0 (298)	100.0 (88)	100.0 (139)	100.0 (16)

각 신문별로 보면 매일신문은 스케치기사(34.0%)를 가장 많이 실었으며, 충청일보는 여러 유형의 기사들을 비교적 고르게 실었으나 스트레이트기사와 가십기사(각각 26.5%)를 똑같이 가장 많이 실었고, 동아일보는 스트레이트기사(39.5%)를 가장 많이 실었다. 여기서 주목되는 점은 충청일보가 다른 신문들에 비해 해설, 배경기사(14.1%, 매일-4.2%, 동아-9.2%)를 많이 실었다는 점과 동아일보의 스트레이트기사와 가십기사의 집중률이 74.0%로 매우 높다는 사실이다. 또한 매일신문이 스케치기사를 많이 실었다는 점도 하나의 특징이라 하겠다.

각 선거구별로 분석해 보면 대구 서갑 선거에 대한 매일신문의 보도는 스케치기사가 34.9%로 가장 많고, 스트레이트기사가 29.5%, 가십기사가 22.5% 순이었다. 반면에 동아일보는 스케치기사(6.8%)는 거의 싣지 않은 대신에 가십기사(39.8%)를 가장 많이 실었고, 스트레이트기사도 35.2%로 두 번째로 많이 실었다. 대구 서갑 선거보도에 있어서 매일신문과 동아일보의 또 하나 두드러진 차이점은 동아일보가 매일신문에 비해 해설, 배경기사(동아 11.4%, 매일 4.4%)를 상대적으로 많이 실었다는 점이다.

진천-음성 선거 보도의 경우 충청일보는 여러 유형의 기사들을 비교적 고르게 실었지만 스트레이트기사(25.9%)와 가십기사(25.2%)를 가장 많이 실었다. 이와는 달리 동아일보는 스트레이트기사(37.5%)와 스케치기사(31.3%)를 거의 비슷하게 많이 실었으며, 칼럼기사(18.8%)를 세 번째로 많이 다룬 점이 특색이라 하겠다.

한편 동아일보는 대구 서갑 선거 보도에 있어서는 가십기사와 해설, 배경기사를 많이 실었지만, 진천-음성 선거 보도는 스케치기사와 칼럼기사를 많이 실은 점에서 차이를 보였다.

지금까지의 분석을 종합하자면 3신문 모두가 스트레이트기사, 가십기사, 스케치기사에 집중화시킨 반면, 해설, 배경기사는 별로 비중 있게 다루지 않았다. 신문별로는 매일신문은 스케치기사를 많이 사용하였고, 충청일보는 여러 유형의 기사들을 비교적 고르게 사용하였고, 다른 신문들에 비해 해설, 배경기사를 비교적 많이 다루었다. 동아일보는 대구 서갑 선거에 대해서는 가십기사나 해설, 배경기사를 많이 사용하였지만 진천-음성 선거보도에 있어서는 스케치기사와 칼럼기사를 많이 사용한 점이 두드러진다.

기사 인물들 간의 관계

기사 속에 나오는 인물들 간의 관계를 갈등형, 조화형, 중립형으로 나누어 3신문을 종합적으로 분석해보면 갈등형이 53.8%로 가장 많고, 중립형이 37.8%, 조화형은 8.4%였다. 이러한 기사인물들 간의 관계를 각 신문별로 보면 동아일보와 매일신문은 총 보도건수의 과반수가 갈등형인데, 특히 동아일보는 기사의 대부분인 74.8%를 갈등관계로 묘사하여 매일신문(50.3%), 충청일보(45.3%)보다 그 비율이 월등히 높았다. 이에 비해 충청일보는 갈등(45.3%)보다는 중립적(46.5%)으로 많이 보도하여 다른 신문들과 좋은 대조를 보였다.

선거구별로 보면 대구 서갑 선거에 대한 동아일보의 보도는 전체 건수의 80.7%가 갈등관계로 묘사되었으며, 중립형은 17.0%, 조화형은 2.3%에 지나지 않았다. 매일신문 역시 대구 서갑 선거를 주로 갈등적으로 보도하였는데 전체 기사의 51.0%가 갈등형이고, 10.4%가 조화형, 38.6%가 중립형이었다. 매일신문의 조화적 보도비율이 다른 신문들보다 비교적 높은 점이 눈에 띈다.

진천-음성 선거에 대해서도 동아일보는 주로 갈등적으로 묘사하고 있는데 전체 기사의 75.0%가 갈등형이며, 6.3%가 조화형, 18.7%가 중립형이었다. 이에 반해 충청일보는 전체기사의 39.6%만이 갈등형이고, 과반수인 52.5%가 중립적이었으며, 조화형은 7.9%이었다.

지금까지의 분석에서 또 하나 눈에 띄는 점은 동아일보가 4.3보궐선거를 보도하는데 있어서 대구 서갑 선거와 진천-음성 선거를 주로 후보나 정당간의 갈등관계로 보도하였지만 진천-음성 선거보다는 대구 서갑 선거를 더 갈등적으로 보도하였다는 점이다.

한편 이러한 기사인물들 간의 관계분석 결과와 앞의 〈표 4-8〉에 제시한 제목인물들 간의 관계분석 결과를 비교해 보면 제목에서의 인물들 간의 갈등관계는 29.2%이었지만, 기사 속에서는 53.8%로 제목보다는 기사 속에서 갈등관계 비율이 매우 높았다. 이러한 경향은 3신문 모두에서 공통적으로 발견되었다.

이어서 기사 속 인물들 간의 관계가 갈등관계로 묘사된 기사들만을 대상으로 누구와 누구 간의 갈등인지를 분석하였다. 그 결과는 아래의 〈표 4-10〉에 제시되어 있는데 전체적인 경향은 앞에서 분석한 바 있는 제목 속의 갈등인물 분석결과(표 8)와 매우 비슷하였다. 표에서 보는 바와 같이 「여야 간」의 갈등이 45.8%로 가장 많았고, 「여당-정호용 후보」간의 갈등이 24.7%로 두 번째로 많았다. 이어서 「여당 내부」가 9.6%, 「후보-유권자, 단체」가 6.1%, 「선관위-후보」가 5.4%, 「언론-후보」가 5.1%, 「야당간」이 2.2%, 「야당-경찰」이 0.9%이었다.

각 신문별로 보면 3신문 모두 여야 간의 갈등관계를 가장 많이 다뤘으나 충청일보는 전체 갈등기사의 70.3%를 여야 간의 관계에 집중시켜 매일신문(37.3%), 동아일보(40.0%)보다 월등히 높았다. 동아일보는 두 지방지에 비해 「여당-정호용 후보」(31.8%)간의 갈등과 「여당 내부」(14.1%)의 갈등관계를 상대적으로 많이 보도한 점이 두드러지며, 매일신문은 「언론-후보」간의 갈등을 비교적 많이 다룬 점이 돋보인다.

〈표 4-10〉 기사 속의 갈등인물(%)

	전 체				대구 서갑		진천-음성	
	매일	충청	동아	계	매일	동아	충청	동아*
여당내부	8.5	6.8	14.1	9.6	8.6	17.6	9.4	(1)
여야간	37.3	70.3	40.0	45.8	36.4	27.9	84.9	(9)
야당간	3.9	0.0	1.2	2.2	4.0	1.5	0.0	(0)
여당 – 정호용	24.8	16.2	31.8	24.7	25.2	39.7	0.0	(0)
후보 – 유권자단체	5.9	5.4	7.1	6.1	6.0	8.9	3.8	(0)
선관위 – 후보	7.8	1.4	4.7	5.4	7.9	4.4	1.9	(1)
야당 – 경찰	1.3	0.0	1.2	0.9	1.3	0.0	0.0	(1)
언론 – 후보	10.5	0.0	0.0	5.1	10.6	0.0	0.0	(0)
계 (사례수)	100.0 (153)	100.0 (74)	100.0 (85)	100.0 (312)	100.0 (151)	100.0 (68)	100.0 (53)	(11)

* 진천 · 음성선거에서 「동아일보」의 사례수가 적어 기사건수를 제시하였음.

각 신문의 선거구별 보도를 보면 어느 정도 차이를 보였는데, 동아일보는 대구 서갑 선거보도를 「여당과 정호용씨 간」의 갈등(39.7%)으로 가장 많이 보도하였으며, 「여야 간」

갈등은 27.9%로 두 번째로 많이 보도하였고, 정호용씨 출마, 사퇴문제를 둘러싼 「여당 내부」의 갈등(17.6%)도 비교적 많이 보도하였다. 매일신문은 「여야 간」의 갈등(36.4%)을 가장 많이, 「여당과 정호용씨 간」의 갈등(25.2%)을 두 번째로 많이 보도하여 동아일보와 차이를 보였다.

진천-음성 선거보도의 경우는 여야 간의 갈등에 집중되어 있는데 충청일보는 전체 갈등기사의 84.9%가 동아일보는 전체 11건의 갈등기사 중 9건이 여야 간의 갈등 관련 기사였다.

기사내용

선거기간 중 3신문이 어떠한 내용들을 기사화 하였는지를 분석하였다.

앞의 제목의 내용분석 결과에서도 나타난 바 있지만, 본문기사에서도 3신문은 모두 정책이슈 문제보다는 선거캠페인 활동과 그와 관련된 문제들에 대해 집중적으로 보도하는 경향을 다시 나타냈다.

그런데 기사내용분석에서는 한 기사가 반드시 하나의 내용만을 다루지 않고 2개 이상의 내용들을 다루는 경우가 많기 때문에 한 기사 당 최고 4개까지의 내용을 별도로 계산하여 그 내용들을 종합하였다. 그 결과 전체적으로 평균 1기사당 1.7개의 내용을 다루고 있었는데, 매일신문의 대구 서갑 선거 보도는 1기사당 평균 1.6개의 내용을 담고 있었으며, 동아일보의 대구 서갑 선거보도는 1.7개의 내용을 다루었다. 충청일보의 진천-음성 선거 보도는 1기사당 평균 1.9개, 동아일보의 진천-음성 선거 보도는 2.1개의 내용을 다루었다. 한편 3신문이 다룬 기사내용은 모두 115종류였는데, 이것들을 크게 23개의 내용으로 재분류하여 분석에 사용하였다.

먼저 대구 서갑 선거의 경우 매일신문은 「정호용 씨 출마, 사퇴문제」를 가장 많이 다루었는데 전체 내용건수의 13.1%를 차지하였다 (표 4-11 참조). 이어서 「선거운동」이 12.4%로 두 번째, 「후보선거 지원」이 9.2%로 세 번째, 「불법 · 타락선거운동」이 9.0%로 네 번째, 「선거전략」이 8.1%로 다섯 번째로 많이 다뤄졌다. 이밖에 후보출마 움직임, 출마선언 등의 「후보출마」(5.2%), 「후보탄압, 압력」(4.7%), 「불법 · 타락선거 단속」(4.5%)

〈표 4-11〉 대구 서갑 선거 보도 기사내용(%)

매일신문		동아일보	
1. 정호용 씨 출마, 사퇴문제	13.1	1. 정호용 씨 출마, 사퇴문제	22.4
2. 선거운동	12.4	2. 후보탄압, 압력	12.4
3. 후보선거지원	9.2	3. 후보선거지원	9.5
4. 불법 · 타락선거운동	9.0	4. 후보출마	8.2
5. 선거전략	8.1	후보공천	8.2
6. 후보출마	5.2	6. 불법 · 타락선거운동	6.1
7. 후보탄압, 압력	4.7	7. 이슈문제	5.4
8. 불법 · 타락선거단속	4.5	8. 선거전략	4.8
9. 선거조직	4.3	9. 정호용 씨 부인 자살기도	4.1
흑색선전, 비방	4.3		
11. 합동연설회	3.4	10. 선거운동	2.7
12. 후보공천	3.2	선거조직	2.7
13. 공명선거 촉구	2.8	불법 · 타락선거 단속	2.7
14. 정호용 씨 부인 자살기도	2.6	유권자 반응, 의견	2.7
15. 선거전망, 유권자분석	2.1	14. 흑색선전, 비방	1.4
16. 정치집회	1.9	공명선거 촉구	1.4
17. 선거자금모금	1.7	후보의 개인적 배경, 특성	1.4
선관위 선거업무	1.7	선거운동원끼리 충돌	1.4
19. 선거운동원끼리 충돌	1.5	선관위 선거업무	1.4
20. 이슈문제	1.3	19. 선거전망, 유권자분석	0.7
21. 유권자 반응, 의견	1.1	정치집회	0.7
22. 후보의 개인적 배경, 특성	0.6		
야권후보단일화	0.6		
계(사례수)	100.0(467)	계(사례수)	100.0(147)

등도 비교적 많이 다뤄졌다. 그러나 유권자가 후보를 선택하는데 필요한 정보인「이슈문제」[2](1.3%) 와「후보의 개인적 특성, 배경」(0.7%) 등은 매우 적었다.

2 여기서는 특정 이슈에 대해 적어도 한명 이상의 후보 입장에 대한 설명이 있거나 비록 설명은 없더라도 두 명 이상의 이슈에 대한 입장을 언급하고 있는 기사내용만을 기사내용으로 간주하였다. 그리고 대구 서갑 선거의 경우는「정호용씨 출마, 사퇴문제」,「후보탄압, 압력」문제, 진천-음성 선거에서는 박찬종 의원 폭력사건인「선거운동원끼리의 충돌」문제는 별도 항목으로 처리하였기 때문에 이것들은 이슈문제에서 제외시켰다.

동아일보도 「정호용씨 출마, 사퇴문제」를 가장 많이 보도하였는데 전체 내용건수의 22.4%가 바로 이러한 내용이었다. 이어서 「후보탄압, 압력」(12.4%)이 두 번째, 「후보선거 지원」(9.5%)이 세 번째, 「후보출마」, 「후보공천」(각각 8.2%)이 네 번째로 많이 다뤄졌다. 이밖에 「불법타락선거」(6.1%), 「이슈문제」(5.4%), 「선거전략」(4.8%), 「정호용 씨 부인 자살기도」(4.1%) 등의 내용들도 비교적 많이 다뤄졌다. 동아일보와 매일신문 모두 이슈문제를 매우 적게 다뤘지만 동아일보가 매일신문보다 이슈문제를 상대적으로 더 많이 다룬 점이 주목된다.

이어서 선거시기별로 어떠한 내용들이 중점적으로 다뤄졌는지를 추가 분석하였다. 매일신문의 경우 2월말까지의 선거준비기에는 정호용 씨의 출마문제를 가장 많이 다뤘는데 전체 기사내용의 35.7%이었다. 선거초반기(3월1일-15일)에는 「선거운동」과 「후보출마」가 14.2%로 똑같이 가장 많이 기사화되었다. 중반기(3월 16일-24일)에는 「선거운동」(15.9%)과 중앙당과 각 단체들의 「후보선거지원」(14.2%), 「불법타락선거운동」(12.5%)이 많이 다뤄졌으며, 종반기(3월 26일-4월2일)에는 정호용 씨의 후보사퇴에 따른 문제가 다시 가장 크게 부각되었다. 그래서 매일신문은 선거기간 내내 정호용 씨의 출마, 사퇴문제에 대해 꾸준한 관심을 나타내 보였다.

동아일보는 거의 모든 기사내용을 정호용 씨의 문제에 집중시켰는데, 특히 정호용 씨의 후보사퇴가 있은 선거종반기에 그 관심이 폭증하는 결과를 나타냈다. 2월말까지의 선거준비기에도 총 9건의 기사내용 중 6건을 정호용 씨를 포함한 후보들의 공천과정이나 전망 등을 가장 많이 다루었다. 선거초반기에는 정호용 씨를 포함한 후보들의 출마움직임, 출마선언 등을 23.9%로 가장 많이 취급하였다.

정호용 씨의 후보 사퇴압력이 최고점에 달한 선거중반기에는 「정호용 씨 출마, 사퇴문제」를 20.8%로 가장 많이 기사화 하다가 사퇴 직후인 선거종반기에 그 비율은 50.0%로 크게 증가하였다. 따라서 동아일보의 대구 서갑 선거보도는 선거기간 내내 거의 전적으로 정호용 씨를 둘러싼 문제나 사건에 집중화시켰다고 할 수 있겠다.

진천-음성 선거에 대한 충청일보와 동아일보의 기사내용 역시 대구 서갑 선거 보도와 마찬가지로 캠페인 중심적이었지만 대구 서갑 선거 보도에 비해 이슈문제에 관한 기사

내용이 상대적으로 많은 점이 두드러진다. 특히 동아일보의 진천-음성선거 보도건수는 매우 적었지만 전체 기사내용 건수의 21.2%가 이슈문제에 관한 기사내용으로 어떠한 다른 기사내용보다도 많은 점이 주목된다(표 4-12 참조).

이에 비해 충청일보의 이슈문제보도는 5.7%로 17개 기사내용 중 7번째로 많아 좋은 대조를 보였다. 그러나 충청일보의 이슈문제 보도율은 매일신문의 대구서갑 선거의 이슈보도율 보다 높았다.

〈표 4-12〉 진천 · 음성 선거 보도 기사내용(%)

충청일보		동아일보	
1. 선거운동	14.8	1. 이슈문제	21.2
2. 선거전략	14.0	2. 선거운동원끼리 충돌	18.2
3. 후보의 개인적 특성 및 배경	7.6	3. 선거운동	12.1
흑색선전, 비방	7.6	4. 불법 · 타락선거운동	9.2
5. 후보공천	7.2	5. 유권자의 반응, 의견	6.1
6. 선거운동원끼리 충돌	6.4	6. 공명선거 촉구	3.0
7. 합동연설회	5.7	후보탄압, 압력	3.0
이슈문제	5.7	선거전략	3.0
9. 후보출마	5.3	정치집회	3.0
10. 선관위 선거업무	4.5	불법 · 타락선거 단속	3.0
후보선거 지원	4.5	합동연설회	3.0
12. 정치집회	4.2	후보선거 지원	3.0
13. 선거전망, 유권자분석	3.8	후보공천	3.0
14. 불법 · 타락선거 단속	3.4	선관위 선거업무	3.0
15. 공명선거 촉구	3.0		
16. 불법 · 타락선거 운동	1.5		
17. 선거조직	0.8		
계(사례수)	100.0(269)	계(사례수)	100.0(33)

먼저 충청일보는 「선거운동」(14.8%)과 「선거전략」(14.0%)에 관한 기사내용을 가장 많이 보도하였고, 이어서 「후보의 개인적 특성, 배경」, 「흑색선전, 비방」(각각 7.6%), 「후

보공천」(7.2%), 박찬종 의원 폭력사건인 「선거운동원끼리 충돌」(6.4%) 등에 관해 많이 보도하였다. 이와는 달리 동아일보는 전술한 바와 같이 이슈문제를 가장 많이 다룬 데 이어 박찬종 의원 폭력사건인 「선거운동원끼리 충돌」(18.2%)을 두 번째로, 「선거운동」(12.1%)을 세 번째로, 「불법・타락선거운동」을 네 번째로 많이 보도하였다. 그래서 동아일보가 이슈문제와 박찬종 의원 폭력사건을 충청일보보다 더 비중 있게 다룬 점이 특징이며, 충청일보는 후보 공천과정과 후보의 개인적 특성, 배경 등에 대해 비교적 비중 있게 다룬 점이 다른 신문에서 볼 수 없는 특징이었다.

진천-음성 선거의 기사내용을 각 선거시기별로 나누어 살펴보면 충청일보는 1월-2월 말까지는 주로 각 정당의 「후보공천」 과정(20.0%)에 대해 기사화했으며, 선거초반기(3월 1일-15일)에는 「후보공천」과 「후보의 개인적 특성, 배경」(각각 20.7%)을 가장 많이 보도했고, 「선거운동」(17.2%) 역시 많이 보도하였다. 그러나 선거공고 직후인 선거중반기부터는 「선거운동」(19.1%)과 「선거전략」(17.6%)을 가장 많이 보도하기 시작하였고, 이러한 보도경향은 선거종반기까지 계속 이어진다. 또한 선거종반기에 박찬종 의원 폭력사건(14.4%)이 많이 보도되었다.

동아일보는 전술한 바와 같이 선거중반기까지 진천-음성 선거에 별 다른 관심을 두지 않다가 선거종반기에 일어난 박찬종 의원 폭력사건이 계기가 되어 선거종반기에 보도량이 급증하였는데, 종반기에 보도된 기사내용은 박찬종 의원 폭력사건(30.0%)을 집중적으로 보도한 점이 두드러진다.

지금까지의 분석을 종합하자면 3신문 모두 후보들의 정책문제보다는 선거캠페인과 여기에서 파생되는 문제들에 대해 집중 보도하였는데, 특히 매일신문이 이러한 경향이 가장 강했다. 동아일보는 두 지방지보다는 이슈문제를 비교적 많이 다루었는데 진천-음성 선거의 기사내용은 이러한 이슈문제가 가장 많았다. 또한 충청일보는 다른 신문들에 비해 여러 내용들을 비교적 고르게 다루었으며, 특히 선거준비기, 초반기까지 후보의 공천과정이나 후보의 개인적 특성이나 배경에 대해 많이 보도한 점이 두드러진 결과이다.

한편 기사의 내용과 주제목의 내용을 비교하면 큰 차이가 없었다. 다만 동아일보의 진천-음성 선거 보도에 있어서 기사내용에 있어서는 이슈문제를 가장 많이 다루었으나 제목에서는 이슈문제를 거의 다루지 않은 점이 차이라 하겠다.

기사의 설명성

기사내용의 마지막 분석으로 3신문의 선거기사가 그 기사와 관련된 사건이나 인물들의 배경 또는 입장 등에 대해 얼마나 심층적인 설명이나 분석을 담고 있는지를 살펴보았다. 그래서 본 연구에서는 설명이 전혀 없는 기사는 기술적 기사로, 사건이나 인물에 대한 기술이 지배적이나 간간이 설명을 담고 있는 기사는 부분적 설명기사로, 주로 설명을 위주로 하는 기사는 설명이 지배적인 기사로 분류하였다.

그 결과 전체적으로 기술적 기사가 72.0%로 가장 많고, 부분적 설명기사는 20.5%, 설명이 지배적인 기사는 7.5%이었다. 이러한 기사의 설명성은 신문에 따라 많은 차이를 보였는데, 충청일보가 부분적 설명기사와 설명이 지배적인 기사를 합한 설명기사를 가장 많이 보도한 반면, 매일신문은 그 비율이 매우 낮았다. 즉, 충청일보의 설명기사비율이 46.7%, 동아일보가 33.3%인데 비해, 매일신문은 15.0%에 불과했다.

각 선거구별로 보면 매일신문의 대구 서갑 선거기사의 84.9%가 기술적 기사이었으며, 14.4%가 부분적 설명기사이고, 0.7%만이 설명이 지배적인 기사였다. 이에 비해 동아일보는 전체기사의 63.6%가 기술적 기사, 31.8%가 부분적 설명기사이고, 4.5%가 설명이 지배적인 기사이어서 동아일보의 대구 서갑 선거기사의 설명기사 비율은 36.3%이었다.

진천-음성 선거의 경우 충청일보는 전체기사의 57.4%가 기술적 기사, 23.0%가 부분적 설명기사, 19.7%가 설명이 지배적인 기사이어서 설명기사 비율은 42.7%로 대구 서갑 선거를 포함한 충청일보의 전체 설명기사 비율(46.7%)보다 약간 떨어졌다. 충청일보의 진천-음성 선거기사의 설명기사 비율이 충청일보의 대구 서갑 선거를 포함한 전체 설명기사 비율보다 떨어지는 것은 곧 충청일보의 대구 서갑 선거보도가 그만큼 설명기사가 많았음을 의미하는 것이다. 한편 동아일보의 진천-음성 선거기사의 71.4%가 기술적 기사이며, 28.6%가 부분적 설명기사, 설명이 지배적인 기사는 없었다.

이와 같이 매일신문의 설명기사 비율이 낮은 것은 앞의 〈표 4-9〉에서도 본 바와 같이 매일신문의 기사들은 주로 심층적인 설명이 부족할 수밖에 없는 가십기사, 선거 스케치

기사 등이 대부분이었기 때문인 것으로 판단된다.

이슈분석

이슈분석에서는 3신문이 어떠한 내용의 이슈들을 어떤 방식으로 보도하였는지를 분석하였다.

이슈내용

대구 서갑 선거의 경우 매일신문과 동아일보는 모두 21개의 이슈들을 보도하였다. 매일신문은 총 298개의 기사에서 이슈를 모두 99번 보도하여 매일신문의 이슈 보도율은 1기사당 평균 0.3번인 반면, 동아일보의 이슈 보도율은 1기사당 평균 0.9번으로 동아일보의 이슈 보도율이 더 높았다.

동아일보와 매일신문에 의해 보도된 이슈들은 〈표 4-13〉에 제시되어 있는데, 표에서 보는 바와 같이 매일신문은 「3당 통합의 당위성」 논쟁(14.1%)을 가장 많이 보도하였으며, 「정호용 씨 출마, 사퇴문제」와 「전세금 폭등문제」가 각각 12.1%로 두 번째로 많이 다뤄졌다. 이밖에 「지역개발정책」[3] (11.1%), 야후보들과 민자당 문희갑 후보 간에 공방을 벌였던 「경제정책 실패 당사자」, 정호용 씨의 「정치적 희생양, 명예회복」(각각 9.1%), 「정치안정」(8.1%) 등의 이슈들이 비교적 많이 거론되었다.

이에 비해 동아일보는 이슈보도의 과반수인 54.2%를 「정호용 씨 출마, 사퇴문제」에 집중시켰으며, 「후보탄압, 압력」(14.5%)을 두 번째로 많이 보도하여 이슈의 대부분을 정호용 씨와 관련된 문제로 국한시켰다. 그러나 동아일보의 「지역개발정책」 보도율은 3.6%로 순위는 비록 네 번째였으나 그 비율은 낮았다.

그래서 결국 매일신문은 여러 이슈들을 비교적 고르게 다룬 반면, 동아일보는 정호용

3 대구 서갑 선거에서 보도된 지역개발 정책으로는 탈퇴폐도시 건설, 섬유대학유치, 섬유산업 활성화, 지하철 건설, 서민주택 건설, 도로건설 등을 들 수 있겠다.

씨 문제에 집중화시킨 점이 가장 주목되는 결과이다. 또한 지역개발 정책문제에 있어서 지방지인 매일신문이 동아일보보다 더 많이 보도한 사실은 긍정적인 결과라 하겠다.

〈표 4-13〉 대구 서갑선거 보도의 이슈내용(%)

매일신문		동아일보	
1. 3당 통합의 당위성	14.1	1. 정호용 씨 출마, 사퇴문제	54.2
2. 정호용 씨 출마, 사퇴문제	12.1	2. 후보탄압, 압력	14.5
전세금폭등	12.1	3. 3당 통합의 당위성	6.0
4. 지역개발정책	11.1	4. 지역개발정책	3.6
5. 경제정책 실패 당사자	9.1	부정선거	3.6
정치희생양, 명예회복	9.1	전세금폭등	3.6
7. 정치안정	8.1	7. 경제발전, 안정	2.4
8. 민권회복	5.1	경제정책 실패 당사자	2.4
9. 경제발전, 안정	3.0	후보의 정치적 능력	2.4
야당육성	3.0	10. 정치안정	1.2
야당후보 단일화	3.0	광주사태 해결	1.2
선명성	3.0	정치적 희생양, 명예회복	1.2
13. 광주사태 해결	2.0	야당육성	1.2
후보의 인간성	2.0	민생치안	1.2
15. 후보탄압, 압력	1.0	후보의 인간성	1.2
선거보이콧	1.0		
후보의 정치적 능력	1.0		
계(사례수)	100.0(99)	계(사례수)	100.0(83)

충청일보와 동아일보는 진천-음성 선거 보도에 있어서 모두 16개의 이슈들을 보도하였는데, 충청일보는 총 139개의 기사에서 이슈를 모두 60번 보도하여 이슈 보도율은 1기사당 평균 0.4인 반면, 동아일보의 이슈 보도율은 1기사당 평균 1.3번으로 동아일보의 이슈 보도율이 월등히 높았다.

충청일보는 「지역개발정책」[4]을 가장 많이 보도하였는데 그 보도율은 26.7%로 비교적

4 진천-음성 선거에서 보도된 지역개발 정책은 주로 골프장공해 시비, 도로건설, 전문대 유치, 취업증대, 공설운동장 완공 등에 관한 것이었다.

높은 편이었다 (표 4-14 참조). 이어서 「3당 통합의 당위성」이 25.0%로 두 번째, 「야당육성」이 10.0%로 세 번째로 많이 언급되었다. 그래서 충청일보는 이슈의 대부분을 「지역개발정책」 문제와 「3당 통합의 당위성」 논쟁에 집중시켰음을 알 수 있다.

이에 비해 동아일보는 「박찬종 의원 폭력사건」(28.6%)을 가장 많이 언급하였으며, 이밖에 「농촌정책」, 「후보의 정치적 능력」(똑같이 19.0%), 「지역개발정책」(14.3%) 등을 비교적 많이 보도하였다.

지금까지의 대구 서갑 선거와 진천-음성 선거 보도에 있어서 3신문의 이슈보도에 대한 분석결과를 종합해보면 선거해당 지역 지방지들의 이슈 보도율이 모두 중앙지보다 떨어진다는 결과가 주목된다. 그러나 중앙지인 동아일보는 「정호용 씨 출마, 사퇴」, 「박찬종 의원 폭력사건」 등의 주로 선거캠페인과 직접 관련된 이슈들에 집중하는 대신 지역개발 정책 등의 정책이슈에 대해서는 관심도가 낮았다. 이와는 대조적으로 지방지들은 여러 이슈들을 비교적 고르게 다루었으며, 지역개발정책 문제에도 비교적 많은 관심을 두었다는 점에서는 긍정적으로 평가될 수 있을 것 같다.

〈표 4-14〉 진천 · 음성 선거 보도의 이슈내용(%)

충청일보		동아일보	
1. 지역개발 정책	26.7	1. 박찬종 의원 폭력사건	28.6
2. 3당 통합의 당위성	25.0	2. 농촌정책	19.0
3. 야당육성	10.0	후보의 정치적 능력	19.0
4. 농촌정책	8.3	4. 지역개발정책	14.3
5. 박찬종 의원 폭력사건	5.0		
후보의 정치적 능력	5.0		
7. 정치안정	3.3	5. 3당 통합의 당위성	9.5
6공 업적	3.3	6. 정호용 씨 사퇴문제	4.8
민생치안	3.3	7. 민생치안	4.8
10. 경제발전, 안정	1.7		
정호용 씨 사퇴문제	1.7		
후보탄압, 압력	1.7		
부정선거	1.7		
선거보이콧	1.7		
후보의 인간성	1.7		
계(사례수)	100.0(60)	계(사례수)	100.0(21)

이슈보도의 설명성

이어서 이슈의 설명성에 대해 분석하였다. 이슈의 설명성은「주변적」,「인용적」,「설명적」,「분석적」으로 분류하였는데,「주변적」은 기자가 후보의 특정 이슈에 대한 입장만을 간단히 언급하는 방식을 말한다. 예를 들어「... 3당 통합의 당위성을 심판 받겠다는 입장을 갖고 있는 000후보는 ... 」과 같은 표현방식이다.「인용적」은 후보의 특정 이슈에 대한 입장을 구체적으로 설명하지 않고서 후보나 측근인물로부터 이슈에 대한 입장을 직접 또는 간접적으로 인용 보도하는 경우이다.「설명적」은 후보가 특정 이슈에 대한 어떤 입장을 갖게 된 동기나 이유, 배경 등에 대해 설명하는 방식의 표현이며,「분석적」은 적어도 2명 이상 후보들의 입장을 비교, 설명하는 방식을 말한다.

분석결과 〈표 4-15〉에 제시된 바와 같이 전체적으로 인용적 표현이 39.0%로 가장 많았고, 주변적이 34.2%, 설명적이 22.3%, 분석적이 4.5% 순이었다. 그래서 3신문의 이슈에 대한 보도방식은 단순히 후보의 입장만을 간단히 언급하거나 직접 또는 간접적으로 인용 보도하는 방식이 지배적이었다.

〈표 4-15〉 이슈보도의 설명성(%)

	전 체				대구 서갑		진천-음성	
	매일	충청	동아	계	매일	동아	충청	동아
주 변 적	62.0	28.8	15.1	34.2	62.0	7.2	31.5	22.7
인 용 적	26.0	28.8	54.8	39.0	26.0	53.0	31.5	59.1
설 명 적	7.0	42.4	23.8	22.3	7.0	32.5	37.0	9.1
분 석 적	5.0		6.3	4.5	5.0	7.2		9.1
계 (사례수)	100.0 (100)	100.0 (66)	100.0 (126)	100.0 (292)	100.0 (100)	100.0 (83)	100.0 (54)	100.0 (22)

각 신문별로 보면, 매일신문은 이슈보도의 62.0%가「주변적」방식으로 가장 많았으며,「인용적」이 26.0%인 반면,「설명적」과「분석적」은 각각 7.0%, 5.0%로 그 비율이 매우 낮았다. 충청일보는「설명적」보도방식이 42.4%로 매우 높았으며,「주변적」과「인용

적」 보도방식은 똑같이 28.8%이었다. 그러나 충청일보는「분석적」방식으로 보도한 이슈는 한 건도 없었다. 동아일보는「인용적」방식이 54.8%로 가장 많았으며,「주변적」은 15.1%,「설명적」은 23.8%,「분석적」은 6.3%이었다.

선거구별로 보면 매일신문의 대구 서갑 선거 보도는 매일신문의 진천-음성 선거를 포함한 전체 보도경향과 같았다. 동아일보는 여전히「인용적」 보도방식(53.0%)이 가장 많았으나「설명적」 보도방식이 32.5%로 비교적 높았고,「분석적」 보도방식은 7.2%이었다.

진천-음성 선거에 있어서 충청일보는「설명적」 방식이 37.0%로 가장 많고,「주변적」,「인용적」이 똑같이 31.5%로 똑같고「분석적」 보도방식은 없었다. 동아일보는「인용적」방식이 59.1%로 매우 높았으며,「주변적」 방식 역시 22.7%로 높은 반면「설명적」과「분석적」은 똑같이 9.1%로 비율이 낮았다.

지금까지의 분석을 통해 충청일보의 설명적 이슈보도방식이 높은 반면, 매일신문의 설명적 또는 분석적 이슈보도방식이 매우 낮아 두 지방지간에 대조적인 성향이 있음을 알 수 있었다. 한편 동아일보의 대구 서갑, 진천-음성 선거에 대한 이슈보도는 인용적 보도방식을 똑같이 가장 많이 사용하였으나 진천-음성 선거보다는 대구 서갑 선거보도에서 설명적 보도방식을 더 많이 사용한 점 역시 두드러진다.

보도의 공정성, 균형성 분석

여기에서는 3신문이 후보들에 대한 기사를 얼마나 양적으로 균형 보도하였으며, 동시에 질적으로 공정하게 보도하였는지를 분석하고자 한다. 이를 위해 제목에 후보의 이름을 거명한 비율과 본문 기사 속에서 후보의 이름을 거명한 비율, 아울러 기사의 중심인물인 초점인물 비율 등의 양적인 균형성과 후보에 대한 기사의 내용이 긍정적 또는 부정적이었는지에 관한 질적 공정성으로 나누어 살펴보도록 하겠다.

제목에서의 후보이름 거명율

먼저 제목에 후보의 이름이 어느 정도 균형 있게 거명되었는지를 분석하였다. 대구 서갑 선거의 경우 제목에 적어도 1명 이상의 후보이름을 거명한 기사는 매일신문이 92건, 동아일보가 49건이었다. 이 중 매일신문은 정호용 후보의 이름을 가장 많이 거론하였는데 그 비율은 54.3%이었으며, 나머지 후보들의 거명율은 상대적으로 낮았다 (표 4-16 참조).

민자당 문희갑 후보의 거명율은 13.0%, 민주당의 백승홍 후보는 9.8%이었으며, 재야의 김현근 후보는 4.3%로 가장 낮았다. 동아일보 역시 정호용 후보의 이름을 가장 많이 거명하였는데 그 비율은 매일신문보다 높은 65.3%이었다. 이에 비해 문 후보는 10.2%, 백 후보는 4.1%에 불과했으며, 김 후보는 제목에 이름이 한 번도 거명되지 않았다.

이와 같이 매일신문과 동아일보 모두가 정호용 후보의 이름을 집중적으로 거명하였는데, 여기에 다른 후보와 정호용 후보의 이름을 같이 거명한「여-정호용」,「여-야-정호용」의 비율을 더하면 매일신문은 제목에 후보이름을 거명한 기사의 66.2%, 동아일보는 무려 83.7%가 정호용 후보의 이름을 거명한 셈이 된다.

〈표 4-16〉 제목에서의 후보이름 거명 (%)

	대구 서갑		진천-음성	
	매일	동아	충청	동아
민자	13.0	10.2	52.9	(2)
민주	9.8	4.1	20.6	(1)
재야후보	4.3			
정호용	54.3	65.3		
여-야	5.4	2.0	26.4	
야-야	1.1			
여-정호용	5.4	14.3		
여-야-정호용	6.5	4.1		
계 (사례수)	100.0 (92)	100.0 (49)	100.0 (34)	(3)

* 동아일보의 진천-음성 선거 보도건수는 사례수가 너무 적어 건수를 제시하였음.

민자당 민태구 후보와 민주당의 허탁 두 후보만이 출마한 진천-음성 선거는 민태구 후보의 이름이 훨씬 더 많이 거론되었는데, 충청일보는 제목에 후보의 이름을 거명한 총 34건의 기사 중 52.9%가 민 후보를 거명한데 반해 허 후보는 20.6%에 불과했다. 민 후보와 허후보의 이름을 같이 거명한 비율은 26.4%이므로 허 후보는 단독으로 제목에 이름이 거명되기 보다는 민 후보와 같이 거명되는 비율이 더 많은 셈이며, 이러한 동시 거명비율을 단독 거명비율과 합하면 민 후보는 79.3%, 허 후보는 47.0%의 거명율을 보인 셈이다. 동아일보는 해당 사례수가 3건밖에 되지 않으나 3건 중 2건은 민태구 후보의 이름을, 1건은 허탁 후보의 이름을 거론하였다.

결론적으로 제목의 후보 이름 거명율에서 대구 서갑 선거에서는 정호용 후보가, 진천-음성 선거에서는 민태구 후보가 다른 후보보다 더 높았다고 할 수 있겠다.

본문기사에서의 후보이름 거명율

이어서 이번에는 본문기사 속에서 각 후보들의 이름이 거명된 비율을 조사하였다. 그 결과 제목에서의 후보이름 거명결과와 마찬가지로 대구 서갑 선거에서는 정호용 후보가, 진천-음성 선거에서는 민자당의 민태구 후보의 거명비율이 다른 후보들보다 높았다. 대구 서갑 선거에서 매일신문은 전체 기사의 약 절반인 49.0%가 정호용 후보의 이름을 적어도 한번은 거명하였으며, 문희갑 후보는 36.2%, 백승홍 후보는 30.5%, 김현근 후보는 14.8%이었다 (표 4-17 참조).

동아일보는 정호용 후보의 이름을 매우 많이 거론하였는데 전체 기사의 80.7%가 정후보의 이름을 거명하였으며, 문 후보의 거명율은 44.3%, 백 후보는 14.8%, 김 후보는 11.4%이었다. 그래서 두 신문 모두 정호용 후보를 가장 많이 거명하였는데, 정 후보를 제외한 나머지 후보에 대해서 매일신문은 문 후보와 백 후보를 거의 비슷하게 거명하였지만, 동아일보는 백 후보와 김 후보에 대해서는 별로 거명하지 않은 반면, 민자당의 문 후보에 대해서는 비교적 많이 거명하였다.

〈표 4-17〉 기사의 후보이름 거명율 (%)

	대구 서갑		진천-음성	
	매일	동아	충청	동아
민자 후보	36.2	44.3	55.4	50.0
민주 후보	30.5	14.8	36.0	43.8
재야 후보	14.8	11.4		
정호용 후보	49.0	80.7		

진천-음성 선거에서는 충청일보와 동아일보 모두 민주당의 허탁 후보보다는 민자당의 민태구 후보를 더 많이 거명하였다. 충청일보는 전체 선거기사의 55.4%가 민 후보 이름을 거명한 반면, 허 후보의 거명율은 36.0%이었다. 동아일보는 민 후보가 50.0%, 허 후보가 43.8%로 민 후보가 허 후보 보다 좀 더 많이 거명되었다.

기사의 초점인물 비율

기사의 중심이 되는 인물을 분석해 보면 〈표 4-18〉과 같은데 대구 서갑 선거에서는 정호용 후보를, 진천-음성 선거에서는 민자당의 민태구 후보를 초점으로 하는 기사가 많았다. 대구 서갑 선거에 대한 보도에서 매일신문은 정호용 후보나 측근(23.4%)을 초점인물로 한 기사가 가장 많았으며, 「민자당이나 후보, 후보측근」이 19.6%, 「민주당, 민주당 후보와 측근」을 중심으로 한 기사가 16.8%인 반면에 「재야후보와 측근」을 초점으로 한 기사는 4.5%에 지나지 않았다. 동아일보는 정호용 씨를 초점으로 한 기사가 과반수(50.6%)를 넘었으며, 「민자당, 후보, 측근」이 13.9%, 「민주당, 후보, 측근」이 5.1%이었고, 재야후보나 측근을 초점으로 한 기사는 없었다. 그래서 기사의 초점인물에서도 동아일보의 대구 서갑 선거보도는 정호용 후보를 중심으로 하였다는 사실을 다시 확인할 수가 있었다.

진천-음성 선거의 경우 충청일보는 「민자당, 후보, 측근」을 초점으로 한 기사가 전체의 29.2%인데 비해 「민주당, 후보, 측근」을 초점으로 한 기사는 16.7%이었고, 양 후보를 초점으로 한 기사는 26.7%이어서 충청일보의 진천-음성 선거 보도는 민자당의 민후보 중심적이었음을 알 수가 있다. 동아일보는 양후보에 대한 비중을 거의 똑같이 하였으나 전체 15건의 기사 중 「민자당, 후보, 측근」을 초점으로 한 기사가 4건, 「민주당, 후보, 측근」을 초점으로 한 기사는 5건, 양 후보를 동시에 초점으로 한 기사가 6건으로 오히려 민자당 후보보다는 민주당 후보를 초점으로 한 기사가 1건이 더 많았다.

〈표 4-18〉 기사의 초점인물(%)

	대구 서갑		진천 · 음성	
	매일신문	동아일보	충청일보	동아일보*
민자당, 후보, 측근	19.6	13.9	29.2	(4)
민주당, 후보, 측근	16.8	5.1	16.7	(5)
재야후보, 측근	4.5			
정호용후보, 측근	23.4	50.6		
여 – 야후보	13.3	11.4	26.7	(6)
여 – 정호용후보	1.0	3.8		
야당후보	0.7	1.3		
기타	20.0	14.0	25.0	
계 (사례수)	100.0 (286)	100.0 (79)	100.0 (120)	(15)

* 「동아일보」의 진천 · 음성 선거보도는 사례수가 적어 건수를 제시하였음.

후보 기사내용의 공정성

지금까지 제목에서의 후보이름 거명과 기사 속에서의 후보이름 거명, 그리고 기사의 초점인물 등의 양적인 측면을 분석한 결과 분명히 기사의 비중이 대구 서갑 선거에서는 정호용 후보에게, 진천-음성 선거에서는 민태구 후보에게 편향되어있음을 알 수가 있었다.

그러나 어떤 후보가 제목이나 기사에 이름이 더 많이 거명되었거나, 다른 후보보다 더 많이 취급되는 양적인 불균형은 결과적으로 유권자들의 후보에 대한 인지도 측면에서는 이점을 얻겠지만 그것이 반드시 긍정적인 효과로 연결된다고는 할 수 없다. 문제는 그 후보에 대한 기사가 과연 긍정적 내용인지 아니면 부정적 내용인지 기사의 내용을 분석할 필요가 있는 것이다.

그래서 본 연구에서는 기사의 내용, 즉 질적인 측면에서의 공정성을 살펴보았다. 여기에서 한 후보에 대한 긍정적 또는 부정적 기사내용은 언론인의 특정 후보에 대한 긍정 또는 부정적인 의견도 포함되지만 다른 정당이나 후보, 또는 유권자나 특정 단체의 특정 후보에 대한 의견이나 태도 등을 기사화한 내용이 대부분을 차지하고 있다. 그 결과는 〈표 4-19〉와 〈표 4-20〉에 제시되어 있는데 먼저 대구 서갑 선거의 경우 매일신문과 동아일보 모두 4후보에 대해 긍정도 부정도 아닌 중립적인 기사를 가장 많이 보도하였다. 그러나 후보에 따라 각각의 긍정적, 부정적 비율에서 조금씩 차이가 있었다. 매일신문은 민자당 문희갑 후보에 대해서는 긍정적인 내용(14.5%)보다는 부정적인 내용(30.0%)을 더 많이 실었으며, 민주당 후보에 대해서는 부정적(15.3%)보다는 긍정적인 기사내용(21.2%)을 더 많이 실었다. 정호용 후보의 경우도 긍정적인 내용(21.5%)을 부정적인 내용(20.7%)보다 약간 더 많이 실었으며, 재야의 민중후보 김현근 후보에 대해서는 대부분이 중립적인 내용(87.8%)이었으며, 긍정적과 부정적인 기사내용이 똑같이 4.9%이었다.

〈표 4-19〉 대구 서갑선거 후보들의 기사내용(%)

	매 일 신 문				동 아 일 보			
	민 자	민 주	재 야	정호용	민 자	민 주	재 야	정호용
긍 정 적	14.5	21.2	4.9	21.5	23.3	(3)	(1)	21.1
부 정 적	30.0	15.3	4.9	20.7	33.3	(2)	(1)	50.9
반 반	6.4	3.5	2.4	11.9	16.7	(3)		12.3
중 립	49.1	60.0	87.8	45.9	26.7	(6)	(3)	15.8
계 (사례수)	100.0 (110)	100.0 (85)	100.0 (41)	100.0 (135)	100.0 (30)	(14)	(5)	100.0 (57)

동아일보 역시 매일신문의 보도경향과 같았는데 문 후보에 대해서는 부정적인 내용(33.3%)을 긍정적인 내용(23.3%)보다 더 많이 실었고, 민주당 후보에 대해서는 총 14건

의 기사 중 3건은 긍정적 내용을, 2건은 부정적 내용을 실어 긍정적인 내용이 1건 더 많았다. 그러나 정호용 후보에 대한 기사내용은 과반수(50.9%)가 부정적인 내용인 반면에 긍정적인 내용은 21.2%로 많지 않았다. 재야의 김 후보에 대한 기사내용은 모두 5건밖에 되지 않았는데 그 중 긍정적, 부정적 내용이 각각 1건씩으로 같았다.

그래서 매일신문과 동아일보 모두 민자당 후보에 대해서는 부정적으로, 민주당 후보에 대해서는 긍정적으로 보도하였으며, 재야후보에 대해서는 중립적으로 보도하였다고 할 수 있겠다. 그러나 정호용 후보에 대한 시각은 두 신문 간에 차이를 보였는데, 매일신문은 근소한 차이기는 하지만 좀 더 긍정적으로 보도한 반면, 동아일보는 매우 부정적으로 보도하였다.

진천-음성 선거의 후보들에 대한 기사내용 분석결과는 〈표 4-20〉에 제시되어 있는데 대구 서갑 선거 보도와는 다른 결과를 보였다. 충청일보와 동아일보는 모두 민자당 후보에 대해 부정적 보다는 긍정적으로 보도하였는데, 특히 충청일보는 전체 민자당 후보 기사의 38.6%가 긍정적인 내용인 반면에 부정적인 내용은 14.0%로 낮았다. 민주당 후보에 대해서는 부정적 내용이 23.5%, 긍정적 내용이 20.6%로 긍정적 보다는 부정적으로 보도되었다.

〈표 4-20〉 진천 · 음성 선거 후보들의 기사내용(%)

	매 일 신 문		동 아 일 보	
	민 자	민 주	민 자	민 주
긍 정 적	38.6	20.6	(3)	(2)
부 정 적	14.0	23.5	(1)	(1)
반 반	3.5	2.9	(2)	(1)
중 립	43.9	52.9	(3)	(3)
계 (사례수)	100.0 (57)	100.0 (34)	(9)	(7)

동아일보의 양 후보에 대한 기사건수는 매우 적었는데 9건의 민자당 후보 기사내용 중

3건이 긍정적 내용이고 1건이 부정적 내용이었다. 민주당 후보의 경우는 전체 7건의 기사내용 중 2건이 긍정적, 1건이 부정적 내용이었다. 그래서 충청일보는 기사의 양과 질적인 측면에서 민자당 후보에 편향된 보도를 하였다고 결론지을 수 있겠다.

결 론

신문의 선거 보도 문제점

이 연구에서 나타난 우리나라 신문의 국회의원 선거 보도방식은 지방지나 중앙지간에 큰 차이 없이 이슈보다는 후보들의 선거캠페인활동과 그 과정에서 일어나는 문제나 사건을 중심적으로 보도하고 있다는 점과 지나치게 후보들 간의 갈등, 대결을 부각시키는 경마식 또는 게임식의 보도태도가 두드러졌다. 따라서 우리나라 신문의 선거보도의 거의 모든 문제점들은 바로 이러한 이슈보다는 후보들의 캠페인 중심적인 보도방식과 경마식(게임식) 보도태도와 직접 관련되거나 여기에서 연유하는 것이라 하겠다. 본 연구에서 나타난 문제점들을 구체적으로 살펴보도록 하겠다.

① 지나치게 후보들의 선거캠페인 활동과 그 과정에서 일어나는 사건이나 문제들을 중심으로 보도함으로써 유권자들이 꼭 알아야 될 후보들의 이슈에 대한 입장, 특히 지역개발정책 등의 정책이슈들에 대한 정보를 제대로 전달해 주지 못했다. 이러한 경향은 특히 매일신문에서 강했는데, 매일신문의 대구 서갑 선거 기사내용 중 겨우 1.3%만이 지역개발정책을 포함한 이슈문제였으며, 매일신문에 보도된 이슈문제들의 겨우 11.1%만이 지역개발정책에 관한 것이었다.

② 이슈를 보도하는 방식에 있어서도 문제점이 발견되었다. 전반적으로 이슈에 대한 보도내용이 적었다는 것도 큰 문제지만 그나마 그것들이 후보의 특정 이슈에 대한 입장만을 언급하고 지나가는 「주변적」 보도방식이나, 기껏 후보나 후보측근의 입장을 직간

접으로 인용하는 방식이 대부분이었다. 진정 유권자에게 필요한 특정 이슈에 대한 후보들의 입장이 어떻게 차이가 있으며, 후보들이 그와 같은 입장을 갖게 된 동기나 배경에 대한 설명이 너무 부족하였다.

③ 이슈보도에서 나타난 또 하나의 문제점은 특정 이슈에 대한 후보들의 입장을 언급함과 동시에 그 이슈를 어떻게 해결하겠다는 후보의 해결책 제시나 어떤 방식으로 해결하는 것이 바람직하다는 언론의 적극적이고 독자적인 해결책 제시가 거의 없었다는 점이다. 예를 들어 지역개발정책에서 대구 서갑, 진천-음성 선거에서 똑같이 도로건설이 가장 많이 언급되었는데, 도로건설은 구체적으로 어떤 도로를 건설하겠으며, 그 도로를 건설하는데 필요한 재원조달을 어떻게 하겠다는 방법(이슈 해결책)에 관해서는 언급이 전혀 없었다.

④ 선거 자체를 심사숙고해서 이성적으로 결정해야 될 대상이라기보다는 흥미위주의 게임이나 오락으로 인식시킬 수 있는 표현과 용어들을 많이 사용하였다. 제목이나 본문기사 속에서 후보들 간의 관계를 대결양상으로 묘사하다 보니까 스포츠용어나 전투용어, 경우에 따라서는 저속어들이 함부로 사용되었다. 제목에서는 「불붙은 대구회전」, 「열전 18일 막 오른 보선 표밭」, 「ㅇㅇ작전, 전략」 등의 표현 방식이 많았으며, 본문 내용에서는 제목에 사용되는 용어들과 함께 「사생결단」, 「결사항전」, 「ㅇㅇ결투, 대결」 등의 섬뜩한 용어들과 그밖에 전투용어, 스포츠용어들이 자주 발견되었다.

이와 관련된 기사들 중 대표적인 사례를 몇 가지만 소개하기로 하겠다.

〈사례 1〉

"… 5명의 선수가 「워밍업」을 시작하면서 제각기 「우리 선수를 어떻게 화장시킬 것인가?」는 홍보 전략에 고심 중이다. 관객(유권자)의 입장에서도 이번 선거는 지극히 흥미롭다. 민자당으로서야 정호용 선수가 제발 출전을 않았으면 싶겠지만, 솔직히 보는 사람들로서야 정씨 없는 선거전은 「김빠진 맥주」, 「팥소 없는 찐빵」이다. 또한 이것이 민주주의의 선거판이다. 선수가 「스스로」 출전을 포기하지 않는 이상 승부는 「링」에서 가릴 것이요, 후보가 선거전에 뛰어든 이상 심판자는 오로지 국민뿐이다.---(중략)---백씨로선 민주당에서 「똑 부러진」 후보를 못 내놓을 경우 야당 표를 얼마나 더 따먹느냐가 당락의 고비가 되는 셈이다.” (매일신문 3월 7일자 3면「불붙은 대구 서갑 선거전」이라는 제목하의 해설기사).

〈사례 2〉

“---어쨌든 정호용과 문희갑이라는 호형호제하던 선후배 동문을「링」위에 함께 올려놓은 이 정치의 냉혹함에서 식자들은 三國志에 나오는 다음의 시 한 수를 어쩔 수 없이 떠올리게 된다.---”면서 三國志에 나오는 曺조와 曺植 두 형제간의 싸움을 슬퍼한 曺植의 七步詩 전문과 해독문을 게재하였다. 명색이 해설기사에서 두 후보 간의 갈등을 혈육 간의 싸움으로 비화시킨 것이나 삼국지의 고사 인용과 그 시의 전문과 해독문이 과연 독자들에게 꼭 필요한 것인가를 의심케 해 준다. (매일신문 3월 17일자 3면에「과열 치닫는 서갑 선거---시민반응」이라는 제목하의 해설기사)

〈사례 3〉

“---하기야 선거라는 것이 단순한 숫자놀음으로 결정된다면야 수천 수 만번 허리를 꺾어가며 죽을 지경에 얼굴 웃어가며 있는 돈 없는 돈 다 퍼 댈 이유가 없겠지만 후보들의 마음은 이런 숫자를 마냥 외면할 수가 없는 모양이다.---” (매일신문 3월 13일자 3면「초점」이라는 해설기사)

〈사례 4〉

“---일당을 준다니까 화장품, 보험, 서적 외판원까지 끼어들고 입심 좋은 아줌마들마저 돈벌이(?)에 침을 흘리고 있는 게 작금의 서갑 선거 추태---” (매일신문 3월 28일자 3면「당원 급조에 ‘먹자, 받자’판」이라는 제목하의 기사)

⑤ 신문이 불법, 타락선거로 발전된 선거과열을 자제시키기보다는 과열을 조장했거나 여기에 편승하지 않았나 하는 인상을 강하게 주었다. 선거기간동안 비교적 차분하게 보도한 충청일보와는 달리 동아일보와 매일신문은 대구 서갑선거에 대한 관심과 의욕이 지나쳐 대구 서갑 선거를 과열선거로 확대시키지는 않았는지 반성을 해야할 것이다. 동아일보는 대구 서갑 선거에 대해서는 정호용 씨의 후보사퇴나 정씨 부인의 자살기도사

건에, 진천-음성 선거에 대해서는 박찬종 의원 폭력사건에 기사의 대부분을 할애하였다.

매일신문은 여권과 야당, 상당수 국민들이 반대한 정호용 씨의 출마문제에 대해 선거 초반부터 사설과 칼럼을 통해「정호용 후보의 민자당 공천은 반대하나 무소속 출마는 가능하다」는 주장을 내세움으로써 정씨 출마의 합법성과 당위성을 인정하고 정씨의 무소속 출마를 부추기지까지 하였다. 그러나 매일신문은 정씨가 후보를 사퇴하자 사설과 칼럼을 통해 여권의 후보사퇴 압력의 부당성을 지적함과 동시에 정호용 씨에 대한 배신감을 노골적으로 나타냈다. 이와 함께 매일신문의 대구 서갑 선거에 대한 관심과 열기는 급속히 식었는데 이것은 정씨 사퇴후 매일신문의 대구 서갑 선거에 대한 보도건수나 보도면적이 선거막바지임에도 불구하고 사퇴전보다 크게 줄어들었다는 데에서도 확인할 수가 있었다.

⑥ 후보들에 대한 보도에서 내용상의 공정성과 양적인 균형성이 이루어지지 않았다. 대구 서갑 선거는 지나치게 정호용 씨 중심의 선거였으며, 진천-음성 선거는 민자당의 민태구 후보 중심적이었다. 대구 서갑 선거의 경우 동아일보는 양적으로는 정호용 후보에게 많은 지면을 할애했으나 내용적으로는 부정적인 내용이 대부분이었으며, 매일신문은 기사의 양적으로나 질적으로 모두 정호용 후보에게 편향되었다. 진천-음성 선거의 경우 충청일보는 기사의 양과 질적으로 모두 민태구 후보에게 편향되었는데, 선거초반부터 충청일보와 동아일보는 현지 유권자들의 분위기라는 점을 내세워「민자당 공천은 곧 당선」이라는 내용의 기사를 노골적으로 게재하였다.

⑦ 여론조사 보도의 정확성을 기하지 못했다. 매일신문은 의욕적으로 3월 22일과 29일 두 차례에 걸쳐「온」연구소와 공동으로 실시한 여론조사 결과를 1면 톱으로 보도하였으나 그 의욕이 여론조사의 과학적 정확성으로 연결시키지는 못했다. 기사내용에는 여론조사 방법에 대한 구체적인 정보를 제시하지 않아 조사의 정확성에 대한 신뢰를 주지 못했다. 기사에는 단지「서갑구 내 유권자 600여명을 무작위로 추출, 조사를 실시」했다는 내용이 조사방법에 관한 내용의 전부이다. 독자들이 이 여론조사의 과학적 정확성을 판단할 수 있는 근거들인 모집단, 표본추출방법, 자료수집방법, 설문내용, 표본수, 표집오차, 그리고 응답자들의 인구통계학적 특성 등을 전혀 제시하지 않았다.

선거 보도의 새로운 방향

과거 신문의 대통령선거보도와 국회의원선거보도가 서로 별다른 차이가 없었다는 경험으로 미루어 보아 지금까지 고찰해 본 선거보도의 문제점은 대통령선거와 같은 전국 규모의 선거보도에도 적용될 것이다. 앞으로 우리나라 신문이 선거보도에 있어서 시급히 개선하여 새롭게 추구해야 될 방향과 그 실천 방안들을 모색해 보기로 하겠다.

앞에서 지적한 문제점들의 대부분이 후보의 선거캠페인활동 중심적인 보도에서 일어나는 것이기 때문에 이러한 문제점들을 동시에 해결하는 방법은 오직 후보의 선거캠페인활동 중심적인 보도로부터 탈피하여 이슈 중심의 보도 방향으로 나가는 길밖에 없다. 따라서 앞으로 우리 신문의 선거보도는 이러한 방향으로 초점을 모아야 할 것이다.

후보들의 캠페인활동 중심적인 보도가 유권자들의 선거에 대한 관심을 불러일으킬 수 있으며 직접 접촉할 수 없는 후보들의 동정은 물론 그들의 가치관, 능력, 성격, 지지도 등을 판단할 수 있게 해준다는 점에서 긍정적인 기여를 하고 있다. 그러나 이러한 후보들의 캠페인활동 중심적인 보도는 많은 문제들을 파생시키고 있다. 앞의 문제점에서 본바와 같이 자연히 게임이나 경마식 보도를 선호하게 만들어 결과적으로 대의민주주의체제에서 가장 이상적인 투표행태로 추구하고 있는 이슈 중심의 선거가 진행되기 어려우며 나아가 과열, 불법, 타락선거를 조장할 위험성이 따르는 것이다.

이러한 이슈 중심의 보도는 매체의 기술적, 기능적 특성으로 인해 TV에게는 요구할 수 없는 오직 신문만이 취할 수 있고 TV와의 경쟁에서 최대의 장점이 될 수 있는 보도방식인 것이다. 따라서 앞으로 신문은 후보들이 이슈 중심적인 캠페인을 하지 않고 그들이 제기하는 이슈들이 피상적인 것들이기 때문에 이슈문제를 보도하기 어렵다는 변명과 자위에 머물러 그저 후보들에게 이슈대결을 촉구하는 데에 그치는 소극적이고 수동적인 자세에서 벗어나 적극적이고 능동적으로 선거이슈문제, 특히 정책이슈를 개발해야 한다.

이와 같은 이슈 중심의 선거와 보도로 이끌 수 있는 실천적인 방안들을 몇 가지 모색해 보기로 하겠다.

① TV토론과 같은 지상토론을 개최하는 방안이다. 후보들을 한자리에 모아 놓고 몇 가

지 정책이슈문제들에 대해 토론을 부쳐 그 내용을 보도함으로써 선거를 이슈 중심적으로 유도할 수 있을 것이다. 또한 토론에 참여한 후보들이 상호 검증원 역할을 하기 때문에 후보들이 실천할 수 없는 공약을 남발하는 것을 막고 언론이 뚜렷한 해결책도 없는 공약을 검증하지도 않은 채 전달하는 무책임한 보도를 줄일 수 있는 부수적인 효과도 거둘 수 있을 것이다.

② 여론조사를 활용하는 방안이다. 유권자들을 대상으로 그 지역의 지역개발정책문제에 대한 여론조사를 실시하여 조사에서 나온 이슈문제들을 부각시키는 방안을 적극적으로 활용했으면 한다. 이러한 정책이슈개발을 위한 여론조사는 법리상으로 아무런 문제가 없다.

③ 독자란을 강화하는 방안이다. 인력과 재원의 부족으로 여론조사가 여의치 않을 경우에는 이슈 중심의 독자투고만을 골라 기사화시킴으로써 후보는 물론 유권자들에게도 이슈의 중대성을 인식시키고 이들의 참여를 적극적으로 유도할 수 있을 것이다.

④ 해설, 배경기사를 강화시켜야 한다. 현재 우리 신문들은 대부분의 선거기사가 가십이나 스케치기사로 집중되어 있다. 기껏해야 후보들 간의 말장난이나 비방으로 가득 찬 흥미 위주의 가십기사나 선거유세장 분위기, 선거 운동원들 간의 충돌, 유권자들의 반응이 고작인 스케치기사를 과감히 줄이고 이슈 중심의 해설, 배경기사를 대폭 늘려야 할 것이다.

⑤ 정치광고는 시간과 지면의 제약으로 지방의회의원선거와 같은 비중이 낮은 선거에서 후보들의 세세한 정책공약을 보도할 수 없는 언론의 한계점을 보완할 수 있다. 또한 정치광고는 뉴스보도에 있어서 지명도가 높은 후보들보다 불리할 수밖에 없는 정치신인들에게는 자신의 정책을 알릴 수 있는 매우 유용한 수단이다. 그러나 정치광고가 재력이 튼튼한 일부 후보들만의 전유물이 되지 않고 가능한 한 모든 후보들이 값싸게 정치광고를 이용할 수 있도록 제도적인 장치가 마련되어야 할 것이며 아울러 상대방을 중상 모략하는 부정적 정치광고의 범람을 막을 수 있는 법적 장치도 동시에 마련되어야 한다.

이러한 신문의 선거보도경향이 획기적으로 달라지기 위해서는 언론인의 의식이 바뀌져야 할 것이다. 개인으로서의 언론인과 제도로서의 언론은 선거과정에서 자신들의 막중한 역할과 책임에 대한 철저한 인식이 있어야 한다. 이러한 언론의 역할과 책임은 좁게는 보도의 균형성과 객관성에 입각한 정보를 유권자에게 충분히 전달해야 하는 것이지만, 넓게는 대의정치의 효과적인 기능화와 관련되어 있는 것이다. 이러한 점에서 Jennings(1987)의 자주성, 의무감, 책임감 3원칙은 전국 미디어, 지방 미디어 관계없이 모든 언론과 언론인들이 선거과정에서 준수해야 될 윤리적 덕목이요, 선거캠페인보도의 궁극적인 목표일 것이다.

<코딩스킴>

CARD 1

[칼럼번호]

1–3. ID

4. **선거종류** (1)동해 (2)대구서갑 (3)진천,음성 (4) 2+3

5. **신문** (1)동아일보 (2)대구매일신문 (3)충청일보 (4)강원일보

6. **월**

7–8. **일**

9. **요일** (1)월 (2)화 (3)수 (4)목 (5)금 (6)토 (7)일

10–11. **게재면**

12. **기사의 News Value** (1)면 톱 (2)사이드 톱 (3)중 톱 (4)보통 (5)토막뉴스 (6)단신

13. **기사위치** (당시는 세로편집 시기라 우측 상단이 면톱 자리임)

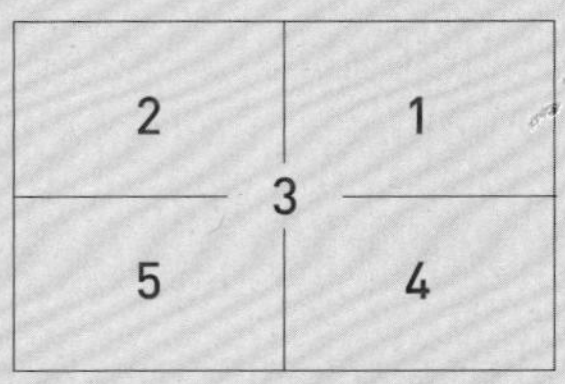

15–17. **제목 면적, cm2**

18. **제목의 단수**

19. **부제수**

20. **제목스타일** (1)사실보도 (2)인용보도 (3)판단보도 (4)전망, 예고보도

21–23. **주제목의 내용** # 별첨 2

24. **제목의 태도** (1)긍정적 (2)부정적(비판적) (3)중립 (4)균형(반반) (5)불명확

25. **제목의 주객체 표현** (1)없다 (2)주체만 (3)객체만 (4)주객체 모두 (5)2개의 주객체 (6)3개의 주객체 (7)4개— (8)5개—

26–27. **제목의 주체** #별첨 1

28–29. 제목의 객체 #별첨 1

30. 제목인물들 간(주객체, 대상)의 관계 (1)갈등 (2)조화 (3)중립 (4)파악불능

31–32. 누구와 누구와의 갈등(또는 조화) (1)여당내부 (2)여야 간 (3)야당간
(4)야당 자당내부 (5)당과 후보 간 (6)여–무소속 (7)여–유권자
(8)야–유권자 (9)여–야–유권자 (10)선관위–여후보
(11)선관위–야후보 (12)여–공무원 (13)특정집단(단체)–후보
(14)선관위–여야후보 (15)후보–지지자 (16)여–경찰 (17)야–경찰
(18)대학생–여 (20)여공천 희망자–무소속 (21)언론–후보
(22)여–여공천 희망자

33. 제목에 후보이름? (1)민자 (2)평민 (3)민주 (4)공화 (5)진보 (6)무소속
(7)여–야 (8)야–야 (9)여–무소속 (0)여–야–무소속

34. 제목에 정당이름? (1)민정 (2)평민 (3)민주 (4)공화 (5)진보 (6)무소속
(7)여–야 (8)야–야 (9)여–무소속 (0)여–야–무소속

35–37. 부제 1 내용 #별첨 2

38–40. 부제 2 내용 #별첨 2

41–42. 기사의 유형 (1)스트레이트 (2)해설, 배경 (3)사설 (4)기명(고정)칼럼
(5)무기명칼럼 (6)가쉽 (7)공지사항 (8)사진 (9)인터뷰
(10)스케치 종합 (11) 2+10 (12)기자회견 내용만
(13)성명서, 질의서 (14)여론조사
(20)동정란

43–45. 기사내용 1 # 별첨 2

46–48. 기사내용 2 # 별첨 2

49–51. 기사내용 3 # 별첨 2

52–54. 기사내용 4 # 별첨 2

55. 기사(기자)의 태도 (1)우호적 (2)비판적(부정적) (3)중립 (4)균형(반반) (5)불명확

56. 기사작성자 (1)무기명 (2)기자 (3)차장 (4)부장 (5)논설위원
(6)현지주재, 특파기자 (7)기자 2 (8)기자 3 (9)임시취재반

57. 취재원 (1)자체취재 (2)통신사 (3)타 신문, 방송인용 (4)publicity(성명서, 질의서)
(5)기자회견 (6)여론조사

58–59. source1 # 별첨 1

60–61. source2 # 별첨 1

62. 취재장소 (1)서울 (2)선거구 (3)지방 (4)서울–선거구 (8)파악불능

63. 기사의 주객체 표현 (1)없다 (2)주체만 (3)객체만 (4)주객체 모두
(5)주-대 (6)주-객-대 (7)주객체 2 (8)주객체3
(9)주객체 4 (0)주객체 5

64-65. 기사의 주체 #별첨 1

66-67. 기사의 객체 #별첨 1

68-69. 대상인물(또는 관련인물) # 별첨 2

70. 기사 속 인물들 간의 관계 (1)갈등 (2)조화 (3)중립(갈등,조화없음) (4)판단불능

***** 갈등 또는 조화가 있을 경우 *****

71-72. 누구와 누구와의 갈등(또는 조화) (1)여당내부 (2)여야 간 (3)야당간
(4)야당자당내부 (5)당과 후보간 (6)여-무소속 (7)야-무소속
(8)여-유권자 (9)야-유권자 (1 0)여-야-유권자 (11)선관위-여후보
(12)선관위-야후보 (13)여-공무원 (14)특정단체-무소속
(15)선관위-여야후보 (16)후보-지지자
(17)여-경찰 (18)야-경찰 (19)대학생-여
(20)무소속-여공천 희망자 (21)언론-후보 (22)여-여공천 희망자
(23)경찰-유권자

73. 주체의 객체에 대한 표현 (1)강한불만(비난, 반대) (2)불만표시(이성적 촉구)
(3)사실전달(중립) (4)우호적(적극적, 찬성) (5)매우 우호적
(6)없다 (7)반반 (8)판단불능

74. 객체의 반응? (1)없다 (2)간접전달, 간접인용 (3)암시 (4)직접인용
(5)같은 기사에는 없지만 다른 기사로 처리

75. 대상(관련인물)의 반응? (1)없다 (2)간접전달, 간접인용 (3)암시
(4)직접인용 (5)같은 기사에는 없지만 다른 기사로 처리

76. 객체의 주체에 대한 표현 (1)강한불만(비난, 반대) (2)불만표시(이성적 촉구)
(3)사실전달(중립) (4)우호적(적극적, 찬성) (5)매우 우호적 (6)없다
(7)반반 (8)판단불능

77. 주체의 대상에 대한 표현 (1)강한불만(비난, 반대) (2)불만표시(이성적 촉구)
(3)사실전달(중립) (4)우호적(적극적, 찬성) (5)매우 우호적 (6)없다
(7)반반 (8)판단불능

78. 객체의 대상에 대한 표현 (1)강한불만(비난, 반대) (2)불만표시(이성적 촉구)

(3)사실전달(중립) (4)우호적(적극적, 찬성) (5)매우 우호적 (6)없다
(7)반반 (8)판단불능

79. (주객체가 2이상일 경우)상대에 대한 표현 (1)상호불만 (2)상호우호 (3)상호중립
(4)불만-우호 (5)불만-중립 (6)우호-중립 (7)없다

CARD 2

1. **대상의 주체에 대한 표현** (1)강한불만(비난, 반대) (2)불만표시(이성적 촉구)
(3)사실전달(중립) (4)우호적(적극적, 찬성) (5)매우 우호적 (6)없다
(7)반반 (8)판단불능
2. **대상의 객체에 대한 표현** (1)강한불만(비난, 반대) (2)불만표시(이성적 촉구)
(3)사실전달(중립) (4)우호적(적극적, 찬성) (5)매우 우호적 (6)없다
(7)반반 (8)판단불능
3. **(55에서)비판적이라면 누구에 대해 ?** (1)주체 (2)객체 (3)대상 (4)주-객
(5)주-대 (6)객-대 (7)주-객-대
4. **기사에서 민자후보 이름 거론** (1)YES
5. **기사에서 평민후보 이름 거론** (1)YES
6. **기사에서 민주후보 이름 거론** (1)YES
7. **기사에서 공화(진보)후보 이름 거론** (1)YES
8. **기사에서 무소속후보 이름 거론** (1)YES
9. **기사의 설명성** (1)기술적 (2)부분적 설명 (3)설명이 지배적 (4)
10. **설명소스** (1)기자자신 (2)후보나 정당(당사자, 측근)인용 (3)제3자 인용
(4)1+2 (5)1+3 (6)1+2+3 (7)2+3
11. **기사에 2개 이상의 정당이나 후보를 같이 실었는가(이름, 입장 등)** (0)없다 (있다면 몇 개 정당)
12. **(yes)어느 정당을 먼저** (1)민자당 (2)평민당 (3)민주당
(4)공화당 (5)진보당 (6)무소속(정호용)
13. **(yes)어느 정당을 가장 많이** (1)민자당 (2)평민당 (3)민주당
(4)공화당 (5)진보당 (6)무소속(정호용)(7)똑같이

14-16. (yes)민정당의 기사 면적

17-19. (yes)평민당의 기사 면적

20-22. (yes)민주당의 기사 면적

23-25. (yes)공화당(진보당)의 기사 면적
26-28. (yes)무소속의 기사 면적
29-32. 전체기사 면적(제목,사진 포함)

*** 후보에만 국한 *** (33-47)

33. 민자당 후보의 기사내용 (1)긍정적 (2)부정적 (3)반반 (4)중립 (5)파악불능
34. 평민당 후보의 기사내용 (1)긍정적 (2)부정적 (3)반반 (4)중립 (5)파악불능
35. 민주당 후보의 기사내용 (1)긍정적 (2)부정적 (3)반반 (4)중립 (5)파악불능
36. 공화(진보)당 후보의 기사내용 (1)긍정적 (2)부정적 (3)반반 (4)중립 (5)파악불능
37. 무소속 후보의 기사내용 (1)긍정적 (2)부정적 (3)반반 (4)중립 (5)파악불능
38-39. 민자당 후보에 대한 긍정 또는 부정적 시각은 누구의 시각 #별첨 1
40-41. 평민당 후보에 대한 긍정 또는 부정적 시각은 누구의 시각 #별첨 1
42-43. 민주당 후보에 대한 긍정 또는 부정적 시각은 누구의 시각 #별첨 1
44-45. 공화(진보)당 후보에 대한 긍정적(부정적)시각은 누구의 시각 #별첨 1
46-47. 무소속 후보에 대한 긍정 또는 부정적 시각은 누구의 시각 #별첨 1
48-49. 기사의 초점인물 # 별첨 1
50. 기사 독립성 (1)독립된 기사 (2)다른 기사속의 일부(종)
(3)그 기사에 다른 기사를 포함시킴(주)
51. 관련사진(또는 그림) (1)없다 (2)관련사진1 (3)관련사진 2
(4)관련 편지, 그림, 문서 (6)관련사진 3이상 (8)독립사진
52. 사진의 유형 (1)자료사진 (2)현장사진 (3)명함판사진
53-54. 초점인물 # 별첨 1
55-56. 사진 배경 (1)실내-얼굴 없는 주위사람 (2)실내 - 단독, 장소 불명
(3)실내 병원 (4)실내-당원대회 (5)실내-보도진
(6)실내-중앙선관위 (7)실내-자택 (8)실내-유권자
(9)실내-선관위 (10)선거사무실 (11)투표소
(20)군중시위
(21)실외-벽보철거 (22)실외-선거벽보 (23)합동연설회장
(24)공항 (25)투표장에 가는 유권자 (26)미행차량
(27)호텔, 여관 (28)실외-유권자 (29)실외-지지자
(30)실외-선거사무실

57. **인물의 크기** (1)미디움 (2)클로즈업 (3)스몰

58. **사진 각도** (1)위에서 아래로 (2)아래에서 위로 (3)평면

59. **정면?** (1) 앞모습 (2)옆모습 (3)뒷모습 (4)파악불능

60. **초점인물 표정** (1)기분 좋거나 자신만만한 표정 (2)심각, 우울, 피곤, 슬픈 표정
(3)보통, 무표정 (4)파악불능

61. **주위인물 표정** (1)기분 좋거나 자신만만한 표정 (2)심각, 우울, 피곤, 슬픈 표정
(3)보통, 무표정 (4)파악불능

62. **초점인물의 옷차림** (1)넥타이 맨 정장 (2)넥타이 안 맨 정장 (3)한복
(4)가벼운 옷차림 (5)환자복 (8)파악불능

63. **초점인물 동작** (1)동적 (2)정적 (3)파악불능

67-69. **면적**

70. **사진소스** (1)자체 (2)통신사 (3)타 신문, 방송 인용 (4)불명확

71. **사진의 caption** (1)yes (2)no

***** 선거종류가 4인 경우 *****

72. **진천, 음성의 제목** (1)대구 보다 크게 (2)대구와 같게
(3)대구보다 작게 (4)대구 보다 매우 작게 (5)없다
(6)대구, 진천 모두 단독제목 없음

73. **진천, 음성의 기사** (1)대구 보다 크게 (2)대구와 같게
(3)대구보다 작게 (4)대구 보다 매우 작게 (5)없다
(6)대구, 진천 모두 단독기사 없음

74-76. **공통기사의 면적**

77-79. **진천, 음성기사의 면적**

CARD 3

1-2. **이슈 1** # 별첨 2

3-4. **이슈 2** # 별첨 2

5-6. **이슈 3** # 별첨 2

7-8. **이슈 4** # 별첨 2

9-10. **이슈1을 누가 언급(제기)** #별첨 1

11-12. 이슈2을 누가 언급(제기) #별첨 1
13-14. 이슈3을 누가 언급(제기) #별첨 1
15-16. 이슈4을 누가 언급(제기) #별첨 1
17. 이슈 1의 언급방식 (1)주변적(특별 설명 없이 후보, 정당, 당사자의 입장을 지나가듯이)
(2)보도적(특별 설명 없이 후보의 입장을 인용 또는 바꿔서)
(3)설명적(후보의 입장을 설명)
(4)분석적(후보의 입장을 비교 설명)
18. 이슈 2의 언급방식 상동
19. 이슈 3의 언급방식 상동
20. 이슈 4의 언급방식 상동
21. 이슈 1의 해결책 제시 (1)완전한 제시 (2)불완전한 제시 (3)없음
22. 이슈 2의 해결책 제시 (1)완전한 제시 (2)불완전한 제시 (3)없음
23. 이슈 3의 해결책 제시 (1)완전한 제시 (2)불완전한 제시 (3)없음
24. 이슈 4의 해결책 제시 (1)완전한 제시 (2)불완전한 제시 (3)없음
25-26. 이슈 1은 누가 해결 # 별첨 1참조
27-28. 이슈 2는 누가 해결 # 별첨 1참조
29-30. 이슈 3은 누가 해결 # 별첨 1참조
31-32. 이슈 4는 누가 해결 # 별첨 1참조
33 . 이슈 1에 대한 후보들의 언급 (1)한 후보(정당, 당사자)의 입장만을 밝힘
(2)일부 후보의 입장만을 밝힘
(3)모든 후보의 입장을 밝힘
(4)한 후보의 입장에 대한 배경, 동기, 이유를 설명
(5)일부 후보의 입장에 대한 배경, 동기, 이유를 설명
(6)모든 후보의 입장에 대한 배경, 동기, 이유를 설명
34 . 이슈 2에 대한 후보들의 언급 상동
35 . 이슈 3에 대한 후보들의 언급 상동
36 . 이슈 4에 대한 후보들의 언급 상동
41-42. 제목용어 1 # 별첨 3
43-44. 제목용어 2 # 별첨 3
45-46. 제목용어 3 # 별첨 3
47-48. 기사용어 1 # 별첨 3
49-50. 기사용어 2 # 별첨 3

51–52. **기사용어 3** # 별첨 3

53–54. **기사용어 4** # 별첨 3

61. **사진의 유형** (1)자료사진 (2)직접사진 (3)명함판 사진

62–63. **초점인물** # 별첨 1

64–65. **사진 배경** (1)실내–얼굴 없는 주위사람 (2)실내 –단독, 장소불명
(3)실내 병원 (4)실내–당원대회 (5)실내–보도진
(6)실내–중앙선관위 (7)실내–자택 (8)실내–유권자
(9)실내–선관위
(20)군중시위
(21)실외–벽보철거 (22)실외–선거벽보 (23)합동연설회장
(24)공항 (25)투표장에 가는 유권자 (26)미행차량
(27)호텔, 여관 (28)실외–유권자

66. **인물의 크기**(1)미디움 (2)클로즈업 (3)스몰

67. **사진 각도** (1)위에서 아래로 (2)아래에서 위로 (3)평면

68. **정면 ?** (1) 앞모습 (2)옆모습 (3)뒷모습 (4)파악불능

69. **초점인물 표정** (1)기분 좋거나 자신만만한 표정 (2)심각, 우울, 피곤, 슬픈 표정
(3)보통, 무표정 (4)파악불능

70. **주위인물 표정** (1)기분 좋거나 자신만만한 표정 (2)심각, 우울, 피곤, 슬픈 표정
(3)보통, 무표정 (4)파악불능

71. **초점 인물의 옷차림** (1)넥타이 맨 정장 (2)넥타이 안 맨 정장 (3)한복
(4)가벼운 옷차림 (5)환자복 (8)파악불능

72. **초점인물 동작** (1)동적 (2)정적

73–75. **면적**

76. **사진소스** (1)자체 (2)통신사 (3)타 신문, 방송 인용 (4)불명확

77. **사진의 caption** (1)yes (2)no

CARD 4

1–2. **이슈 5** # 별첨 2

3–4. **이슈 6** # 별첨 2

5–6. **이슈 7** # 별첨 2

7-8. 이슈 8 # 별첨 2
9-10. 이슈5을 누가 언급(제기) #별첨 1
11-12. 이슈6을 누가 언급(제기) #별첨 1
13-14. 이슈7을 누가 언급(제기) #별첨 1
15-16. 이슈8을 누가 언급(제기) #별첨 1
17. 이슈 5의 언급방식 (1)주변적(특별 설명 없이 후보, 정당, 당사자의 입장을 지나가듯이)
(2)보도적(특별 설명 없이 후보의 입장을 인용 또는 바꿔서)
(3)설명적(후보의 입장을 설명)
(4)분석적(후보의 입장을 비교 설명)
18. 이슈 6의 언급방식 상동
19. 이슈 7의 언급방식 상동
20. 이슈 8의 언급방식 상동
21. 이슈 5의 해결책 제시 (1)완전한 제시 (2)불완전한 제시 (3)없음
22. 이슈 6의 해결책 제시 (1)완전한 제시 (2)불완전한 제시 (3)없음
23. 이슈 7의 해결책 제시 (1)완전한 제시 (2)불완전한 제시 (3)없음
24. 이슈 8의 해결책 제시 (1)완전한 제시 (2)불완전한 제시 (3)없음
25-26. 이슈 5은 누가 해결 # 별첨 1참조
27-28. 이슈 6는 누가 해결 # 별첨 1참조
29-30. 이슈 7은 누가 해결 # 별첨 1참조
31-32. 이슈 8는 누가 해결 # 별첨 1참조
33 . 이슈 5에 대한 후보들의 언급 (1)한 후보(정당, 당사자)의 입장만을 밝힘
(2)일부 후보의 입장만을 밝힘
(3)모든 후보의 입장을 밝힘
(4)한 후보의 입장에 대한 배경, 동기, 이유를 설명
(5)일부 후보의 입장에 대한 배경, 동기, 이유를 설명
(6)모든 후보의 입장에 대한 배경, 동기, 이유를 설명
34 . 이슈 6에 대한 후보들의 언급 상동
35 . 이슈 7에 대한 후보들의 언급 상동
36 . 이슈 8에 대한 후보들의 언급 상동

CHAPTER

05

유권자 밀착형 선거방송토론

유권자 밀착형 선거방송토론[1]

머리말

선거에서 후보들에 대한 정보는 유권자들의 현명한 판단과 선택에 필수적이고 동시에 결정적이다. 불완전하고 부정확한 정보는 유권자들의 결정을 흐리게 만들고 잘못된 선택으로 유도한다. 따라서 풍부하고 정확한 정보를 기초로 한 투표행태가 담보되어야만 참다운 민주주의가 실현될 수 있을 것이다.

바로 이러한 점에서 TV토론의 가치는 빛난다. TV토론은 경쟁하는 후보들을 한자리에 모아 놓고 똑같은 조건에서 후보들 간의 논쟁대결을 통해 이들의 자질과 정책을 직접 비교해 볼 수 있는 거의 유일한 정치수단이다. 또한 자신이 지지하지 않는 후보에 대해서도 새롭게 지켜볼 수 있는 기회를 제공한다. TV토론은 유권자들에게 긴장감과 현장감, 그리고 흥미를 불러일으킬 수 있을 뿐만 아니라 후보들 간의 우열을 가릴 수 있게 해주어 지지후보를 결정하는데 필요한 풍부하고 정확한 정보를 유권자 개인이 직접 채취할 수 있다는 점에서 중요한 의미가 있다(권혁남, 2006). 또한 유권자들은 TV토론을 통해 국가나 지역사회의 현안과 쟁점에 대해 학습함으로써 올바른 선택을 하는데 도움을 받는다.

실제 연구에 의하면 우리나라 유권자들이 지지후보를 결정하는데 있어서 TV토론을 가장 유용한 정보로 활용하고 있다. 지난 16대 대통령선거 당시 2차 합동 TV토론회가 끝난 직후인 2002년 12월 13일부터 18일까지 6일 동안 서울 시민 500명을 상대로 조사된 양승찬(2003)의 연구가 대표적이다. 이 연구에 의하면 비록 지난 15대 대선(31.3%)에 비해 그 비율(22.8%)이 크게 떨어졌지만 TV토론은 여전히 지지후보를 결정하는데 있어서

1 저자의 논문 '유권자 밀착형 선거방송토론 방안연구, 언론과학연구. 2010, 10권 2호, 5-38'을 일부 수정하였음.

가장 중요한 요인으로 작용하였다.

현재 우리나라 공직후보 TV토론과 관련한 법제도는 2004년에 개정된 공직선거법을 기초로 하고 있다. 2004년 17대 국회의원 선거일을 한 달 정도 앞둔 2004년 3월 12일에 개정된 공직선거법은 우리나라 선거를 미디어선거로의 전환하는 중요한 변화를 가져왔다.

가장 중요한 변화는 TV토론제도의 완전 도입이다. 공영방송사에 의해 한시적으로 설치, 운영되던 선거방송토론위원회를 선거법에 의한 독립기구로 상설화하였다. 대통령선거를 위한 중앙선거방송토론위원회 뿐만 아니라 16개의 광역시와 도 그리고 구 · 시 · 군에 까지 선거방송토론위원회를 설치하였다. 이를 통해 선거방송토론위원회가 선거운동기간 중에 TV대담 · 토론회 또는 합동방송연설회를 1회 이상 개최하도록 하였다. 뿐만 아니라 2004년 개정선거법은 TV토론을 국회의원 선거에까지 확대하였다.

2005년 8월 4일에 개정된 공직선거법은 이 같은 미디어 선거로의 전환을 더욱 확대하는 제도적 장치를 마련하였다. 개정내용은 대담토론회 실시 대상 선거를 구 · 시 · 군의 단체장 선거에 까지 확대하고 공직후보들의 TV토론 참여를 강제한 것이 특징이다. 2005년 8월 4일 개정된 〈공직선거법〉에 따라 선거방송토론위원회는 거의 모든 선거에서 후보자 TV토론을 법적으로 주관하는 주체가 되었다. 공직선거법 제8조의 7에 의해서 선거방송토론위원회의 구성방식이 규정되고, 선거방송토론위원회가 선거운동 기간 중 법정토론회를 주관하고 있다(박상호, 2006).

지난 1997년 15대 대통령선거를 계기로 선거방송토론이 본격적으로 도입된 지 이제 겨우 10여년 밖에 되지 않았음에도 불구하고 여기저기서 TV토론이 후보들 간의 충분한 토론을 이끌어내지 못하고, 후보들의 정책이나 자질 등을 제대로 비교 검증하지 못하고 있다는 비판이 거세다. 선거방송토론의 시청률이 크게 감소하고 있는 점이 강력한 증거물로 인용되고 있다. 아래 〈그림 5-1〉에서 보는 바와 같이 1997년 15대 대통령선거에서 처음으로 도입된 후보자간 합동토론회의 평균 시청률은 53.2%였으나 2002년 16대 대선에서는 34.2%로 떨어졌고, 지난 2007년 17대 대선에서는 21.7%로 크게 떨어지고 말았다.

전 국민의 높은 관심을 받는 대통령선거의 TV토론 시청률이 이렇게 저조한데, 국회의원선거나 지방선거에서의 TV토론 시청률은 말할 것도 없다. 비록 후보자간 토론이 아니라 정책토론회이기는 하지만 2008년 18대 총선을 앞두고 3차례 실시된 공직선거 정책토론회의 시청률을 보면 1차 정책토론회 4.3%, 제2차 정책토론회 2.8%, 제3차 토론회 4.8%를 기록했다(중앙선거방송토론위원회, 2008). 또한 2006년 5.31지방선거를 앞두고 3차례에 걸쳐 실시된 공직정책토론회의 시청률은 TNS기준으로 1차 정책토론회 1.8%, 제2차 정책토론회 1.6%, 제3차 토론회 4.4%를 기록했다(중앙선거방송토론위원회, 2006). 국회의원 총선과 지방선거에서 정책토론회뿐만 아니라 후보자간 토론회 역시 일부 선거구를 제외하곤 전반적으로 시청률이 심각할 정도로 낮다.

〈그림 5-1〉 15, 16, 17대 대통령선거 TV 토론 시청률 평균

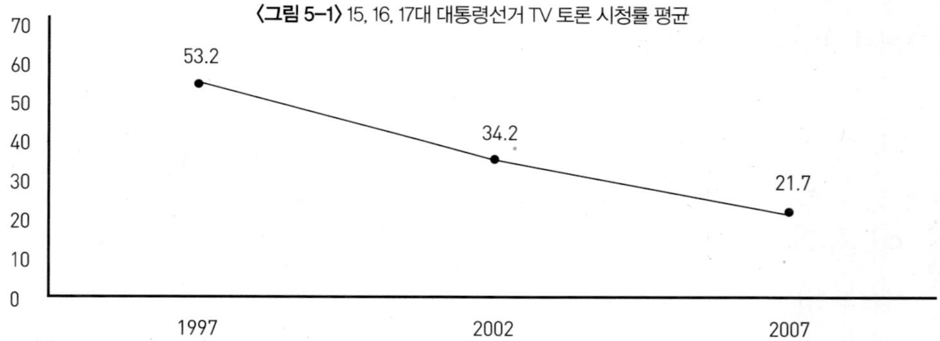

자료: 안차수(2006)

선거에 민주주의의 모든 것이 함축되어있다는 점을 감안한다면 국민들의 투표율이 갈수록 낮아지고 있고, 동시에 국민들의 선거에 대한 관심과 참여를 높일 수 있는 제도로 평가되고 있는 선거방송토론의 관심이 낮아지고 있는 것은 문제가 아닐 수 없다. 특히 10여 년 전 고비용 선거 구조를 개선할 수 있는 강력한 대안으로 부각되었던 선거방송토론이 오늘날 기대에 미치지 못하는 점은 새로운 선거문화 개혁 차원에서도 심각한 위기라 하겠다.

국민들의 선거방송토론에 대한 관심이 낮아지고 있는 데에는 여러 원인들이 작용하고 있다. 예를 들어 우리나라 정치의 고질병이라고 할 수 있는 지역감정으로 말미암아 국회의원 선거 또는 지방선거에서 특정 지역의 특정 정당 후보가 이변이 없는 한 당선이 확정적인 선거구도가 형성되기 때문에 유권자들의 TV토론에 대한 관심이 낮아질 수밖에 없다. 그러나 이것만으로는 설명이 되지 않는다. 바로 위에서 보았듯이 대통령선거에서 조차 TV토론에 대한 관심이 떨어지는 것은 분명 TV토론 자체에 문제가 있다 하겠다.

우리나라에서 선거방송토론이 본격화된 지 10여년이 지난 현 시점에서 중대한 위기를 맞이하고 있는 선거방송토론이 안고 있는 구체적인 문제점과 관련된 쟁점은 무엇이고, 유권자들의 관심과 참여를 높일 수 있는 선거방송토론은 어떠해야 하는가? 바로 이 물음이 본 연구의 출발점이 되고 있다. 본 연구는 선거방송토론이 왜 국민들로부터 점점 더 외면을 받고 있는지 그 문제점과 관련 쟁점들을 살펴보고, 유권자들의 관심과 참여를 높이기 위한 방안들을 모색하는 것을 연구목적으로 한다.

이론적 배경과 선행연구 검토

지금까지 수행된 수많은 국내외 실증연구들을 종합해 보면 분명 TV토론은 유용한 정치제도 또는 수단임을 알 수 있다. 즉 TV토론은 선거관련 지식과 선거이슈에 대한 학습을 도와주며(이준웅, 1999; 정성호, 2003; 이강형, 2007; 문성철, 양문희, 2009), 후보 이미지 지각에 긍정적 영향을 미치고(이강형, 2004), 지지후보를 선택하는데 도움을 주며(양승찬, 2003), 지지후보에 대한 태도를 강화시키거나(나은영 외, 2003; 송종길, 박상호, 2009), 투표참여를 높여주고 있다(송종길, 박상호, 2009; 문성철, 양문희, 2009).

이렇게 선거방송토론이 유용함에도 불구하고 우리나라에서 TV토론이 국민들로부터 외면 받고 있는 것은 참으로 안타까운 일이라 하겠다. 결국 이러한 사실은 선거방송토론의 유용성만을 가지고서 선거방송토론의 성공 또는 좋은 선거방송토론을 보장해주지 않는다는 점을 보여주는 것이라 하겠다.

그렇다면 좋은 선거방송토론이란 무엇일까? 그것은 성공적인 선거방송토론이 갖춰야 할 유용성, 공정성, 흥미성 등의 3대 가치요소를 모두 담고 있는 토론이라 할 수 있다. 대체로 유용성은 선거방송토론의 사후 효과적 측면을, 공정성은 토론의 형식적 측면을, 그리고 흥미성은 토론의 내용과 과정적 측면을 나타낸다고 하겠다.

먼저 유용성이란 TV토론이 유권자들에게 후보들의 개인적 자질과 정책들을 잘 인지하고 구별할 수 있는 충분한 정보를 담고 있는지에 관한 것이다. 다시 말해 유용성이란 TV토론이 유권자들의 투표행위에 도움이 될 수 있는 유익한 정보가 제공되고 그 결과로 나타나는 선거에 대한 인지적, 정서적, 행동적 효과성을 의미한다.

공정성이란 토론회 참여의 기회, 발언시간, 순서 등에서의 후보들에 대한 동등한 대우를 의미한다. 현재 우리나라의 선거방송토론은 공정성 유지를 위해 거의 모든 군소후보들도 토론회에 참여시키며, 질문과 답변시간도 모든 토론참가자에게 똑같이 부여하고 시간의 준수를 엄격히 규제하고 있다. 포괄적 의미에서 선거방송토론은 정치과정에 포함되므로 공정성은 가장 중요한 조건임에 틀림없다. TV토론이 처음 실시된 미국에서조차 TV토론은 공정성 문제로 인해 오랫동안 많은 우여곡절을 겪었다. TV토론을 주관해 온 미국여성유권자연맹이 토론 주최권을 포기한 이유도 후보자들의 과도한 요구로 인해 공정성을 담보하기 어렵다는 판단 때문이었다. 특히 오랜 기간 방송의 편파 · 불공정 선거보도를 경험해 온 우리나라에서 TV토론의 공정성문제는 대단히 민감한 문제일 수밖에 없다(송종길, 2006). 그렇지만 지나친 공정성은 유용성과 흥미성을 떨어뜨리는 점이 문제라 하겠다.

흥미성이란 토론이 활력 있고 생동감 있게 이루어져 시청자들의 관심과 흥미를 일으킬 수 있는지 여부를 말한다. 아무리 금과옥조 같은 말이라도 듣는 사람의 관심을 끌지 못하면 무용지물이다. 따라서 TV토론이 지나치게 공정성에 함몰되어 딱딱하거나 재미없게 진행된다면 유권자들은 토론을 외면하고 만다.

선거방송토론의 유용성에 관한 기존연구에 대해서는 앞에서 잠시 살펴보았기 때문에 여기에서는 선거방송토론의 공정성, 흥미성 차원에서의 쟁점 또는 문제점과 관련된 기존 연구들만을 살펴보도록 하겠다.

먼저 박상호(2006)는 지방선거방송토론의 문제점으로서 토론참여 후보가 너무 많다는 점을 우선적으로 들었다. 토론참여 후보자가 많음으로 인해 시간이 제약되어 자유로운 토론을 통해 논쟁적인 토론을 유도하고 실제적인 토론의 효과를 기대하기보다는 형식적인 토론으로 전락되었다고 말한다. 다시 말해 토론시간의 제약으로 인해 심층적인 TV토론이 제대로 이루어지지 못하고 단답형 질문과 도식적인 답변으로 일관하고, 주요 질문사항이 누락되는 경우가 많으며, 시간 제약으로 인해 후보자간 공정한 발언기회가 제대로 주어지지 못했다고 말한다. 또한 선거법에 규정되어있는 법정토론회에 일부 당선이 유력한 후보들이 참석을 거부하여 TV토론이 파행적으로 진행된 점 역시 문제점으로 지적하고 있다. 이어서 TV토론 방영시간대가 프라임시간대보다는 시청률이 낮은 낮 시간대와 밤늦은 시간대에 편성된 점 역시 문제인 것으로 나타났다.

강지연(2006)은 심도 있는 토론을 위해서, 그리고 방송토론 시청자들의 주목도와 집중도를 높이기 위해서 질문수와 답변시간을 탄력적으로 운영하는 방안을 검토해야 한다고 하였다. 현행 방송토론은 대부분 30초 정도의 질문시간과 1분 30초정도의 답변시간을 정해두고 있는데, 이렇게 잘게 나누어진 시간제약과 기계적인 진행으로는 정책의 본질과 문제점을 유권자들이 이해하기 어렵다는 것이다. 질문의 무게 또는 복잡성에 관계없이 무조건 1분 또는 1분 30초 내에 답변하도록 하는 기계적인 형평성보다는 각 후보들이 사용할 수 있는 총 시간 중에서 답변 시간을 신축적으로 늘리거나 줄일 수 있도록 허용하자고 주장하였다.

안차수(2007)는 2007년 17대 대통령선거방송토론회를 분석하였다. 그의 연구에 의하면 17대 대선에서 나타난 유례없는 6인 토론회는 형식적 공정성을 강조하다 보니 한 후보당 총 발언 시간이 15-20분에 불과 했다. 상호토론은 논의를 심화시키거나 차별성을 구체적으로 드러내 보이기에는 한계를 보였다. 그는 현행 다자간 토론 형식에서 주어진 진행 방식을 개선할 필요가 있다고 보고 몇 가지 대안을 제시하였다. 먼저 시간 총량제를 도입하여 1분 혹은 1분 30초 내에 반론과 재반론의 시간적 제약을 후보자가 적절히 벗어나게 하는 방법, 추첨에 의해 1:1 상호토론을 다자간에 적용하여 후보자가 직접 질문하고 토론을 주도하는 방법, 후보별 시민질문을 다양화하는 방법 등 다자간 토론 형식 내에서 새로운 시도가 필요하다고 하였다.

강지연(2006)은 선거방송토론 시청률 하락의 직접적 원인은 천편일률적인 토론형식에 책임이 있다고 보고, 앞으로 시민포럼형과 직접토론형의 도입을 권고하였다. 이어서 그는 정당의 정강 정책은 시민 생활 전반에 큰 영향력을 가지는 만큼 시민포럼 형식이 설득력을 가지기 쉽다고 말한다. 또한 시민포럼 포맷은 토론내용이 토론을 보는 시청자들에게 좀 더 동질감 있고 현실성 있게 다가갈 수 있다고 말한다. 직접토론형의 경우 여당과 제1야당의 대표 또는 대표자가 위임한 1인이 사회자의 개입 없이 서로 열띠게 공박하는 모습을 보여줌으로써 토론의 역동성을 불어넣어 결과적으로 선거방송토론에 식상해 있는 시청자들의 관심을 끌 수 있을 것이라고 하였다.

그렇다면 토론형식이 달라진다고 해서 과연 국민들의 선거방송토론에 대한 관심이 달라질까? 기존의 실증적 연구들에 의하면 이는 사실인 것으로 검증되었다. 포(Pfau, 1984)는 상이한 토론 형식이 사회자(또는 질문자)와 후보자간의 커뮤니케이션 행위를 포함한 커뮤니케이션 결과에 심대한 영향을 미친다는 사실을 밝혔다. 그는 내용분석을 통해 후보들 간의 충돌 빈도, 후보자 반응의 질, 후보자 주장을 지지하기 위해 사용하는 증거, 그리고 후보자 반응의 방향과 초점뿐만 아니라 사회자(또는 언론인) 질문의 초점, 공평성, 명확성 등을 분석하였다. 연구 결과 그는 전체적으로 상이한 토론 형식이 커뮤니케이션 결과에서의 차이를 일으키고 있음을 알아냈다. TV토론의 형식과 절차는 매우 중요한 변수인 것으로 밝혀졌는데, 어떤 TV토론 형식은 후보들 간의 충돌을 촉진시키는 반면에 다른 형식은 그렇지 못한다는 것이다. 그리고 어떤 형식은 후보자들의 본질적인 반응을 불러일으키지만, 다른 형식은 그렇지 못하는 것으로 나타났다(송종길, 2003).

미국의 대통령선거 본선에서 TV토론 형식의 효과 분석과 관련한 가장 체계적인 분석은 칼린(Diana Carlin) 등의 연구를 꼽을 수 있는데, 이 연구는 TV토론 형식이 후보자간 충돌에 미치는 영향을 분석하였다. 연구 결과 TV토론의 특정 형식은 후보자간 충돌을 일으킬 뿐만 아니라 충돌에 임하는 후보자의 능력에도 영향을 미치는 것으로 나타났다.

후보 간 충돌은 토론 형식이 반론 시간을 얼마나 제한시키느냐에 따라 결정된다. 또한 같거나 비슷한 질문들이 양 후보에게 주어지지 않으면 충돌이 일어나지 않는다고 한다(McKinney, 2002).

최근의 연구에 의하면 후보에게 묻는 질문형식이 후보충돌에 영향을 미치는 것으로 나타났는데, 특히 사회자에 의한 비교 질문은 더욱 그렇다는 것이다. 2000년 미국 대통령 선거에서 있었던 세 번의 TV토론은 모두 다른 형식을 취했는데, 토론에서 나타난 후보들 간 충돌의 양을 비교해 볼 때 첫 번째 토론인 공식적인 연단 토론형식이 후보 간에 가장 많은 충돌이 있었으며, 두 번째 토론인 대화형식에서 충돌이 가장 적었다(McKinney, 2002).

연단 토론과 시민포럼 토론의 내용을 비교해보면 세 가지 중요한 내용상의 차이를 발견할 수 있다. 첫째, 시민포럼 토론은 확실히 후보에 대한 공격을 적게 담고 있다. 또한 두 후보 역시 연단 토론보다는 분명히 이슈 중심적인 소구를 전개한다. 마지막으로 시민포럼 형식이 연단 토론보다 후보에 대한 긍정적인 토론을 일으키는 것으로 나타났다(McKinney, 2002).

하트(Har)t와 재비스(Jarvis)는 TV토론 형식과 후보들의 언어 선택 간에 중요한 관계가 있음을 발견하였다. 시민포럼 토론은 다른 형식의 토론보다 더 높은 현실 점수(realism score)-실체적(tangible), 즉각적(immediate), 분별적(recognizable)-를 획득했으며, 보다 현장감 있고, 더 인간적이고 덜 복잡하며, 덜 공격적이고 훈계적인 언어로 구성되어 있다고 한다(McKinney, 2002).

이준웅(2006) 역시 방송토론 포맷의 변화에 따라 유권자의 토론에 대한 평가가 달라지는지를 연구하였는데, 그의 실험연구에 따르면 후보 간 직접토론방식이 가장 흥미롭고 재미있는 것으로 평가받았으며, 시민 참여형 토론이 그 뒤를 이은 것으로 나타났다. 하지만 공정성 평가에서는 시민참여형 토론방법이 가장 높은 점수를 받았다. 이러한 결과는 기계적인 시간배분보다는 후보 간 직접토론을 확대하고 시민의 참여를 허용하는 토론포맷을 적극 활용해야만 TV토론에 대한 관심을 증가시킬 수 있다는 점을 의미한다 하겠다.

한편 오창우의 연구(2007)는 선거방송토론 종사자들을 상대로 면접하였다는 점에서 주목을 받는다. 그의 연구에 의하면 TV토론 방송종사자들은 TV토론방송의 형평성, 균형성, 공정성의 의미를 후보자들 간의 '기회의 균형성'으로 해석하고 있었다. 즉, 모든 후보자들이 방송출연 기회나 발언시간에 있어서 어떤 차별을 받아서는 안 된다는 것을 의미한다고 하였다. 이어서 TV토론을 기획, 진행하는 과정에서 느끼는 가장 큰 문제점으로는 '지나치게 형식적인 균형과 공정성', '토론 참여자의 논리 부족 및 합의에 이르지 못하는 평행선식 토론', '전문적이고 중립적인 패널 확보의 어려움' 등을 들었다. 또한 각 방송사들이 TV 토론을 통하여 유권자에게 충분한 정보를 주고 있느냐는 질문에 대해서는 '기계적인 공정성과 균형성을 강조하다보니 사전에 꼼꼼히 계산된 답변만을 듣게 되고 시간 및 주제 면에서 후보자들의 면모를 다 알기에는 문제점이 많다'는 의견이 많았다. 현재의 선거방송 문제점을 해결하기 위한 방안으로는 '형식적 중립을 극복할 수 있는 방안이 마련되어야 하고 유권자 참여가 보장되어야 하며 틀에 박힌 질문이 아니라 공개적 질문 및 난상토론이 이뤄져야한다'는 의견이 제시되었다. 아울러 '시청자 대표를 패널로 선정해 직접 질문하도록 하고 규칙은 정하지 말고 후보 간 자유토론을 하는 방안이 필요하다'는 의견이 제시되었다.

선거방송토론의 쟁점과 문제점

그러면 우리나라 선거방송토론이 안고 있는 주요 쟁점과 문제점들을 살펴보도록 하자.

토론회 참여 후보자의 수

선거방송토론과 관련된 가장 뜨거운 쟁점이 바로 토론회에 참여시킬 후보자의 수에 관한 것이다. 많은 관계자들은 선거방송토론의 거의 모든 문제들은 바로 토론회에 참가하는 후보자의 수가 너무 많은 데에서 비롯된다고 말하고, 일부 경쟁력 있는 후보자들에게만 선거방송토론 기회를 주어야한다고 주장한다. 반면에 선거방송토론은 군소후보들에게도 기회의 평등성, 공정성이 주어져야 한다는 주장으로서 이는 헌법에 보장된 중요한 평등정신이라고 강조한다. 양쪽의 의견을 들어보도록 하자.

먼저 선거방송토론에 참가할 후보자를 일부 경쟁력 있는 후보자로 제한해야 한다는 주장을 들어보도록 하자. 이들은 선거방송토론이 안고 있는 가장 심각한 문제가 토론회에 참가하는 토론자의 수가 너무 많다는 점을 강조한다. 현행 우리 선거법은 선거방송토론의 공정성을 유독 강조하고 있다. 토론회 참가자, 진행과정 등에 있어서 공정성을 지나치게 강조하다보니 토론의 흥미성 또는 역동성이 크게 떨어져 유권자들에게 별 도움을 주지 못하고 있다는 것이다.

문제는 토론회 참여 후보의 자격 기준이다. 이상적으로 본다면 모든 후보들을 토론회에 참여시켜 자신의 정책과 철학, 비전 등을 표현할 수 있도록 균등한 기회를 주는 것이 바람직하다. 그러나 경쟁력이 없거나 당선가능성이 거의 없는 군소 후보들이 너무 많다는 게 문제이다. 예를 들어 2007년 17대 대통령선거에서는 무려 6명의 후보가 합동토론회에 참여하는 바람에 시간제약으로 인해 후보자간 상호토론은 논의를 심화시키거나 차별성을 구체적으로 드러내 보이기에는 한계를 보였다. 다자간 토론, 특히 3인 이상의 토론은 근본적인 한계를 지닌다는 점에서 문제가 아닐 수 없다. 그 결과 17대 대선 선거방송토론은 역대 대통령선거에서 가장 낮은 시청률을 기록하고 말았다(안차수, 2006).

국회의원선거나 지방선거는 더 심각하다. 2006년 지방선거 당시 실시되었던 선거방송토론에서 토론참여자가 3명이었던 토론회가 77건(34.8%), 4명이 67건(30.3%), 6인 이상이 2건(0.9%)이었다.(중앙선거방송토론위원회, 2006). 2008년 18대 총선에서도 3인 참여 토론회가 69건(35.9%), 4인이 53건(27.6%), 5인이 18건(7.8%), 6인 2건(1.0%), 7인이 1건(0.5%)이었다(중앙선거방송토론위원회, 2008).

김춘식(2006)은 "우리나라의 정당구조를 고려한다면 대통령선거는 3인 이상 그리고 국회의원선거는 5인 이상의 후보자가 맞붙을 가능성이 매우 높아서 실질적인 토론이 이루어지기 어렵다. 당선가능성이 높은 후보만이 참가할 수 있도록 자격을 엄격하게 제한할 필요가 있다. 그래야만 TV토론이 당선가능성이 있는 후보자를 검증하는 절차로서 제 역할을 수행할 수 있기 때문이다."고 하였다.

그러나 반론도 만만치 않다. "자격기준 강화 주장은 '공정성'을 최우선으로 해야 하는 '선거방송토론'이란 점에서 볼 때 매우 위험하고 부당한 주장이라 하지 않을 수 없으며, 다당제를 채택하고 있는 헌법 정신과도 배치된다. 선거과정에서 공정성은 공정한 게임 룰로서의 의미와 함께 선거결과에 지대한 영향을 미치기 때문에 최우선의 가치로 존중되어야 한다. 다수당과는 비교도 할 수 없을 만큼 인적· 물적 자원이 빈약하고 각종 법과 제도에 의해 외면당하고 있는 군소정당과 무소속 후보들에게 TV토론 참여는 가장 절실하고 절대적인 것이다. 그럼에도 불구하고 단지 시청률을 올리기 위해 이들의 토론회 참여를 막는 것은 '군소정당과 무소속은 선거를 하지 말라', '다수당은 영원한 다수당, 소수당은 영원한 소수당으로 하자'는 것이나 마찬가지로써 민주주의 정신에 정면으로 배치된다. 왜 좌석 및 발언순서를 추첨하고, 발언시간까지 기계적으로 배분하겠는가? '공정성'이 선거방송토론의 생명이기 때문이다. 토론자격을 다수당에 한정하는 것은 편파성을 넘어 공정성과 민주주의를 포기하는 것으로, 그런 점에서 논란의 대상이 될 수 없다."고 말한다(김장호, 2006).

미국 대통령선거의 경우 토론 후보자 선정기준은 선거 때마다 조금씩 달라지는데, 대체로 후보자가 잠재적으로 선출된 가능성을 지니고 있는지를 다각도롤 분석한 후에 가능성 있는 후보자를 토론 참여 후보자로 결정한다. 이에 따라 1996년 선거에서는 ①전국적인 조직을 갖추고 있다는 증거(evidence of national organization) ② 전국적인 뉴스가 될 가치와 경쟁성이 있다는 증거(signs of national newsworthiness and competiveness) ③전국적인 관심을 끌고 있다는 증거(indicators of national public enthusiasm or concern)이다. 2000년, 2004년 선거에서는 ①헌법이 정한 연령과 거주기간 요건, ②유권자의 추천, 그리고 ③전국 유권자의 15% 이상 지지를 얻어야 하는 유권자의 지지여부이다. 미국 대통령선거 에서 수 십 년간 변함없이 지켜온 가장 중요한 토론 후보자 참여기준은 15% 이상의 공적지지율이다(중앙선거방송토론위원회, 2004:89, 313쪽).

미국과는 달리 양당제가 정착되어 있지 못한 우리나라의 경우 지난 1997년 15대 대통령선거에서 적용했던 기준은 ① 원내 교섭단체 보유정당의 대통령 후보자 ② 토론위원회가 선정한 5개 이상의 중앙일간지와 3개 TV사가 조사하여 보도한 후보등록 이전 10일간의 여론조사 결과 평균지지율이 10% 이상의 지지를 받은 후보자 중 하나 이상의 기준을 충족시키는 후보로 정했다.

그러다가 군소후보들의 강한 항의를 받고나서 2002년 16대 대선 때부터 ① 원내 교섭단체 보유 정당의 대통령 후보자, ② 토론위원회가 선정한 5개 이상의 중앙 종합일간지와 3개 지상파방송사가 조사하여 보도한 후보 등록 이전 15일간의 여론조사 결과, 평균지지율이 5% 이상의 지지를 받은 후보자, ③ 제15대 대통령선거로부터 전국 선거에서 5% 이상의 지지를 받은 정당의 대통령 후보자로 정했다. 이로써 민주노동당과 같이 원내교섭단체가 아니거나 국회에 의석이 없지만 전국선거에서 상당한 유권자의 지지를 획득한 전국 정당의 후보는 대선 후보자 토론에 참여할 수 있게 하였다.

2005년 선거법의 개정에 따라 선거방송토론 초청대상자 선정기준이 바뀌었는데, 지역구 국회의원선거 및 지방자치단체장 선거에서는 ① 국회에 5인 이상의 소속의원을 가진 정당이 추천한 후보자 ② 직전 대통령선거, 비례대표국회의원선거, 비례대표시 · 도의원 선거 또는 비례대표구 · 시 · 군의원선거에서 전국 유효투표총수의 100분의 3이상을 득표한 정당이 추천한 후보자 ③ 최근 4년 이내에 실시된 선거에 입후보하여 유효투표총수의 100분의 10 이상을 득표한 후보자(2009년 12월 개정) ④ 언론기관이 선거기간 개시일 전 30일부터 선거기간 개시일 전일까지의 사이에 실시하여 공표한 여론조사결과를 평균한 지지율이 100분의 5이상인 후보자로 규정하고 있다. 다만 대통령선거에서는 ③항이 생략된다.

결국 TV토론 참여 자격기준을 낮추면 군소후보와 정치신인에게는 좋은 기회가 될 수 있지만 TV토론 자체가 난삽해지고, 경쟁력을 갖춘 메이저 후보들이 피해를 보게 되어 결과적으로 유권자들의 관심이 떨어져 TV토론 무용론이 등장할 것이다. 그렇다고 자격기준을 높이면 군소후보나 정치신인들의 등장이 어려워진다는 점이 딜레마라 하겠다.

토론회 횟수

법정 선거운동기간에 실시되는 선거방송토론회 이외에 개별 토론회, 정당 내부 후보 경선 토론회 등의 토론회가 너무 많아 TV토론에 대해 식상 감을 주고 있다는 주장이 제기되고 있다. 특히 대통령선거나 시도지사 선거의 경우 "홍수"라고 표현될 만큼 많은 토론이 짧은 시간 동안 이루어진다. 2007년 17대 대선 당시를 돌이켜 보면 한국방송클럽소속 6개 방송사가 방송한 초청 대선후보 토론회 3회(11월), KBS 대선후보 초청 토론회 5회(10-11월), 그리고 SBS 대선후보 초청대담 4회(10-11월)와 대선후보 검증토론회 6회(12월)가 연이어 진행되면서 시청자들에게 새로운 흥미를 일으키는데 부족했다(안차수, 2006).

2002년 16대 대선에서도 각 방송사별로 선거 토론을 경쟁적으로 벌여 후보자들은 일주일에 두세 번 이상 텔레비전 토론을 치러야 했다. 민주당의 경우 3개월 간 총 20회를 치렀으며 심지어 한나라당의 경우 한 달 동안 15번 텔레비전 선거 토론을 하기도 하였다(이상철, 2002). 개별 토론회, 정당 내부 후보 경선 토론회 등의 남발로 인해 국민들의 TV토론에 대한 식상을 주어 이들 토론회의 시청률이 겨우 1-4%에 지나지 않는 경우가 태반이었다. 이러한 토론회의 남용으로 인해 공식적 선거기간에 있었던 선거방송토론회의 시청률이 더욱 낮아지게 되었다고 하겠다.

대통령선거에 비해 국회의원선거나 지방선거의 경우는 토론회 횟수가 상대적으로 적음에도 불구하고 이들 선거의 토론회 역시 너무 많다는 지적이다. 지난 2006년 지방선거에 참여하였던 한 정당인은 "이번 지방선거에서는 선거법 개정으로 토론회를 의무적으로 개최하는 선거가 확대되어 전반적으로 법정토론회가 대폭 늘어났을 뿐만 아니라, 지역방송사(TV, 라디오), 신문사, 시민단체, 각종 직능단체 등이 경쟁적으로 토론회를 개최하여 시·도지사선거의 경우 토론회가 홍수에 이를 지경이었다. 필자가 참모로 참여한 선거에서도 녹화까지 포함하면 하루에 2-3번씩 개최되는 경우도 있었다. 그러다 보니 토론주제 또한 거의 유사할 수밖에 없고, 결국 같은 후보, 비슷한 주제, 비슷한 형식의 토론이 이루어져, 후보는 후보대로 시달리고 유권자는 유권자대로 식상하여 토론회를 외면하게 만들고 있다. 따라서 비법정 토론회의 경우 언론기관과 시민단체, 직능 단체 간

공동주최를 통해 토론회 횟수를 줄이고, 주제 또한 사전협의를 거쳐 조정하는 것이 필요하다."(김장호, 2006)

수도권을 제외한 지방의 경우 국회의원 총선이나 지방선거에서 각 방송사들은 경쟁적으로 방송토론회를 개최할 뿐만 아니라 선거방송토론위원회가 주최하여 공영방송사들이 주관하는 법정 선거방송토론회가 방송될 무렵에 민영방송이 별도로 토론회를 경쟁적으로 주최하는 경우가 있어 유권자들에게 짜증을 일으키는 경우가 많다는 점이 문제로 제기되고 있다.

방송시간대 문제

선거방송 토론회가 유권자들의 관심을 받지 못하는 또 하나의 원인은 토론회의 방송시간대가 일반 유권자들이 접근하기 어려운 시간대에 진행되기 때문이라는 것이다. 대통령선거와 달리 국민적 관심이 상대적으로 낮은 지방선거의 선거방송토론회는 황금시간대에 방송되는 경우가 거의 없다. 지난 2006년 지방선거의 경우 오후 6시-10시 사이에 방송된 경우는 지상파방송은 겨우 3.3%였고, 케이블TV가 20.4%에 지나지 않았다. 반면에 지상파방송의 경우 정오-오후 4시(37.6%), 밤 10시 이후(25.5%), 오전 9시-12시(17.1%) 사이에 방송되는 경우가 많았다(중앙선거방송토론위원회, 2006). 지상파 방송의 경우 심지어 오전 7시-8시에 방송된 경우도 6건(2.8%)이나 되며, 밤 12시-새벽 1시에 방송된 경우도 있었다. 따라서 앞으로 유권자들이 실질적으로 접할 수 있는 시간대에 편성되도록 해야 한다는 주장이 제기되고 있다. 그러나 현실적으로 선거방송토론을 주관하는 공영방송사와 케이블TV방송사에 대한 충분한 재정적 보상을 하지 못하는 상황에서 황금시간대 편성만을 요구하기가 쉽지 않은 점도 문제의 해결을 어렵게 하고 있다.

〈표 5-1〉 2006 지방선거 후보자 토론회 시간대

구분	09:00 이전	09:00 –12:00	12:00 –16:00	16:00 –18:00	18:00 –22:00	22:00 이후
KBS · MBC · 민방	12 5.6%	37 17.1%	77 37.6%	27 12.5%	7 3.3%	55 25.5%
케이블TV	2 2.4%	17 20.4%	13 15.6%	22 26.5%	17 20.4%	12 14.5%

자료: 박상호(2006)

유권자 소외문제

우리나라 선거방송토론은 유권자들의 참여가 제도적으로 봉쇄되어 있다. 국민적 축제라고 할 수 있는 선거과정에 유권자들이 크게 소외되어 있듯이 선거방송토론 역시 국민들이 참여할 수 있는 기회가 원천적으로 봉쇄되어 있는 점이 문제로 지적되고 있다. 유권자들이 선거방송토론에 참여할 수 있는 기회가 봉쇄되어 있다는 것은 유권자들이 선거방송토론에 직접 참여하여 후보자들에게 직접 질문할 수 있는 질의권이 없으며 동시에 유권자들이 스스로 중요하게 생각하는 의제를 토론에서 공론화시킬 수 있는 기회, 즉 의제 설정권 또는 통제권이 없다는 것을 의미한다.

선거방송토론에서 논의되는 의제는 후보자 의제(candidate agenda)와 언론이 스스로 제기하는 미디어 의제(media agenda)가 주류를 이루고 있고, 유권자들의 의제(public agenda)는 거의 반영되지 않고 있는 것이 현실이다. 따라서 선거에서 주인공이 되어야 할 유권자들이 선거방송토론에 직접 참여하고, 자신들의 의제를 토론의제(debate agenda)로 연결시킬 수 있는 제도적인 장치를 마련해야 한다는 의견이 제기되고 있다.

토론 포맷의 문제

선거방송토론의 시청률 하락 원인 중 하나는 바

로 천편일률적인 토론형식에도 책임이 있다는 주장이다. 선거방송토론은 공정성과 유용성, 그리고 흥미성을 갖춰야 하며 이러한 요소들 간에 균형을 맞추는 것이 중요하다. 그러나 우리나라의 선거방송토론 주최자들과 방송사들은 공정성 시비에 휘말릴 것을 두려워한 나머지 아예 공정성 시비가 일어나지 않도록 천편일률적인 토론포맷을 고수하고 있다(오창우, 2007). 따라서 지금의 선거방송토론 포맷은 후보자 간의 활발한 토론을 제약하고 시청자들의 관심을 불러일으키질 못하고 있어 유권자들에게 실질적인 도움을 주지 못하고 있다.

결국 기계적 형평성이 문제이다. 공정성 때문에 불가피한 측면도 있으나 1분 30초, 1분 등 답변시간이 기계적이어서 심도 있는 토론을 살리지 못한다는 지적이 많다(박상호, 2006; 안차수, 2006; 강지연, 2006; 이강형, 2006). 이같이 매우 제한된 형식 속에서 어떻게 후보들의 자질과 능력을 검증할 수 있으며, 후보 간의 차별성이 부각될 수 있겠는가? 이와 같이 천편일률적인 포맷으로 토론회를 진행함에 따라 TV토론에 익숙하지 않은 후보자들은 자신이 없는 질문에 대해 주어진 응답시간을 다 채우지도 못하는 경우가 발생하고 있는 점 역시 문제로 지적되고 있다.

후보자들의 발언시간 문제

현재의 선거방송토론회는 후보자들에게 충분한 발언 시간을 주지 않는다는 점이 문제라는 것이다. 이것은 앞에서 말한 토론회 참가자 수, 그리고 토론 형식 등과 직결되는 문제이기도 하다. 예를 들어 서울 시민들은 16대 대선 TV합동토론회의 문제점으로서 "발언시간이 충분하지 않았다"는 점(43.8%)을 가장 많이 지적하였다. 이러한 의견은 지난 15대 대선 때의 37.7%보다 약 6%포인트가 늘어났다(양승찬, 2003)

후보자가 전달하고자 하는 메시지는 잘해야 1-2 분 안에 짜 맞추어야 하기 때문에 피상적이고, 요약적일 수밖에 없다. 이런 상황에서는 일반론적이고 당위론적 답변만이 제시될 수밖에 없으며, 후보자간의 차별성을 부각할 수가 없다. 이것은 후보자들의 임기응변 능력만을 부각시킬 뿐 정책 차별성을 도출시키지 못한다. 또한 보충질문을 충분히 할 수 있는 기회가 주어지지 못해 후보자 발언의 진위나 현실 실현성 등을 검증하기 어려운 문제가 있다(이종수, 2002). 따라서 선거방송토론회가 특정 문제에 대해 후보자들이 자신의 입장을 충분히 밝힐 수 있는 기회를 갖도록 해야 할 것이다.

사회자의 역할 문제

선거방송토론회에서 사회자의 역할은 매우 제한되어 있다는 점 역시 문제로 지적되고 있다. 사실 대통령선거와 같이 정치적으로 매우 민감한 토론회에서 사회자의 적극적인 역할 수행은 많은 문제를 야기할 수 있다. 왜냐하면 사회자가 토론에 지나치게 개입할 경우 은연중에 사회자의 주관적 가치관이 개입되어 토론의 공정성을 해칠 수 있고 자칫 토론을 방해할 수 있기 때문이다. 그러나 공평성 시비에 대한 부담으로 사회자의 개입이 위축되어서는 안 된다. 선거에서 승리를 목적으로 하는 후보들은 원칙을 지키기보다는 자신에게 유리하도록 토론규칙을 최대한 이용하고 있다(송종길, 2003). 앞으로 사회자의 역할을 좀 더 강화시킬 필요성이 제기되고 있다.

토론 참여 거부 후보에 대한 제재 문제

토론회에 불참하는 후보자들에 대한 처벌이나 불이익을 줄 수 있는 제재수단이 미약한 점도 문제로 지적되고 있다. 예를 들어 지난 2004년 17대 국회의원 총선의 경우 대담 토론회에 불참한 사례가 전국 243개 선거구에서 모두 33개 선거구에 달했다. 특히 케이블TV를 통해 방송하는 서울 등 수도권에서 일부 후보들의 TV토론 기피로 인해 TV토론이 무산되는 사례가 적지 않았다. 당시 서울의 경우 전체 48개 선거구에서 16개 선거구, 경기 지역은 전체 49개 선거구에서 9개 선거구에서 선거방송토론이 무산되고 말았다. 선거방송토론이 무산된 선거구에서는 TV합동연설회가 열렸는데, 이는 주요 메이저 후보들이 방송시설 미비의 이유를 들어 TV토론을 기피하는 바람에 차선책으로 TV합동연설회를 개최할 수밖에 없었다고 한다. 유권자들은 후보의 일방적인 주장 연설에 불과한 합동토론회보다는 후보 간의 우열을 가릴 수 있는 토론을 더 원하고 있다. 선거방송토론이 후보자들을 위한 것이 아니라 어디까지나 유권자들을 위한 수단이라는 점을 감안한다면 앞으로 TV토론을 강제할 수 있도록 선거법 82조의 2에서 합동토론회를 선택적으로 열 수 있다는 부분을 삭제하여야 한다고 본다.

뒤늦게 선관위가 지난 2009년 12월 선거법을 개정하여 "선거방송토론위원회 주관 대담 토론회에 정당한 사유 없이 대담 토론회에 참석하지 아니한 사람에게는 400만 원 이하의 과태료를 부과"(선거법 261조)한다는 조항을 신설하였지만 사후 제재조처로서는 약한 감이 있어 이것이 얼마나 구속력을 가질지는 미지수이다.

토론회 참여 후보 선정을 위한 여론조사 문제

TV토론에 참여할 수 있는 후보자의 세 번째 자격조건은 "언론기관이 선거기간 개시일전 30일부터 선거기간 개시일 전일까지의 사이에 실시하여 공표한 여론조사결과를 평균한 지지율이 100분의 5이상인 후보자"로 하고 있다. 그런데 대통령선거의 경우 언론사들이 앞 다퉈 여론조사를 실시하기 때문에 별문제가 없으나 국회의원선거나 지방선거의 경우 지역 언론사들이 여론조사를 제대로 실시하지 않는 상황에서 5%의 지지율 기준을 만족시키는 후보를 결정하기가 어렵다는 점이다. 실제 국회의원선거나 지방선거에서 지역 언론사들이 여론조사를 제대로 실시하지 않았을 뿐만 아니라 조사를 실시하였다 하더라도 조사의 신뢰성에 대한 시비, 여론조사에서 일부 후보의 이름이 누락된 점 등을 두고서 적지 않은 논란이 일고 있는 점 역시 문제이다.

새로운 방향과 개선방안 모색

선거방송토론의 중심은 후보자가 아니라 유권자가 되어야한다. 앞으로 선거방송토론은 유권자들의 선거에 대한 관심과 선거참여를 높이고 유권자들에게 후보 간 차별화된 정책이나 이슈 입장에 대한 충분하고 정확한 정보를 제공하며 아울러 후보자의 자질을 제대로 검증할 수 있는 도구가 되어야 한다. 새로운 선거방송토론은 선거에서 마땅히 주인이 되어야 할 유권자들이 더 이상 소외받지 않고, 유권자들이 선거방송토론에 더 많은 관심과 흥미를 가질 수 있을 뿐만 아니라 선거방송토론에 보다 적극적으로 참여할 수 있는 방향으로 개선되어야 한다. 그러기 위해서는 선거방송토론이 더 이상 지나치게 공정성 논리에 함몰되어서는 안 되며 흥미성과 유용성을 좀 더 강화하는 방향으로 바뀌져야 할 것이다. 이를 위한 좀 더 구체적인 방안들을 살펴보도록 하자.

첫째, 토론회 참여 후보자의 자격기준을 강화시켜야 한다. 앞에서 살펴본 바와 같이 현재 우리나라 선거방송토론의 가장 심각한 문제점은 유권자들의 관심을 끌지 못하는 것인데, 그 주된 원인은 토론회에 참여하는 후보자의 수가 너무 많다는 데에서 기인하고 있다. 지금처럼 공정성 가치만을 지나치게 강조한다면 공정성 가치만큼이나 중요한 흥미성과 유용성이라는 또 다른 가치를 희생시키게 된다.

토론에 참여하는 후보들을 선정하는 기준이 모든 사람을 만족시키기는 불가능하다. 중요한 것은 토론회가 누구를 위한 것인지를 가장 중요한 기준으로 삼아야 한다는 점이다. 선거방송토론회는 결코 후보자들을 위한 제도가 아니라 어디까지나 유권자들의 선거에 대한 관심과 참여를 높임과 동시에 올바른 후보선택을 위한 제도라는 점을 명심해야 한다.

따라서 선거방송토론이 유권자들의 관심을 불러일으킬 수 있고 유용한 토론회가 되기 위해서는 후보자의 당선가능성과 경쟁력을 기준으로 정할 수밖에 없다. 이러한 기준에 따라 당선가능성이 거의 없거나 국민적 지지가 지나치게 낮은 후보자들을 토론회에서 제외하는 것은 피할 수 없는 일이다. 예를 들어 1-2%의 지지율을 갖고 있는 후보를 위해

20-30%의 지지율을 갖고 있는 후보들이 피해를 본다면 이것 또한 공정하다고 볼 수 없을 것이다. 많은 수의 후보들이 토론회에 참여하게 되면 실제로 당선가능성이 거의 없는 후보의 발언으로 인해 당선이 유력한 후보들의 발언시간이 줄어든다. 이는 유권자들에게 경쟁력 있는 후보를 검증할 수 있는 기회를 박탈하는 것과 마찬가지이다. 군소정당 후보의 이익을 보장하기 위해 유권자의 판단을 방해하는 소탐대실의 결과를 낳을 수 있다(강지연, 2006).

앞으로 우리나라 대통령 선거와 국회의원 선거에서 토론회 참여 후보자의 자격기준을 ① 원내 교섭단체 소속 정당이 추천한 후보자이거나 또는 ② 토론회 직전 실시한 여론조사에서 10% 이상의 지지를 받은 후보자로 정하는 것이 바람직하다. 그러나 지방선거 후보자들은 대통령 후보자와 국회의원 후보자들과는 달리 상대적으로 인지도가 낮기 때문에 여론조사의 지지율 기준을 지금과 같이 5%로 정하는 것이 현실적이라 하겠다.

이러한 자격기준을 적용한다면 선거방송토론에 참여하는 후보자의 수가 2-3명으로 압축될 수 있기 때문에 시청자들의 관심을 불러일으킬 수 있는 다양한 토론회 포맷을 도입할 수 있을 것이다. 이러한 자격기준을 충족시키지 못한 비초청 후보자들은 현행법으로 규정하고 있는 방송연설의 기회를 보장해주도록 한다.

둘째, 후보자간 직접 토론형과 시민 포럼형을 도입하여 토론회 형식을 다양화하여야 한다. 현재의 선거방송토론은 지나친 기계적 형평성에 근거한 천편일률적인 토론형식을 적용하고 있어 국민들의 관심을 끌기가 어렵다. 따라서 프랑스 대통령 선거 TV토론에서 사용하고 있으며, 우리나라 국민들도 가장 흥미로운 토론 형식으로 꼽고 있는(이준웅, 2006) 후보자간 직접 토론형을 도입하여 변화를 줄 필요가 있다. 후보자간 직접 토론형은 별도의 질문자 없이 후보자들과 후보자가 추천한 두 명의 사회자가 참여한다. 이때 사회자들은 후보자가 동일한 발언 시간을 가질 수 있도록 보장하는 역할만 담당하고 토론 내내 후보자들이 직접 질문하고 답변하면서 대결한다. 위에서 제기한 토론 참여 후보자 자격을 적용한다면 2-3명의 후보로 압축될 수 있기 때문에 이러한 후보자간 직접 토론형 도입이 가능할 것이다.

후보자간 직접토론은 자칫 정책토론보다는 상호비방과 인신공격 내용이 증가할 수는 있으나 사회자의 개입 없이 서로 열띠게 공박하는 모습을 국민들에게 보여줌으로써 토론의 역동성과 흥미성을 불어넣어 선거방송토론에 식상해 있는 국민들의 관심을 끌 수 있을 것이다.

아울러 1992년부터 미국에서 채택하고 있는 시민포럼형을 도입할 필요가 있다고 본다. 시민포럼형 토론은 유권자들을 토론회 과정에 적극적으로 참여시키고, 동시에 토론 내용이 토론을 보는 시청자들에게 좀 더 동질감 있고 현실성 있게 다가갈 수 있기 때문에 국민들의 관심을 불러일으킬 수 있다. 선거에서 주인공이 되어야 할 유권자들이 선거방송토론에 직접 참여하고, 자신들의 의제를 토론의제로 연결시킬 수 있는 제도적인 장치를 마련해 주어야 한다. 실제 방송토론 포맷의 변화에 따라 유권자의 토론에 대한 평가가 달라지는지를 분석한 이준웅(2006)의 실험연구에 따르면, 후보 간 직접토론방식이 가장 흥미롭고 재미있는 것으로 평가받았으며, 시민참여형 토론이 그 뒤를 이은 것으로 나타났다. 하지만 공정성 평가에서는 시민참여형 토론방법이 가장 높은 점수를 받았다고 한다. 이러한 결과는 기계적인 시간배분보다는 후보 간 직접토론을 확대하고 시민의 참여를 허용하는 토론포맷을 적극 활용해야만 TV토론에 대한 국민적 관심을 증가시킬 수 있다는 것을 의미한다. 앞으로 시민의 참여를 확대할 수 있는 '한국형' 시민참여토론 포맷을 적극 개발하여야 한다(김춘식, 2006).

현재 선거 때마다 선거방송토론위원회가 유권자 의제를 알아보기 위한 여론조사를 실시하여 그 결과를 토론회의 의제로 채택하고 있다. 유권자 의제를 토론의제로 연결시키려는 노력은 바람직하나, 현실적으로 조사결과가 단지 TV토론에만 사용되고 있다는 데 문제가 있다. 따라서 앞으로 유권자 의제 여론조사 결과가 신문과 방송, 그리고 정당과 후보자들에게 충분히 전달되어 유권자 의제 중심의 선거운동이 확산될 필요가 있다. 그래야만 유권자들이 선거와 선거방송에 더 많은 관심과 참여를 가질 것으로 본다.

셋째, 공식적인 선거운동기간에는 선거방송토론위원회가 주최하는 TV토론만을 허용토록 하여야 한다. 지금과 같은 TV토론의 과잉은 유권자들에게 선거방송토론에 대한 식상 감을 가져다주고 효용성 논란을 일으켜 유권자들로부터 외면 받을 수밖에 없다. 따라서 법정선거운동기간에는 선거방송토론위원회가 직접 주최하는 TV토론만을 허용하고,

나머지 일체의 TV토론을 금지토록 해야 한다. 만약 필요하다면 선방위 주최 TV토론 횟수를 늘리도록 한다. 아울러 현재 선거방송토론의 중계를 공영방송으로만 제한하고 있는 것을 민영방송에게도 허용하도록 하여 국회의원 총선이나 지방선거에서 충분한 방송망을 확보함과 동시에 방송사간의 불필요한 경쟁을 불식시킬 수 있을 것이다.

넷째, 선거방송토론 시간대를 설정하여야 한다. 지금과 같이 변두리 시간대에 선거방송토론을 방송하는 것은 그야말로 전파낭비에 다름 아니다. 전 국민을 상대로 하고 국민적 관심도도 높은 대통령선거는 프라임 타임 대에 지상파방송을 통해 토론회를 방송해도 별 문제가 없지만 시청자마다 제각기 선거구가 다르고 상대적으로 관심도도 떨어지는 국회의원 선거나 지방선거에서 프라임 타임 대를 요구하기가 현실적으로 어렵다. 따라서 국회의원 선거와 지방선거에서 프라임 타임 대는 아니지만 비교적 유권자들의 접근이 높은 시간인 밤 10시대를 선거방송토론 시간대로 고정시킬 필요가 있다. 이 때 민영방송을 포함한 3개의 지상파 방송망을 통해 전국적으로 동시간대에 선거방송을 실시하는 것이 효과적이라고 본다.

다섯째, 일정 자격기준을 갖춘 후보자의 토론 참여를 의무화시켜야 한다. 현재 국회의원 총선이나 지방선거에서 일부 유력 후보자들이 선거방송토론의 참여를 거부함으로써 토론회가 무산되는 사례가 있다. 물론 앞에서 제안한 선거방송토론 참여 자격기준을 강화시키면 유력 후보자들의 토론회 불참 사례가 크게 줄어들 것으로 예상된다. 지난 2009년 12월 선거법이 개정되어 정당한 이유 없이 토론회에 불참한 후보에게 400만원의 과태료를 부가한 것은 잘 한 일이라고 본다. 그러나 이 정도의 제재는 다소 약하기 때문에 보다 무거운 벌금을 물리거나 국고지원금에서 불이익을 주도록 하여 강제성을 높여야 할 것이다.

여섯째, 사회자 역할을 강화해야 한다. 지금의 선거방송토론회는 후보들이 주제에서 크게 벗어난 발언을 하거나 상대방을 공격할 때 사회자가 이를 제대로 통제하지 못하고 있다. 따라서 토론이 주어진 주제에서 벗어나지 않도록 사회자에게 보다 강력한 의제 통제권을 부여해야 하며, 후보들의 논쟁 대결을 촉진할 수 있도록 독자적인 보충 질의권을 주어야 하고, 후보 간에 문제가 생기면 이를 조정하는 중재권을 갖도록 해야 한다.

일곱째, 질문의 수를 줄이고 후보들이 답변 시간을 신축적으로 활용할 수 있는 부분총량시간제를 도입하여야 한다. 일반적인 선거방송토론은 각 후보들에게 기조연설 3분, 사회자와 후보의 질문에 대한 답변 1분 30초, 반론과 재반론이 각 1분, 마무리 연설 2분씩의 시간을 할당하는 경우가 많다. 이렇게 답변시간을 기계적으로 적용하다보니 후보들의 답변시간이 짧아 심층적인 토론이 제대로 이루어지지 않는다는 지적이 많다. 따라서 앞으로 질문 수를 줄이는 대신에 질문의 무게와 복잡성에 관계없이 무조건 같은 시간 내에 답변토록 하는 기계적인 형평보다는 각 후보들이 사용할 수 있는 총 시간 중에서 답변시간을 최대 5분까지 신축적으로 사용할 수 있도록 허용하여야 한다. 그래서 전광판에 각 후보들이 사용한 시간과 앞으로 사용할 수 있는 시간을 게시하여 후보들이 스스로 시간관리를 할 수 있도록 하여야 한다. 일부에서는 총량시간제가 허용될 경우 후보자가 자신에게 유리한 질문에만 토론시간을 쓰고 정작 중요한 정책에 대해 답변을 하지 않거나, 토론 앞부분에서 토론시간을 모두 써버려 나중에 문제가 생길 수 있다고 우려하기도 한다(이효성, 2003).

그러나 총량시간제는 전체 토론시간에 적용하는 것이 아니라 전체 토론시간을 2-3개의 소주제로 나누어 소주제별 마다 별도로 적용하는 부분총량시간제를 적용하면 문제가 없을 뿐만 아니라 후보들이 시간을 제대로 관리 운용하는 것도 지도자가 갖춰야 할 중요한 능력의 일부로 평가받는 것이 마땅하다고 본다. 지금과 같이 기계적 형평성과 짧은 답변시간으로 인해 토론이 제대로 활성화되지 않는 점을 고려한다면 부분총량시간제의 도입은 반드시 필요하다 하겠다.

여덟째, 토론회 참여 후보자를 선정하는 여론조사를 제대로 해야 한다. 대통령선거와 국회의원선거의 경우 언론사들이 앞 다퉈 자체적으로 여론조사를 실시하기 때문에 큰 문제는 없지만 지방선거에서는 여론조사가 제대로 실시되지 않은 채 토론 참가자 후보를 선정함에 따라 시비가 계속적으로 일어나고 있다. 따라서 앞으로 이러한 시비를 불식시키기 위해 각 선거방송토론위원회가 언론사에 의존하지 말고 여론조사기관에 의뢰하여 자체적으로 여론조사를 실시하는 것이 바람직하다. 국회의원 선거의 경우 전국 245개 선거구, 지방선거의 경우 214개 선거구를 대상으로 각 선거구 당 유권자 500명을 대상으로 여론조사를 한다고 하면 약 10여억 원의 예산이 소요될 것이다.

또한 여론조사 시점의 조정이 필요한데, 현행 선거법에는 여론조사 실시시기에 대해 선거기간 개시일 30일전부터 선거기간 개시일 까지로 규정하고 있다. 그러나 2009년 4월 전주 완산 갑구에서 실시된 국회의원 재선거에서 국회의원으로 당선된 무소속의 신건 후보는 후보 등록 마감 며칠 전에 출마 결심을 하는 바람에 여론조사에서 제외되어 결국 유력 후보가 선거방송토론에 참여하지 못하는 사례가 발생하였다. 따라서 앞으로 여론조사는 후보 등록 마감 직후에 실시하여 지각 출마자들에게 불이익을 주는 일이 없도록 법의 개정이 필요하다고 본다.

아홉째, 지방선거에서는 공직선거정책토론회를 폐지하여야한다. 현행 공직선거법 82조 3은 각 선거마다 중앙선거방송토론위원회가 주최하여 공직선거정책토론회를 3회씩 하도록 규정하고 있다. 그러나 지방선거, 특히 기초단체장이나 광역의원, 기초의원 선거에까지 중앙정치의 싸움 장으로 연결시켜선 안 된다. 그렇지 않아도 지방선거 기초단체장과 지방의원 선거에서 정당 공천 제도를 폐지하자는 주장이 날로 거세지고 있는 상황이다. 또한 지난 2006년 지방선거를 앞두고 실시된 정책토론회의 주제를 보면 '양극화 현상과 원인에 대한 진단', '8.31 후속정책과 부동산 투기방지 방안', 청년 실업 및 비정규직 근로자 대책' 등 모두가 중앙정치와 관련된 주제들이었다. 따라서 지방선거, 특히 기초단체장선거나 지방의원선거는 중앙의 정치논리로부터 벗어나 각 지역의 풀뿌리 정신이 충분히 반영될 수 있는 선거로 이끈다는 차원에서 공직선거정책토론회를 폐지하는 것이 바람직하다고 본다.

마지막으로 유권자들을 선거방송토론에 참여시키는 또 다른 방안으로서 '선거방송토론 시민감시단'을 조직하여 후보들에 대한 검증을 해야 한다. 유권자들이 토론회에 직접 참여하여 후보자들을 상대로 질의권을 갖는 것만이 선거방송토론에 참여하는 것은 아니다. 선거방송토론을 모니터하고 선거방송토론이 제대로 기능할 수 있도록 감시하는 일 역시 중요한 참여행위라 하겠다. 선거방송토론위원회 산하에 미국의 Debate Watch와 같이 '선거방송토론 시민감시단'을 조직하여 시민의 관점에서 TV토론에 대한 전반적인 평가와 모니터를 하도록 하여야 한다. 감시단은 일반 시민운동단체나 매니페스토 운동단체, 그리고 대학생들과 협조하여 구성토록하며 이 감시단은 TV토론에서 후보들이 발언한 내용을 철저히 검증하도록 한다. 예를 들어 특정 사실에 대해 잘못 알고 있거나 잘못 진술한 것은 없는지, 특히 통계치나 수치를 동원해 말한 내용에 대해서는 그 수치의 정확성을 검증해야 한다. 또한 특정 문제에 대해 애매모호한 입장을 취했거나, 응답하지 않은 질문을 지적하고, 이들 문제에 대한 후보의 입장이나 대답을 사후에 청취하여 이를 공개토록 해야 한다. 만약 누군가가 이러한 검증을 하지 않으면 TV토론은 후보들이 자유롭게 거짓말을 할 수 있는 장으로 변질될 수 있다는 점을 명심해야 한다.

아울러 TV토론에서 후보들이 발언한 내용을 철저히 검증하는 한편으로 후보들의 '발언 방식 통계표'를 만들어 공개해야 한다. 여기서는 후보들의 미흡한 진술, 혹은 과대한 진술의 회수. 각 후보가 직답을 회피한 회수, 시간 끌기. 작위적인 제스처. 정치인답지 못한 행위(인신공격)의 횟수 등을 포함한다.

맺는말

우리는 흔히 가장 이상적인 민주주의로서 숙의 민주주의를 꿈꾼다. '숙의'란 시민들이 당면한 문제들을 다양한 시각에서 생각하고 상호간에 대립적인 생각에 대하여 의견을 주고받음으로써 이해와 의견 그리고 전망을 확대하는 것을 의미한다. '숙의 민주주의'는 공적 결정에 대하여 국민들이 직접적인 영향력을 행사할 수 있도록 참여시킴으로써 통치 행위에 대하여 시민의 목소리를 강화하는 것이다. 그 결과 시민들은 정책에 대한 자신들의 영향력을 확인하게 되며 자신들의 일상생활과 미래에 영향을 미칠 정치적 결정을 위한 기원으로 존재하게 된다(박태순, 2006). 이러한 점에서 선거방송토론이 숙의 민주주의 체제의 한 시스템으로 작동하기 위해서는 시민 미디어 공론장의 모습을 갖는 것이 바람직하다. 시민 미디어 공론장으로서의 방송토론은 시민들이 실질적으로 요구하는 의제 및 문제 해결방안, 정책 이슈의 비판적 검증,

후보자의 역량과 적격성 판단 등 방송 콘텐츠의 모든 방향이 시민에서 후보자로 향하는 후보자 검증 절차로 구성되어야 한다(박태순, 2006).

유용성, 공정성, 흥미성을 동시에 담고 있는 완벽한 선거방송토론을 만들기란 쉽지 않다. 모든 사람을 만족시키는 완벽한 형식의 선거방송토론은 고안될 수도 없고, 설사 고안된다고 하더라도 후보자들에 의해 받아들이기도 어렵다. 따라서 후보자와 유권자, 미디어 모두를 만족시키는 완벽한 형식의 TV토론이 아니라 각 나라의 정치문화와 정치상황에 맞는 적절하고 생산적인 형식을 개발하는 것이 현실적이라 하겠다.

우리나라의 정치 상황과 정치문화에 맞는 가장 이상적인 선거방송토론은 무엇보다도 선거방송토론이 유권자들의 선거에 대한 관심과 선거참여를 높일 수 있고, 유권자들에게 후보자간의 차별화된 정책이나 이슈 입장에 대한 충분하고 정확한 정보를 제공할 수 있어야 하며, 동시에 후보자의 자질을 검증할 수 있어야 할 것이다. 이것 역시 선거방송토론의 유용성, 공정성, 흥미성을 모두 만족시키는 것이라 하겠다.

그러나 우리나라의 선거방송토론은 원천적으로 유권자들의 참여가 봉쇄되어 있으며, 지나치게 공정성을 강조한 나머지 국민들의 관심을 불러일으키지 못한다는 점에서 흥미성을 결여하고 있으며, 이로 말미암아 유용성의 가치가 떨어지고 있다. 따라서 앞으로 선거방송토론은 공정성, 형평성의 적용대상을 모든 후보들로 할 것이 아니라 어느 정도 경쟁력이 있고 당선 가능성이 있는 후보들만으로 제한할 필요가 있다. 아울러 선거방송토론의 흥미성과 유용성을 높이고, 동시에 유권자들이 직간접적으로 토론회에 참여할 수 있는 기회를 제도화하는 것이 바람직하다 하겠다.

CHAPTER

06

언론의 여론조사 보도 분석

언론의 여론조사 보도 분석[1]

문제의 제기 및 연구목적

흔히들 현대 민주정치를 여론의 정치, 매스 미디어 정치로 규정하고 있는데 여론과 매스 미디어는 불가분의 관계에 있다고 할 수 있겠다. 여론은 그 자체가 힘을 갖고 있기 보다는 그것이 매스 미디어를 통해 지배층과 다수의 공중들에게 전달이 될 때 비로소 위력을 갖게 된다. 또한 오늘날과 같이 정치에서 매스 미디어가 중심적인 역할을 차지할 수 있게 된 힘의 원천은 언론이 국민의 여론을 발굴하고 수렴, 형성할 수 있는 권한을 갖고 있기 때문이다. 언론이 주도적으로 실시, 보도하고 있는 여론조사는 이러한 언론의 정치적 힘을 강화시켜주는 중요한 도구인 것이다.

언론의 여론조사는 1820년대부터 미국의 언론에 의해 시작되어 오늘날 거의 모든 민주주의 국가에서 각종의 여론조사들이 활발히 실시되고 그 결과가 언론에 적극적으로 보도되고 있다. 언론의 여론조사는 정치와 관련된 여론조사가 대부분을 차지하고 있으며 정치여론조사는 선거철에 집중되고 있다. 그러나 선거철이 아닌 평상시에도 언론은 대통령을 포함한 공직자 또는 예상 후보들에 대한 평가나 인기도를 계속적으로 조사하여 보도하고 있다. 그래서 오늘날 대통령이나 정치인들은 매일 매일 선거를 치르고 있는 셈인데 이러한 현상을 골린(Gollin, 1980)은 유령선거(phantom election)라 명명하였다. 여론조사의 급속한 확산으로 인해 정치여론조사는 정치과정에 적지 않은 영향을 미치고 있다. 정치여론조사는 권력자들에게 대항할 수 있는 강력한 도구로 사용할 수 있고, 공중들에게는 그들의 호기심을 충족시켜주는 동시에 힘없는 국민의 개인적 의견을 여론이

---

1 저자의 '선거여론조사 보도의 문제점과 새로운 방향: 13대 대통령선거와 국회의원 선거보도를 중심으로. 언론학보, 26호, 1991, 5-44' 논문을 일부 수정하였음.

라는 형태를 통해 그들에게 정치적 힘을 부여해 주고 있다. 특히 선거여론조사는 선거과정에서 정당의 후보지명대회를 대신하여 후보를 선정하고, 후보들의 선거캠페인 전략과 방향에 영향을 미칠 뿐만 아니라 선거결과를 좌지우지할 수 있는 힘을 작용하기도 한다. 분명 현대정치에서 여론조사는 정당 등의 힘을 점차적으로 약하게 만듦과 동시에 여론조사 자체와 언론으로 하여금 정당의 역할과 힘을 대신하도록 이끌고 있다. 이러한 점에서 오늘날 정치과정에서의 여론조사는 또 하나의 정치제도로 자리해가고 있다 하겠다.

이와 같이 여론조사의 정치적 영향력이 점차 증가하고 있지만 유감스럽게도 여론조사는 많은 문제점을 안고 있다. 여론조사는 질문문장이나 인터뷰 방법, 표집방법 등에 따라 그 결과가 크게 달라질 수 있으며 더욱이 중요한 것은 아무리 정확한 여론조사가 실시되었다 하더라도 언론이 고의적, 비고의적으로 조사결과를 왜곡전달하고 있다는 점이다. 사실 언론의 여론조사가 안고 있는 문제점들은 여론조사 자체가 갖고 있는 본질적인 문제에서 오는 것보다는 언론의 여론조사 보도과정에서 오는 것들이 대부분이다.

우리나라에서의 언론의 정치여론조사, 특히 선거여론조사는 1987년 13대 대통령선거가 중요한 계기로 작용하였다. 그 이전에는 신문사의 창간기념일이나 연말연시에 소위 국민생활의식조사에 정치 관련 문항들을 포함시키는 것이 고작이었다. 그러나 13대 대통령선거를 맞이하여 우리 언론들은 유권자들을 대상으로 선거와 직접 관련된 내용들만을 조사하여 그 결과를 경쟁적으로 보도하기 시작하였다. 또한 우리 언론은 비선거철에도 대통령과 주요 정치인, 정당에 대한 인기도는 물론이고 특정 정치이슈에 대한 여론조사를 빈번하게 실시하고 있다. 앞으로 각종 선거와 관련된 선거여론조사는 더욱 더 활발해질 것으로 전망되고 있다.

본 연구는 우리나라 신문의 선거여론조사에 초점을 맞추어 그것이 안고 있는 문제점을 실증적으로 진단하고, 이러한 문제점을 해결할 수 있는 대안이나 방안들을 강구해 보는 것을 연구의 목적으로 한다. 아울러 문헌고찰을 통해 언론의 선거여론조사가 안고 있는 본질적인 문제가 일어나는 원인과 여론조사보도가 선거에 미치는 효과를 고찰하도록 하겠다.

선거여론조사 보도의 문제점과 원인

선거여론조사 보도의 발달과정

언론의 선거여론조사는 1824년 미국의 해리스버그 펜실베니언(Harrisburg Pennsylvanian) 신문이 당시 대통령 선거캠페인에서 잭슨(Andrew Jackson)이 앞서고 있다는 여론조사 결과를 발표한 것이 최초로 기록되고 있다(Crespi, 1980). 20세기 들어 1930년대까지는 여러 신문들에 의해 간이여론조사(Straw Poll)가 실시되다가 1936년 대통령선거에서 갤럽(Gallup), 로퍼(Roper) 등의 여론조사회사가 루스벨트(Roosevelt)의 압도적인 승리를 정확히 예측하면서 여론조사는 대통령선거가 실시되는 해에 하나의 중요한 보도기사로 자리하게 되었다. 언론의 여론조사 붐이 일기 시작한 1960년대 초반부터 갤럽과 해리스(Harris)는 여론조사뉴스 기사 배급을 놓고서 치열한 경쟁을 하고 있으며, 주요 신문사와 방송사들은 정규적으로 전국여론조사를 실시하고 있다.

언론의 여론조사보도가 본격화된 것은 1973년 마이어(P. Meyer)가 뉴스 보도에 있어서 사회과학 방법론의 직접적인 적용을 내용으로 하는 정밀저널리즘(precision journalism)을 주창하면서부터이다(Weaver, McCombs, 1980). 이러한 정밀저널리즘 운동에 부응한 언론들은 경쟁적으로 여론조사기구들을 만들어 매스 미디어가 스폰서가 된 여론조사(media-sponsored poll)와는 달리 미디어 자체 여론조사(media-conducted poll)가 급속히 확산되었다. 이에 따라 과거보다 여론조사 기사가 많아졌을 뿐만 아니라 여론조사와 언론간의 제도적인 유대가 더 강해졌다. 또한 언론은 단순히 다른 조사기관의 여론조사 결과를 보도하는 대신에 자신들이 선택한 주제에 스포트라이트를 주고 질문과 응답문항까지 스스로 작성하여 자신들의 주도하에 뉴스를 창조하고 있다.

선거여론조사 보도의 문제점과 원인

문제점

언론의 정치여론조사는 논란이 되고 있는 이슈나 중요한 정치인물 등에 대한 공중의 의견이나 태도를 언론의 주관적인 판단에 근거하지 않고 다수 공중의 의견이나 태도에 근거하는 객관적인 뉴스를 생산해내는 최대의 이점을 갖고 있다. 그러나 언론의 정치여론조사는 많은 문제점을 갖고 있는데 이러한 문제점은 여론조사 자체가 갖고 있는 본질적인 한계에서 오는 것도 있지만 대부분이 여론조사 결과를 언론이 보도하는 과정에서 일어나고 있다. 그 문제점을 구체적으로 살펴보도록 하겠다.

① 무엇보다도 선거여론조사 결과를 보도할 때 언론은 어느 후보와 정당이 얼마를 앞서고 있는지에 관한 경마식 보도(horse-race journalism)에 치중하고 있다는 점이다. 이러한 문제점은 비단 선거여론조사 보도에만 국한되는 문제가 아니라 언론의 전반적인 선거캠페인보도에 있어서 가장 많이 비판되고 있는 문제이기도 하다. 즉 언론은 선거캠페인을 보도하는데 있어서 이슈보다는 각 후보들의 인기도, 후보들의 선거캠페인 활동과 그 과정에서 일어나는 사건(후보들 간의 갈등, 대결)을 중심으로 보도하고 있다는 것이다. 이러한 경마식 보도는 결과적으로 유권자들이 꼭 알아야 될 후보들의 이슈에 대한 입장, 특히 정책이슈들에 대한 입장을 제대로 전달해 주지 못하고 선거를 심사숙고해서 이성적으로 결정해야 될 대상이라기보다는 흥미위주의 게임이나 오락으로 인식시키고 있다는 비난을 받고 있다(권혁남, 1990).

② 첫 번째 문제점과 관련된 것으로서 언론의 선거여론조사보도는 아무리 복잡한 이슈라 하더라도 그것을 피상적으로만 보도하고 있으며 그 이슈에 대한 근본적인 분석이 부족하다는 점이다. 예를 들어 언론은 어떤 이슈에 대해 공중이 갖고 있는 찬반 의견만을 초점화 시킬 뿐 공중들이 왜 그러한 입장을 갖는지 그 이유에 대해서는 거의 조사, 보도하지 않고 있다. 또한 언론은 백분율 등의 수치를 통한 객관적 보도에 몰두한 나머지 숨어 있는 의미나 배경에는 관심을 두지 않고 있다.

③ 언론은 독자들이 여론조사를 평가할 수 있도록 여론조사의 방법이나 절차와 관련

된 정보를 제대로 제공해 주지 않는다는 점이다. 이와 관련하여 1969년 AAPOR(The American Association for Public Opinion Research)는 언론이 여론조사 결과를 보도할 때 반드시 공개해야 될 8가지 기준(표본의 크기, 모집단, 질문내용, 조사일시, 표본오차, 스폰서, 자료수집방법, 무응답율)을 공표하였다. 또한 여론조사회사들로 구성된 NCPP(National Council on Public Polls) 역시 표본오차만을 제외하고 나머지 똑같은 기준을 제시하였다.

④ 언론은 다른 조사기관의 여론조사는 소홀히 다루는 반면, 자체적으로 여론조사를 실시하여 스스로 뉴스를 창조하고 있을 뿐만 아니라 자신의 여론조사를 상대적으로 비중 있게 다루고 있다는 점이다. 따라서 객관성을 추구하고 있는 언론이 여론조사보도 과정에서 자신의 의제나 관점을 강요할 수 있다는 점이다.

⑤ 여론조사의 급증은 자연히 서로 불일치하거나 상반되는 조사결과를 양산하고 그것을 전달함으로써 여론조사에 신물 난 공중들을 혼란시키게 하거나 여론조사에 대한 불신을 높여줄 위험성이 있다. 언론의 여론조사보도가 활발할수록 역설적으로 여론조사에 대한 신뢰도와 질은 떨어질 가능성이 높다 하겠다.

⑥ 조사내용이 주로 부정적인 문제에 초점을 두고 있다는 점이다. 예를 들어 팔레츠 외(Paletz et al.,1980)는 텔레비전 여론조사 설문내용의 주제를 긍정적, 부정적, 불분명(혼합, 적용불가) 등의 3가지로 나누어 분석한 결과 70%가 부정적 내용인 반면에 12%만이 긍정적 내용이었다. 우리나라의 경우도 선거여론조사가 주로 부정, 불법, 타락선거 등의 선거의 부정적인 문제에 비중을 많이 두고 있다는 비난을 면키는 어려울 것이다.

원인

그러면 이와 같은 언론의 선거여론조사 보도의 문제점들이 어디에서 오는 것인가? 그것은 전술한 바와 같이 여론조사 자체가 갖고 있는 근본적인 한계에서도 오지만 주로 언론내부의 구조적 문제에서 일어나고 있다. 그 원인을 구체적으로 살펴보도록 하겠다.

① 선거여론조사를 포함한 모든 여론조사보도의 문제점은 대부분이 지면과 시간의 부족에서 일어난다. 지면과 시간이 부족하기 때문에 특별한 경우가 아니면 주요 인구통계

학적 속성에 의한 차이를 매우 간단히 언급하는 이상의 분석은 어려우며 아무리 복잡한 이슈라 하더라도 요점만을 간단히 제시하여야만 한다. 몇몇 신문들은 자신의 여론조사에 한해 이러한 지면제약의 엄격성을 완화하고 있지만 텔레비전의 여론조사보도는 이러한 지면(시간)제약을 완화시키지 못하고 있다. 통상적으로 TV 초저녁 뉴스에서의 여론조사는 30초짜리 스트레이트 뉴스로 보도되고 있다. 이러한 언론의 지면 제약은 압축편집을 요구하고 있으며 압축편집은 곧 전체적인 과대단순화를 일으키고 있다.

② 여론조사에 대한 지식이나 이해가 부족한 언론의 여론조사 담당자의 개인적 실수로 일어난다. 현재 각 언론사들은 기자들의 소속 부서나 출입처나 담당 분야를 자주 이동시킴으로써 한 분야의 전문가보다는 모든 분야에 박식한 기자(generalist)를 양산하고 있다. 이러한 경향은 특히 우리나라 언론에서 심한 편인데 이러한 인사정책은 결과적으로 여론조사 전문 언론인의 육성을 제약시키고 있다. 이러한 문제를 해결하기 위해 우리나라 언론에서는 1990년대부터 여론조사 전문기자를 별도로 채용하기 시작하였는데, 이는 바람직한 현상이라 하겠다.

③ 언론은 스피드와 시의성을 매우 높은 가치로 여기고 있는 반면에 여론조사는 그 과정이 일반적으로 느리게 진행된다는 점이다. 뉴스 편집자가 무엇을 보도할 것인가를 결정하는 중요기준은 시의성이기 때문에 여론조사는 오늘의 이벤트를 조명해야한다. 이러한 여론조사의 시의성에 대한 언론의 요구는 조사 주제의 선정을 어렵게 만들고 있으며 더 중요한 것은 여론조사 과정과 보도에 있어서 정확성을 유지하기 어렵게 하고 있다.

④ 언론은 가능한 한 명확한 결론에 도달할 수 있는 뉴스 보도를 선호하고 있는데 반해 여론조사 결과는 대체로 명확한 해답을 제공해 주지 않는다. 이와 같이 추상적이거나 애매한 것을 피하기 위해 언론의 여론조사는 정치인이나 논쟁이 되고 있는 입법안 등에 대한 공중들의 기본적인 태도나 가치보다는 의견에만 국한시키고 있다. 또한 이러한 이유로 언론은 선거여론조사에서 이슈란 후보에 대한 태도 속에 담겨져 있다는 가정 하에 후보 자체에 조사의 초점을 두기를 원하고 있다.

⑤ 일반적으로 언론은 객관적이고 사실적인 뉴스에 높은 가치를 두고 있다. 이러한 저널리즘 가치는 조사결과에 대한 해석 없이 직접적인 보도만을 요구하기 때문에 언론은

후보의 인기도 순위와 같은 경성뉴스(hard news)의 보도만을 고수하고 부드러운(soft) 해석이나 코멘트는 피할 것을 강요하고 있다. 이러한 언론의 보도 자세는 여론조사가 객관적이라는 이미지를 불러일으킬 수는 있으나, 결과적으로 분석의 질을 떨어뜨리고 있으며, 피상적인 정보만을 전달시키고 있다.

선거여론조사 보도의 효과

그러면 선거여론조사가 선거에 미치는 효과에 대해 알아보도록 하겠다. 오래 전부터 많은 정치인들이나 학자들은 선거여론조사 보도가 투표행위에 미치는 효과, 즉 우세자 편승효과(bandwagon effect) 또는 열세자 동정효과(underdog effect)에 대한 관심을 많이 기울였으나 지금은 이것들에 대한 증거 부족으로 관심이 거의 사라져버렸다(Gollin, 1980). 수적으로 많지 않은 선거여론조사 효과연구들의 대부분은 여론조사가 선거에서 어떠한 유의미한 효과를 일으키지 않고 기껏해야 수용자가 이미 갖고 있는 의견을 보강해 주는 것에 지나지 않는다는 결과들을 보여주고 있다.

그러나 최근 여론조사의 효과는 강력하다고 주장하는 학자들이 다시 등장하고 있는데 이들은 보도된 여론조사가 여론 분위기(climate of opinion)에 미치는 효과를 강조하고 있다. 대표적으로 노엘레노이만(Noelle-Neumann, 1980)은 의견형성이나 선택 과정에서 의견의 분위기, 즉 어떤 의견이 지배적인가에 대한 개인의 지각이 결정적인 역할을 한다고 주장하였다. 공표된 여론조사는 선호분위기에 대한 유권자의 인식에 영향을 미칠 수 있어서 침묵의 나선효과(spiraling process)를 일으킨다(Weimann, 1983). 따라서 선거과정에서 공중의 다수가 표현한 의견이나 선택은 개인에게 다수의 인기 있는 선호를 따르도록 압력을 가한다는 것이다.

한편 언론의 여론조사보도는 의제설정기능의 특별한 경우로 볼 수 있다 (Tichenor,

1988). 언론이 스스로 선정한 토픽에 대해 공중들의 의견을 조사하여 그 결과를 보도함으로써 유권자들로 하여금 언론이 보도한 토픽이나 이슈의 중요성(salience)을 인식하도록 만든다. 따라서 선거캠페인 과정에서 후보나 유권자들은 언론이 선정해서 강조하고 있는 문제나 이슈에 대해 더 많은 관심을 갖게 된다.

선거에서 여론조사보도가 미치는 효과에 대해서는 어떤 뚜렷한 결론을 이끌기가 어렵다. 앞으로 새로운 효과관점이 등장하여 이에 대한 좀 더 체계적이고 심층적인 연구가 있어야 하겠지만 이미 폐기 처리한 기존의 효과관점들(우세자 편승효과, 열세자 동정효과)에 대해서도 다시 검토할 필요가 있다. 노엘레노이만 등의 주장은 우세자 편승효과의 존재 가능성을 강력히 시사해주고 있으며 언론의 의제설정기능 역시 여론조사보도가 선거에 미치는 인지효과를 뒷받침해 줄 수 있는 좋은 증거물이다.

연구문제

본 연구는 우리나라 신문들이 선거여론조사를 실시, 보도함에 있어서 어떤 문제(또는 이슈)를 어떻게 조사하여 그 결과를 어떻게 보도하였는지 그 형식과 내용상의 문제점을 실증적으로 규명하고 나아가 선거여론조사보도의 새로운 방향을 모색하는 것을 목적으로 한다. 이를 위해 본 연구는 선거관련 여론조사가 본격화되었던 1987년 13대 대통령선거 이후에 실시된 선거여론조사 보도만을 대상으로 하여 분석하기로 한다. 본 연구의 구체적인 연구문제는 다음과 같다.

1) 우리나라 신문의 선거여론조사 보도건수와 면적은 어느 정도인가 ?

2) 여론조사방법에 관한 정보들을 얼마나 충실히 전달하고 있으며, 조사방법상의 문제점은 없는가?

여기에서는 미국의 여론조사협의회(AAPOR)가 언론의 여론조사보도에 있어서 독자들에게 전달해야 할 조사방법에 관한 8가지 보도기준(모집단, 표본수, 표본추출방법, 면접방법, 조사시점, 스폰서, 표본오차, 무응답률)을 중심으로 분석하고자 한다.

3) 어떠한 설문내용을 조사, 보도하고 있으며, 질문방식과 응답항목은 제대로 처리되고 있는가?

4) 여론조사 결과를 제대로 해석하고 있는가?

연구방법

본 연구에서 분석대상이 된 여론조사는 1987년의 13대 대통령선거, 1988년 13대 국회의원 총선거, 1989년 동해 국회의원 보궐선거, 영등포을 보궐선거, 1990년 대구 서갑, 진천-음성 보궐선거에 관한 선거여론조사 보도들이다. 다시 말해 1987년부터 1990년 사이에 조사된 모든 선거여론조사들을 연구대상으로 삼았다. 여기에서는 신문사가 자체적으로 조사한 여론조사(In-house poll)와 신문사가 외부기관에 용역을 의뢰하여 실시한 여론조사(media sponsored poll), 그리고 다른 기관이나 단체에 의해 실시된 여론조사 결과를 인용 보도한 기사 등을 모두 분석대상으로 하였다.

분석대상에 포함된 여론조사 중 ① 선거기간 중에 실시되었고, ② 모든 질문내용이 선거와 직접 관련되며 ③ 일반국민을 대상으로 실시한 40건의 조사만을 최종분석대상으로 선정하였다. 따라서 선거기간 중에 보도된 신문사의 창간기념 생활의식조사나 독자조사가 선거와 직간접으로 관련된 한두 문항을 포함시켰을 경우라도 이를 최종분석대상에서 제외시켰다. 또한 비록 조사가 선거기간 중에 실시되었고 설문문항이 선거와 직접 관련된 조사라 하더라도 국회의원들이나 정치인들을 대상으로 한 비과학적 간이조사 등도 최종분석에서 제외시켰다.

연구결과 및 논의

선거여론조사 보도건수 및 면적

보도건수 및 조사기관

(1) 이 연구의 분석대상인 13대 대통령선거와 관련된 여론조사는 모두 30건이었으며, 13대 국회의원 총선거 여론조사는 7건, 13대 국회에 들어서 실시된 3차례의 보궐선거와 관련된 여론조사는 3건으로 13대 대통령선거 이후 실시된 선거여론조사는 모두 40건이다. 선거를 구분하지 않고 각 신문별 여론조사 보도건수를 보면 동아일보(12건), 중앙일보(11건), 조선일보(9건)가 다른 신문들보다 선거여론조사를 더 적극적으로 보도하였다. 특히 동아일보는 13대 대통령선거 투표일(87년 12월 16일) 약 3달 전인 87년 9월 20일에 언론사로서는 처음으로 선거여론조사를 실시하여 그 결과를 보도하였으며, 10월에 2차례, 11월과 12월에 각각 4차례 등 모두 12번에 걸쳐 선거여론조사를 보도하여 우리나라 언론의 선거여론조사보도 저널리즘을 선도하였다. 그러나 다른 신문들과는 달리 동아일보는 13대 총선과 보궐선거에 관한 여론조사는 한 건도 보도하지 않은 대신에 13대 대통령선거에만 집중시킨 점이 두드러진다. 한편 한국일보(5건), 경향신문(3건)은 보도건수에서 상대적으로 적었으며, 서울신문은 아예 한 건도 보도하지 않았다.

(2) 40건의 여론조사 중 신문사가 자체적으로 조사비용을 부담하여 실시한 여론조사는 36건이며, 4건은 타 기관에서 실시한 조사결과를 인용 보도한 것이었다. 그리고 조사를 담당한 조사기관을 보면 대학교수 팀이 조사한 여론조사가 14건, 대학연구소 조사가 2건으로 대학의 교수나 연구소가 조사를 맡은 여론조사는 모두 16건으로 다른 기관조사들보다 많았다. 중앙일보의 SVP와 같은 신문사 자체부설 조사 기구에 의해 실시된 여론조사는 11건, 한국갤럽 등의 전문조사기관에 의한 것이 9건이었고, 연구단체에 의해 조사된 것이 3건이었다. 그러나 1건은 누가 조사를 담당하였는지를 파악할 수 없었다.

보도량

신문들이 선거여론조사 결과를 보도한 면적은 최하 41cm2(동아일보 87년 12월 5일자)로부터 최고 2,004cm2(경향신문 89년 7월 31일자)까지 매우 다양했으며, 전체 평균 면적은 566.4cm2로 한 면의 약 절반(5단 광고 면적 제외)에 가까운 면적이었다. 그러나 보도건수에서와 마찬가지로 신문들은 자신이 스폰서가 된 여론조사는 크게 보도하는 반면, 외부기관에서 실시된 여론조사는 매우 적게 보도하고 있었다. 신문사가 스폰서가 된 자체조사의 평균 면적은 618.6cm2인데 비해 외부조사는 96.3cm2에 지나지 않았다. 신문사가 스폰서가 된 36건의 여론조사만을 골라 각 신문별로 기사면적을 비교해 보면 대체로 조사ㅠ빈도가 적은 신문일수록 여론조사 결과를 크게 보도하는 경향이 높았다. 여론조사 건수가 2건으로 조사ㅠ빈도가 가장 적은 경향신문은 평균 1,546cm2로 가장 많은 지면을 할애하였고, 이어서 4건으로 두 번째로 조사ㅠ빈도가 낮은 한국일보는 평균 872.5cm2이었다. 이에 비해 동아일보는 평균 322.1cm2로 가장 적은 지면을 할애하였고, 조선일보는 616.1cm2, 중앙일보는 629.4cm2이었다.

지금까지 여론조사 보도건수와 보도면적에 관한 분석결과들을 통해 우리 신문들은 신문사가 자체적으로 조사했거나 스폰서가 된 여론조사를 많이 기사화 하는 반면, 타ㅠ신문사나 외부기관에 의해 실시된 여론조사에 대해서는 별다른 관심을 두지 않고 있음을 알 수 있다. 또한 여론조사 보도에 있어서 조사의 스폰서와 조사기관에 대한 정보가 매우 충실히 전달되고 있는 점이 특징이다.

조사방법 분석

모집단 정의 문제

여론조사가 전수조사(census)가 아닌 표본조사인 경우 그 조사의 궁극적인 목적은 표본의 성격을 파악하는데 있는 것이 아니라 표본이 추출된 모집단의 성격을 파악하는데 있는 것이다. 그래서 표본조사에서 모집단에 대한 정확한 규정은 조사자가 제일 먼저 해야 될 작업이며 동시에 중요한 작업이라 할 수 있다. 그러나 아무리 모집단에 대한 정의를 정확히 내렸다 하더라도 실제 추출된 표본의 성격이 모집단의 성격과 일치하지 않는다면 모집단의 정의는 별다른 의미가 없을 뿐만 아니라 그 표본에서 나온 통계결과를 모집단에 일반화시킬 수 없는 것이다.

이러한 점에서 본 조사의 분석대상이 된 모든 선거여론조사보도들은 모집단의 범위에 대해서는 제대로 정의하고 있으나 실제 추출된 표본의 성격이 정의된 모집단의 성격과 일치하는 경우는 많지 않았다. 추출된 표본의 대표성문제에 대해서는 뒤에서 자세히 다루기로 하겠다.

표본오차 표기상의 문제점

(1) 연구결과 표본오차를 표기한 비율은 50%에 불과하였다. 또한 표본오차 신뢰도 구간을 명기한 비율 역시 45%에 지나지 않아 우리 신문들은 표본오차에 대한 정보를 충실히 전달해 주지 않고 있다. 특히 외부단체나 기관에 의해 실시된 여론조사 결과를 인용 보도한 4건 모두가 표본오차를 명기하지 않았다. 이에 비해 신문사가 스폰서가 된 여론조사의 경우 전체 36건 중 20건(55.6%)이 표본오차가 명기되어 대조를 보였다.

(2) 신뢰도 수준과 표본오차에 관한 정보가 부정확하게 표현되었다. 예를 들어 「...본 조사의 신뢰도 95%, 오차 3%... 」라는 표현이 비교적 자주 사용되었는데 이러한 표현은 통계에 대한 기초지식이 없는 독자들에게는 마치 「본 조사의 정확도(신뢰도)는 95%이며, 그것이 틀릴 확률은 3%」라는 식으로 잘못 전달될 수 있는 표현이다. 따라서 이러한 표기는 「...95% 신뢰도 수준에서 본 조사의 표본오차는 3%포인트... 」식으로 표현되어야 할 것이다.

또 다른 경우는 「...오차의 한계는 최소 1.9%, 최대 4.7%」라는 표현(중앙일보 1987년 12월 12일자, 1988년 1월 18일자)도 사용되었다. 이것은 곧 각 설문 문항마다 표본오차가 다르다는 것을 의미하고 있으나 전문적 지식을 갖고 있지 않은 독자들에게는 그 의미가 제대로 전달이 되지 않을 여지가 많다 하겠다. 따라서 이러한 표기보다는 「...문항마다 차이는 있으나 최소 00%포인트, 최대 00%포인트」라는 식으로 기술하든지 아니면 최대 표본오차로 표준화시켜 제시하는 것이 오히려 독자들의 혼란을 줄여줄 것이다.

표본추출 방법

(1) 표본추출 방법에 대해서는 전체 40건 중 31건(77.5%)이 명기를 하였으며, 층화표본추출방법(stratified sampling method)이 가장 많이 사용되었다. 먼저 표본추출방법 명기에서 31건이 비교적 분명하게 표본추출 방법을 밝혔으나 3건은「무작위 추출」등의 애매한 표현을 사용하였고, 6건은 아예 밝히지 않았다. 표본추출방법을 전혀 밝히지 않은 6건 중에는 외부단체에서 실시한 여론조사를 인용 보도한 4건이 모두 포함되어 있었다. 신문들이 사용하고 있는 표본추출방법은 층화표본추출방법이 14건으로 가장 많았고, 이어서 체계적 표본추출(systematic sampling)과 층화표본추출방법을 혼용한 경우가 9건, 체계적 표본추출방법이 7건, 층화표본추출과 집락표본추출방법(cluster sampling)을 혼용한 경우가 1건이었다.

(2) 한국일보 1987년 12월 13일자와 1988년 4월 5일자에 게재된 여론조사는 성, 연령, 지역을 층화변인(stratification variable)으로 한 비율적 층화표본추출방법에 대해 비교적 상세하게 설명하면서 다음과 같이 기술하였다.

「...이 같은 표집방식은 95% 수준에서 상하 2.5%(4월 5일자에서는 2.7%)의 오차밖에 나지 않는 신뢰도가 높은 조사방식으로 평가돼 있다... 」

물론 표본오차의 크기는 표본추출방법에 따라 달라지지만 무엇보다도 표본의 크기에 가장 민감하게 반응한다. 따라서 이러한 기술은 마치 비율적 층화표본추출방법은 표본의 크기에 관계없이 95% 신뢰수준에서 2.5%의 표본오차를 일으키는 표본추출방법으로 인식시킬 수 있는 잘못된 표현이다.

표본의 크기

이 연구의 분석대상이 된 40건의 여론조사는 표본의 크기에 대해서는 모두 명기하고 있었다. 표본의 크기는 최소 100명(경향신문 1987년 10월 9일자)에서 최대 2,500명(한국일보 1987년 12월 3일자)까지 다양하였는데, 전체적으로 500명 조사가 11건, 1,000명 조사가 10건으로 가장 많았다. 이어서 1,500명 내외가 8건, 1,200명이 3건, 1,300명이 2건, 700명 대(717명, 740명)가 2건이고, 100명, 240명, 1,600명, 2,500명이 각 1건씩이었다.

한편 자료수집방법에 따라 표본의 크기가 달랐는데 전화조사보다는 면접조사에서 표본수가 더 컸다. 면접조사는 1,500명 조사가, 전화조사는 500명과 1,000명 조사가 가장 많았다. 이와 같이 전화조사가 면접조사보다 표본수가 적은 것은 전화조사의 가장 큰 장점인 시간과 경비를 절감할 수 있다는 점과 깊은 관련이 있을 것으로 판단된다.

자료수집방법

자료수집 방법은 전화조사가 27건(67.5%)으로 압도적으로 많았고, 면접조사는 8건에 불과하였으며 자료수집방법에 대해 명기하지 않은 여론조사는 5건이었다. 그래서 자료수집방법에 대한 명기율은 90%이었는데, 외부단체가 스폰서가 되어 실시한 여론조사는 4건 모두가 자료수집방법에 대해 기술되지 않았다. 각 신문사별로 보면 동아일보와 중앙일보는 철저히 전화조사에만 의존했으며, 한국일보도 면접조사 1건, 전화조사 3건으로 전화조사를 더 많이 이용하였다. 반면에 조선일보는 면접조사 6건, 전화조사 3건으로 면접조사를 더 많이 한 점이 다른 신문과 차이를 보였다. 경향신문은 면접조사와 전화조사가 각 1건씩이었다.

표본의 특성 및 대표성

(1) 여론조사의 정확성은 무엇보다도 조사자가

정의한 모집단을 잘 대표할 수 있는 표본의 확보에 달려 있다. 조사자가 표본의 대표성을 잘 확보할 수 있는 표본추출방법을 사용했다고 해서 곧 대표표본이 보장되는 것은 아니다. 조사자가 확보한 표본의 성, 연령, 지역 등 인구통계학적 변인들의 분포가 실제 인구센서스 자료에 나타난 분포와 일치하는 정도에 따라 대표표본이 확보되었는지의 여부를 가릴 수 있는 것이다. 따라서 조사자는 제 3자가 표본의 대표성을 평가하고 그 조사의 정확성을 평가하는데 매우 중요한 단서가 되는 표본의 인구통계학적 특성에 관한 정보를 제공해야만 한다.

그러나 연구결과 우리나라 신문들은 표본의 특성에 대한 정보를 제대로 전달해 주지 않고 있다. 전체 40건 중 15건(37.5%)의 여론조사만이 표본의 특성에 관해 비교적 자세한 정보를 제시했으며, 21건(52.5%)은 어떠한 정보도 제시하지 않았고, 4건은 성, 연령, 지역 등 기본적인 인구통계학적 변인 중 오직 하나의 변인에 대한 정보만을 제시하는데 그쳤다. 여기에서도 외부단체에 의해 실시된 여론조사들은 표본의 특성에 대한 정보가 전혀 제시되지 않은데 비해 자체조사나 신문사가 스폰서인 여론조사의 경우 표본의 특성 제시율은 41.7%(36건 중 15건)로 상대적으로 높았다.

(2) 전체적으로 표본의 특성을 제시하는 비율이 낮은 것도 문제지만, 더 큰 문제는 제시된 표본의 특성만을 가지고 판단한다면 대표표본을 확보한 여론조사는 극히 적었다는 점인데 이는 전화조사에서 특히 심했다. 신문들은 자신들이 실시한 여론조사가 표본추출과정이 객관적이기 때문에 표본오차가 적은 정확한 조사라고 주장하고 있지만 표본의 대표성 측면에서 보자면 이러한 주장은 신뢰하기가 어렵다.

아래의 〈표 6-1〉에 나타난 바와 같이 신문들이 제시한 성, 연령별 분포비율은 각 신문마다 차이를 보이며 대표성 또한 매우 부족하다. 먼저 성별 비율을 보면 C조사(동아일보 87년 9월 25일자)의 경우 남녀간에 4.0% 차이가 있으며, E조사(중앙일보 87년 10월 26일자)는 5.4%의 차이를 보였다. 연령별 비율은 더 많은 차이를 보이고 있는데 전국 규모의 면접조사를 실시한 A조사(조선일보 87년 11월 5일자)의 연령별 비율은 실제 비율과 매우 비슷한 분포를 보이고 있으나, 전화조사를 실시한 나머지 B, C, D, E조사는 실제 비율과 차이를 보였다. 특히 C, D, E조사는 A조사의 분포와 비교해 볼 때 20대 연령층은 실제 보다 약 9%(E조사) 정도 적게 선정된 반면에 30대, 40대 연령층은 최고 12%(D조사)가 더 많이 선정되었다. 그래서 실제 인구에서 가장 많은 비율을 차지하고 있는 20대가 30대보다, 경우에 따라서는 40대(D조사) 보다도 적게 선정되었다. 따라서 이들 3조사는 모두 연령별 분포 면에서는 대표표본으로 보기가 어렵다.

〈표 6-1〉 표본의 특성 비교(%)

		A	B	C	D	E
성	남	50.5	50.4	48.0	50.2	52.7
	여	49.5	49.6	52.0	49.8	47.3
연령	20대	33.4	31.8	25.4	25.3	24.4
	30대	24.6	22.4	30.0	29.8	30.6
	40대	17.8	18.4	23.0	29.7	22.1
	50대	24.2	27.3	21.6	23.2	22.9
자료수집방법		면접	전화	전화	전화	전화

이와 같이 전화조사 방법을 이용한 여론조사에서 표본의 대표성이 확보되지 않는 이유는 비록 각 지역별로 인구비례에 따라 표본수가 할당되었지만 조사대상가구로 선정된 전화보유 가정에서의 응답자를 선정하는 과정에서 성, 연령에 따른 할당이 제대로 이루어지지 않았거나, 할당이 되었다 하더라도 시간과 노력 부족으로 전화조사원들이 이를 따르지 않은 데에서 일어나는 것으로 보인다. 특히나 조사원이 직접 응답자의 연령을 확인해 볼 수 있는 면접조사와는 달리 전화조사에서는 이를 직접 확인하기가 매우 어렵다는 점을 감안한다면 전화조사에서 표본의 대표성 문제는 심각할 것으로 추측된다. 그럼에도 불구하고 거의 모든 전화조사는 모집단을「전국 20대 이상 유권자」등으로 표기하고 있으며 표본오차도 동시에 제시하고 있다. 표본오차는 궁극적으로 모집단의 특성, 즉 모수치(parameter)를 추정하기 위해 필요로 하는 통계이기 때문에 이와 같이 대표성이 확보되지 않은 표본조사에서 표본오차의 제시는 불필요한 것이다. 앞으로 전화조사를 이용한 여론조사의 경우 모집단의 정의를 전화보유가구의 유권자로 제한시키지 않는 한에 있어서는 표본오차의 제시를 피해야 할 것이다.

(3) 이와 같이 확보된 표본의 성격이 모집단과 차이나는 점을 극복하기 위해 실제 비율에 맞춰 가중치(weight)를 주는 경우(동아일보 87년 11월 4일자, 87년 11월 17일자)가 있었다. 그러나 이러한 가중치를 사용해 실제 인구통계학적 비율로 조정했다고 해서 그 표본이 대표성을 회복할 수는 없는 것이다. 가중치를 부여하는 데에는 반드시 논리적이고 경험적인 근거가 있어야 함은 물론이다. 그러나 그러한 근거가 확보되어 가중치를 아무리 정확히 주었다 하더라도 원재료가 갖고 있는 편파성은 극복할 수 없는 것이다. 따라서 가중치의 사용을 통해 대표표본을 확보할 수 있다는 잘못된 생각을 갖고서 표본추출의 정확성을 기하지 않는 관행은 없어져야 하며 가중치가 갖고 있는 한계를 명확히 인식하여 표본의 대표성을 확보할 수 있도록 노력하는 자세가 필요하다.

조사일시 및 기간

여론조사 실시일과 기간에 대해서는 비교적 잘 밝히고 있다. 전체 40건 중 34건(85.0%)이 조사일시 및 기간에 대해 제시하였다. 그러나 2건은「지난 주」또는「최근에」등과 같이 애매하게 표현했으며, 4건은 아예 여기에 대해 언급이 전혀 없었다. 신문사가 스폰서가 되었는지 여부에 따라 조사실시일과 기간에 대한 제시를 비교해 보면 신문사가 스폰서가 된 조사의 제시율이 더 높았으나(36건 중 32건, 88.9%), 인용 보도한 여론조사는 4건 중 2건만이 제시되었다.

설문내용 분석

설문문항의 내용과 문제점을 파악하기에 앞서 먼저 신문들이 조사한 설문내용을 얼마나 충실히 공개하였는지에 대해 알아보도록 하겠다. 전체 40건의 여론조사 중 설문내용을 별도의 지면을 할애하여 설문내용을 완전하게 공개한 여론조사는 16건(40.0%)이었고, 별도 지면으로 처리하지는 않았으나 기사 속에서 완전하게 공개한 건수는 2건(5.0%)이었다. 그리고 기사 속에 일부 문항만 완전하게 공개한 건수는 18건(45.0%)이고, 4건은 기사 속에서도 완전한 내용을 공개하지 않았다. 그래서 별도 지면을 마련하거나 기사 속에서 모든 문항의 설문내용을 완전히 공개한 비율은 45.0%에 지나지 않았다.

각 신문별로 보면 중앙일보가 조사의 모든 설문내용을 완전하게 공개한데 비해 동아, 조선 등 다른 신문들은 주로 기사 속에 일부 문항의 내용만을 공개하는데 그쳤다.

설문문항 내용

선거여론조사에서 어떠한 내용들의 물음들이 다뤄졌는지를 13대 대통령선거, 13대 국회의원선거, 13대 국회의원 보궐선거로 나누어 각각 분석해 보았다.

(1) 먼저 13대 대통령선거 여론조사의 설문문항내용은 아래의 〈표 6-2〉에 제시된 바와 같다. 13대 대통령선거에 관한 여론조사는 모두 30건이며, 30건의 여론조사에서 48개의 문항이 모두 117번 조사되었다. 48개의 문항은 9개의 주제로 재분류시킬 수 있었는데 그것들은 후보단일화(6개 문항), 지지후보(10개), 부정선거 및 선거의 부정적 측면(9개), 선거공약 및 이슈(7개), 선거관심도 및 참여도(5개), 선거제도(5개), 매스 미디어 이용도(6개), 선거결과 전망 및 인정(2개), 그리고 기타(1개) 등이다.

전체 117개의 질문을 주제별로 보면「부정선거 및 선거의 부정적 측면」에 관한 내용이 30개로 가장 많고「지지후보」에 관한 내용이 29개로 이들 내용의 질문들이 과반수를 차지하고 있다.「부정선거 및 선거의 부정적 측면」에 관한 내용에서는 지역감정 문항(9개)이 가장 많이 조사되었고,「지지후보」에서는 지지후보 결정여부 문항(9개)과 지지후보를 결정하는데 기준이 되는 요인문항(8개)이 가장 많이 조사되었다. 후보단일화 필요성, 가능성 전망 등의「후보단일화」에 관한 내용은 모두 19번,「선거공약이나 이슈」와「선거관심도 및 참여도」는 똑같이 12번, 후보접촉 매체, 관훈클럽 토론회 등의「매스 미디어 이용도」는 9번,「선거결과 전망 및 인정여부」는 3번, 결선투표제도 등의「선거제도」는 2번, 그리고 여론조사에서 나타난 후보지지도 공개에 관한 내용은 1번 다뤄졌다.

한편 13대 대통령선거에 관한 여론조사는 선거일(87년 12월 16일) 약 3달 전인 9월부터 여론조사가 실시되었는데 각 시기별로 중점적으로 조사된 질문내용이 달랐다. 9월에는 비록 여론조사가 1건밖에 실시되지 않았지만 이 조사에서는 후보단일화 필요성, 결정시기, 가능성 전망 등 후보단일화에 관한 질문이 집중 조사되었다. 10월에는 지역감정이 선거에 미치는 영향, 심각도 등의 지역감정에 관한 질문이 9번으로 가장 많이 조사되었고, 후보단일화에 대한 질문도 8번으로 여전히 양김씨의 후보단일화에 대한 관심이 계속되었다. 그러나 11월에 들어서는 지지후보 결정여부, 지지후보 결정기준요인 등 「지지후보」(8번)에 관한 내용과 「선거공약 및 이슈」(6번)에 관한 내용이 많이 다뤄졌다. 선거 막바지인 12월에는 「지지후보」(18번)와 「부정선거 및 선거의 부정적 측면」(15번)에 관한 내용이 집중적으로 조사되었다.

〈표 6-2〉 13대 대통령선거 여론조사의 설문문항 내용 및 월별 조사 빈도

설문문항 내용		설문문항의 월별조사빈도				
주제	설문문항	9월	10월	11월	12월	계
후보 단일화	후보단일화 필요성	1	2	1	2	6
	후보달일화 결정시기	1				1
	후보단일화 가능성 전망	1	2	1	2	6
	후보단일화 결렬시 책임		1			1
	후보단일화는 누구로		1			1
	양김씨 동시출마 당선가능성		2		2	4
	소계	3	8	2	6	19
지지후보	지지후보 결정 여부			3	6	9
	지지후보 변경의사				1	1
	지지후보 결정시기				1	1
	지지후보 결정시 어려움				1	1
	차선의 지지후보				1	1
	후보에 대한 평가			1		1
	후보부인에 대한 평가				2	2
	지지후보 결정 기준 요인		1	2	5	8
	대통령 자격요건		2	2		4
	후보선택시 영향원				1	1
	소계		3	8	18	29

부정선거 및 선거의부정적 측면	지역감정		9			9
	선거양상의 부정적 측면		1	1	1	3
	국민화합 저해요인			1		1
	유세장 폭력			3	1	4
	금품, 향응 수수 여부				1	1
	공무원 선거 개입				3	3
	흑색선전, 상호비방 심각도				3	2
	공정선거실시 전망, 평가				2	2
	선거후 후유증				4	4
	소계		10	5	15	30
선거공약 및 이슈	새정부의 과제		1	2		3
	노후보 당선시 군정인가 여부			1	1	2
	중립내각			1		1
	선거에서 가장 중요한 문제			1		1
	12 · 12사태논의로 유리할 후보			1	1	2
	선거공약에 대한 신뢰도				2	2
	민주화 일정 추진 방향				1	1
	소계		1	6	5	12
선거관심도 및 참여도	선거관심도		1			1
	유세장 참여			3	2	5
	선거에 관한 대화 내용			1		1
	투표참여 의사				2	2
	지지후보에 대한 부부간 상의				3	3
	소계		1	4	7	12
선거제도	최고득표자 50% 미만시 인정		1			1
	1~2위 결선투표		1			1
	소계		2			2
매스미디어 이용도	후보접촉 매체(캠페인 방식)			1	1	2
	TV토론 필요성			1		1
	관훈클럽 토론회 시청			2	1	3
	관훈클럽 토론회의 영향				1	1
	선거정보의 주정보원				1	1
	TV보도의 공정성				1	1
	소계			4	5	9
선거결과 인정	선거결과 전망				1	1
	선거결과 인정				2	2
	소계				3	3
기타	여론조사 후보지지도 공개			1		1
여론조사 건수		1	7	9	13	30

지금까지 13대 대통령선거와 관련된 여론조사들의 설문 문항내용들을 분석해 보았는데, 여론조사를 통해 나타난 우리 신문들의 선거보도는 이슈문제, 특히 정책이슈문제에 매우 인색한 반면에 부정선거나 후보단일화 문제 등 선거의 부정적 측면에 초점을 맞추는 보도경향을 발견할 수 있었다. 물론 지난 13대 대통령선거에서 지역감정이나 유세장 폭력, 공무원의 선거개입 등의 선거의 부정적 측면이나 후보단일화 문제 역시 중요한 선거이슈였지만 엄격한 의미에서 이것들은 이슈라기보다는 선거과정에서 증폭된 선거의 부정적 양상으로 분류시키는 것이 좋을 것 같다.

한편 13대 대선에서 중요한 이슈였던 「군정종식」, 「중립내각」, 「12.12사태」 등은 겨우 한두 번밖에 다뤄지지 않았으며, 후보들의 정책문제는 전혀 다뤄지지 않았다. 반면에 후보단일화, 선거의 부정적 측면 등은 선거종반까지 관심이 꾸준히 계속되었고 오히려 선거 막바지에 그 관심이 증폭되는 경향을 보였다. 또한 각 후보의 지지도는 공개되지 않았지만 지지후보 결정여부, 지지후보 결정기준요인 등의 「지지후보」에 대한 관심 역시 비슷한 양상을 나타냈다.

이와 같이 우리 언론은 정책이슈 중심의 차분하고 이성적인 선거분위기로 이끌기보다는 16년 만에 부활된 직접선거라는 과열된 분위기를 오히려 조장했거나 과열분위기에 편승했다는 의심을 지울 수 없다.

(2) 이어서 13대 국회의원 선거여론조사에서 다뤄진 설문내용을 분석해 보기로 하겠다. 그 결과는 아래 〈표 6-3〉에 제시되어 있는데 13대 총선 관련여론조사는 7건으로 13대 대선에 비해 매우 적었으며, 모두 18개의 문항이 36번 질문되었다. 분석을 위해 18개의 문항을 7개의 주제로 재분류하였다. 그것은 「야당통합」, 「지지후보」, 「부정선거」, 「선거공약 및 이슈」, 「선거참여도」, 「선거제도 및 실시일」, 「기타」 등이다.

주제별로 조사된 빈도를 보면 「지지후보」가 11번으로 가장 많고, 「야당통합」이 9번, 「선거공약 및 이슈」가 5번, 「부정선거」와 「선거제도 및 실시일」이 각각 4번, 선거참여도가 1번, 기타가 2번으로 「지지후보」나 「야당통합」의 내용이 대부분을 차지하였다. 설문문항내용을 13대 총선일인 4월 26일까지 월별로 분석해 보면 선거초반인 1, 2월은 「야당통합」과 「선거제도 및 선거일」이 집중적으로 조사되었고 선거막바지인 4월에는 「지지

후보」에 관한 내용이 많이 조사되어 시기별로 신문의 조사관심 주제가 다르게 나타났다. 그래서 결국 13대 총선 여론조사에서도 13대 대선 여론조사와 마찬가지로 이슈, 특히 정책이슈가 거의 다뤄지지 않았다고 할 수 있겠다.

〈표 6-3〉 13대 총선 여론조사의 설문문항 내용 및 월별 조사 빈도

설문문항 내용		설문문항의 월별 조사빈도			
주제	설문문항	88.1월	2월	4월	계
야당통합	야당통합방식	1	2		3
	양김씨 거취	1	2	1	4
	야당통합시 승리 가능성		2		1
	소계	2	6	1	8
지지후보(정당)	지지후보 결정 여부			7	7
	지지후보 결정 기준요인			4	4
	소계			11	11
부정선거	선거양상의 부정적 측면			1	1
	공무원 선거 개입			1	1
	흑색선전, 상호비방 심각도			2	2
	소계			4	4
선거공약 및 이슈	새정부의 과제			1	1
	새대통령 공약이행도			1	1
	6공정권 부조리 가능성			1	1
	5공~6공 관계			1	1
	노사분규			1	1
	소계			5	5
선거참여도	유세장 참여			1	1
선거제도 및 실시일	총선시기	1			1
	국회의원 선거제도	3			3
	소계	4			4
기타	언론의 새마을사건 보도			1	1
	선거결과 인정			1	1
	소계			2	2
여론조사 건수		1	1	5	7

(3) 13대 국회에 들어서 모두 3번의 보궐선거가 실시되었다. 89년 4월 14일에 실시된 동해시 선거, 89년 8월 18일에 실시된 영등포을 선거, 90년 4월 3일에 실시된 대구 서갑과 진천-음성 선거이다. 이 3번의 보궐선거에 관한 여론조사는 각각 1번씩 실시되었다. 동해시 선거여론조사는 선거가 끝난 3달 후인 7월말에 동해시 유권자들을 대상으로 면접조사한 것이고, 영등포을 선거와 4.3보궐선거는 선거 전에 실시한 여론조사이다.

이 세 건의 여론조사만을 대상으로 설문내용을 분석해 보았는데 15개 문항에 모두 33번의 질문이 있었다. 3건밖에 되지 않는 여론조사에서 이와 같이 전체적인 문항 수와 질문빈도가 많은 것은 동해시 선거여론조사가 무려 20개의 문항으로 구성된 조사이었기 때문이다. 15개의 문항은 「지지후보」, 「부정선거」, 「선거공약」, 「선거참여도」, 「선거제도」, 「기타」 등의 주제로 재분류시켰으며, 각 주제별 조사 빈도를 보면 「부정선거」가 18번으로 과반수를 차지하고 「지지후보」가 6번, 「선거참여도」가 3번, 나머지 주제는 1번씩이며, 기타가 3번이었다. 그래서 앞에서 살펴본 13대 대선, 총선에 이어 보궐선거 여론조사에서도 「부정선거」 주제가 많이 다뤄진 반면에 이슈나 정책이슈는 거의 조사되지 않았다.

설문문항의 문제점

이어서 설문의 방식과 내용상의 문제점을 살펴보면 질문과 응답항목의 내용과 방식에서 많은 문제점들이 발견되었다. 그것들을 구체적으로 살펴보겠다.

(1) 전화조사에서 응답항목이 너무 많다. 구조화된 설문조사에서의 응답항목은 상호배타적(mutually exclusive)이고, 가능한 응답 항목들이 총망라 (exhaustive)되어야 한다는 원칙을 갖고 있다. 그러나 총망라해야 한다는 원칙을 지키기 위해 너무 많은 응답항목을 한꺼번에 제시한다면 응답자에게 혼동을 불러일으킬 수 있다. 특히 면접조사가 아닌 전화조사에서 응답자가 선택할 수 있는 응답항목이 많을 경우 응답자의 정확한 의견이나 태도를 반영시키기가 어려운 것이다. 그럼에도 불구하고 경향신문 87년 10월 9일자의 전화여론조사에서는 「차기 대통령이 갖추어야 할 요소(자질) 중 가장 필요하다고 생

각되는 것을 순서대로 3가지만」 선택하라고 하면서 무려 14개의 응답항목을 제시하였다. 또한 두 번째 질문인「새로 출범할 정부가 처리해야 할 가장 중요한 과제를 중요도의 순위대로 3가지만」 고르도록 하면서 10개의 응답항목을 제시하였다. 이 조사가 비록 정치전문가들인 정치학자들을 대상으로 한 것이기는 하지만 응답자들에게 14개의 응답항목이 충분히 전달됐는지 의문이 가며, 더욱이 많은 응답항목 중에서 중요도에 따라 1, 2, 3위의 순위를 가리라고 한 것은 응답자들의 정확한 의견을 추출하는데 무리가 있었을 것으로 판단된다.

(2) 특정 방향으로의 응답을 유도할 수 있는 편향된 질문이 사용되었다. 경향신문 87년 10월 9일자 여론조사에서「통일민주당의 대통령후보는 꼭 단일화 되야 한다고 생각하는가」라는 질문이 던져졌다. 여기서「꼭」이라는 말이 들어감으로써 양김씨의 후보단일화의 당위성을 감소시키는 의미를 전달했을 가능성이 높다. 이것은 조사자의 정치적 의도성을 의심케하는 질문이라 하겠다.

중앙일보 87년 11월 9일자 여론조사의「각료 임명권은 헌법상 대통령의 고유한 권한인데도 일부에서 대통령선거를 공정하게 치르기 위해서는 거국적인 중립내각을 구성해야 한다는 주장---」 질문 역시 밑줄친 부분이 중립내각구성을 반대하는 응답으로 유도하도록 편향되어 있다.

한편 가장 많이 나타나고 있는 편향된 질문의 형태로는 리드문을 제시하는 경우인데, 예를 들어 중앙일보 87년 12월 12일자에서「요즘 대통령선거를 앞두고 일부에서 흑색선전, 금품살포, 조직폭력 등 부정적인 양상이 나타나고 있습니다. 이러한 양상이 어느 정도라고 생각하십니까?」라는 질문과 함께「그다지 심하지는 않다/대체로 심한 편이다/매우 심하다」라는 응답항목을 제시하였다. 이 질문의 리드문은 선거의 부정적인 양상을 느끼지 못하는 응답자들에게 새로운 정보를 제공하여 선거에 대한 부정적인 태도를 형성하고, 조사 전에 선거의 부정적인 양상을 느끼고 있는 응답자들에게는 선거의 부정적인 느낌을 강화시켜 줄 수 있는 것이다. 이와 같이 특정 상태나 양상을 전제로 하고서 그 상태나 양상의 정도를 묻는 조사에서 리드문의 사용은 지양되어야 할 것이다. 이러한 질문들은「요즘 대통령선거를 앞두고 흑색선전, 금품살포, 조직폭력 등 부정적인 양상이 어느 정도라고 생각하십니까?」와 같이 특정 상황을 전제하지 않는 형식을 취하는 질문으로 대치되는 것이 바람직하다.

(3) 응답항목이 상호 배타적이지 않고 응답자들이 응답할 수 있는 항목들이 총망라되지 않는 경우가 많았다. 13대 대통령선거에서 많이 조사되었던 지지후보 결정기준요인에 관한 응답항목이 대표적인 예이다. 아래 〈표 6-4〉에 나타난 바와 같이 A, B, C, D조사가 제시한 응답항목들이 모두 다르며, 어느 조사도 응답항목이 상호 배타적이거나 총망라되지 않았다.

A조사(중앙일보 87년 10월 26일자)에서는 선거공약, 소속정당, 정치경력, 정치노선, 출신지역 등 5개의 응답항목들을 열거하였다. 그러나 선거에서 지지후보를 결정하는데 중요한 요인으로 작용하고 있는 후보 개인의 성격이나 이미지 등의 후보의 개인적 특성(인물)이 열거되지 않았다.

B조사(동아일보 87년 11월 25일자)에서는 정치노선 및 선거공약, 인물 됨됨이, 소속정당의 3개 응답항목만을 제시하였다. 정치노선과 선거공약은 비슷한 성격을 띠고 있지만 모든 정책이나 선거공약이 그 후보의 정치노선과 반드시 일치하는 것이 아니라는 점에서 이것들을 분리하는 것이 바람직하다. 또한 B조사에서는 출신지역이라는 중요한 요인이 열거되지 않았다.

C조사(한국일보 87년 12월 3일자에 인용된 MBC조사)에서는 정직·도덕성, 정책, 업적, 지역, 정당, 그리고 다른 조사들과는 달리 외모를 제시하였다. 이 조사에서는 선거공약이 정책으로 대체되었다.

D조사(조선일보 87년 12월 4일자)에서는 공약과 정책, 인물, 지역, 종교 등이 제시되었는데 소속 정당이나 정치경력 등이 열거되지 않았다.

〈표 6-4〉 대통령후보 결정기준요인 응답항목 비교

A (중앙, 87.10.26)	B (동아, 87.11.25)	C (한국, 87.12.3)	D (조선, 87.12.4)
선거공약 소속정당 정치경력 정치노선 출신지역 기타 잘모르겠다	정치노선 및 공약 인물됨됨이 소속정당 기타 잘모르겠다	정직, 도덕성 정책 업적 지역 정당 외모	공약과 정책 인물 지역 종교 기타 잘모르겠다

조사결과 분석 및 해석상의 문제점

여론조사 결과에 대한 분석과 해석은 대체로 큰 문제는 없었으나 몇몇의 조사에서는 중요한 문제점이 발견되었다. 본 연구에서 발견된 조사결과의 분석 및 해석상의 문제점을 사례를 중심으로 살펴보도록 하겠다.

근거 없는 주관적 해석

(1) 한국일보 87년 12월 13일자 여론조사에서는 선거결과를 인정할 것인가와 선거후 사회 안정에 관한 전망을 다루고 있다. 조사결과 전체 응답자의 78.5%가 누가 당선되든 받아들이겠다는 의견을 나타냈으며, 선거후 사회안정에 대해서는 35.9%가 안정될 것이다, 29.4%가 안정되지 못할 것이다, 15.1%는 누가 당선되느냐에 따라 다를 것이라고 전망하였다. 그런데 이러한 선거후 사회안정 전망결과를 다음과 같이 해석, 설명하고 있다.

「---44.5%(안정되지 못할 것이다 29.4%와 누가 당선되느냐에 따라 다를 것이다 15.1%)가 선거 후를 불안하게 보고 있으며, 이런 불안감이 오히려 유권자들에게 선거결과에 강한 승복의식을 형성케 했을 것으로 분석되고 있다」

이러한 설명은 심증적으로는 가능할지 모르나 이 여론조사 결과를 통해서는 찾아볼 수 없는 근거 없는 주관적 해석이다.

(2) 한국일보 88년 4월 23일자에서는 13대 총선을 앞두고 실시된 각 정당에 대한 지지도 조사결과를 이전의 조사결과와 비교하여 평민당과 공화당은 3% 정도 증가하였으나, 민정당과 민주당은 1-2% 정도 줄어들었다고 밝히고 있다. 사실 이와 같은 미세한 차이는 표본오차를 감안한다면 별다른 의미를 줄만한 변화가 아님에도 불구하고 이와 같은 각 정당의 증감의 원인에 대해

「--이는 여당 견제심리와 함께 서울 공천의 경우 평민당이 상대적으로 신선한 인물이 많다는 세간의 평과 공화당에 대한 호감 등의 영향이라 풀이된다」

고 설명하고 있다. 이러한 설명은 여론조사기사인지 정치해설기사인지 분간이 어려운 주관적 해석이라 할 수 있다.

(3) 역시 한국일보 4월 5일자에서는 후보선택기준에 관한 물음결과를 각 지역별로 분석하는 과정에 다음과 같은 내용이 있다.

「이밖에 수도권인 서울-인천은 민주화의지를 지역개발보다 10%까지 높이 평가해 '인품은 곧 민주화의지'라는 등식이 성립되는 듯한 느낌인 반면---」

기사작성자가 어디에 근거하여 인품이 민주화의지라는 등식이 성립될 수 있는 느낌을 받았는지 알 수 없다. 이와 같은 해석은 여론조사의 결과분석 및 해석은 느낌이 아니라 수치에 의존해야 된다는 사실을 인식하지 못한 데에서 오는 결과라 하겠다.

과장 해석

(1) 동아일보 87년 12월 9일자 여론조사의 주제목은 「다른 후보 찍기로 한 부부 28%」로 되어 있다. 이어서 본문기사를 보면 부부간에 「같은 후보를 찍기로 했다」는 응답이 58.4%이고 「아직 결정하지 못했다」는 응답이 13.6%, 「제각기 다른 후보를 찍기로 했다」는 대답이 28.0%나 됐다고 하면서 다음과 같은 설명을 덧붙이고 있다.

"이같은 응답은 우리나라 부부는 대개 같은 후보를 찍는다는 종전의 통념과는 다른 조사결과로 보여지고 있다. 이는 여권의식 제고현상과 함께 야당후보의 단일화 실패에 따

른 후보선택(야당선호 경우)이 고심거리로 등장한데다 여야의 선전 및 선심공세 등이 어느 대통령선거보다 치열한데 연유하고 있는 것으로 풀이된다."

10쌍 중 3쌍 미만의 부부가 서로 다른 후보에게 투표하기로 했다는 조사결과가 과연 대단히 중요하고 깜짝 놀랄만한 결과인지 쉽게 수긍되지 않는다. 만약에 조사결과가 같은 후보를 찍기로 한 부부보다 서로 다른 후보를 찍기로 한 부부가 더 많거나 적어도 비슷했다면 이러한 흥분을 수긍할 수 있겠지만 전체 부부의 28%만이 다른 후보를 찍기로 한 결과를 제목화하고 이에 따른 추가해설을 덧붙이는 것은 과장해석으로 받아들이지 않을 수 없다. 동아일보의 이러한 흥분이 과장해석으로 받아들이지 않기 위해서는 이 조사결과와 현격하게 차이가 있는 기존 조사결과의 수치를 제시했어야 할 것이다. 그리고 이와 같은 부부간의 지지후보 불일치 현상의 원인을 여권의식 제고, 야당후보단일화 실패, 여야의 선전 · 선심공세 등으로 설명한다는 것은 여론조사 보도에서는 피해야 될 근거 없는 주관적 해석이라 지적하지 않을 수 없다.

(2) 조선일보 88년 2월 13일자에는 김영삼 씨의 민주당 총재직 사퇴에 관한 찬반의견 조사결과를 기사화 하면서

「---잘한 일이다라는 응답이 62.0%로 절대 다수가 김영삼씨의 사퇴에 호의적인 반응을 보였고---」

라고 하였다. 62.0%의 응답이 분명히 다수이긴 하지만 절대 다수라고 할만큼 많은 수치인가에 대해서는 논란이 일 수 있다. 이와 관련하여 조사결과를 분석하면서 흔히 사용하는 양에 관한 부사들인 「상당수」 「대다수」 「절대 다수」 등의 용어사용을 정확히 해야 할 것이며, 아울러 이러한 부사들에 대한 양적인 조작적 정의를 명확히 할 필요가 있을 것이다.

(3) 한국일보 88년 4월 23일자 여론조사 보도에는

「---투표불참이 전체 응답자의 2.9%에 달해 지난번(1.1%)보다 월등히 높아진 점도 여러 가지 해석을---」

라는 표현이 있다. 1.1%에서 2.9%로의 변화가 월등히 증가한 것으로 해석할 수 있을까? 이러한 차이는 표본오차를 감안한다면 거의 차이가 없는 매우 적은 격차인데도 「월

등히」라는 표현을 쓴 것은 과장된 것임에 분명하다.

잘못된 해석

(1) 동아일보 87년 11월 25일자에서는 「35세 이하의 유권자들은 후보자의 소속정당보다는 정치노선을 후보선택의 중요요인으로 생각하고 있는 등 진보적 성향을 갖고 있는 것으로-」 해석하고 있다. 정치노선을 중심으로 지지후보를 선택하는 행위가 과연 진보적 성향으로 해석할 수 있는지 의문이 가지 않을 수 없다.

(2) 한국일보 87년 12월 2일자에서는 지지후보 미결정자들의 인구통계학적 특성을 분석하면서 「--이념적으로는 중도 · 보수 성향을 가진 유권자들(아주 보수 28.9%, 보수 27%, 중도 32.5%) 가운데 부동표가 많이 분포되어 있다」라고 하였다. 그러나 이 조사에서는 응답자의 진보-중도-보수 성향을 어떻게 측정했는지에 대해서는 일체의 언급이 없다. 이러한 생략은 지면의 부족에서 기인한 것으로 판단되지만 이념적 성향을 어떻게 측정했으며 또한 무슨 기준으로 진보-중도-보수 성향을 구분하였는지에 관한 최소한의 정보가 제공되었어야 옳았을 것이다.

(3) 조선일보 87년 10월 21일자 여론조사에서는 여과설문(filter questionnaire)을 통해 추려진 응답자들만을 대상으로 한 응답결과를 마치 전체 응답자의 의견인 것처럼 해석하고 제목화하였다. 이 조사에서는 먼저 「대통령선거에서 최고득표자가 50% 이하일 경우도 대표성을 인정할 수 있겠느냐」는 여과 질문을 통해 인정할 수 없다고 응답한 전체 응답자의 34.5%만을 대상으로 「1-2위 득표자에 대해 재투표를 해야 한다고 생각하느냐」는 질문을 하였다. 그 결과 재투표해야 한다는 응답이 58.5%가 나왔는데 이 수치를 전체 응답자의 비율로 환산해서 전체 응답자의 20%만이 결선투표를 지지하고 있다는 식으로 해석하고 있으며, 이러한 해석을 「"50% 득표 없을 땐 1-2위 결선 투표해야" 20%」라는 제목을 달았다. 제목만을 본다면 마치 전체 응답자들에게 50% 득표자가 없을 때 결선투표 실시에 대한 의견을 직접적으로 물어본 것처럼 전달되고 있다. 또한 이러한 해석은 50%

이하 득표당선자의 대표성을 인정하는 사람은 모두가 1-2위 득표자간의 결선투표를 반대하는 것으로 가정하고 있는 것이다. 그러나 50% 이하 득표당선자의 대표성 인정과 결선투표방식 간에는 그러한 기본 가정이 성립될 수 없는 것이다. 만약 여과설문을 거치지 않고 결선투표방식 자체만을 가지고서 질문을 던졌다면 결과는 다르게 나왔을 것이다.

(4) 13대 총선을 앞두고 실시된 중앙일보의 88년 4월 5일자 여론조사에서는 후보선택의 기준요인을 질문하면서 응답항목으로 「소속정당/정치노선과 정치경력/학벌과 인생경험/재력/출신지역/인품」 등을 열거하였다. 물론 응답항목들이 총망라되지 않은 것도 문제지만 이 물음에 대한 결과를 잘못 해석하고 있다.

「---후보의 정치노선 및 정치경력을 고려하겠다는 사람이 35%로 가장 많았고, 다음으로 인품(27.4%)을 꼽아 둘을 합치면 모두 62.4%가 인물 중심의 투표를 하겠다는 의견을 밝혔다」 면서 주제목도 「"정당 보다 인물보고 투표" 62%」라고 하였다. 그러나 「학벌과 인생경험」, 「재력」 역시 엄연히 인물의 범주에 속하는 것들이다. 그런데도 이것들을 제외시킨 것은 인물이라는 개념을 매우 자의적으로 규정한 것이다. 차라리 「정치노선과 정치경력」을 「후보의 정치적 특성(성격)」으로, 학벌과 인생경험, 재력, 인품을 「후보의 개인적 특성」으로 구별하는 것이 더 타당할 것이다.

잘못된 제목

(1) 조선일보 87년 12월 4일자 1면과 2면에 걸쳐 여론조사 결과가 보도되었는데 2면의 부제목 중 하나는 「"공약-정책 고려" 48.2%-"지역 고려" 3.7%」라고 되어 있다. 그래서 이러한 제목만 보면 전체 응답자들에게 지지후보를 결정하는데 기준이 되는 요인이 무엇인지를 질문한 것으로 판단할 것이다. 그러나 본문의 기사내용을 살펴보면 이 결과수치는 전체 응답자에게 물어본 결과가 아니라 먼저 지지후보를 결정했는지를 물어본 다음 지지후보를 결정치 못한 응답자들(전체의 31%)만을 대상으로 「그럼 앞으로 무엇을 고려하여 투표할 후보를 결정하겠는가」라는 물음에 대한 응답결과인 것이다. 일부 응답자들(31%)만의 응답결과를 전체 응답자의 의견으로

확대 해석한 것은 잘못된 것이며, 만약 전체 응답자들을 대상으로 지지후보 결정기준요인을 물어보았다면 다른 결과가 나왔을 것이다.

(2) 13대 국회의원 선거를 앞두고 실시된 중앙일보의 여론조사(88년 1월 18일자) 결과는 1, 2면에 기사화 되었다. 2면의 주제목은 「"총선 전 민주 평민 통합을" 41%」로 되어 있다. 그러나 제목에서의 「41%」는 잘못된 수치이다. 본문기사 내용에 나타난 수치와 「여론조사 질문내용」과 함께 제시된 응답항목들의 응답비율에서는 모두 54%이다. 아마도 편집자가 제목을 달면서 「총선을 맞아 양김 씨가 협력해 총선을 치러야 한다」는 별도의 설문결과인 41.0%의 수치를 잘못 제목화한 것으로 보인다.

(3) 중앙일보 87년 12월 2일자에는 「본사, 독자 1천명 전화여론조사」라는 부제목이 달려 있다. 그러나 본문기사에서는 중앙일보 독자만을 대상으로 조사한 것이 아니라 전국의 유권자 조사로 되어 있다. 아마도 이것은 편집자가 제목을 달면서 저지른 실수라고 생각되지만 전국의 전체유권자를 곧 중앙일보 독자로 볼 수 없다는 점에서 이것 역시 잘못된 제목인 것이다.

잘 모르겠다 처리

(1) 중앙일보 87년 11월 24일자 여론조사에서는 「12.12사태 논의로 어느 후보가 유리해질 것이라고 생각하느냐」는 물음 결과를 해석하면서 「---46.1%의 응답자가 잘 모르겠다고 응답, 12.12사태에 대한 이해도가 전반적으로 낮다는 것을 드러냈다」라고 하였다. 만약 12.12사태에 대한 물음이 「12.12사태에 대해 어느 정도 알고 있는지」 그 지식정도를 조사하고자 하는 물음이라면 이러한 해석은 문제될 것이 없지만 이 조사에서의 물음은 어느 후보에게 유리해질 것이냐는 물음이다. 12.12사태에 대한 충분한 지식이나 이해를 갖고 있는 사람이라 하더라도 그 논의가 어느 후보에게 유리해질 것인지를 예측하기가 매우 어려운 문제이다. 중앙일보의 이와 같은 해석은 이 물음에 대한 응답이 4명의 후보 중 어느 한사람이나 「아무도 도움이 안 된다」라고 한 사람들은 12.12사태에 대한 정확한 또는 높은 이해를 갖고 있다고 전제하는 것이다.

(2) 전반적으로 모르겠다는 비율이 비교적 높았는데, 특히 전화조사에서는 평균적으로 15% 내외가 되었다. 바로 앞에서 든 예에서도 46.1%의 높은 잘모르겠다는 응답이 나왔고, 중앙일보 88년 1월 18일자 전화여론조사에서 바람직한 전국구 국회의원 수에 관한 질문의 경우 응답자의 37.4%가 잘 모르겠다, 3.2%가 무응답을 해 전체 응답자의 40.6%가 질문에 제대로 응답을 하지 않았다. 이와 같이 잘 모르겠다는 응답이나 무응답률이 높다는 것은 그 질문(이슈)에 대한 여론이 아직 제대로 형성되지 않았다는 점을 간접적으로 시사해주는 것이기 때문에 이러한 질문의 결과를 해석하는 데에는 많은 주의가 따라야할 것이다.

선거결과 예측

사실 선거여론조사의 백미는 조사에서 나타난 각 후보나 정당의 지지율을 통해 선거결과를 예측하는 일이다. 현재 어떤 후보나 정당이 얼마만큼 앞서고 있는지에 관한 정보는 선거관계자는 물론이고 유권자 모두에게 대단히 중요하고 흥미 있는 정보임에 틀림없다. 동시에 후보의 지지도 및 예상득표율에 관한 정보는 여론조사의 정확성을 직접 검증할 수 있는 거의 유일한 정보라는 점에서 그 중요성이 더해진다. 아무리 자기네 조사의 정확성을 강조한다 하더라도 실제 선거결과와 큰 차이가 난다면 조사의 정확성을 의심받지 않을 수 없다. 그러나 13대 대통령선거에서는 선거법상으로 후보의 지지도 공개가 금지되었기 때문에 신문사들이 각 후보에 대한 지지도를 조사하고서도 이를 공개하지 못했다.

이러한 대통령 선거와는 달리 13대 총선에서 신문들은 각 정당의 지지도를 공개하였다. 그것도 투표일(88년 4월 26일)을 3-6일 정도 앞두고 공개되었는데, 이를 각 정당의 실제 득표율과 비교해 보면 어느 조사도 선거결과를 정확히 예측하지 못했다. 물론 각 신문이 각 정당의 지지율을 공개하면서 이러한 지지율을 갖고서 직접적으로 선거결과를 예측하지는 않았지만 아래 〈표 6-5〉에서 보는 바와 같이 거의 같은 시기에 조사된 3건의 여론조사는 모두 민정당이 다수당이 될 것이라는 점과 각 정당의 지지도 순위에 대해서는 정확히 예측하였으나 실제 각 정당의 득표율은 예상 득표율과 차이가 있었다.

〈표 6-5〉 13대 총선 여론조사의 각 정당지지율 예측 정확도 비교

( )안은 서울지역만의 비율임, 단위 %

	A(조선)	B(한국)	C(중앙)	실제득표율
민 정	39.8	31.5	33.3(22.5)	34.0(26.0)
민 주	23.3	25.1	17.9(20.2)	23.8(23.2)
평 민	17.5	20.9	11.8(12.4)	19.3(26.7)
공 화	12.5	13.1	11.4(14.0)	15.6(15.9)
기타정당	5.1	4.9*	2.6	2.6
무 소 속	2.0		4.5	4.8
무 응 답		4.9**	18.5	
조사방법	면 접	전 화	전 화	
표 본 수	1,500	1,197	1,000	

* 기타 정당과 무소속을 포함한 비율임

** '투표하지 않겠다'는 응답비율임

먼저 면접조사를 한 A조사(조선일보 88년 4월 20일자)는 민주당의 지지율(예측 23.3%-실제 23.8%)은 거의 정확히 맞췄으나 민정당의 예상 지지율은 실제 득표율보다도 5.8%가 높았다. 전화조사를 한 B조사(한국일보 4월 23일자)는 다른 조사들에 비해 표본오차의 범위(2.7%포인트)내에서 실제 득표율을 거의 정확히 예측하였다. 역시 전화조사를 한 C조사(중앙일보 4월 23일자)는 민정당의 득표율은 거의 정확하게 예측하였으나 민주당의 예상득표율은 실제보다 5.9%, 평민당은 7.5%, 공화당은 4.2%가 낮았다. C조사의 경우는 전화조사가 중산층에 편향된 조사라는 점을 단적으로 보여주는 증거이다.

당시 13대 총선에서 비상한 관심의 대상이 되었던 서울지역의 선거결과와 C조사가 밝힌 서울지역만의 예상득표율 간에는 많은 차이를 나타냈다. 표에서 보는 바와 같이 여론조사에서는 평민당이 12.4%로 4당 중 최저의 지지율을 보였다. 그러나 실제 선거결과는 평민당이 26.7%의 득표로 서울지역에서 최고의 득표율을 보였고 예상 득표율과 무려 14.3%의 차이를 보였다.

결 론

앞에서 우리나라 신문들의 선거여론조사 보도의 문제점들을 지적하고 이를 극복할 수 있는 대안들에 대해서도 간간이 언급하였다. 본 연구에서 지적된 문제점들은 주로 조사의 정확성 부족, 시간과 지면의 부족, 언론사 여론 담당자의 여론조사에 대한 이해 부족이나 실수에서 일어나고 있다. 따라서 앞으로 우리 신문의 선거여론조사는 이러한 문제의 발생 원인들을 제거할 수 있는 방향으로 초점을 맞추어야 할 것이다. 그러나 지면의 부족문제는 언론사의 편집정책과 깊이 관련되어 있는 문제이기 때문에 여론조사의 중요성과 필요성에 대한 언론사의 인식이 변화하지 않는 한에 있어서는 그 해결이 어렵다. 이러한 지면부족문제를 제외한 나머지 문제발생원인을 제거하거나 줄일 수 있는 실천방안들을 검토해 보고 신문이 새롭게 추구해야 될 보도방향에 대해서도 같이 모색해 보기로 하겠다.

1) 선거여론조사 보도가 후보나 정당간의 정책이슈 중심으로 개선되어야 한다. 본 연구에서도 나타난 바와 같이 현재 우리 언론은 부정선거, 유세장 폭력, 지역감정 등의「선거의 부정적 측면」이나 지지후보 결정여부, 결정 기준요인 등의「지지후보」중심의 조사가 이루어지고 있다. 후보의 당락을 예측하는 인기 조사를 금하고 있는 선거법(대통령선거법 65조, 국회의원선거법 76조) 때문에 각 후보의 지지도에 대해서는 보도가 되지는 않았지만 국회의원선거에서 각 정당의 지지율은 공개되기도 하였다.

언론 스스로가 토픽을 선정하고 조사하여 그 결과를 보도함으로써 후보나 유권자들에게 언론이 부각시키는 토픽에 대한 중요성을 인식시키는 언론의 의제설정기능을 고려한다면 언론은 여론조사의 주제 선정에 신중해야할 것이다. 이슈나 정책 중심적이 아닌 부정적이고 흥미위주의 여론조사는 유권자들로 하여금 선거를 차분하고 이성적인 심사숙고의 대상으로 인식토록 하여 우리 모두가 가장 이상적인 투표행태로 추구하고 있는 이슈 중심의 선거로 이끌기보다는 선거를 게임이나 흥미 위주의 대상으로 인식토록 하여 결과적으로 과열, 불법, 타락선거를 조장할 위험성을 갖고 있는 것이다. 앞으로 선거여론조사는 각 후보나 정당간의 정책 이슈에 대한 의견이나 태도, 유권자들이 원하는 정책방향 및 내용을 조사, 보도하여 정책이슈 중심의 선거 분위기를 조성해야 할 것이다.

2) 독자가 조사의 정확성과 객관성을 판단할 수 있는 조사방법에 관한 정보를 충실히 밝혀야 한다. 현재 우리 신문들은 조사방법에 관한 정보를 제대로 공개하지 않고, 표본의 대표성도 확보되지 않은 자체조사가 가장 객관적이고 정확한 조사라고 주장하고 있다. 조사의 정확성과 객관성은 제 3자인 독자가 판단할 일이지 결코 언론사 스스로가 판단할 일은 아닌 것이다. 앞으로 적어도 미국의 여론조사협의회(AAPOR)가 권장하고 있는 8가지 기준인 표본의 크기, 모집단, 질문내용, 조사일시, 표본오차, 스폰서, 자료수집방법, 무응답률과 여기에 표본추출방법, 표본의 인구통계학적 특성을 추가한 10가지 정보에 대해서는 반드시 밝히도록 하여야 할 것이다.

3) 언론사 내부에 전문 여론조사 담당자를 육성하고 이들에 대한 교육을 강화시켜야 한다. 여론조사와 저널리즘의 접목은 거의 전적으로 언론사의 여론조사 담당자의 일이다. 언론사의 여론조사 담당자는 조사의 주제 선정, 여론조사 예산, 조사결과 보도의 지면 할당 등에 있어서 결정적인 역할을 하며 때로는 직접 기사를 작성하기도 한다. 현재 우리나라 언론사들도 1987년 이후 여론조사 전문기자를 별도로 채용하고 있는 시도는 매우 바람직하다 하겠다.

4) 여론조사회사들의 자세도 새로워져야 한다. 여론조사회사는 자신들의 조사도구와 방법이 갖고 있는 한계에 대한 더 깊은 인식이 있어야 하고 이를 극복하기 위한 연구 노력이 강화되어야 한다. 사실 언론과 여론조사의 유착은 언론사와 여론조사회사 모두에게 이익을 가져다주고 있는데, 언론사는 시의성이 있고 독자들의 관심이 높은 주제에 대한 과학의 이름으로 포장된 객관적인 뉴스를 얻고, 여론조사회사는 영업수익과 함께 지명도를 얻게 된다.

그러나 여론조사회사가 얻게 되는 지명도 이익은 모험적인 성격을 담고 있는 것으로서 96년 15대 총선 투표자 여론조사와 같이 조사가 잘못되었을 경우에는 회복할 수 없는 상처를 입을 수 있는 것이다. 따라서 여론조사회사는 항시 조사과정 하나하나에 정직하고 성실해야 하며 매너리즘에 빠지지 않고 새로운 이론이나 기술을 개발하는데 힘써야만 한다. 또한 아무리 정확한 조사라 하더라도 그것이 보도되는 과정에서 그 정확성이 깨질

수 있다는 사실과 그러한 경우 여론조사회사도 그 책임으로부터 벗어날 수 없다는 점을 깊이 인식해야 할 것이다. 그리고 주기적으로 여론조사에 대한 여론조사를 실시하여 국민들이 여론조사에 대해 갖고 있는 평가나 신뢰도를 모니터 해야 할 것이다.

5) 여론조사의 생명은 국민들의 여론조사에 대한 신뢰라는 점을 감안하여 여론조사의 질을 평가할 수 있는 감독기구를 신설하여 여론조사에 대한 신뢰를 확보해야 한다. 현재 우리나라는 정치여론조사를 포함해 각종의 여론조사가 늘어나고 있는데 이렇게 여론조사가 늘어날수록 서로 다른 조사결과를 양산하는 등 조사의 질과 신뢰도는 떨어지게 마련이기 때문에 여론조사의 질을 평가, 감독할 수 있는 기구의 창설을 적극적으로 검토할 때가 되었다고 본다.

여론조사 감독기구는 두 가지 방안으로 검토할 수 있는데 하나는 프랑스처럼 정부 차원에서 독립된 권한을 갖는 여론조사위원회를 구성하는 방안이고 또 하나는 여론조사기구들이 중심이 된 자체 감독기구를 만드는 방안이다. 어떠한 방안으로 이루어지든 간에 이 감독기구로 하여금 일반 여론조사기관이 수행한 여론조사의 결과가 외부에 공표되기 전에 여론조사 자체의 정확성과 공정성에 대해 사전심의를 하도록 한다. 그래서 이 위원회의 심의를 거치지 않은 어떠한 여론조사 결과도 언론에 공개할 수 없도록 해야 한다. 이렇게 함으로써 여론조사기관들은 조사의 정확성과 공정성을 위해 노력하게 될 것이고 일반 국민들은 공개되는 여론조사결과를 보다 더 신뢰할 수 있게 될 것이다.

6) 마지막으로 개인으로서의 언론인과 제도로서의 언론은 선거과정에서 자신들의 막중한 역할과 책임에 대한 철저한 인식이 있어야 한다. 이러한 언론의 역할과 책임은 좁게는 여론조사의 정확성, 공정성, 객관성에 입각한 정보를 유권자들에게 충분히 전달해야 하는 것이며, 넓게는 대의정치의 효과적인 기능화와 관련되어 있는 것이다. 이러한 점에서 자주적이고 책임감 있는 자세는 모든 언론과 언론인들이 선거과정에서 준수해야 될 윤리이며 동시에 선거여론조사 보도의 궁극적인 목표가 되어야 할 것이다.

CHAPTER

07

제3자 지각과 정치참여

제3자 지각과 정치참여[1]

문제제기

데이비슨(Davison, 1983)은 인간이 미디어 영향력에 대해 갖고 있는 한 가지 매력적인 지각현상을 발견하였다. 그는 사람들은 매스커뮤니케이션이 다른 사람의 태도나 행동에 미치는 영향력을 과대평가하는 경향이 있다고 하였다. 인간은 미디어 메시지가 자신에게 보다는 다른 사람에게 더 큰 영향을 미치는 것으로 지각하는 경향이 있다는 주장이 바로 제 3자 효과가설(the third-person effect hypothesis)이다. 제3자 효과가설은 커뮤니케이션 연구 분야의 6대 저널에서 가장 많이 사용된 이론 중의 하나로 꼽힐 정도로(Bryant & Miron, 2004) 지난 30여 년 동안 다양한 상황과 여러 영역에서 수백편의 연구들이 수행되었다.

제 3자 효과 가설의 핵심 주장은 사람들은 매스 미디어의 설득 메시지가 자신보다는 다른 사람들에게 더 큰 효과를 미치는 것으로 믿는다는 것이다. 과거 오랫동안 제3자 효과의 지각적 요소는 폭력과 포르노그래피와 같은 부정적 미디어 메시지에서 잘 증명되었다. 그러나 최근 연구들(Tewksbury, Moy, & Weis, 2004; Wei, Lo, & Lu, 2008, 2010)은 전통적인 부정적 메시지 연구주제를 뛰어 넘어 뉴스와 같이 메시지의 다양한 형식에 대한 연구로 확대되었다. 실제로 제3자 지각이 공중건강에 위협적인 뉴스 보도 평가에서도 3자 지각이 발견되었다(Wei, et al., 2008). 로 외(Lo et al., 2015)는 타이완의 미국산 수입 소고기 수입 파동에서 광우병 논쟁 뉴스와 제3자 지각효과를 분석하기도 하였다.

제3자 효과 가설은 ① 제3자에 대한 미디어 메시지 영향력을 자신에 대한 미디어 메시

1 저자의 논문 '선거여론조사 보도에 대한 제3자 지각이 투표와 선거운동참여에 미치는 효과, 사회과학연구 제27권 4호(2016), 충남대학교 사회과학연구소, 67-91'.

지 영향력보다 크게 지각하고 ② 그 지각과 일관되게 행동하는 것을 말한다. 앞부분(①)을 제3자 지각(the third-person perception, TPP) 또는 지각 가설(perceptual hypothesis)이라 하고, 뒷부분(②)을 제3자 효과의 행동 가설 (behavioral hypothesis)이라 한다(정성은 · 박애진 · 문신일, 2014). 이처럼 본래 제3자 효과가설은 자신 대 타인에 대한 미디어 효과를 다르게 지각하고(TPP) 그에 따라 일어나는 행위 결과를 탐구하고자 하였다(Sun, et al., 2008). 그러나 그동안 지각적 요소에 관한 연구들은 풍부한 반면, 3자 지각이 가져오는 행위결과에 대한 연구는 상대적으로 빈약하였다. 많지 않은 행위 효과에 관한 연구들도 대부분이 지각된 부정적 효과를 가진 바람직스럽지 않은 미디어 내용의 검열과 규제를 지지하는 연구에만 초점을 맞추었다(Wei, Golan, 2013).

선 외(Sun, et al., 2008)는 총 106편의 제3자 효과 연구에서 발견된 372개의 효과들을 대상으로 메타 분석한 후에 제3자 지각의 효과가 크다(r=.31)는 사실을 강조하였다. 이렇게 제3자 지각에 대한 연구가 매우 활발하게 진행된 반면, 제3자 효과의 또 다른 요소인 행위적 요소, 즉 제3자 지각이 태도나 행동에 미치는 영향에 대한 연구는 상대적으로 충분히 이루어지지 않았다(김현정, 2013b).

최근 들어 학자들은 제3자 효과의 지각적 요소에 대한 지지가 일관되기 때문에 이제는 지각적 요소 연구를 뛰어넘어 제3자 효과의 행위 요소를 검증하는데 초점을 맞추어야 한다고 말한다(Wei, Golan, 2013). 이에 따라 과거에 비해 제3자 지각의 행위적 효과에 관한 연구들이 정치커뮤니케이션 상황에서도 진행되고 있다. 비록 아직은 뚜렷한 성과를 올리지 못하고 있지만 최근에 제3자 지각과 정치참여(political participation , Banning, 2007; Golan, Banning, & Lundy, 2008), 투표의도(voting intentions, Cohen, & Tsfati, 2009) 등의 정치적 행위들을 연결시키려는 연구들이 시험적으로 실시되었다.

현대선거는 여론조사선거라 할 정도로 선거 때 마다 여론조사가 넘쳐나고 있다. 대표적으로 2016년 4.13 국회의원 총선에서 중앙선거여론조사공정심의위원회(여심위)에 등록된 선거여론조사는 모두 1,873건으로 나타났다. 오늘날 선거여론조사가 언론의 캠페인 보도의 핵심 요소로 등장함에 따라 선거여론조사 보도의 제3자 지각과 그에 따른 정치적 행위 결과에 대한 관심이 높아지고 있으며 관련 연구들이 이어지고 있다. 글린, 오스트만(Glynn & Ostman, 1988)의 연구를 첫출발로 하여 지금까지 적지 않은 연구들이 선거 여론조사와 제3자 지각 간의 지각적, 행위적 측면을 분석하였다. 그러나 대부분의 연구들이 여론조사의 영향력을 우려하는 유권자일수록 여론조사 공표 제한을 지지하는 규제행위(restrictive behavior)만을 분석한 것들이었다(Lo et al., 2015; Lavrakas, Holley, & Miller, 1991; Vreese & Semetko, 2002; Price & Stroud, 2005; Wei, et al., 2011; Wei, Chia, & Lo, 2011; 양승목, 1997; 김성태 외, 2006). 이밖에 지각된 여론조사 편향의 캠페인 토론 참여 의도와의 관련성(Wei, Chia, & Lo, 2011), 여론조사 결과 보도에 대한 제3자 지각이 분노의 정서를 거쳐 정치적 참여의향에 간접적으로 영향을 미치는 과정(김현정, 2013b), 투표의향(김현정 · 이수범, 2013; Banning, 2006), 방어적 투표 성향(민정식, 2013), 선거캠페인 참여(Wei, Chia, & Lo, 2011; Neuwirth, et al., 2002) 등의 연구들이 시도되었다.

본 연구는 본질적으로 제3자 효과의 행위적 효과 영역을 넓히고, 관련 이론을 체계시키는 데에 관심을 갖고 있다. 선거여론조사보도에 대한 제3자 지각이 행위적 효과인 정치참여에 미치는 직접적인 영향에 관한 기존 연구들이 소수에 불과할 뿐만 아니라 그것들이 대부분 본격적인 연구라기보다는 시험적인 연구였다는 점에서 한계가 있다고 하겠다. 또한 기존 연구들의 결과들이 제각기 다르게 나타나 아직까지 일치된 결론 도출이 안 되고 있다. 따라서 본 연구는 이 문제에 대한 보다 본격적이고 체계적인 연구를 통해 우리나라 선거상황에서 제3자 지각이 정치참여에 미치는 효과를 보다 정확하게 파악하고자 하였다. 본 연구의 궁극적인 목적은 2016년 4월 13일에 치러진 제20대 국회의원 총선 상황에서 유권자들이 선거여론조사의 영향력에 대해 과연 3자 지각을 하고 있는지, 있다면 제 3자 지각이 투표행위와 보다 적극적인 정치참여인 선거운동참여행위와 어떻게 연결되는지를 밝혀보는 데에 있다.

이론적 고찰

제3자 효과 가설

그동안 제3자 효과를 정당화시키기 위해 이기적 관여(ego involvement), 사회 범주이론(social categorization theory), 편향적 낙관주의(biased optimism), 귀인이론(attribution theory) 등의 다양한 심리학 이론들이 동원되었지만 어떤 이론도 제3자 효과와 명확하게 연결되지는 못했다(Idid & Souket, 2014). 제3자 효과의 심리적 기초에 관해서는 아직까지 일치된 견해는 없으나 적어도 다음과 같은 두 가지 아이디어에 대해서는 일반적인 합의가 이뤄지고 있다(Chyi et al., 2016). ① 대부분의 사람들은 다른 사람에 대한 우월감까지는 아니라 하더라도 자신을 다른 사람과는 다른 존재로 지각하는 것을 좋아한다(Perloff, 2009). ② 이러한 경향은 대부분의 상황과 인간 행위에서 나타난다(Kogut & Beyth-Marom, 2008).

제 3자 지각(TPP)은 사람들은 자기 자신은 다른 사람들 보다 더 지적이고 자신의 삶을 더 잘 통제한다는 일반적인 신념에서 출발한다. 더욱이 전통적인 제 3자 효과 연구에서 매스 미디어에 설득당하는 것은 바람직스럽지 않으며, 해롭기까지 한 것으로 인식되었다, 그리고 매스 미디어의 영향력에 저항할 수 있는 사람을 그렇지 않은 사람보다 우월한 것으로 여기는 암묵적인 전제가 있었다(Hoorens & Ruiter, 1996). 자신과 타인 지각 간의 불균형을 설명하는 개념과 논리들이 많은데, 그 중 하나가 바로 자신 높이기 편향 (self-enhancement bias)이다. 이것은 자신에 대한 우호적 관점을 갖고자 하는 개인의 바람을 말하는 것으로서 다른 사람보다 자신을 더 우호적으로 평가하도록 동기화된다는 것이다(Perloff, 2009; Tal-Or, Tsfati & Gunther, 2009).

그 동안 제3자 지각연구는 주로 메시지의 부정성(negativity)과 사회적 바람직성(social desirability)과 관련된 연구들이 주류를 이루었다. 과거 광고연구에서 사람들은 자신보다는 다른 사람들이 가정용품, 술과 맥주, 담배 등의 광고에 더 많이 영향을 받을 것으로 지각한다는 사실을 발견하였다(Gunther & Thorson, 1992; Shah, Faber, & Youn, 1999). 커뮤니케이션 연구에서는 사람들은 자신보다는 다른 사람들이 포르노그래피, 반사회적

랩음악 가사(antisocial rap music lyrics), 그리고 텔레비전 폭력에 더 많이 부정적으로 영향을 받을 것으로 믿고 있음이 일관되게 보고되었다(Gunther, 1995; Lee & Tamborini, 2005; Lo & Wei, 2002; Wu & Koo, 2001).

많은 연구들을 통해 사람들은 사회적으로 바람직스럽지 못한 메시지의 경우는 자신보다는 다른 사람들이 더 많이 영향을 받을 것으로 여기는 반면, 사회적으로 바람직한 메시지의 경우는 자신이 더 많이 영향을 받을 것으로 인식하는 경향이 발견되었다(Banning, 2006). 제3자 효과와는 반대로 사회적으로 바람직하거나 긍정적인 메시지에는 타인보다 자신이 더 큰 영향을 받을 것이라고 인식하는 것을 역 3자효과(Reverse Third-Person Effects) 혹은 제1자 효과(First-Person Effects)라고 한다(전혜진, 2016).

제3자 지각의 행위적 효과

선 외(Sun, et al., 2008)는 3자 지각으로부터 일어날 수 있는 중요한 행위적 결과들을 이해하는 데 유용한 분류법(taxonomy)을 제시했다. 이들이 제시한 첫 번째 행위 유목은 사회적으로 바람직스럽지 않은 미디어 내용에 대한 검열과 정부 규제를 지지하는 형식으로의 규제 행위(restrictive behavior)이다. 두 번째 행위 유목은 모호한 사회적 바람직성을 가진 내용의 경우 미디어 내용에 더 많은 정보를 추가하는 것과 같은 교정 행위(corrective action)이다. 세 번째 행위 유목은 공공부문 공지(public service announcements)와 같은 사회적으로 바람직스러운 내용에 대한 지지와 같은 홍보행위(promotional behaviors)를 말한다.

위에서 첫 번째 행위 유목인 규제행위와 관련된 연구들을 종합해보면 편향된 지각과 행위적 요소간의 관계를 지지하는 결과들이 많은데, 지각된 부정적 효과가 크면 클수록 검열을 지지하고자 하는 동기가 커지는 것으로 나타났다(Gunther, 1995; Wu & Koo, 2001; Rojas et al., 1996; Youn, et al., 2000: Chen, et al., 2015). 그런데 과거 제3자 지각의 행위 연구들이 보여준 가장 심각한 문제점은 이들 연구들이 정부의 미디어 규제 행위에 대한 지지와 같이 현실과는 동떨어진 가상 행위를 제3자 지각과 연결시키려했다는 점이다. 사실 사람들이 이런 규제 문제를 생활 속에서 생각할 기회가 얼마나 많겠는가하는 심각한 의문이 제기된다(Wei & Golan, 2013).

제3자 지각의 행위 요소에 관한 최근의 연구인 림과 골란(Lim & Golan, 2011)은 정치적 악성 비디오가 다른 사람에게 미치는 지각된 영향력과 사회관계망 사이트(social networking sites)에서의 교정 또는 홍보 행위(corrective or promotional behaviors) 참여 가능성간의 관계를 검증하였다. 연구결과 유튜브에서 정치적 악성 비디오 방송이 다른 사람에게 미칠 것으로 지각된 영향력은 비디오 페이지에 부정적 댓글을 남기거나(교정 행위) 잠재적으로 여기에 대항하는 비디오를 제작할 가능성(홍보행위)과 의미 있게 관련되었다. 이러한 발견은 정치커뮤니케이션에서 교정 행위에 관한 로하스(Rojas, 2010) 연구결과를 지지하는 것이다.

웨이와 골란(Wei, R., Golan, G., 2013)은 2012년 미국 대통령선거 상황에서 대학생들을 대상으로 실시한 서베이를 통해 사회적 미디어에 나온 정치광고의 제3자 지각은 인구통계학적 변인, 사회 미디어 이용, 정치 태도 등의 영향력을 통제한 뒤에도 홍보적 사회적 미디어 행위(promotional social media behavior)의 긍정적 참여를 예측할 수 있는 중요한 요인임을 밝혔다. 또한 로 외(Lo, et al., 2015)는 대만의 소고기 수입파동에서 자신에 대한 지각된 효과는 정부 정책 지지와 미국산 소고기 보이코트 행위 가능성을 잘 예측하는 것으로 나타났다.

선거여론조사와 제3자 효과

선거여론조사와 제3자 지각 간의 관계를 처음으로 연구한 글린, 오스트만(Glynn & Ostman, 1988)은 대체로 사람들이 선거여론조사 보도가 자신보다는 다른 사람들에게 더 크게 영향을 미치는 것으로 지각하고 있다는 사실을 밝혔다. 드 브리스와 세미트코(de Vreese & Semetko, 2002)는 덴마크의 2000년 유로 국민투표에서 공중에 대한 여론조사의 영향을 걱정하는 유권자일수록 여론조사 공표를 제한하는 것을 더 강하게 지지한다는 사실을 발견하였다. 프라이스, 스트라우드(Price

& Stroud, 2005)는 2000년 미국 대통령 선거에서 여론조사 보도에 부정적인 사람일수록 타인-자신 간 지각 격차가 더 커짐을 알아냈다. 웨이 외(Wei, et al., 2011)도 2008년 대만 총통선거에서 선거 여론조사에 대해 부정적인 사람일수록 타인-자신 간 지각 격차가 더 커지며, 이러한 편향된 지각은 여론조사 결과 보도를 제한해야한다는 규제 지지로 연결된다는 사실을 밝혔다. 미국에서 실시된 연구들에 의하면 자신-타인 간 지각격차(self-other perceptual gap)는 사전 선거 여론조사 규제지지(Price & Stroud, 2005), 선거 전망 금지(Lavrakas, Holley, & Miller, 1991)의 가능성과 관계가 있었다. 웨이 외(Wei, Chia, & Lo, 2011)의 연구에 의하면 제3자 지각과 지각된 여론조사 편향은 선거여론조사에 대한 규제에 대한 태도와 캠페인 토론 참여 의도와 관련이 있는 것으로 나타났다.

국내에서도 여론조사와 제3자 지각간의 관계를 파악하기 위한 연구들이 수행되었다. 양승목(1997)은 국회의원들 사이에 여론조사 결과보도의 영향이 자신보다는 일반 유권자에게 더 크게 나타날 것이라고 보는 제3자 지각이 일어나며, 이러한 편향이 여론조사 보도를 금지한 선거법을 지지하는 태도와 정비례하였다. 양승찬(1998)은 여론조사 보도에 대한 제3자 지각이 수용자와 비교대상의 사회적 거리가 멀어질수록 커진다는 사실을 밝혔다. 김성태 외(2006)는 이러한 제3자 지각이 온라인 여론조사 보도에서도 잘 나타나고 있음을 알아냈다.

정성은 외(2014)은 응답자 자신이 지지하는 후보자가 우세한 여론조사 결과에 노출되었을 때, 자신에게 미칠 영향력과 일반적인 제3자에게 미칠 영향력이 더 크게 지각된다는 사실을 밝혔다. 타인-자신 간의 영향력 지각 차이는 자신이 지지하는 후보자가 열세한 여론조사 결과에 노출되었을 때 더 높게 나타났다. 또한 제3자가 지지하는 후보가 우세한 기사에 제3자가 노출되었다고 제시하였을 때, 제3자에 대한 영향력 지각과 타인-자신 영향력 지각차이는 더 큰 것으로 나타났다.

김현정(2013a)의 연구에서는 유권자들은 자신보다 다른 유권자들이 선거 여론조사 보도의 영향을 더 많이 받을 것이라는 제3자 지각을 나타냈다. 또한 제3자 지각은 유권자 자신과 같은 정당 지지자들에 대해서보다 다른 정당 지지자들에 대해 더 크게 나타났다. 또한 김현정(2013b)은 2012년 대통령 선거 상황에서 자신이 지지하는 후보가 뒤처지고 있다는 여론조사 결과 보도에 대한 제3자 지각이 분노의 정서를 거쳐 정치적 참여의향에 간접적으로 영향을 미치는 과정을 발견하였다.

김현정과 이수범(2013)은 선거여론조사 결과 보도에 대한 제3자 지각이 투표의향에 미치는 영향을 정치적 정체성 중심으로 밝혀냈다. 이에 따르면, 여론조사 결과를 긍정적으로 인식한 박근혜 지지자에게서는 제1자 효과가, 부정적으로 인식한 문재인 지지자에게서는 제3자 효과가 나타났으며 정치적 정체성이 뚜렷할수록 제3자 지각 차이가 더욱 커지는 현상을 발견했다. 민정식(2013)의 연구에서 여론조사결과 보도는 수용자들에게 제3자 지각 효과를 일으키는 것으로 나타났으며, 제 3자 지각은 방어적 투표 성향에 영향을 미치는 것으로 나타났다.

기존의 연구들에서 일관되게 검증된 제3자 지각을 본 연구에서도 가장 기본적인 가설로 설정하였다.

〈가설 1〉 응답자들은 자신보다는 다른 사람들이 여론조사로부터 더 많은 영향을 받을 것으로 지각할 것이다

일반적으로 개인이 특정 문제나 대상에 대한 정보가 많거나 신뢰가 높을수록 편향적 지각이 낮을 것으로 예상할 수 있다. 반면에 특정 대상에 대해 정보가 많지 않거나 신뢰가 낮은 사람들은 막연한 정보나 이미지를 가지고서 인식하기 때문에 편향되게 지각할 가능성이 높을 것이다. 실제로 과거 연구에서 미디어 메시지의 신뢰도가 높으면 자아-타인 간 지각 격차가 줄어들지만 신뢰도가 낮으면 그 격차가 커진다는 사실을 밝혔다(Banning & Sweetser, 2007; Gunther, 1991). 김대경(2013)은 연구를 통해 여론조사 보도에 대해 불신을 하는 대학생들은 자신은 물론 다른 사람들에게도 부정적인 영향을 미친다고 응답을 한 반면, 신뢰를 하는 응답자들은 자신과 다른 사람들에게 긍정적인 영향을 미친다는 사실을 알아냈다. 2008년 대만 총통선거에서 웨이 외(Wei, et al., 2011)는 여론조사보도에 대한 신뢰도가 낮을수록 자아와 타자에 미치는 영향력은 더욱 부정적인 것으로 인식된다는 것을 발견했다.

낙관적 편향(optimistic bias)에 의하면 사람들은 다른 사람들의 삶 보다 자신의 삶을 더 긍정적으로 지각함으로써 자존심(self-esteem)을 강화하려는 동기화를 갖는다. 대체로 특정 대상에 대한 정보가 부족하거나 신뢰가 낮은 사람들이 낙관적 편향에 근거하여 사물을 지각할 가능성이 높다. 여론조사에 대한 신뢰가 낮다는 것은 여론조사를 부정적으로 본다는 것이다. 따라서 바람직스럽지 못한 메시지이기 때문에 전반적으로는 제3자 지각이 클 것으로 예상되며, 반대로 여론조사에 대한 신뢰가 높은 사람들은 메시지를 바람직한 것으로 여기기 때문에 제3자 지각이 크지 않을 것으로 예상된다. 따라서 본 연구는 다음과 같은 연구가설을 설정하였다.

〈가설 2-1〉 여론조사 관심도는 제3자 지각에 부적(-)으로 영향을 미칠 것이다.
〈가설 2-2〉 여론조사 신뢰도는 제3자 지각에 부적(-)으로 영향을 미칠 것이다.

제3자 지각과 정치참여

제3자 지각과 정치참여간의 관계를 설명하는 두 개의 심리학 이론이 있다(Banning, 2006). 하나는 사회 정체성 이론(Social identity theory)인데, 이것은 내부 집단과 외부집단의 정체성이 3자 지각에 있어서 자신의 집단과 다른 집단의 특성(parameters)들을 설정해준다는 이론이다. 덕, 호그, 테리(Duck, Hogg, & Terry, 1999)는 연구를 통해 "미디어 취약성에서의 자신과 타인간의 차이(self-other differences in media vulnerability)에 대한 지각은 자신과 타인간의주관적인 사회적 관계에 의해 영향을 받으며, 아울러 자존심(self-esteem), 사회 정체성(social identity), 다른 사람과의 차별화(differentiation from others)와 같은 동기들에 의해 지배된다."고 하였다. 비록 이들은 3자 효과의 지각적 측면에만 초점을 두고, 투표 가능성이라는 이슈를 다루지는 않았지만 투표와 제3자 지각간의 연결은 사회 정체성 욕구, 즉 한 집단과 다른 집단을 구별하고자 하는 욕구에 의해 영향을 받을 수 있다는 점을 시사한 것이다. 사회 정체성은 자신이 느끼는 내부 집단의 사람들과 동일시 하고자 하는 동기를 일으키고,

내부 집단과의 사회 정체성에 기초하여 투표행위를 하도록 자극한다고 한다(Banning, 2006).

또 다른 심리이론은 심리적 저항이론(Psychological reactance theory)인데, 때로는 부메랑 효과(boomerang effect)로도 불린다. 이 이론은 사람들을 한 방향으로 움직이기 위해 만들어진 메시지가 엉뚱하게 반대 방향으로 움직이게 만드는 것을 말한다. 여기서 심리적 저항이란 어떤 설득적 메시지가 자신의 자유를 위협한다고 믿도록 만드는 자연적인 성향을 말한다. 심리적 저항이론을 제3자 지각과 연결시키면, 투표는 자유 복원(freedom restoration)을 위한 행위가 될 수 있다. 만약 어떤 사람이 자신보다 다른 사람들이 미디어 메시지에 더 많이 영향을 받는다고 믿는다면 그 메시지의 영향력을 무력화시키기 위해, 그리고 다른 사람에 대한 메시지의 설득적 영향에 대항하기 위해 투표를 하게 된다는 것이다(Banning, 2006). 결국 제3자 지각 수준이 높은 사람일수록 즉, 자신보다 다른 사람들이 미디어에 더 많이 영향을 받을 것으로 느끼는 사람일수록 투표 등의 정치 참여를 하고자 하는 더 큰 동기를 갖게 될 것이다. 왜냐하면 사람들은 다른 사람들이 미디어 메시지에 의해 동기화되거나 현혹당할 것으로 지각하기 때문에 자신의 정치적 적들의 힘을 무력화(countermand)시키기 위해 투표할 가능성이 높아질 것으로 예상할 수 있다(Banning, 2006).

그러나 여기에 관한 첫 번째 연구인 배닝(Banning, 2006)의 연구에서는 예상과 달리 3자 지각은 투표율을 높이는 것이 아니라 오히려 유의미하게 떨어뜨리는 요인으로 나타났다. 웨이 외(Wei, Chia, & Lo, 2011)의 연구에서도 비슷한 결과가 나타났는데, 선거여론조사가 타인에게 미치는 지각된 효과는 캠페인 참여 의사의 중요한 예측인자가 아니지만 자신에게 미치는 지각된 효과는 강력한 예측인자인 것으로 나타났다. 또한 뉴워쓰 외(Neuwirth, et al., 2002)는 1자, 3자 지각의 공동효과는 선거에 대한 토론과 투표와 같은 시민 참여에서의 응답자의 의도와 긍정적으로 관련되어 있음을 발견하였다. 따라서 본 연구는 다음과 같이 연구가설을 설정하였다.

〈가설 3-1〉 제3자 지각은 투표의향에 영향을 미칠 것이다.

〈가설 3-2〉 제3자 지각은 선거운동참여의향에 영향을 미칠 것이다.

한편 본 연구는 기존연구들에서 제3자 지각에 많은 영향을 미치는 것으로 밝혀진 인구통계학적 변인군(성, 연령, 학력)과 정치지식, 정치이념, 정파성, 정치효능감, 선거관심도 등의 정치심리변인군(정성은 · 이원지, 2012; Price & Tewsbury, 1996; 정성은 외, 2014; Lee & Tamborini, 2005; 김성태 외, 2006; 김대경, 2013; Perloff, 1989;민정식, 2013), 그리고 신문읽는빈도, TV뉴스시청빈도, 인터넷기사 이용빈도, 인터넷 채팅 및 토론빈도, SNS이용빈도 등의 미디어이용변인군(Gunther, 1995; Banning & Sweetser, 2007; 설진아, 김활빈, 2008; 이성원, 2014; 김대경, 2013)을 통제변인으로 설정하여 본 연구에서 설정한 독립변인과 종속변인간의 인과관계를 보다 명확히 밝히고자 하였다. 본 연구에서 검증하고자 하는 연구모형을 〈그림 7-1〉과 같이 정리할 수 있겠다.

〈그림 7-1〉 연구 모형

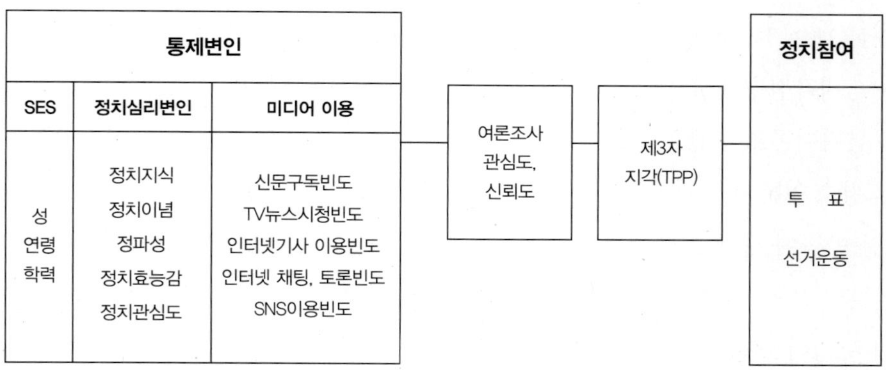

조사방법

1) 자료수집 및 분석방법

본 연구의 조사는 20대 국회의원 총선을 정확히

1달 앞둔 3월 11~13일 사이에 전라북도 지역에 거주하는 만 19세(유권자) 이상의 남녀를 대상으로 하였으며, 시군, 성, 연령별 인구비율을 고려하여 표본을 할당하는 할당표본추출방법(quota sampling method)을 통해 선정된 502명을 대상으로 대면면접조사를 실시하였다.

조사결과 남녀 비율은 똑같이 50.0%였으며, 연령별 비율은 20대(19세 포함)가 17.0%, 30대가 18.0%, 40대가 24.0%, 50대가 17.0%, 60대 이상이 24.0%였으며, 전체 평균연령은 47.2세이다. 응답자들의 학력은 중졸이하 5.0%, 고졸 36.0%, 대학이상이 59.0%이었다.

주요 변인의 조작적 정의

(1) 자신, 타인, 제3자 지각: 본 연구에서는 "언론의 선거여론조사보도가 자신(다른 사람들)이 후보자를 선택하는데 어느 정도 영향을 미친다고 생각하십니까"라는 질문에 10점에서 0점에 이르는 11점 척도로 응답토록 하여 각각 자신(M=4.54, SD=2.40)과 타인(M=5.14, SD=2.08) 지각 점수로 하였다. 제3자 지각은 타인 지각점수에서 자신 지각 점수를 뺀 값(M=.602, SD=2.08)으로 하였다.

(2) 선거여론조사 관심도, 신뢰도: 관심도와 신뢰도 모두 5점 척도로 측정하였다. 관심도는 "평소 언론의 선거여론조사보도를 어느 정도 관심을 가지고 보십니까"로 물어본 결과 5점 만점에 평균 2.76(SD=1.00)로 관심도가 높은 편은 아니었는데, 응답자의 38.1%는 언론의 선거여론조사보도를 전혀 또는 별로 보지 않는다, 38.8%는 보통이다, 23.1%는 매우 많이 또는 어느 정도 본다고 하였다. 선거여론조사 신뢰도는 "선거여론조사를 어느 정도 신뢰할 수 있다고 생각하십니까"로 물어보았는데, 조사결과 5점 만점에 평균 2.72(SD=0.91)로 신뢰도가 그리 높지 않았다. 응답자의 40.7%가 전혀 또는 별로 신뢰하지 않는다, 40.2%가 보통이다, 그리고 19.0%만이 매우 또는 대체로 신뢰한다고 하였다.

(3) 정치심리변인: 본 연구에서는 모두 5개의 정치심리변인들을 통제변인으로 사용하였다. 먼저 정치효능감은 핑그리의 연구(Pingree, 2011)에서 사용되었던 항목들을 사용하였는데, 그것들은 ① "선거에 내 한 표는 중요한 영향력을 미친다" ② "정치에 관련된

사항은 복잡하여 이해하기 힘들다" ③ "선거에 한 표를 행사하는 것은 유일한 의사표시 방법이다" ④ "정부가 무슨 일을 하고 있는지 나는 잘 모른다" ⑤ "정부나 정당에 내 의견을 제시 할 수 있다" ⑥ "국민이 힘을 합치면 잘못된 정치를 바로 잡을 수 있다" ⑦ "정부가 하는 일에 말해봤자 소용없다" ⑧ "정치인들은 일반시민이 무슨 생각을 하는지 신경 쓰지 않는다" 등을 5점 척도로 측정하였다. 8항목들에 대한 신뢰도 분석을 통해 전체적인 신뢰도를 떨어뜨리는 항목들을 제외하고 ④ ⑦ ⑧ 3항목에 대한 응답을 합산하여 평균값을 개인의 정치효능감 점수로 산출하였다(Cronbach's alpha=0.68, M=7.96, SD=2.49).

정치이념은 본인이 스스로 판단하기에 매우 보수적(1점), 중립적(3점), 매우 진보적(5점)인지를 5점 척도로 측정하였는데, 보수적이 12.4%, 중도가 46.5%, 진보적이 41.1%였다(M=3.33, SD=0.78). 정파성은 현재 지지하는 정당이 있는지를 물어서 지지정당이 없으면 0(38.2%), 있으면 1(61.8%)로 하였다. 선거관심도는 5점 척도로 측정하였다(M=3.21, SD=1.08).

정치지식은 20대 국회의원 선거와 관련된 기본적인 지식에서부터 난이도가 높은 지식까지 골고루 선정하였고, 여기에 국무총리 이름 인지도 등을 추가해 모두 7개 항목에 대해 제대로 알고 있는지를 객관식과 주관식 문제로 측정하였다. ① "이번 4.13 국회의원 총선은 제 몇 대 국회입니까"(정답률 70.3%), ② "이번에 뽑는 국회의원은 지역구와 비례대표를 합쳐서 모두 몇 명입니까"(정답률 28.5%), ③ "비례 대표로 선출되는 국회의원 수는 몇 명입니까"(정답률 14.9%), ④ "비례 대표 국회의원은 어떤 방식으로 선정됩니까"(정답률 40.4%), ⑤ "대통령 임기는 몇 년입니까"(정답률 89.0%), ⑥ "국회의원 임기는 몇 년입니까"(정답률 83.3%), ⑦ "현재 국무총리가 누구인지 말씀해 주시겠습니까"(정답률 44.0%) 등이다. 7개 항목들에 대한 신뢰도 분석 결과 모든 항목의 신뢰도가 높게 나타나 7개 항목에 대한 응답을 합산하여 개인의 정치지식 점수로 하였다. 각 항목들에 대해 정답을 맞히면 1점, 틀리면 0점으로 코딩하여 본 연구에서의 정치지식 점수는 최소 0점에서 부터 최고 7점 까지 분포하게 된다. (Cronbach's alpha=0.76, M=3.71, SD=1.90)

(4) 정치참여: 정치참여는 투표참여 의향과 보다 적극적 정치참여인 선거운동참여 의향으로 나누어 측정하였다. 투표 의향은 4.13 총선에 투표할 의향을 4점 척도로 물었다

(M=3.31, SD=0.75). 선거운동은 정당이나 후보를 위한 자원봉사 활동, 특정 정당에 회비 또는 후보자에게 후원금 납부, 가족이나 주변사람들을 만나 특정후보자 지지 권유나 설득, 정치집회 참여, '인터넷, 이메일, 메신저, SNS 등을 통한 선거와 관련된 의견을 띄움' 등 5개 선거운동을 5점 척도로 측정하여 이것들을 합산하여 개인의 선거운동참여 의향 점수(5-25점 분포)로 하였다(Cronbach's alpha=0.90, M=10.44, SD=4.51).

(5) 미디어 이용: 본 연구에서 TV이용량은 텔레비전 뉴스 시청빈도로 하였는데, 매일 본다를 4점, 전혀 안 본다를 1점으로 하는 4점 척도로 측정하였다(M=2.64, SD=0.97). 신문이용량은 신문을 읽는 빈도로 하였으며, TV이용량과 똑같이 매일 본다를 4점, 전혀 안 본다를 1점으로 하는 4점 척도로 하였다(M=1.94, SD=0.86). 인터넷 기사 읽는 빈도(M=2.91, SD=1.24)와 인터넷 채팅과 토론빈도(M=2.04, SD=1.17), SNS이용빈도(M=2.42, SD=1.12)는 5점 척도로 측정하였다.

(6) 인구통계학적 변인: 통제변인으로 사용될 인구통계학적 변인으로 성, 연령, 교육수준(중졸이하-고졸-대학이상) 등을 측정하였다.

연구결과

가설 1의 검증

가설검증에 앞서 제3자 지각점수의 분포 유형을 분석해보았다. 〈표 7-1〉에서 보듯이 전체 응답자의 과반수인 55.6%가 자신이나 타인간의 영향력 지각차이가 없다(즉, 제3자 지각점수가 0)고 하여 편향되지 않은 지각을 보였다. 반면에 전체 응답자의 31.3%는 타인이 자신보다 더 많은 영향을 받을 것(즉, 제3자 지각점수가 +값)으로 지각하였다. 이와는 반대로 오히려 타인보다 자신이 더 많은 영향을 받을 것(즉, 제3자 지각점수가 값)이라는 역3자 지각 또는 1자 지각을 하는 사람은 전체의 13.1%였다. 그래서 응답자의 55.6%는 선거여론조사가 자신이나 타인에게 똑같은 강도로 영향을 미친다는 무편향 지각을 하는데 비해 전체의 44.4%는 편향 지각을 하고 있다. 예상보다 무편향 지각자의 비율이 높았다.

이어서 제3자 효과의 가장 기본적인 지각현상으로서 자신보다는 다른 사람들이 더 많이 영향을 받을 것으로 믿는 제3자 지각(TPP)이 선거여론조사보도에 있어서도 나타나는 지를 확인하는 〈가설 1〉을 검증하였다. 〈표 2〉에 제시한 바와 같이 응답자들은 선거여론조사로부터 영향을 받는 정도에 있어서 예상대로 자신(M=4.54, SD=2.40)보다는 다른 사람들(M=5.14, SD=2.08)이 더 많이 영향을 받을 것으로 지각하고 있었다. 이러한 차이는 대응 t검증(paired t test)한 결과 두 값 간에 통계적으로 유의미한 차이를 보였다(t(1, 501)=6.48, p=.000). 따라서 선거여론조사보도에 있어서도 제3자 지각현상이 일어날 것이라는 〈가설 1〉은 검증되었다.

〈표 7-1〉 제3자 지각점수의 유형 분포

	%	사례수
−값(1자 지각)	13.1	66
0(무편향 지각)	55.6	279
+값(3자 지각)	31.3	157
계	100.0	502

〈표 7-2〉 여론조사보도가 자신과 타인에 미치는 효과에 대한 지각 평균값 비교

사례수	자신	타인	t값	유의도
502	4.54	5.14	6.48	.000
		(2.40)	(2.08)	

주: ( )안은 표준편차 값

가설 2의 검증

선거여론조사에 대한 관심도와 신뢰도가 제3자 지각에 부적(-)으로 영향을 미칠 것이라는 〈가설 2-1〉과 〈가설 2-2〉를 검증하였다. 이를

위해 인구통계학적 변인군(SES)과 정치심리변인군, 그리고 미디어 이용변인군을 통제 변인으로 하여 3개의 위계적 회귀분석(hierarchial regression)을 하였다.[2] 먼저 통제변인 중에서 제3자 지각에 가장 많은 영향을 미치는 것은 정치효능감(β=-.148, p=.000)으로서 정치효능감이 높을수록 제3자 지각이 줄어들었다. 이어서 인터넷 채팅이나 토론빈도(β =-.105, p〈.05)가 두 번째로 많은 영향을 미쳤는데, 이 것 역시 제3자 지각을 감소시키는 역할을 하고 있다. 이념성향(β=.100, p〈.05)도 적지 않은 영향을 미치나 진보적일수록 제3자 지각이 커지는 것으로 나타났다.

〈가설 2〉검증 결과는 〈표 7-3〉에 제시한 바와 같이 여론조사 관심도는 자신에 대한 지각(β=.143, p=.01)에는 정적(+)인 영향을 미치고 있으나 타인 지각(β=-.006, p〉.05)에는 별다른 영향을 미치지 못하는 것으로 나타났다. 여론조사 관심도는 제3자 지각(β=-.168, p=.01)에도 부적(-)인 영향을 미치는 것으로 나타났다. 여론조사관심도가 자신에 대한 지각에서는 정적(+)인 영향을 발휘하고 있으나 제3자 지각에서는 부적(-)인 영향을 미치고 있다는 것은 곧 여론조사에 대한 관심이 높을수록 타인 못지않게 자신도 영향을 받을 것으로 인식하기 때문에 결과적으로 제3자 지각이 줄어드는 것을 의미한다. 반대로 여론조사에 관심이 적은 사람일수록 자신보다는 타인들이 더 많은 영향을 받게 된다고 믿는 제3자 지각이 높아지는 것을 의미한다.

여론조사 신뢰도는 자신 지각(β=.407, p=.000), 타인 지각(β=.314, p=.000), 제3자 지각(β=-.153, p=.01) 모두에서 영향을 미치는 것으로 나타났으며, 여론조사 관심도보다 더 큰 영향력을 발휘하는 것으로 나타났다. 이 같은 결과는 여론조사에 대한 신뢰가 높은 사람일수록 자신과 타인들이 똑같이 여론조사로부터 영향을 받을 것이기 때문에 제3자 지각이 감소하는 것을 의미한다. 반대로 여론조사에 대해 신뢰가 없는 사람들은 자

2 회귀분석에 있어서 독립변인들 간의 높은 상관관계에 의해 발생하는 다중공선성(multicollinearity)을 검토하였다. 다중공선성을 진단하는 방법으로는 특정 변인의 표준오차 크기를 의미하는 공차(tolerance:$1-R^2$), 공차에 역수를 취해서 계산하는 각 변수의 상승변량(Variance Inflation Factor:VIF=$1/(1-R^2)$), 공선성 진단통계치인 조건지수(condition index), 변량비율(Variance proportions) 등이 이용된다(양병화, 2006). 본 연구에서 사용된 모든 독립변인들 간의 다중공선성을 검토한 결과 위의 모든 값들이 매우 안심할만하였다.

신보다는 다른 사람들이 더 많은 영향을 받을 것이라는 제3자 지각이 증가한다는 것을 의미한다.

〈표 7-3〉 주요 변수들이 자신, 타인, 3자 지각에 미치는 효과-위계적 회귀분석(계수는 β값)

독립변인	지각된 효과		
	자신	타인	3자 지각
블록 1: 인구통계학적 변인군			
성(여성)	-.007	-.090*	-.080
연령	.020	-.053	-.075
학력	-.087	-.025	.074
수정된 R^2	1.1%	0.5%	2.4%
블록 2: 정치심리 변인군			
정치지식	-.024	.036	.063
이념성향	-.013	.087*	.100*
총선관심도	.064	.129*	.054
정치효능감	.035	-.111*	-.148***
정파성	.065	.060	-.014
R^2 변화량	7.8%	9.5%	4.4%
블록 3: 미디어이용 변인군			
신문읽는빈도	.064	.117*	.042
TV뉴스시청빈도	-.069	-.060	.019
인터넷기사이용빈도	-.038	-.051	-.007
인터넷 채팅, 토론빈도	.072	-.023	-.105*
SNS이용빈도	.064	-.006	-.078
R^2 변화량	1.9%	2.0%	2.1%
블록 4:여론조사 관심, 신뢰도			
여론조사 관심도	.143**	-.006	-.168**
여론조사 신뢰도	.407***	.314***	-.153**
R^2 변화량	18.9%	8.4%	5.3%
전체 수정된 R^2	27.2%	17.5%	11.1%

* p 〈 .05 ** p 〈 .01 *** p =.000

보다 심층적인 분석을 위해 여론조사 관심도에 따라 상(관심을 갖고 있고 있는 집단) 중(중간인 집단) 하(관심이 없는 집단) 집단으로 나누고, 여론조사 신뢰도도 상(신뢰하는 집단) 중(중간인 집단) 하(신뢰하지 않는 집단) 집단으로 나누어 각 집단별로 자신과 타인, 그리고 제 3자 지각 점수들 간에 유의미한 차이가 있는지를 변량분석(ANOVA)하였다. 〈표 7-4〉에서 보면 알 수 있듯이 여론조사 신뢰도가 높을수록 자신과 타인 지각 간 격차가 적은 반면에 신뢰도가 낮을수록 자신-타인 지각 간 격차가 크게 나타나고 있다. 구체적으로 여론조사 신뢰도 상중하 집단의 제3자 지각 점수를 보면 각각 .15, .41, .93으로 여론조사 신뢰도가 높을수록 자신-타인 간 지각 격차가 적은 반면에 신뢰도가 낮을수록 격차가 커짐을 알 수 있다($F(2, 498)=5.8$, $p=.01$). 그러나 여론조사 관심도의 경우는 조금은 다르게 나타났는데, 여론조사 관심도 상중하 집단의 제3자 지각 점수를 보면 각각 .33, .25, .52로 여론조사 관심도가 중간인 집단이 자신-타인 간 지각 격차가 가장 적었으며, 변량분석에서도 세집단간에 유의미한 차이를 보이지 않았다($F(2, 498)=0.68$, $p>.05$).

〈표 7-4〉 여론조사 관심도, 신뢰도 집단별 자신, 타인, 3자 지각 평균값 비교

		자 신	타 인	제3자
여론조사 관심도	상	5.35	5.87	.33
	중	4.84	5.26	.25
	하	3.89	4.74	.52
	F값	13.5***	10.5***	.68
여론조사 신뢰도	상	5.99	6.14	.15
	중	5.01	5.43	.41
	하	3.78	4.71	.93
	F값	36.5***	20.5***	5.8**

* p〈.05 ** p〈.01 *** p = .000

지금까지 분석을 통해 선거여론조사 관심도가 제3자 지각을 줄일 것이라는 〈가설 2-1〉은 회귀분석에서는 검증되었으나 변량분석에서는 검증되지 않아 부분적으로 검증되었

다고 하겠다. 다시 말해 전반적으로는 여론조사 관심도는 제3자 지각을 줄이는 요인으로 작용하지만, 여론조사 관심도가 중간정도로 높은 집단이 관심도가 높거나 낮은 집단보다도 자신-타인 간 지각 격차가 적은 것으로 나타났다. 그러나 선거여론조사 신뢰도가 제3자 지각을 감소시킬 것이라는 〈가설 2-2〉는 회귀분석과 변량분석에서 모두 검증되었다고 하겠다.

가설 3의 검증

제3자 지각이 정치참여에 미치는 효과에 관한 〈가설 3〉을 검증하였다. 여기에서도 인구통계학적 변인군(SES)과 정치심리변인군, 미디어 이용변인군, 그리고 선거여론조사에 대한 관심도와 신뢰도를 통제변인으로 하여 위계적 회귀분석을 하였다.

먼저 독립변인들이 투표참여에 미치는 효과에 관한 분석결과를 보기로 하자. 〈표 7-5〉에 제시한 바와 같이 통제변인들 중에서 투표참여에 가장 큰 영향을 미치는 변인은 선거관심도(β=.424, p=.000)였고, 이어서 정파성이 두 번째로 높았는데(β=.141, p=.000), 선거에 관심이 많고 특정 정당을 지지하는 사람일수록 투표참여 의향이 높았다. 또한 여론조사 신뢰도(β=.113, p〈.01)도 투표의향에 영향을 미치고 있는데, 여론조사 신뢰도가 높을수록 투표참여 의향이 높았다. 그러나 이러한 통제변인들을 모두 통제한 상태에서 제3자 지각은 투표의향에 별다른 영향을 미치지 못했다. 다시 말해 제3자 지각은 정치참여인 투표참여와는 별다른 관계가 없는 것으로 나타나 제3자 지각이 투표의향에 영향을 미칠 것이라는 〈가설 3-1〉은 부정되었다.

이어서 제3자 지각이 보다 적극적 정치참여인 선거운동참여에 미치는 효과에 관한 분석결과를 보기로 하자. 〈표 7-5〉에 제시한 바와 같이 통제변인들 중에서 선거운동참여에 가장 큰 영향을 미치는 변인은 인터넷 채팅 및 토론빈도(β=.177, p=.000)이었으며, 선거관심도와 여론조사 관심도가 똑같이 두 번째로 높았다(β=.149, p=.01). 이러한 통제변인들을 모두 통제하고서 제3자 지각과 선거운동참여 의향간의 관계를 보면 제3자 지각이 강할수록 선거운동에 참여하고자 하는 의향이 증가하는 것으로 나타나 제3자 지각이 선거운동참여 의향에 많은 영향을 미치는 것으로 나타났다(β=.166, p=.000). 그래서 〈가설 3-2〉는 검증되었다.

〈표 7-5〉 주요 변인들이 투표 및 선거운동참여 의사에 미치는 효과-위계적 회귀분석(계수는 β값)

독립변인	투표의향	선거운동참여의향
블록 1: 인구통계학적 변인군		
성(여성)	-.088*	.083*
연령	-.007	.130*
학력	.054	-.014
수정된 R^2	3.2%	3.5%
블록 2: 정치심리 변인군		
정치지식	.038	.084
이념성향	.056	.109**
총선관심도	.424***	.149**
정치효능감	.009	.065
정파성	.141***	.094*
R^2 변화량	30.2%	15.2%
블록 3: 미디어이용 변인군		
신문읽는빈도	-.063	.096*
TV뉴스시청빈도	.053	-.099*
인터넷기사이용빈도	.051	-.015
인터넷 채팅, 토론빈도	-.060	.177***
SNS이용빈도	.009	.111*
R^2 변화량	0.9%	5.7%
블록 4:여론조사 관심,신뢰도		
여론조사 관심도	.058	.149**
여론조사 신뢰도	.113**	.097*
R^2 변화량	1.4%	2.0%
블록 5: 3자 지각		
3자 지각	.054	.166***
R^2 변화량	0.3	2.4%
전체 수정된 R^2	33.8%	26.3%

* $p < .05$ ** $p < .01$ *** p = .000

제3자 지각과 정치참여간의 관계를 보다 심층적으로 분석하기 위해 제3자 지각점수를 값(역3자 지각 또는 1자 지각), 0(무편향 지각), +값(3자 지각) 등 3개 집단으로 분류하여 어느 집단에서 정치참여의향이 높은지를 추가 분석하였다. 그 결과는 〈표 7-6〉에 제시한 바와 같은데, 여기서 흥미로운 사실은 1자 지각이든 3자 지각이든 편향된 지각을 갖는 사람들이 무편향 지각을 하는 사람들보다 정치참여 욕구가 강하다는 점이다. 구체적으로 지각점수가 0인 무편향 지각 집단에서 투표와 선거운동참여 의향이 가장 낮게 나타났다. 반면에 1자 지각이든 3자 지각이든 편향된 지각 집단에서 정치참여 의향이 높았는데, 투표의향에서는 1자 지각집단(-값 집단)이, 선거운동참여 의향에서는 3자지각 집단(+값 집단)의 참여 의향이 가장 높았다. 이러한 차이는 변량분석(ANOVA) 결과 집단 간에 유의미한 차이를 보였다(투표행위: F(2, 486)=8.4, p=.000, 선거운동 참여:F(2, 486)=5.7, p=.01).[3]

〈표 7-6〉 제3자 지각점수 유형별 투표, 선거운동참여의향 평균값 비교

3자 지각 점수 유형	투표	선거운동참여
−값(1자 지각)	3.50	10.82
0(무편향 지각)	3.19	9.85
+값(3자 지각)	3.45	11.33
F값	8.4***	5.7**

* p 〈 .05 ** p 〈 .01 *** p = .000

3 혹시나 3개 집단 간에 모두가 차이나는 것이 아니라 특정의 2개 집단끼리만 차이가 나는 것은 아닌지를 알아보기 위해 Scheffe의 사후검증을 해보았다. 그 결과 투표의향에서는 3집단 간 모두 서로서로(1자 지각-무편향 지각, 1자 지각-3자 지각, 무편향 지각-3자 지각)가 통계적으로 유의미한 차이를 보였다. 그러나 선거운동참여에서는 오직 무편향 집단(0값)과 3자지각 집단(+값) 간에서만 통계적으로 유의미한 차이를 보였고, 1자 지각 집단(-값)은 어느 집단과도 유의미한 차이를 보이지 않았다.

결론 및 논의

본 연구는 본질적으로 제3자 효과의 행위적 효과 영역을 넓히고, 관련 이론을 체계화시키는 데에 관심을 갖고 있다. 본 연구의 궁극적인 목적은 2016년 4월 13일에 치러진 제20대 국회의원 총선 상황에서 유권자들이 선거여론조사의 영향력에 대해 과연 3자 지각을 하고 있는지, 있다면 제 3자 지각이 투표행위와 보다 적극적 정치참여인 선거운동참여행위와 어떻게 연결되는지를 밝혀보는 데에 있다.

본 연구의 조사는 20대 국회의원 총선을 정확히 1달 앞둔 3월 11~13일 사이에 전라북도 지역에 거주하는 만 19세(유권자) 이상의 남녀를 대상으로 하였으며, 시군, 성, 연령별 인구비율을 고려하여 표본을 할당하는 할당표본추출방법을 통해 선정된 502명을 대상으로 대면면접조사를 실시하였다.

본 연구는 가설을 검증하는데 있어서 인구통계학적 변인군(성, 연령, 학력)과 정치심리변인군(정치지식, 정치이념, 정파성, 정치효능감, 정치관심도), 미디어 이용변인군(신문읽는빈도, TV뉴스시청빈도, 인터넷기사 이용빈도, 인터넷 채팅 및 토론빈도, SNS이용빈도)을 통제변인으로 하여 위계적 회귀분석(hierarchial regression)을 하였으며, 정치참여는 투표참여와 선거운동참여로 나누어 분석하였다. 주요 연구결과는 다음과 같다.

첫째, 제3자 효과의 가장 기본적인 지각현상으로서 자신보다는 다른 사람들이 더 많이 영향을 받을 것으로 믿는 제3자 지각(TPP)이 선거여론조사보도에 있어서도 확인되었다. 응답자들은 선거여론조사로부터 영향을 받는 정도에 있어서 예상대로 자신보다는 다른 사람들이 더 많이 영향을 받을 것으로 지각하고 있었다. 이러한 차이는 대응 t검증(paired t test)한 결과 두 값 간에 통계적으로 유의미한 차이를 보였다. 따라서 선거여론조사보도에 있어서도 제3자 지각현상이 일어날 것이라는 〈가설 1〉은 검증되었다.

둘째, 여론조사 관심도는 자신에 대한 지각에는 정적(+)인 영향을 미치고 있으나 타인지각에는 별다른 영향을 미치지 못하지만 제3자 지각에는 부적(-)인 영향을 미치는 것으로 나타났다. 여론조사 관심도가 자신에 대한 지각에서는 정적(+)인 영향을 발휘하고 있으나 제3자 지각에서는 부적(-)인 영향을 미치고 있다는 것은 곧 여론조사에 대한 관심이 높을수록 타인 못지않게 자신도 영향을 받을 것으로 지각하기 때문에 제3자 지각이 줄어드는 것을 의미한다. 반대로 여론조사에 관심이 적은 사람일수록 자신보다는 타인들이 더 많은 영향을 받게 된다고 믿는 제3자 지각이 높아지는 것을 의미한다.

여론조사 신뢰는 자신 지각, 타인 지각, 제3자 지각 모두에서 영향을 미치는데, 여론조사 관심도보다 더 큰 영향력을 발휘하는 것으로 나타났다. 이 같은 결과는 여론조사에 대한 신뢰가 높은 사람일수록 자신과 타인들이 똑같이 여론조사로부터 영향을 받을 것이기 때문에 제3자 지각이 감소하는 것을 의미한다. 반대로 여론조사에 대해 신뢰가 없는 사람들은 자신보다는 다른 사람들이 더 많은 영향을 받을 것이라는 제3자 지각이 증가한다는 것을 의미한다. 회귀분석과 변량분석을 통해 선거여론조사 관심도가 제3자 지각을 줄일 것이라는 〈가설 2-1〉과 선거여론조사 신뢰도가 제3자 지각을 감소시킬 것이라는 〈가설 2-2〉는 모두 검증되었다.

셋째, 통제변인들을 모두 통제한 상태에서 제3자 지각은 투표의향에 별다른 영향을 미치지 못했다. 다시 말해 제3자 지각은 투표참여와는 별다른 관계가 없는 것으로 나타나 제3자 지각이 투표의향에 영향을 미칠 것이라는 〈가설 3-1〉은 부정되었다.

그러나 제3자 지각이 강할수록 선거운동에 참여하고자 하는 의향이 증가하는 것으로 나타났다. 그래서 〈가설 3-2〉는 검증되었다. 제3자 지각과 정치참여간의 관계를 보다 심층적으로 분석하기 위해 제3자 지각점수를 값(역3자 지각 또는 1자 지각), 0(무편향 지각), +값(3자 지각) 등 3개 집단으로 분류하여 어느 집단에서 정치참여의향이 높은지를 추가 분석하였다. 흥미로운 사실은 1자 지각이든 3자 지각이든 편향된 지각을 갖는 사람들이 무편향 지각을 하는 사람들보다 정치참여 욕구가 강하다는 점이다. 구체적으로 지각점수가 0인 무편향 지각 집단에서 투표와 선거운동참여 의향이 가장 낮게 나타났다. 반면에 1자 지각이든 3자 지각이든 편향된 지각 집단에서 정치참여 의향이 높았는데, 투표의향에서는 1자 지각집단(-값 집단)이, 선거운동참여 의향에서는 3자지각 집단(+값 집단)의 참여 의향이 가장 높았다.

지금까지의 연구결과들을 통해 다음과 같은 결론과 논의를 전개할 수 있겠다. 먼저 우리나라의 국회의원 총선 상황에서 선거여론조사보도 역시 제 3자 지각을 일으키고 있음을 알 수 있었다. 이러한 결과는 국내에서 수행되었던 기존의 연구결과들(양승목, 1997; 양승찬, 1998: 김성태 외, 2006; 김현정, 2013a; 민정식, 2013)과도 일치하고 있다. 기존 연구들과 마찬가지로 본 연구에서도 응답자들은 자신보다는 다른 사람들이 선거여론조사에 더 많이 영향을 받을 것으로 믿고 있었다.

또한 개인이 평소 선거여론조사에 얼마만한 관심을 가지고 있고, 이를 얼마나 신뢰하느냐에 따라 선거여론조사보도의 제3자 지각이 결정된다. 다시 말해 평소 선거여론조사에 관심을 갖고 있거나 신뢰를 많이 할수록 여론조사가 자신에게 미칠 영향력이 클 것으로 지각하기 때문에 결과적으로 자신과 타인간의 지각 격차(self-other perceptual gap)가 줄어들게 된다. 반면에 여론조사에 대해 관심이 없거나 신뢰하지 못하는 사람들에게서 제3자 지각이 크게 일어난다. 이러한 결과는 2000년 미국 대통령 선거에서 여론조사 보도에 부정적인 사람일수록 타인-자신 간 지각 격차가 더 커진다는 연구(Price & Stroud, 2005), 그리고 2008년 대만 총통선거에서 선거 여론조사에 대해 부정적인 사람일수록 타인-자신 간 지각 격차가 더 커지는 연구결과(Wei, et al., 2011)와도 일치하고 있다. 결국 여론조사의 관심도와 신뢰도는 여론조사의 영향력을 조절하는 인지적 기제(cognitive mechanism)로 기능하고 있음을 보여준다 하겠다.

아울러 선거여론조사에 대한 제3자 지각이 투표행위에는 별다른 영향을 미치지 못하지만 투표행위보다 좀 더 적극적인 정치참여인 선거운동참여를 촉진시키는 긍정적인 효과를 일으킨다. 배닝(Banning, 2006)의 연구에서도 예상과 달리 제3자 지각은 투표율을 높이는 것이 아니라 오히려 유의미하게 떨어뜨리는 요인으로 나타났다. 웨이 외(Wei, Chia, & Lo, 2011)의 연구에서도 선거여론조사가 타인에게 미치는 지각된 효과는 캠페인 참여 의사의 중요한 예측인자가 아닌 것으로 나타났다. 하지만 뉴워쓰 외(Neuwirth, et al., 2002)의 연구에서는 1자, 3자 지각의 공동효과는 토론과 투표 등의 시민 참여 의향과 긍정적으로 관계가 있는 것으로 나타나 연구결과들이 엇갈렸다. 기존 연구들은 투표참여라는 정치참여에만 초점을 맞추었기 때문에 그 효과가 제대로 검증되지 않았다고 본다. 따라서 본 연구가 정치참여를 투표참여와 선거운동참여로 구분하여 제3자 지각이 투표참여에는 별다른 영향을 미치지 못하지만 보다 적극적 정치참여인 선거운동참여에는 상당한 영향을 미친다는 사실을 발견한 것은 중요한 의미를 갖는다 하겠다. 앞으로의 연구에서는 정치참여를 투표참여에만 국한시키지 말고 선거운동참여까지로 확대시켜야 할 것으로 보인다.

본 연구는 그동안 제3자 효과 연구가 등한시하였던 이 이론의 다양한 행위적 효과들을 확인했다는 점에서 큰 의미를 갖는다 하겠다. 선 외(Sun, et al., 2008)는 3자 지각으로부터 일어날 수 있는 행위적 결과들을 규제행위(restrictive behavior), 교정 행위(corrective action), 홍보행위(promotional behaviors) 등의 3가지를 제시하였다. 기존 연구들은 주로 제3자 지각이 일으키는 규제행위 차원에서의 행위적 효과를 밝혀내는 데 머물렀지만 본 연구는 규제행위는 물론이고 교정행위를 뛰어넘어 홍보행위까지의 행위적 효과를 발견한 것은 큰 의미가 있다 하겠다.

그리고 무편향 지각자들의 정치참여 의향이 가장 낮은 반면에 제1자 지각자와 제 제3자 지각자, 특히 제3자 지각자들의 정치참여가 상대적으로 높게 나타났다. 이러한 결과를 통해 정치 현상을 올바로 보지 않고, 편향되게 바라보는 편향 지각이 정치참여와 정치발전에 반드시 부정적인 요소로만 작용하는 것이 아니라 오히려 긍정적인 요소로 작용할 수도 있다는 사실을 발견한 점 역시 중요하다 하겠다.

앞의 이론적 고찰에서 제3자 지각과 정치참여간의 관계를 설명하는 사회 정체성 이론(Social identity theory)과 심리적 저항이론(Psychological reactance theory) 등 두 개의 심리학 이론(Banning, 2006)에 대해 설명한바 있다. 본 연구에서 제3자 지각자들의 정치참여 의욕이 활발하게 나타난 것은 이 두 개의 심리학이론이 모두 적용될 수 있지만 한국적 정치상황에서는 심리적 저항이론이 더 설득력 있다고 본다. 물론 사회 정체성이론에서 주장하는 바대로 인간은 자신이 속한 집단의 속성이나 규범 등과 일치하는 정치참여행위를 할 수 도 있다. 그러나 선거여론조사와 제3자 지각 간의 관계를 고려해보면, 자신보다 다른 사람들이 여론조사에 더 많이 영향을 받는다고 믿는다면 그 메시지의 영향력을 무력화시키기 위해, 그리고 다른 사람에 대한 메시지의 설득적 영향에 대항하기 위해 투표를 하게 된다는 심리적 저항이론이 더 타당할 것으로 본다. 제3자 지각 수준이 높은 사람들은 다른 사람들이 미디어 메시지에 의해 동기화되거나 현혹당할 것으로 믿기 때문에 자신의 정치적 적들의 힘을 무력화 또는 약화시키기 위해 정치참여에 대한 동기화가 높을 것으로 보인다.

그러나 본 연구는 표본이 정치적 동질성이 높은 특정 지역주민들만을 대상으로 조사하였기 때문에 본 연구결과를 한국 전체 유권자들로 일반화하는 데에는 조심스럽다 하겠다. 또한 본 연구에서 중요개념으로 사용한 투표행위, 선거운동참여 등의 정치참여행위를 직접 측정하지 못하고 응답자의 의향으로만 측정하였기 때문에 제3자 지각이 실제 정치참여행위로 얼마나 이행될지에 대해서는 알 수 없다는 점이 한계라 하겠다. 따라서 앞으로 연구에서는 실제 투표행위, 선거운동참여행위 등의 정치참여행위를 다층적이고 직접적으로 측정할 수 있는 방법론적인 개선이 필요하다 하겠다. 또한 특정 후보들의 우열을 나타내는 가상의 미디어 메시지를 활용한 실험방법(김현정, 2013b; 김현정, 이수범, 2013)을 통해 선거여론조사가 자신과 타인에게 미치는 영향력을 분석하는 것이 변인들 간의 인과관계를 보다 정확하게 파악할 수 있을 뿐만 아니라 제3자 효과가설의 지평을 넓힐 수 있을 것으로 생각한다.

<설문 내용>

1. 선생님은 종이 신문을 얼마나 자주 보십니까?

① 전혀 안 본다　② 어쩌다 한 번씩 본다

③ 거의 매일 본다　④ 매일 본다

2. 선생님은 텔레비전 뉴스를 얼마나 자주 보십니까?

① 전혀 안 본다　② 어쩌다 한번씩 본다

③ 거의 매일 본다　④ 매일 본다

3. 선생님께서는 평소 다음 목적을 위해 인터넷을 얼마나 많이 이용하십니까?

	전혀 이용하지 않음	별로 이용하지 않음	보통이다	꽤 이용하는 편이다	매우 많이 이용함
주요 뉴스 기사 읽기					
정치, 사회 이슈에 대한 정보 검색					
인터넷 채팅이나 토론					

4. 선생님은 SNS(페이스 북, 트위터, 카카오톡 등)을 얼마나 자주 하십니까 ?

① 전혀 안 한다 ② 어쩌다 한 번씩 한다
③ 거의 매일 한다 ④ 매일 한다

5. 다음은 사람들이 우리나라 정치과정에 대해 이야기한 내용입니다. 다음 내용에 대해 어느 정도 동의 또는 동의하지 않는지를 해당란에 V표해 주십시오.

	전혀 동의하지 않는다	동의 않는다	중립적	동의 하는 편이다	매우 동의 한다
선거에 내 한 표는 중요한 영향력을 미친다.					
정치에 관련된 사항은 복잡하여 이해하기 힘들다					
선거에 한 표를 행사하는 것은 유일한 의사표시 방법이다					
정부가 무슨 일을 하고 있는지 나는 잘 모른다					
정부나 정당에 내 의견을 제시 할 수 있다					
국민이 힘을 합치면 잘못된 정치를 바로 잡을 수 있다.					

정부가 하는 일에 말해봤자 소용 없다					
정치인들은 일반시민이 무슨 생각을 하는지 신경 쓰지 않는다.					

6. 선생님의 정치적 이념은 진보–중도–보수 중 어느 쪽에 가깝다고 생각하십니까? 해당 점수에 V표시를 해주십시오.

매우보수 보수 중도 진보 매우 진보
① ② ③ ④ ⑤

7. 선생님은 이번 4. 13 국회의원선거에 투표하시겠습니까?

① 절대로 하지 않겠다 ② 별로 하고 싶지 않다
③ 가능하면 하겠다 ④ 반드시 하겠다

8. 선생님께서는 이번 국회의원 총선에 대해 얼마나 관심을 가지고 계십니까?

① 전혀 관심이 없다 ② 별로 관심이 없다 ③ 보통이다
④ 조금 관심 있다 ⑤ 매우 관심 있다

9. 선생님께서는 평소 언론의 선거여론조사보도를 어느 정도 관심을 가지고 보십니까?

① 전혀 보지 않는다 ② 별로 보지 않는다 ③ 보통이다
④ 어느 정도 본다 ⑤ 매우 많이 본다

10. 언론사가 주관하여 실시하고 보도하는 선거 여론조사를 어느 정도 신뢰할 수 있다고 생각하십니까?

① 전혀 신뢰하지 않는다 ② 신뢰하기 어려운 편이다 ③ 보통이다
④ 대체로 신뢰하는 편이다 ⑤ 매우 신뢰한다

11. 가) 언론의 선거 여론조사보도는 선생님 자신께서 후보자를 선택하시는 데 어느 정도 영향을 준다고 보십니까? 절대적인 영향을 미치는 정도를 10점, 중간을 5점, 전혀 영향을 미치지 않는 정도를 0점으로 할 때 몇 점 정도입니까?

10점 만점에 ____________점 정도

나) 언론의 선거 여론조사보도는 다른 사람들이 후보자를 선택하는 데 얼마만큼 영향력을 미친다고 보십니까? 절대적인 영향을 미치는 정도를 10점, 중간을 5점, 전혀 영향을 미치지 않는 정도를 0점으로 할 때 몇 점 정도입니까?

10점 만점에 ___________점 정도

12. 오는 4.13 국회의원선거에서 만약 출마한 모든 후보들의 능력이나 됨됨이가 똑같은 조건이라면 선생님은 어느 정당의 후보를 지지하시겠습니까?

① 새누리당 ② 더불어 민주당 ③ 국민의당 ④ 정의당
⑤ 기타 정당 ⑥ 지지할 만한 정당이 없다
⑦ 지지할 만한 정당이 없다 ⑧ 잘 모르겠다

13. 선생님은 앞으로 기회가 되면 다음과 같은 활동을 하실 생각이 있습니까?

	전혀 생각이 없다	별로 생각이 없다	보통이다	할 생각이 조금있다	꼭 하고싶다
정당이나 후보를 위한 자원봉사 활동					
특정 정당에 회비 또는 후보자에게 후원금 납부					
가족이나 주변사람들을 만나 특정후보자 지지 권유나 설득					
정치집회 참여					
인터넷, 이메일, 메신저, SNS 등을 통한 선거와 관련된 의견을 띄움					

14. 아래와 관련한 사항에 대해 생각나시는 대로 말씀해 주시면 감사하겠습니다.

1) ● 이번 4.13 국회의원 총선은 제 몇 대 국회입니까?

① 제 17대 ② 제 18대 ③ 제 19대 ④ 제 20대 (5) 제 21대

2) 이번에 뽑는 국회의원은 지역구와 비례대표를 합쳐서 모두 몇 명입니까?

3) 비례 대표로 선출되는 국회의원 수는 몇 명입니까?

4) 비례 대표 국회의원은 어떤 방식으로 선정됩니까?

① 지역구 정당 의석수 ② 정당 득표율 ③ 지역구 의석수와 정당득표율 혼합

④ 잘 모르겠다

5) 우리나라 대통령과 국회의원 임기는 몇 년입니까?

(● 대통령 : 년 , ● 국회의원 : 년)

6) 현재 국무총리가 누구인지 말씀해 주시겠습니까? (이름 :)

CHAPTER

08

TV방송의 사회갈등 조정

TV방송의 사회갈등 조정[1]

문제제기

사회변동을 이끄는 가장 창조적인 힘은 사회적 갈등이다. 사회생활이 있는 모든 곳에 갈등이 존재한다고 생각하면, 불쾌하고 머리가 어지러울 것이다. 그렇지만 그것은 우리가 갈등하고 있다는 것보다 갈등이 없다는 것이 놀랍고도 비정상적인 것이며, 우리는 갈등의 증상을 나타내지 않는 사회나 사회조직이 있다면 그것을 의심할만한 충분한 이유를 가지고 있다. -다렌돌프(Ralf Dahrendorf)

복잡다단한 현대사회를 살아가다 보면 직접 간접으로 다른 사람과 또는 집단과 이해가 엇갈리는 경우가 생기는데, 여기에서 갈등이 시작된다. 민주사회에서 자신의 이익을 추구하는 행위는 정당한 권리로 인식되고 있다. 그럼에도 불구하고 우리 사회는 지난 수십 년 동안 독재 정권 치하에서 국민 개인의 정당하고 합법적인 권리조차 보호받지 못하고 제대로 행사할 수 가 없었다. 그러다 지난 1987년 6.29선언이 중요한 분수령이 되었다. 6공화국 이후 정치, 경제, 사회 등 전 분야에서 민주화, 자율화, 탈규제가 진전되면서 개인 간, 집단 간의 이해 상충이 폭증하고 있다. 예를 들면 노사문제, 지역감정문제, 세대 간 갈등, 남녀 간 갈등, 종교 갈등, 직업종간 이해대립 등이 좋은 예라 하겠다.

민주 정치가 발전하기 위해서는 각기 다양한 사회 구성원들의 의사가 정책에 골고루 반영되어야 한다. 자신의 이익을 보호하기 위해 국가 정책에 영향력을 행사하는 방법으로는 여러 가지가 있지만, 그 중에서 가장 효과적인 방법이 개인보다는 집단의 힘을 이용

---

1 저자의 'TV방송의 사회갈등 조정역할에 관한 연구-의약분업 분쟁을 중심으로. 한국방송학보 통권 제15-1호, 2001.4, 45-84' 논문을 일부 수정하였음.

하는 방법, 즉 이익집단(interest group)을 결성하는 것이다. 이익집단은 동일한 이익을 공유하는 사람들이 모인 집단으로서 집단의 욕구, 소망, 가치관 그리고 기대 등을 집단의 이익으로 결집시키고, 정책결정에 영향력이 있는 사람이나 정책결정과정 자체에 접근하여 이익을 표출함으로써 정책결정과정에 참여하게 된다.

일반적으로 이익집단의 이익표출은 정부기관에 대하여 요구하는 형태를 취한다. 그런데 이러한 이익표출을 하는 과정에서 집단끼리 충돌하여 갈등을 빚을 수 있다. 집단의 이익이 공익을 위한 것이라면 큰 문제는 없지만, 집단 성원들의 사익을 위한 이익표출은 자칫 국가 정책을 왜곡시킬 수 있다. 민주주의 정신에 따라 이익집단 존재의 독립성과 활동의 자율성이 보장되어야 하겠지만 이익집단의 정치적 힘이 국가의 정책과정에 지나치게 작용하여 국가 정책의 우선순위가 바뀌거나, 정책내용이 왜곡된다거나, 또는 정책집행이 어려워지게 된다면 문제가 아닐 수 없다. 다시 말해 이익집단이 국가의 정책과정에 참여하는 것은 민주주의 정신에 비추어 문제될 게 없으나 그 정도가 지나칠 경우에는 집단의 사익이 국민 전체의 공익을 우선하는 집단이기주의로 변질될 가능성이 높다. 이렇게 된다면 국가의 정책 입안과 집행이 어려움을 겪게 되어 사회 전체에 불안감과 불이익을 주게 된다.

대표적인 예가 바로 2000년에 의료계가 두 차례나 폐업을 하여 의료대란을 일으켰던 의약분업파동이다. 사실 의약분업사태는 작년에 갑작스럽게 터진 일이 아니라 지난 1963년 의료보험법 제정시 개정 약사법에 분업 원칙을 규정하였으나 여건미비를 이유로 무기한 유보된 때부터 시작된 일이다. 약 40년 동안 의약업계의 엄청난 갈등과 반발로 인해 정책시행이 보류된 장기 숙제였던 것이다. 최근에 와서는 지난 1994년 한약분쟁 이후 1997년 7월에서 1999년 7월 사이에 의약분업을 실시하기로 약사법을 개정하였다. 그러다 1998년 정부와 의약계가 의약분업 시행시기를 1999년 7월 1일로 확정하였다. 그러나 1999년 3월 다시 약사법을 개정하여 2000년 7월 1일로 연기한 것이다.

2000년 의약분업 시행을 목전에 앞둔 시점인 지난해 6월 20일부터 의료계가 폐업을 선언하여 7일 동안 의료대란을 일으켰다. 다행히 6월 26일 정상화가 되었으나 또다시 8월 11일 의료계가 2차 폐업을 감행하여 두 달 후인 10월에야 의사들이 파업을 철회하였지만 결국 2000년 연말에 가서야 의료파업이 막을 내리게 되었다.

의사나 약사와 같은 강력한 전문이익집단들의 영향력으로 정부의 의약분업 정책 시행이 수십 년 동안 보류되었을 뿐만 아니라 정책의 내용이 여러 번 수정되기까지 하였다. 보건의료정책 분야는 국민의 생명과 직결된다는 점에서 매우 중요하다. 의사와 약사집단간의 갈등과 정부의 미숙한 조정 역할로 인해 결국 국민들만 커다란 피해를 입게 된다는 점에서 큰 문제가 아닐 수 없다.

특히 2000년 두 차례에 걸친 의료계의 폐업사태는 정부에게도 그 책임을 묻지 않을 수 없다. 정책을 통해 집단 간 이해상충을 중재 또는 조정해야할 정부가 조정자로서의 역할을 제대로 수행하지 못하고 오히려 갈등의 한 당사자로 전락하여 사태를 중재, 조정해야 할 주체가 상실됨으로 인해 의약분쟁 파동이 더욱 더 악화된 것으로 이해할 수 있겠다.

문제는 바로 여기에 있다. 정부가 사회갈등 조정자로서의 역할을 제대로 못하거나 정부가 갈등의 당사자가 되는 경우에 과연 누가 조정자 역할을 대신해야 하는 가이다. 대안으로서는 국회와 시민단체, 그리고 언론을 들 수가 있을 것이다. 그러나 국회는 여야가 대립되어 조정자로서의 역할이 제한적일 수밖에 없으며, 시민단체 역시 조정역량과 정치적 힘, 그리고 여론을 주도할 수 있는 수단의 부재로 말미암아 그 역할을 크게 기대하기 어렵다. 지난 의약분쟁 사태에서 국회와 시민단체들의 조정력의 한계는 여실히 증명된 셈이다. 결국 마지막 사회갈등 조정자로서 언론을 상정하지 않을 수 없다.

사실 그동안 사회과학에서 사회갈등 연구들은 주로 갈등의 형태와 원인에 대해서만 집중적으로 연구하였다. 다시 말해 갈등집단의 형성, 자원 동원, 대결, 갈등 해결 및 규제 그리고 제도화 과정, 갈등 집단과 사회체제를 위한 갈등의 기능 등에 관한 연구가 대부분을 차지하였다. 반면에 갈등의 전개과정과 통제에 있어서 언론의 역할에 관한 연구는 다른 분야에 비해 경시되어온 것이 사실이다 (Strohm, 1999). 엄격히 말하면 우리의 일상생활 자체가 갈등이며, 사회생활 역시 갈등적 요소를 많이 내포하기 있기 때문에 우리의 일상생활과 사회생활을 다루는 언론의 뉴스 프로그램에서 사회갈등을 담은 기사가 차지하는 비율이 높을 수밖에 없다. 그럼에도 불구하고 언론학 분야에서 사회갈등과 언론의 조정 역할에 관한 본격적인 연구가 부족하고, 특히 언론의 갈등 보도와 관련된 실증적 연구가 제대로 이루어지지 않은 것은 문제가 아닐 수 없다.

따라서 본 연구는 우리나라 언론의 사회갈등 보도의 특성을 실증적으로 분석하기 위해 지난해 우리 사회에 엄청난 충격과 혼란을 일으켜 의료대란으로 불리어진 2000년 의약분쟁 사태를 언론, 특히 TV방송이 무엇을 어떻게 보도하였으며, 갈등 조정자로서의 역할 노력을 얼마나 충실히 하였는지를 실증적으로 검증하는 것을 연구의 목적으로 한다.

언론의 사회갈등 보도 특성 및 효과

갈등의 개념에 대한 논의는 그것을 보는 시각에 따라 매우 다양하게 전개되어왔다. 대표적으로 심멜(Simmel, 1973)은 갈등은 "가치와 부족한 지위와 권력, 자원에 대한 주장을 두고 벌어지는 투쟁"이라고 하였고, 크리스버그(Kriesberg, 1973)는 "양립할 수 없는 목표를 갖고 있는 두 개 이상의 편들 사이의 관계"라고 하였다.

사회갈등을 다루는 사회학적 이론은 일반적으로 기능이론, 갈등이론, 통합이론(갈등기능이론)으로 구분된다. (이정춘, 2000; 김동규, 2000). 파슨스(Parsons)를 비롯한 기능이론은 사회적 갈등과 분쟁보다는 조화로운 균형과 질서를 강조하는데, 사회 실체의 갈등적 측면을 과소평가하고 불안정, 무질서 및 갈등과 같은 편재적 현상들을 너무 쉽게 일탈적, 비정상적, 병리적인 것으로 보았다. 반면에 다렌돌프(Dahrendorf)를 중심으로 한 갈등이론은 기능주의가 질서와 조화만을 강조하여 현실을 너무 유토피아적으로 그리고 있다고 비판하며, 사회에는 갈등을 불가피하게 하고 그것을 벗어날 수 없게 하는 기제들이 있다고 본다. 그래서 갈등이론은 질서와 무질서의 두 가지 경향을 인정하고 있다. 그리고 코저(Coser)를 중심으로 한 갈등기능론자들은 사회적 갈등이 기존의 제도나 신념에 대한 도전을 함축하기 때문에 실제적으로는 그 사회의 변화가 가능하게 하는 적응기능을 수행한다고 본다.

전통적으로 언론은 개인이든 집단이든 갈등에 많은 초점을 맞추어 왔다. 그래서 '뉴스'의 개념 정의들을 보면 거의 모두 갈등요소가 포함되어 있다. 그러면 언론은 왜 사회갈등에 많은 관심을 보이는가? 물론 가장 중요한 이유는 갈등의 전개과정과 그 결과가 갖고 있는 중요성 때문이다. 그렇지만 이것만으로는 충분하지 않다. 이와 관련하여 바우쿠스(Baukus, 1999)는 갈등은 본능적이고 사회의 드라마틱한 부분을 담고 있기 때문에 언론의 보도에 딱 맞는 전형적인 기사거리라고 말한다. 또한 에릭슨과 미첼(Erickson and Mitchell, 1996) 역시 사회갈등을 둘러싼 언론의 보도량은 그 갈등에 담겨있는 드라마와 인간적 흥미의 함수라고 말한다. 우리 수용자들은 갈등의 모호성과 결과의 불확실성 때문에 갈등에 관심을 가지며, 이러한 모호성과 불확실성을 해결하기 위해 정보원, 특히 언론에 주목하는 것이다. 대체로 텔레비전 뉴스가 신문에 비해 갈등 이슈를 더 많이 강조하는 경향이 있는 것으로 알려지고 있다.

사회갈등은 코저(Coser)의 갈등이론이 잘 설명하고 있듯이 사회의 편재적인 현상이며 사회의 변화나 유지와 관련하여 중요한 기능을 수행한다. 아울러 이렇게 편재하는 사회갈등은 사회에 대한 환경감시 기능을 주임무로 삼고 있는 언론에게는 주요한 보도대상이라고 할 수 있다. 실제로 뉴스의 거의 절반 정도가 사회갈등과 관련된 것으로 나타났다(김동규, 2000).

그럼에도 불구하고 언론학에서 언론의 사회갈등 보도 관련 연구는 많은 주목을 받지 못해 왔다. 이와 관련하여 맨더(Mander, 1999)는 언론과 사회갈등연구는 그동안 커뮤니케이션 학자들 사이에서 상대적으로 경시되어 왔다고 말하고, 특히 비판 언론학자들은 사회갈등에 초점을 두고는 있지만 그것에 관한 실증적 연구를 하지 않았다고 지적했다. 최근까지 비판학자들의 연구는 사회갈등을 계급성원의 기능으로 보는 맑스주의에 뿌리를 두고 있기 때문에 비판학자나 실증주의자 모두 갈등을 대체로 부정적인 측면에서 다루어왔다고 말한다.

사회갈등과 언론의 관계에 대한 연구경향은 크게 네 분류로 나눌 수 있다 (김동규, 2000).

첫째는 사회갈등을 보도하는데 영향을 주는 언론조직 내 요인들을 밝히고자 하는 입장이다. 이러한 입장에서의 연구결과를 종합해보면 결국 사회갈등 뉴스란 단순한 현실 반영이 아니라 조직적이면서도 개인적인 산물이라는 점이 강조되었다.

둘째, 사회갈등을 보도하는데 영향을 주는 요인을 뉴스와 언론 조직 밖에서 찾고자 하는 연구 경향이다. 이들은 정치나 경제 사회체제가 언론조직에 어떠한 영향을 주는가에 연구의 초점을 맞추고 있다.

셋째, 기능론적 입장에 서서 갈등상황에서 언론의 통합적 기능을 강조하는 연구들이 있다. 기능론적 입장은 언론이 사회갈등을 통제하고 사회적 합의의 기본을 도출시키는 역할을 강조한다.

넷째, 비판론적 연구들은 언론은 사회통제 수단으로 활용되어 현상유지를 정당화시켜 주고, 그 결과 기존질서를 지지하는 역할을 담당한다고 본다. 나아가 언론은 사회갈등의 중요성을 최소화시키는 언론행위를 통해 현존 사회 및 정치질서를 유지 확산시키는 임무를 담당한다고 본다. 비판적 언론학자들은 언론의 이러한 역할을 강력한 지배 이데올로기적 기능으로 인식하였다.

이어서 사회갈등에 대한 언론의 보도 태도 및 특성에 관한 연구들을 살펴보도록 하자. 먼저 비판론적 입장에서 연구한 기틀린(Gitlin, 1978)의 연구를 대표적으로 꼽을 수 있다. 기틀린은 1960년대 미국사회의 대표적인 사회적 갈등인 반체제 학생운동이 사회운동으로서 성장, 발전, 소멸해 가는 과정에서 언론의 보도 방식을 분석하였다. 그는 언론은 나름의 틀, 즉 '미디어 프레임'을 통해 무의식적으로 반체제운동을 일정한 방향으로 의미화 시킨다고 주장하였다. 예를 들어 언론이 갈등상황을 보도할 때 사소화(trivialization), 극단화(polarization), 주변화(marginalization), 그리고 문제제기 집단의 내부 불화 강조 등의 기제를 통해 갈등상황을 구성한다는 것이다.

코헨 등의 연구(1990)에 의하면 언론, 특히 텔레비전 뉴스보도의 특징은 한마디로 '단순화'로 모아진다고 한다. 언론은 갈등의 저변에 깔려있는 원인을 설명하거나, 참여자들의 참여동기 그리고 갈등이 어떤 과정을 통해 전개되는가에 대해 분석하는 내용을 최소화하는 반면 현상적으로 나타나는 것에만 집중하는 경향을 보인다는 것이다. 결과적으로 이러한 뉴스보도 방식은 심층적인 권력관계나 사회적 과정을 보여주는데 실패하게 되고, 동시에 그런 뉴스가 보여주는 세계란 변화하지 않고, 변화의 가능성도 없는 매우 안정된 세계라고 할 수 있다. 그리고 이런 유형의 단순화는 개별 사건 중심의 보도를 낳는다. 갈등의 근본적인 원인에 대한 설명이 없는 보도는 갈등을 초기 소수 문제 제기자들의 사려 깊지 못한 즉시적인 판단과 행위가 야기한 사건으로 표상하기 쉽다는 것이다. 따라서 문제 제기자들의 모습은 사회 내 소수이며 주변적인 그룹으로 묘사될 수밖에 없다. 나아가 갈등을 단순화시키려는 언론의 보도경향은 대부분의 갈등에는 많은 집단의 이해관계가 맞물려 있음에도 불구하고 겉으로 드러난 두 집단만의 갈등으로 그려내는 게 전형적이라는 문제를 내포하고 있다 (김동규, 2000).

투크먼(Tuchman, 1978)의 연구에 의하면 언론은 갈등의 표출 강도가 강할 때, 즉 폭력이나 물리력이 동원된 시기에 집중적으로 보도하는 경향이 있음을 확인하였다. 언론이 갈등의 소강상태에서는 별로 보도를 하지 않고 물리적으로 충돌하는 시기에 집중 보도함으로 인해 국민들로 하여금 전체가 폭력으로 점철되어 있는 것으로 인식하게 만든다고 한다.

모스(Moss, 1999)는 오스트레일리아 상황에서 연구를 하였는데, 그는 사회 갈등에 관한 언론의 보도는 "위협을 주고" 그러고 나서 "해결하라"는 방식으로 구조화되어 있다고 말한다.

비스와나쓰와 아로라(Viswanath and Arora, 2000)는 언론의 사회통제 기능은 정보 통제 과정의 두 가지 형태를 통해 수행되는데, 그것을 피드백 통제와 분배적 통제로 구분하였다. 언론의 피드백 통제보도는 사회 체제 내에 있는 잠재적 문제에 대한 주목을 이끌어낼 목적으로 기사화하는데, 이것은 항의, 동원, 비난의 형태로 수용자 반응을 불러일으킨다고 한다. 피드백 통제의 결과는 문제를 해결하기 위한, 그리고 체제의 안정성을 복구하기 위한 공중들의 노력으로 나타날 수 있다. 분배적 통제보도는 일상적인 이벤트에 대한 보도를 의미하는데, 연구자들은 대체로 사회가 이질적일수록 언론은 피드백 기능을, 그리고 상대적으로 동질적일수록 분배적 기능을 강조한다고 주장한다.

에릭슨과 미첼(1996)은 파업에 대한 언론의 뉴스 보도량에 영향을 미치는 요인들을 연구하였다. 연구 결과 파업규모가 클수록 미디어의 주목도가 높아지는 것으로 나타났는데, 파업규모에 대한 조작적 정의를 '파업에 참여하는 노동자 수'로 하거나 또는 '해당 기업의 순매출액'으로 하든 관계없이 모두 같은 결과를 나타냈다. 또한 연방정부의 개입은 파업기간을 단축시키고, 언론의 주목도를 높여주는 것으로 나타났다. 그리고 파업을 하는 기업의 업종에 따라서도 언론의 주목도가 달랐는데, 사기업보다는 공기업이, 그리고 수송이나 공중 시설 산업과 같이 관련된 소비자가 많은 업종일수록 언론의 주목을 더 많이 받았다.

최근의 연구들은 노동조합과 파업에 대한 언론의 보도가 일방적으로 편파 되었음을 보여주고 있다. 대표적으로 쉬미트(Schmidt, 1993)는 1946-1985년에 이르는 40년 동안 미국의 노동조합과 파업 행위에 대한 미디어의 보도가 여론에 어떻게 영향을 미치는지를 연구하였다. 그녀는 이 기간 동안에 노동조합에 대한 미디어의 보도는 다른 어떤 것보다 파업에 더욱 더 집중한다는 사실을 밝혔다. 그리고 미디어는 파업의 빈도를 과장하는데, 이러한 과장은 공중들의 노동조합에 대한 인식에 부정적인 영향을 미치는 것으로 나타났다.

한편 우리나라에서 사회갈등에 대한 언론의 보도 특성에 관한 연구들은 많지 않은 편인데, 이들 연구들은 대부분이 언론의 노사분규에 초점을 둔 것이 특징이다. 몇 편의 중요 연구결과들을 잠시 살펴보도록 하겠다.

먼저 김승현(1990)은 1987년 1년 동안의 노사 갈등 관련보도를 분석한 결과 우리 신문들은 노사문제가 발생한 원인인 경제구조나 정치와의 관계에 초점을 맞추어 보도하기보다는 분규가 사회에 미치는 영향을 중점적으로 보도하고 있음을 밝혔다.

송정민(1992)은 우리 언론의 노사관련 뉴스보도의 특성에 대해 다음과 같은 5가지를 들고 있다. 첫째, 노동자의 과격성과 폭력성을 위주로 한 보도로서 노동문제는 사회의 질서나 규범에 반하는 것이라는 시각에서 묘사되는 경향이 있다. 둘째, 노동자의 사회적 요구를 비합리적이고 억지인 것으로 보도하거나 제반행위를 문제 집단의 문제행위로 보도하는 사회 비하적 보도의 관행이 있다. 셋째, 노동자의 요구사항을 경제적 이해관계로만 파악하여 노동자의 물질적 요구에 보도의 초점을 맞추려고 한다. 넷째, 노동자는 민주적인 원칙인 대화나 타협을 부정한다는 식의 보도나 전후 상황에 상관없이 무엇보다도 타협 자체를 우선시 하는 보도 관행이 있다. 다섯째, 노동자의 주장이나 요구가 비현실적이라는 데 초점을 맞추려는 경향이 있다.

백선기(1993)는 노사분규 관련 신문보도에 대한 기호학적 분석을 통해 노사갈등을 자연재해, 전쟁 상황과 같은 부정적인 의미의 언어로 범주화되고 있음을 밝혔다. 특히 노동자의 행위를 범법행위와 범죄 상황으로 부각하고 그 폐해에 주목하고 이것으로 인한 고통을 신체나 심리상의 병으로 연결시키는 의미화의 기제가 작동하고 있음을 밝혔다. 또한 신문은 노동자와 사용자간의 대립상태에 초점을 맞추어 실제보다 과장되게 표현하고 있으며, 분규의 확산과 관련하여서는 주로 부정적인 것이 전이되는 과정에 주목하고 있으며, 분규의 영향에 대해서는 '타격' '마비' '불통' '아비규환' '충격' 등의 과격한 기호로서 의미화 된다는 것이다.

그렇다면 사회갈등에 대한 언론의 보도가 수용자들에게 어떠한 영향을 미칠까? 우리 인간의 세계에 대한 지각과 신념은 다른 사람이나 집단과의 직접 경험과 언론 등을 통한 간접경험에 기초하고 있다. 언론은 보도를 통해 다른 사람과 집단에 대한 정의는 물론이고, 갈등의 이슈와 전략, 행동, 그리고 집단의 입장을 정의해 주는 과정에서 우리의 지각과 신념을 배양시킨다.

맨더(1999)는 언론의 사회갈등에 대한 보도는 본질적으로 갈등 이슈에 대해 잘 모르는 사람(the unknown)을 잘 아는 사람(the known)으로, 몰이해하는 사람(the abtrusive)을 이해하는 사람(the understood)으로, 그리고 갈등 이슈에 낯선 사람(the strange)을 친밀한 사람(the familiar)으로 바꿔놓는다고 말한다. 따라서 매스 미디어는 우리를 둘러싸고 있는 세계에 대한 공통적인 이해를 구축하는 중요한 도구가 되었다는 것이다.

티체너 등(Tichenor, 1999)은 지식격차가설을 동원하여 언론의 사회갈등 보도 효과를 검증하였는데, 연구결과 공동체 생활에서 이슈에 대한 지각된 갈등수준이 높을수록 그 이슈에 대한 지식수준이 높은 것으로 나타났다. 또한 사회갈등이 상승할수록 그 이슈에 대한 대인간 커뮤니케이션이 일어나는 비율이 증가하였다. 이 연구에서 발견한 또 다른 중요한 사실은 사회갈등의 역동성에 대한 설명이다. 갈등의 전개 과정에서 전통적 규범과 가치가 다시 강조되고 부활되며, 때때로 그것들은 새로운 규범에 동화되기 위해 수정된다는 것이다.

쉬미트(1993)의 연구에 의하면 파업에 대한 언론의 보도는 노동조합이나 파업에 대한 공중들의 인식과 태도에 부정적으로 영향을 미친다고 한다. 또한 한 가지 주목되는 것은 파업에 대한 언론의 보도가 일반 공중에게만 영향을 미치는 것이 아니라 파업에 관계된 당사자들의 태도와 행위에도 영향을 미칠 수 있다는 점이다. 이러한 연구 결과는 언론의 보도가 갈등 당사자들 간의 협상과정에 영향을 미칠 수 있음을 의미한다 하겠다.

마지막으로 언론의 파업에 대한 주목이나 보도 자체가 파업에 영향을 미쳐 오히려 파업기간을 연장시킨다는 연구결과도 있다. 플린(Flynn, 2000)은 1980년-1991년 사이에 적어도 1만 명 이상의 노동자가 참여한 모든 파업들을 조사하였다. 연구 결과 미디어의 주목은 파업기간을 늘리는 것으로 나타났으며, 그리고 공중의 주목은 파업의 재발가능성을 증대시키는 것으로 나타났다.

사회갈등 조정자로서의 언론의 역할

언론은 대의민주주의 정치과정에서 결코 외부 관찰자 또는 제 3자적 존재가 아니라 대의 민주주의의 일부분을 담당하고 있는 국민의 비공식적 수탁기구이다. 따라서 민주주의가 올바로 기능하지 않을 경우 언론 역시 공식적인 국민의 수탁기구인 행정, 입법, 사법조직에 못지않은 책임을 져야한다. 따라서 의약분쟁 사태가 장기화된 데에는 언론 또한 결코 책임으로부터 자유롭지 못하다 하겠다.

조정(mediation)이란 갈등을 해결하기 위해 협상과정에 개입하지만, 최종적인 결정을 내리고 해결책을 지시할 수 있는 권한을 가지지는 않고 당사자들이 받아들일 수 있는 해결책을 그들 스스로가 자발적으로 찾을 수 있도록 도와주는 것을 말한다. 바로 이와 같이 조정자는 결정권한이 없다는 점에서 중재(arbitration)와 구별된다. 중재는 제 3자(주로 해당분야 전문가)가 해결책을 결정해 당사자들에게 제시 또는 강제하는 것이다 (강영진, 2000).

분쟁의 조정자 역할은 쉬운 일이 아니기 때문에 아무나 할 수 있는 성질이 아니다. 적어도 다음과 같은 몇 가지 조건을 갖춰야만 조정효과를 거둘 수 있다고 본다. ① 무엇보다도 조정자는 분쟁의 당사자인 양 집단의 사정과 입장을 충분히 숙지하고 있어야 한다. ② 그러기 위해서는 분쟁이 되고 있는 문제에 대한 전문가적인 지식을 갖고 있어야 한다. ③ 또한 어느 한 편에 치우침이 없이 객관적이고 공평하여야 한다. ④ 소위 당근과 채찍을 사용할 수 있는 힘이 있어야 한다.

이러한 자격조건을 놓고 본다면 언론이야말로 정부를 대신할 수 있는 거의 유일한 분쟁 조정자라고 생각한다. 다만 네 번째 조건인 당근과 채찍을 사용할 수 있는 힘이 있느냐의 문제가 논란의 여지가 있지만, 언론이 동원할 수 있는 여론이야말로 그 어떤 정치적, 경제적 힘에 못지않은 힘으로 작용할 수 있다는 점에서 문제될 게 없다고 본다.

이와 관련하여 비스와나쓰와 아로라(2000)는 언론은 갈등을 주도하기보다는 많은 수용자에게 갈등을 공개시킴으로써 갈등을 심화시키기도 하지만, 일단 갈등의 논쟁이 전개되면 언론이 주도권을 쥐게 된다고 말한다. 그리고 언론은 권력과 사회의 구조적 범위 내에서 이슈와 전략, 행동, 그리고 집단의 입장을 정의해준다. 여기서 다른 사람에게 영향력을 행사하는 힘을 권력으로 이해한다면, 언론은 강제력 없이 갈등 당사자들을 조정할 수 있다는 점에서 언론은 분명 조정의 힘을 갖고 있다고 말할 수 있다.

언론은 집단갈등으로 인한 공익의 침해를 최소화하여 궁극적으로 정책수혜자인 국민의 권익을 보호하는데 조정의 목적을 두어야 한다. 그렇다면 구체적으로 조정자로서의 언론은 어떤 역할을 하여야 하는가?

무엇보다도 언론은 국가적으로 중요한 분쟁사태에 대해 많은 관심을 가지고 사태의 진행상황을 정확하고 공정하게 보도하여야 한다. 그래야만 국민들이 올바른 가치판단을 내릴 수 있는 것이다.

둘째, 당사자들에게 공동체 의식을 형성시켜주어야 한다. 이렇게 함으로써 당사자들을 포함한 모두가 하나의 공동체에서 살고 있다는 의식을 심어주어야 한다.

셋째, 당사자들 간의 대화를 촉구하고 토론의 장을 마련해 주어야 한다. 적대적인 분위기를 해소시켜 당사자들 간에 직접적인 의사소통의 기회를 제공하거나 또는 각 당사자의 의사를 상대방에게 전달할 수 있는 토론의 장을 마련해 주어야 한다. 언론이 당사자들 간의 대화를 주선함으로써 몇 가지 부산물을 얻을 수 있다. 갈등상황이 공개되고, 당사자들 간의 직간접적인 대화가 언론을 통해 공개됨으로써 당사자들이 국민여론을 의식하여 협상에 능동적이 될 수밖에 없고, 여론을 의식하여 합의를 쉽게 도출할 수 있으며, 아울러 나중에 당사자들이 합의된 내용을 번복하지 못하도록 하는 공증이 될 수 있다는 점이다.

넷째로 언론은 계속적으로 당사자들 간의 갈등의제를 명확하게 정리하여 보도함으로써 당사자들에게는 갈등의제를 망각하지 않고, 해결의 방안을 강구할 수 있도록 해주고, 국민들에게는 올바른 여론을 형성할 수 있도록 해줘야 한다. 이것이 바로 언론의 의제설정기능이다.

다섯 째, 상대방에 대한 신뢰를 잃지 않도록 분위기를 만들어주어야 하며, 당사자들의 체면을 유지시켜주는 일 역시 중요하다. 다시 말해 어느 일방을 매도한다든지, 파렴치한 집단으로 묘사해서는 안 된다. 그래야만 당사자들의 체면을 손상시키지 않고 양보를 이끌어낼 수 있는 것이다.

마지막으로, 어려운 일이기는 하지만 조정자가 할 수 있는 가장 중요한 역할은 바로 새로운 대안을 제시하는 것이다. 당사자들 간의 분쟁이 쉽게 해결되지 않고 분쟁이 장기화됨으로써 궁극적으로 정책의 수혜자인 국민들이 막대한 피해를 입을 때 언론은 공익의 보호차원에서 대안을 제시하여야 한다. 언론이 그저 객관적 저널리즘에 충실하기만 한다면 앵무새나 필경사 역할에 지나지 않는다. 이것은 경우에 따라 무책임한 일이기도 하다. 때로는 국민의 이익을 위해 과감히 분쟁의 해결사 역할을 하여야 한다. 항상 갈등 당사자 모두가 동의하는 해결책을 제시할 수는 없는데, 이런 경우라도 당사자들이 언론이 제시한 대안을 놓고서 진지하게 검토하여 또 다른 해결책을 모색할 수 있는 기회를 제공한다는 점에서 의의가 있다 하겠다. 언론은 항상 한쪽으로 치우침이 없이 중립성을 잃지 말아야 하지만, 새로운 대안을 제시하는 과정에서 만약 당사자들 간의 힘의 균형이 이루어지지 않은 경우에 때로는 조정자인 언론이 힘이 약한 당사자의 입장에 섬으로써 타협 가능성을 높일 수도 있다고 본다.

연구문제 및 연구방법

본 연구는 2000년 6월과 8월 두 차례에 걸쳐 있었던 의약분업에 따른 의료계 폐업사태에 대해 우리나라 TV방송이 무엇을 어떻게 보도했으며, 과연 분쟁 해결을 위한 조정자로서의 역할을 제대로 하였는지를 실증적으로 밝혀보고자 한다.

앞에서 살펴본 바와 같이 그동안 언론의 사회갈등 보도에 관한 본격적인 연구들이 양적으로 적었을 뿐만 아니라 언론의 보도내용을 실증적으로 분석한 연구들이 많지 않았다. 우리나라의 경우는 주로 노사분규와 관련된 사회갈등문제를 다뤄왔을 뿐 의약분업 파동과 같이 전 국민이 직간접적인 갈등의 당사자 또는 피해자가 되는 사례에 대한 연구가 없었다는 점에서 본 연구는 중요한 의미를 갖는다고 하겠다.

구체적으로 본 연구는 다음과 같은 연구문제들에 대한 해답을 구하고자 한다.

1. TV방송은 의료계 폐업사태를 얼마나 관심 있게 보도하였는가?
2. TV방송은 어떤 내용을 보도하였는가?
3. TV방송의 보도내용은 공정하였는가?
4. TV방송은 분쟁 조정자로서의 역할을 다했는가?

본 연구의 분석대상이 된 뉴스 프로그램은 KBS-1 TV의 9시 뉴스와 MBC TV의 9시 뉴스 데스크, 그리고 SBS의 8시 뉴스이다. 분석기간은 2000년 6월 20일에서 26일까지 있었던 1차 의료계 폐업사태와 8월 11일부터 시작된 2차 의료계 폐업사태 기간으로 하였다. 좀 더 구체적으로 말하면 1차 의료계 폐업사태 보도를 분석하기 위해 폐업 4일 전인 6월 16일부터 1차 폐업 정상화 직후인 6월 28일까지를 분석기간으로 잡았다. 또한 2차 폐업사태 보도를 분석하기 위해 2차 폐업 직전인 8월 7일부터 23일까지를 분석기간으로 하였는데, 분석기간 중인 8월 15일부터 18일까지 있었던 남북이산가족상봉기간은 분석에서 제외하였다.

실제 내용분석은 분석기간을 격일로 선정하여 1차 폐업, 2차 폐업 각각 1주일씩 모두 14일분으로 한정하였다. 본 연구에서 분석단위는 각기 독립된 기사꼭지로 하였다. 코딩은 두 명의 코더들이 담당하였는데 코더들 간의 의견이 일치되지 않을 경우 연구자와 같이 토론을 벌여 문제를 해결하였다. 코더간의 신뢰도를 계산해 본 결과 스코트 파이계수가 .84이었다.

본 연구에서 기사유형은 크게 스트레이트, 해설기사, 기획기사, 단신으로 분류하였다. 스트레이트기사는 육하원칙에 따라 보도한 뉴스를, 해설기사는 사건의 원인을 분석하고, 사건의 경과와 전망을 하는 기사로 하였다. 기획기사는 방송사가 시리즈물로 구성한 뉴스나 외국의 사례를 특별히 취재 보도한 기사로 구분하였다.

기사내용은 크게 8가지로 분류하였는데, "폐업으로 인한 환자들의 진료 불편 및 불만", "의약분업의 문제점", "파업돌입 및 전개", "정부와 국회의 대책 및 처리", "파업철회 및 의료정상화", "폐업으로 인한 인명피해 및 이와 관련된 소송과 마찰", "검찰의 수사 및 관련자 구속", 기타 등이다.

기사의 갈등성은 갈등, 화합, 중립으로 구분하였다. 갈등기사란 당사자 간의 언어 또는 행동상의 충돌과 대결구도를 담고 있는 기사를 말한다. 화합기사란 당사자들이 갈등이나 이견을 해소하는 내용을 담은 기사를 말하며, 중립기사란 갈등과 화합기사가 아닌 나머지 기사를 말한다.

각 방송사들의 하루 방송뉴스 건수가 제각기 다르고, 같은 방송사라 하더라도 요일별로 방송뉴스 건수가 달라 이들의 뉴스밸류를 정확히 측정하기 위해서는 표준화시킬 수밖에 없다. 따라서 본 연구에서는 하루에 방송된 전체 뉴스 건수의 방송순서를 4등분하여 톱뉴스에서부터 1/4순위까지를 상, 1/4순위에서 2/4순위까지를 중상, 2/4순위에서 3/4순위까지를 중하, 3/4순위에서 끝 뉴스까지를 하로 분류하였다.

보도태도는 앵커나 기자들의 멘트에서 나타난 방송사의 의료계 폐업사태에 대한 입장을 말한다. 사운드 바이트 내용의 성격은 정보적(사실에 관한 진술), 평가적(옳고 그름에 대한 진술), 정서적(좋고 나쁨에 관한 감정적 진술)으로 나누었다.

분석결과

관심도(보도량)

의료계 폐업사태에 대한 방송사들의 관심은 매우 높았던 것으로 나타났다. 물론 사안의 중대성을 비추어본다면 당연한 결과이기는 하지만, 이번 사태 관련 기사건수를 보면 KBS와 MBC가 똑같이 73건, SBS 59건으로 모두 205건이다. 방송사당 하루 평균 4.9건씩의 관련기사를 보도한 셈인데, 방송3사 모두 1차 폐업개시일인 6월 20일과 22일, 그리고 2차 폐업개시일인 8월 11일에는 7건에서 12건씩의 기사를 보도하기도 하였다. 그러나 부분적으로 폐업철회가 시작된 8월 19일 이후에는 보도건수가 크게 줄어들었다(표 8-1 참조).

분석기간에 방송되었던 총 기사건수는 1,012건으로 의료계 폐업사태기사의 비율은 20.3%이다. 방송사별 전체기사에서 의약분쟁기사가 차지하는 비율을 보면 KBS가 20.3%, MBC가 19.5%, 그리고 보도건수에서는 가장 적었던 SBS가 21.3%로 보도비율에 있어서는 가장 높았다.

방송시간량을 보면 MBC가 총 124분 21초, KBS가 116분 26초, SBS가 95분 41초로 MBC가 가장 많았다. 방송보도 기사건수에서와 마찬가지로 방송3사들은 1차 폐업기간인 6월 20일, 22일, 24일, 그리고 2차 폐업개시일인 8월 11일에는 무려 최고 20분까지 이번 사태를 집중적으로 보도하였다(표 8-2 참조). 한편 기사당 평균 길이는 MBC가 102.2초, KBS가 95.8초, SBS가 97.3초로 MBC가 가장 길었다.

〈표 8-1〉 의약분업 관련 기사 건수

	KBS	MBC	SBS	전 체
6 월 16 일	3	3	2	8
18 일	3	3	2	8
20 일	11	11	11	33
22 일	12	11	10	33
24 일	10	9	6	25
26 일	5	6	5	16
28 일	3	3	2	8
8 월 7 일	3	4	2	9
9 일	2	4	5	11
11 일	9	11	7	27
13 일	4	4	3	11
19 일	2	1	1	4
21 일	3	2	2	7
23 일	3	1	1	5
계	73	73	59	205
전체 기사건수	360	375	277	1012
총기사중 의약분업 관련기사 비율 (%)	20.3	19.5	21.3	20.3

〈표8-2〉 방송사별 의약분업 관련 기사 방송시간

	KBS	MBC	SBS	전 체
6 월 16 일	5 분 17 초	5 분 13 초	3 분 45 초	14 분 15 초
18 일	5 분 22 초	6 분 15 초	2 분 39 초	14 분 16 초
20 일	18 분 6 초	16 분 23 초	17 분 58 초	52 분 28 초
22 일	18 분 40 초	19 분 48 초	17 분 32 초	55 분 59 초
24 일	17 분 17 초	13 분 52 초	8 분 23 초	39 분 32 초
26 일	8 분 6 초	8 분 58 초	8 분 17 초	25 분 21 초
28 일	4 분 53 초	5 분 22 초	3 분 7 초	13 분 22 초
8 월 7 일	4 분 53 초	6 분 49 초	4 분 15 초	15 분 57 초
9 일	3 분 13 초	7 분 4 초	6 분 26 초	16 분 43 초
11 일	14 분 2 초	19 분 59 초	11 분 24 초	45 분 24 초
13 일	3 분 57 초	7 분 26 초	5 분 5 초	16 분 28 초
19 일	3 분 21 초	1 분 34 초	1 분 16 초	6 분 11 초
21 일	4 분 39 초	3 분 50 초	4 분 6 초	12 분 35 초
23 일	4 분 44 초	1 분 49 초	1 분 29 초	6 분 2 초
계	116 분 26 초	124 분 21 초	95 분 41 초	336 분 33 초
기사당 평균	95.8 초	102.2 초	97.3 초	98.5 초

기사유형

기사유형을 보면 절대 다수인 85.9%가 스트레이트 뉴스이며, 기획기사가 2.0%, 해설기사가 7.8%이며, 단신이 4.4%이다. 결국 전체 기사의 90.2%가 피상적인 정보를 담을 수밖에 없는 스트레이트 뉴스와 단신인 셈이다. 이에 반해 비교적 심층적인 정보를 담을 수 있는 해설, 기획기사는 9.8%에 지나지 않아 방송3사는 이번 사태를 매우 피상적으로 보도하였음을 알 수 있다. 결국 이러한 결과는 기틀린(1978)의 연구에서와 같이 언론이 갈등상황을 보도할 때 사용하는 프레임인 사소화(trivialization), 주변화(marginalization) 기제를 사용할 수밖에 없는 보도형식을 선호하였음을 보여주는 결과라 하겠다.

이러한 피상적인 보도 경향은 방송사마다 약간 달랐는데, KBS가 상대적으로 심층보도를 한 셈인데, 전체 기사의 15.0%가 기획-해설기사였다. MBC는 8.3%에 불과하였고, SBS는 가장 적은 5.1%에 지나지 않았다. 그러나 이러한 방송사간의 차이는 통계적으로 유의미한 차이를 보이지 않았다(x = 5.5, df=6, p〉.05).

〈표 8-3〉 기사유형 (%)

	KBS	MBC	SBS	전 체
스트레이트	79.5	87.7	91.5	85.9
기획기사	2.7	2.7		2.0
해설기사	12.3	5.5	5.1	7.8
단 신	5.5	4.1	3.4	4.4
계 (사례수)	100.0 (73)	100.0 (73)	100.0 (59)	100.0 (205)

$X^2 = 5.5$, df = 6, p 〉.05

기사내용

이번 사태에서 우리 방송사들이 가장 많이 보도한 내용은 "폐업으로 인한 환자들의 진료 불편 및 불만"이 23.9%로 가장 많았고, 이어서 "의약분업의 문제점"이 18.0%로 두 번째, "파업돌입 및 전개"에 관한 내용이 14.1%, "정부와 국회의 대책 및 처리"내용이 13.7%로 네 번째로 많았다. 이어서 "파업철회 및 의료정상화"가 10.7%, "폐업으로 인한 인명피해 및 이와 관련된 소송과 마찰"과 관련된 내용이 9.3%, "검찰의 수사 및 관련자 구속" 내용이 4.9%이며, 기타가 5.4%이다. 결국 방송 3사들은 이번 사태에서 주로 환자들의 불편과 피해를 중점적으로 강조하였음을 알 수 있는데, "진료 불편 및 불만"과 "인명 피해 및 소송" 등을 합하면 전체 보도 건수의 3건 중 1건(33.2%)이 환자와 관련된 기사였다.

〈표 8-4〉 기사 내용(%)

	KBS	MBC	SBS	전 체
파업돌입, 전개	15.1	11.0	16.9	14.1
정부, 국회의 대책	16.4	12.3	11.9	13.7
진료 불편, 불만	23.3	26.0	22.0	23.9
인명피해, 소송	8.2	8.2	11.9	9.3
검찰 수사, 구속	2.7	5.5	6.8	4.9
파업철회, 정상화	12.3	8.2	11.9	10.7
의약분업의 문제점	19.2	23.3	10.2	18.0
기 타	2.7	5.5	8.5	5.4
계 (사례수)	100.0 (73)	100.0 (73)	100.0 (59)	100.0 (205)

$\chi^2 = 9.4$, df = 14, $p > .05$

이러한 결과는 기틀린(1978)의 연구에서와 같이 언론이 갈등상황을 보도할 때 사용하는 프레임인 사소화(trivialization), 극단화(polarization), 주변화(marginalization) 기제를 사용함으로써 이번 사태의 본질적인 문제에 대한 접근이 부족하였음을 알 수 있겠다. 그리고 코헨 등(1990)이 지적한대로 사건을 단순화시키기 위해 이번 사태의 원인을 설명하거나, 참여자들의 참여 동기 그리고 갈등이 어떤 과정을 통해 전개되는가에 대해 분석하는 내용보다는 파업에서 나타나는 현상들에 초점을 두었음을 알 수 있다.

방송사별로 보면 통계적으로 유의미한 차이를 보이지는 않았다. 방송 3사 모두 "환자들의 불편과 불만"을 가장 많이 보도하였지만 두 번째로 많이 보도한 내용에 있어서는 차이가 있었다. KBS와 MBC는 "의약분업의 문제점"(각각 19.2%, 23.3%)을 두 번째로 많이 보도한 것과는 달리 SBS는 "파업돌입, 전개"와 관련된 내용(16.9%)을 두 번째로 많이 보도하였다.

뉴스 밸류

이어서 TV 3사가 의약분업사태 관련기사를 얼마만한 관심을 갖고서 어느 정도 비중 있게 기사화 하였는지를 분석하였다. 본 연구의 분석기간 동안 폐업관련기사가 톱뉴스로 보도된 것은 모두 20번으로 전체 톱뉴스 중(14일분 X 3방송사=42) 47.6%를 차지한다. 이어서 각 방송사들이 이번 사태를 얼마나 비중 있게 다루었는지를 분석하기 위해 뉴스밸류를 상, 중상, 중하, 하 등 4등급으로 분류하였다.[2]

그 결과 전체 의약분업관련 기사의 절반인 50.2%가 상에 해당하였고, 31.2%가 중상, 14.1%가 중하, 그리고 겨우 4.4%만이 하로 분류되었다. 따라서 의약분업 기사는 매우 비중 있게 취급되었다고 할 수 있겠다. 방송사별로 보면 〈표 8-5〉에서 보듯이 방송 3사

---

2 각 방송사들의 하루 방송뉴스 건수가 제각기 다르고, 같은 방송사라 하더라도 요일별로 방송뉴스 건수가 달라 이들의 뉴스밸류를 정확히 측정하기 위해서는 표준화시킬 수밖에 없었다. 하루 평균 방송뉴스 건수를 보면 스포츠 뉴스와 날씨를 제외하고 KBS가 25.7건, MBC가 26.8건, SBS가 19.8건이다. 따라서 본 연구에서는 하루에 방송된 전체 뉴스 건수의 방송순서를 4등분하여 톱뉴스에서부터 1/4순위까지를 상, 1/4순위에서 2/4순위까지를 중상, 2/4순위에서 3/4순위까지를 중하, 3/4순위에서 끝 뉴스까지를 하로 분류하였다.

가 거의 비슷하게 의약분업 관련기사를 매우 비중 있게 다루었는데, SBS는 관련기사의 54.2%가 상의 뉴스밸류를 나타냈고, KBS는 관련기사의 52.1%가 상인 것과는 대조적으로 MBC는 45.2%의 비율로 상대적으로 가장 낮았다. 그러나 SBS는 관련기사의 11.9%가 하의 뉴스밸류를 나타낸 점이 특이했는데, KBS는 하에 배치된 기사가 한 건도 없었고, MBC는 2.7%에 불과하였다.

〈표 8-5〉 뉴스 밸류 (%)

	KBS	MBC	SBS	전 체
상	52.1	45.2	54.2	50.2
중 상	32.9	31.5	28.8	31.2
중 하	15.1	20.5	5.1	14.1
하		2.7	11.9	4.4
계 (사례수)	100.0 (73)	100.0 (73)	100.0 (59)	100.0 (205)

$X^2 = 17.5$, df = 6, p = .007

이어서 어떤 내용의 기사들이 비중 있게 보도되었는지를 분석해 보았다. 그 결과 〈표 8-6〉에서 보는 바와 같이 "파업철회, 정상화"관련 소식은 거의 모두가 톱뉴스 또는 그에 준하는 비중으로 보도되었는데, 이와 관련된 기사의 90.9%가 상의 뉴스밸류를 나타냈다. 이는 어쩌면 당연한 결과일 수도 있지만 우리 방송사들이 의약분쟁의 정상화를 학수고대하였음을 의미하는 것이라 하겠다. 이어서 "인명 피해, 소송"관련 소식은 63.2%가, "진료 불편, 불만"은 59.2%, "파업돌입, 전개"는 51.7%, "검찰 수사, 구속" 관련 소식은 50.0%가 상의 뉴스밸류를 기록하였다. 그러나 "의약분업의 문제점"은 37.8%, "정부와 국회의 대책"은 겨우 14.3%만이 상의 뉴스밸류를 기록하였으며, 기타는 36.4%가 이 같은 뉴스밸류를 나타냈다.

〈표 8-6〉 기사 내용별 뉴스밸류(%)

	파업돌입, 전개	정부, 국회 대책	진료 불편, 불만	인명피해, 소송	검찰수사, 구속	파업철회, 정상화	의약분업문제점	기타
상	51.7	14.3	59.2	63.2	50.0	90.9	37.8	36.4
중 상	31.0	57.1	20.4	26.3	30.0	9.1	37.8	45.5
중 하	6.9	25.0	18.4	5.3	20.0		21.6	
하	10.3	3.6	2.0	5.3			2.7	
계 (사례수)	100.0 (29)	100.0 (28)	100.0 (49)	100.0 (19)	100.0 (10)	100.0 (22)	100.0 (37)	100.0 (11)

$X^2 = 51.0$, df = 21, p = .0002

보도태도 및 기사의 갈등성

앵커나 기자들의 멘트에서 나타난 방송사의 이번 사태에 대한 입장이라고 할 수 있는 보도태도를 분석하였다. 여기서는 인터뷰 대상자들의 내용이 아닌 앵커나 기자들의 태도만을 분석하였다. 그 결과 전체 기사의 약 3건 중 2건인 64.4%가 중립적이었다. 그리고 전체기사의 17.6%가 의사에 대해 비판적인 반면에, 정부 비판적인 기사는 4.9%에 지나지 않았고, 5.4%는 정부와 의사를 동시에 비판하였다. 따라서 전체기사의 약 4건 중 1건인 24%가 의사를 직접 비판한 셈이다. 그러나 정부입장을 지지하는 기사와 의사입장을 지지하는 기사는 똑같이 3.9%이었다(표 8-7 참조).

한편 각 방송사별로 보면 뚜렷한 차이를 보였는데, 방송 3사 모두 중립적인 기사가 가장 많았다. 특히 SBS는 이번 사태를 가장 중립적인 입장에서 보도하였는데, 전체기사의 81.4%가 어느 한 편을 지지하지 않는 내용이었다. 비율은 높지 않지만 SBS는 오히려 의사(3.4%)보다는 정부(6.8%)에 대해 더 비판적인 입장을 취했다. 반면에 KBS가 의사들에 대해 상대적으로 가장 비판적이었는데, 전체 기사의 24.7%가 의사들에 비판적인 반면에 정부 비판적인 기사는 2.7%에 불과하였다. 또한 입장지지에 있어서도 정부를 옹호하는 기사가 8.2%인데 비해 의사를 지지하는 기사는 1.4%에 지나지 않았다. MBC 역시 KBS와 비슷하였는데, 전체기사의 21.9%가 의사에 비판적 기사인 반면에 정부 비판적 기사는 5.5%에 불과하였다. 그러나 MBC는 의사지지 입장이 8.2%, 정부지지 입장이 2.7%로 지지입장에서는 의사 입장 지지가 많았으나 그 비율이 높지 않았다.

〈표 8-7〉 보도 태도 (%)

	KBS	MBC	SBS	전 체
정부 비판적	2.7	5.5	6.8	4.9
의사단체 비판적	24.7	21.9	3.4	17.6
정부 – 의사 비판적	2.7	6.8	6.8	5.4
중립	60.3	54.8	81.4	64.4
정부지지, 동정	8.2	2.7		3.9
의사지지, 동정	1.4	8.2	1.7	3.9
계 (사례수)	100.0 (73)	100.0 (73)	100.0 (59)	100.0 (205)

X^2 = 27.6, df = 10, p = .002

한편 각 방송사들은 이번 의료분쟁사태를 지나치게 "정부-의사", "환자-의사"간의 갈등 또는 대결적 구도로 틀지었다. 기사 내용의 갈등성을 보면 전체기사의 64.9%가 당사자 간의 갈등과 대결구도를 그렸다. 이에 반해 화합은 8.8%, 중립은 26.3%이다(표 8-8 참조). 이것은 기틀린이 말한 '극단화' 프레임의 사용을 의미하는 것이다.

방송사별로 보면 SBS가 이번 사태를 갈등과 대결관계로 가장 많이 묘사했는데 전체기사의 83.1%가 갈등과 대결기사이다. MBC는 71.2%가 갈등기사이다. 이와는 달리 KBS는 갈등보다는 중립적인 관계를 더 많이 강조했는데, 전체기사의 43.8%만이 갈등기사이고, 46.6%가 중립적인 기사이다(표 8-8 참조). 한편 화합적인 기사는 KBS가 9.6%, SBS가 8.5%, MBC가 8.2%로 방송사별로 별다른 차이가 없었다.

〈표 8-8〉 기사의 갈등성 (%)

	KBS	MBC	SBS	전 체
갈 등	43.8	71.2	83.1	64.9
화 합	9.6	8.2	8.5	8.8
중 립	46.6	20.5	8.5	26.3
계 (사례수)	100.0 (73)	100.0 (73)	100.0 (59)	100.0 (205)

X^2 = 27.9, df=4, p=.0001

이어서 갈등관계를 묘사한 기사들만 뽑아서 방송사들이 누구와 누구의 갈등관계에 초점을 맞추었는지를 분석해 보았다. 그 결과는 〈표 8-9〉에 제시한 바와 같이 각 방송사들이 주로 "의사-환자"(45.1%), "의사-정부"(30.8%) 관계에 초점을 맞추었음을 알 수 있다. 갈등기사의 75.9%가 "의사-환자, 정부"의 관계와 관련된 기사임을 알 수 있다. 방송사들은 나머지 관계에 대해서는 별다른 주목을 하지 않았다. 방송사별로 보면 별다른 차이를 보이지는 않았으나 KBS가 타 방송사에 비해 "환자-의사"(50.0%)에 더 많은 초점을 주었으며, SBS는 타방송사들에 비해 "정부-의사"(32.7%) 관계에 초점을 둔 점이 두드러졌다.

〈표 8-9〉 갈등기사의 관계유형 (%)

	KBS	MBC	SBS	전 체
정부 – 의사	28.1	30.8	32.7	30.8
정부 , 여당 – 야당	6.3	3.8	8.2	6.0
검찰 – 의사	6.3	9.6	8.2	8.3
환자 – 의사	50.0	44.2	42.9	45.1
약사 – 정부 , 의사	3.1	5.8	8.2	6.0
의료계 내부	6.3	5.8		3.8
계 (사례수)	100.0 (32)	100.0 (52)	100.0 (49)	100.0 (133)

X^2 = 5.2, df = 10, p 〉.05

계속해서 관계유형별로 기사의 성격이 갈등인지 화합인지를 분석해 보았다. 분석결과

〈표 8-10〉에서 보듯이 거의 모든 관계가 화합보다는 갈등으로 묘사되었는데, 특히 "정부-의사"관계 기사의 97.6%, 그리고 "환자-의사" 관계의 85.7%가 갈등관계로 처리되었다.

〈표 8-10〉 관계유형별 기사의 갈등성(%)

	정부 – 의사	정부, 여당 – 야당	검찰 – 의사	환자 – 의사	약사 – 정부, 의사	의료계 내부
갈 등	97.6	66.7	84.6	85.7	88.9	100.0
화 합	2.4	33.3	15.4	14.3	11.1	
계 (사례수)	100.0 (42)	100.0 (12)	100.0 (13)	100.0 (70)	100.0 (9)	100.0 (5)

$\chi^2 = 10.0$, df=5, p〉.05

물론 이번 사태가 이해관계의 상충에서 출발하였기 때문에 뉴스 또한 당사자들 간의 갈등을 주로 보도할 수밖에 없었음을 인정한다. 그러나 언론이 사태의 해결을 위한 노력보다는 정부, 국민-의사간의 이분법적인 대결과 갈등구도를 지나치게 강조하거나 조장하는 것은 사태의 해결에 별 도움이 되지 않는다. 또한 의사집단에 대한 일방적인 매도나 부정적 보도는 국민들로 하여금 의사에 대해 비인간적, 이기적인 집단이라는 부정적인 스테레오타입과 적개심을 심어줄 수 있다. 이렇게 된다면 사태가 해결된 뒤에도 그 후유증이 상당기간 지속되기 때문에 사회통합과 공동체 의식형성을 저해할 위험성이 있다 하겠다.

뉴스의 초점인물

이어서 어떤 사람이 뉴스의 초점이 되었는지를 분석해 보았다. 분석결과 역시 이번 사태를 일으킨 장본인인 "의사와 병원관계자"가 37.1%로 가장 많았다. 이어서 "환자나 시민단체"가 26.8%로 두 번째로 많았는데, 결국 전체 기사의 대부분인 63.9%가 의사와 환자에 집중적으로 초점을 맞춘 셈이다. 이와는 달리 "정부"(정부관리, 대통령 등)는 8.3%, 국회가 6.3%, 검찰이 4.9%, 그리고 "정부와 의사단체"를 동시에 초점인물로 다룬 기사가 5.4%, 약사단체가 2.9%이며, 기타가 8.3%이다(표 8-11 참조).

한편 1차 파동(6월)과 2차 파동(8월)을 비교해 보면 약간의 차이가 난다. 1차 파동에 비해 2차 파동에서 의사나 병원관계자에 초점을 둔 기사의 비율이 32.1%에서 45.9%로 크게 늘어났고, 환자나 시민단체를 초점으로 하는 기사의 비율 역시 1차 파동 22.9%에서 2차 파동 33.8%로 크게 증가하였다. 따라서 1차 파동과 2차 파동에서 의사와 환자에 초점을 맞춘 기사의 비율을 비교해 보면 55.0%에서 79.7%로 크게 늘어난 셈이다.

〈표 8-11〉 초점인물 (%)

	6 월	8 월	전 체
환자, 시민단체	22.9	33.8	26.8
의사, 병원관계자	32.1	45.9	37.1
약사단체	4.6		2.9
정 부	7.6	9.5	8.3
국 회	6.9	5.4	6.3
검 찰	6.9	1.4	4.9
정부 – 의사	7.6	1.4	5.4
기 타	11.5	2.7	8.3
계 (사례수)	100.0 (131)	100.0 (74)	100.0 (205)

$\chi^2 = 19.1$, df=7, p=.008

육성(sound bite) 분석

의료계 폐업사태에 대한 우리 방송사들의 보도에서 초점 인물들의 육성(sound bite) 방송율은 74.6%로 비교적 높은 편이며, 방송사별로 보면 SBS가 86.4%로 가장 높고, MBC가 76.7%이고, KBS가 63.0%로 가장 낮았다. 결국 SBS는 거의 모든 기사에서 초점인물의 육성 발언의 일부를 방송한 셈이다.

이어서 초점 인물의 사운드 바이트 내용의 성격을 분석해 보았다. 이를 위해 사운드 바이트 내용을 정보적(사실에 관한 진술), 평가적(옳고 그름에 대한 진술), 정서적(좋고 나쁨에 관한 감정적 진술)으로 나누어 분석한 결과 초점인물의 사운드 바이트가 있는 전체 기사의 과반수인 53.3%가 정보적이며, 13.8%가 평가적, 그리고 32.9%가 정서적인 것으로 나타났다. 다시 말해 대부분의 사운드 바이트 내용이 특정 사실에 관한 진술이 대부분이었다. 이를 초점인물별로 나누어 분석해보면 재미있는 현상이 발견되는데, 환자나 시민단체 관계자들의 사운드 바이트 내용은 대부분 정서적(64.2%)인 것으로 나타났다. 즉 환자나 시민단체 관계자들은 주로 감정적인 말들이 많이 보도된 셈이다. 예를 들어 환자들이 의사와 병원에 대해 비방하거나 억울함을 호소하는 내용들이 대표적이라 하겠다. 반면에 나머지 전문가 집단이라 할 수 있는 의사나 정부관리들은 대부분이 정보적인 내용이 많았는데, 예를 들어 "현재 00방안을 준비하고 있다." "00일부터 진료를 하지 않을 계획이다."등을 들 수 있다. 국회의원의 경우는 다른 집단에 비해 평가적(33.3%)인 내용이 많이 방송되었는데, 예로써 정부나 의료계를 비난하는 내용을 들 수 있다.

〈표 8-12〉 초점 인물별 사운드 바이트 내용 성격(%)

	환자, 시민단체	의사단체, 병원	정부	국회	정부 – 의사	약사단체	전 체
정보적	30.2	57.4	83.3	66.7	81.8	50.0	53.3
평가적	5.7	13.0	16.7	33.3	18.2	50.0	13.8
정서적	64.2	29.6					32.9
계 (사례수)	100.0 (53)	100.0 (54)	100.0 (18)	100.0 (12)	100.0 (11)	100.0 (4)	100.0 (152)

X^2 = 51.3, df=10, p=.0000

분쟁 조정자 역할 노력

이어서 방송사들이 분쟁의 조정자로서의 역할을 위해 얼마나 노력하였는지를 분석해 보았다. 그 결과 3사 모두 이번 사태의 전개 과정을 신속하게 보도하는 데에만 열중하였지, 정작 사태 해결을 위한 분쟁 조정자로서의 역할을 제대로 하지 못한 것으로 나타났다. 다시 말해 우리 방송사들은 분쟁 해결을 위해 갈등의 중심이 되고 있는 의제를 찾아 국민들에게 제대로 제시하지 않았고, 당사자 간의 직접적인 대화를 위한 대화의 장 마련이 부족하였을 뿐만 아니라 당사자들에게 대화의 필요성을 강조하거나 이를 제대로 촉구하지도 않았다. 또한 언론의 가장 중요한 분쟁 조정자 역할이라 할 수 있는 새로운 대안의 제시노력도 매우 부족했던 것으로 나타났다. 그러나 방송사별로 보면 모두 낙제점이나 그래도 KBS가 상대적으로 가장 많은 노력을 한 것과는 달리 SBS는 전혀 노력을 하지 않았다.

〈표 8-13〉에서 보듯이 갈등의제를 부각한 기사는 전체의 8.3%에 불과하였는데, 방송사별로 보면 KBS가 12.3%로 가장 높고, MBC가 8.2%, 그리고 SBS가 3.4%로 가장 낮았다. 또한 사태해결을 위해 뉴스 시간에 분쟁의 당사자들을 한 자리에 모아놓고 대화를 시도하지도 않았을 뿐만 아니라 이들 간의 대화를 직접 촉구한 기사는 전체의 3.4%에 지나지 않는다. 방송사별로 보면 KBS가 4.1%, MBC가 2.7%, SBS가 3.4%이었다. 그리고 사태해결을 위한 새로운 대안을 제시한 기사는 전체적으로 8.3%밖에 되지 않았는데, 방송사별로는 KBS가 17.8%로 가장 높았고, MBC는 5.5%인데 반해 SBS는 단 한 건도 발견되지 않았다.

〈표 8-13〉 전체 기사 중에서 조정 자 역할 기사의 비율(%)

	갈등의제 부각	대화 촉구	대안 제시 *
KBS	12.3	4.1	17.8
MBC	8.2	2.7	5.5
SBS	3.4	3.4	
전체	8.3	3.4	8.3

* p 〈 .05

질적 분석

지금까지 양적 분석을 통해 살펴본 바와 같이 방송사들은 이번 사태를 보도함에 있어서 갈등 조정자로서의 기본적인 자세인 중립성을 잃고서 의료계를 부정적으로 묘사하는 기사내용이 많이 눈에 띄었다. 그러나 사태의 원인을 분석하고, 대안을 제시하는 좋은 기사들도 없지는 않았다. 그러한 기사들을 직접 살펴보도록 하겠다. 먼저 의료계에 대한 일방적인 부정적 편파보도 중에서 대표적인 사례들을 들어보기로 하겠다.

"...하지만 의사들의 주장이 일리가 있다 하더라도 인간의 생명을 담보로 한 이 같은 집단행동을 과연 국민들이 용인할 수 있을지 큰 의문이 아닐 수 없습니다." (6월 18일, MBC).

"의사들의 주장이 일리가 있다 해도 폐업이라는 극단적인 방법은 지지를 얻지 못하고 있습니다." (6월 20일, MBC).

"레스토랑 등에서 의사들 출입을 금지...술값도 제약회사에 떠넘긴다..."(6월 22일, MBC).

"...의사들이 비운 자리에는 촌각을 다투는 위급환자들이 밀려들면서 고통과 원성의 소리가 끊이지 않았습니다." (6월 22일, MBC).

"의료계 폐업에 따른 피해를 고스란히 환자들에게 떠넘기는 병원의 행태에 대해 사회적인 약자인 환자들은 울분을 삭일 수밖에 없었습니다." (8월 11일, MBC).

"출산 예정일도 안 된 산모들의 출산을 억지로 앞당기는 병원들도 많습니다."(6월 18일, KBS).

"병원은 각종 검사비, 식대와 병실료, 영안실료와 주차료 등에서 폭리를 취하고 있습니다." (6월 18일, KBS).

이밖에도 기사의 제목 중에서 "의사 돌아와라" "더 이상 못 참는다" "몸 아픈 게 죄냐" "고통 분노 커간다" "갈 곳 없는 소아환자" 등의 의사들을 비난하는 부정적이고 감정적인 표현들이 발견되었다.

이와 같은 의료계에 대한 비판적 태도와는 달리 정부를 정면으로 비판하는 기사는 딱 1건에 불과하였다. 이런 기사는 KBS와 MBC에서는 발견되지 않았고, 오직 SBS기사에서만 발견되었다. 8월 11일 SBS는 "더 이상 못 참는다"란 제목의 기사에서 "원칙도 소신도 없이 끌려 다니다 불쑥 국민의 주머니를 털어 의료계를 달래겠다고 나선 것은 국민을 우습게 봤기 때문이라는 것입니다."고 정부의 소신 없음을 비난하였다.

한편 이번 의료계 파업사태의 본질적인 원인을 분석하고, 해결 대안을 제시하는 좋은 기사도 있었다. 6월 20일 KBS는 "해결의 길 찾자"란 제목의 기사에서 이번 사태의 근본적인 원인과, 외국의 의약분업 실태를 살펴보고, 문제를 해결할 수 있는 대안들을 제시하였다. 또한 KBS는 6월 24일 "임의 조제가 핵심"이라는 제목의 기사를 통해 의약업계 양쪽이 첨예하게 맞서고 있는 갈등이슈를 요약해줌으로써 언론의 의제설정기능을 발휘하기도 하였다.

맺는말

본 연구는 그동안 언론학 분야에서 본격적으로 다뤄지지 않은 언론의 사회갈등 보도를 실증적으로 연구하기 위해 지난 2000년 한 해 동안 우리 사회에 큰 충격과 혼란을 가져다주었던 의약분쟁 사태를 사례로 분석하였다. 구체적으로 본 연구는 2000년 들어 6월과 8월에 두 차례 있었던 의약분쟁 사태를 언론이 무엇을 어떻게 보도하였으며, 사회갈등 조정자로서의 역할 노력을 얼마나 하였는지를 검증하고자 하였다. 이번 사태에 대한 텔레비전 방송사들의 뉴스보도에 대한 내용분석 결과를 통해 다음과 같은 결론을 내릴 수 있겠다.

무엇보다도 이번 의료계 폐업사태에 대한 방송사들의 관심은 방송사간에 별 차이 없이 매우 높았던 것으로 나타났다. 물론 사안의 중대성을 비추어본다면 당연한 결과이기는 하지만, 방송사당 하루 평균 4.9건씩의 관련기사를 보도하였는데, 전체 보도 건수에서 이번 의료계 폐업사태기사가 차지하는 비율은 20.3%이다. 방송시간량을 보면 MBC가 총 124분 21초, KBS가 116분 26초, SBS가 95분 41초로 MBC가 가장 많았다.

둘째, 이번 사태에 대한 방송사들의 관심은 높았지만 심층적인 보도가 이루어지지 못하고 피상적인 보도가 주류를 이루었다. 전체 기사의 90.2%가 정보가 피상적일 수밖에 없는 스트레이트 뉴스와 단신이고, 비교적 심층적인 정보를 담을 수 있는 해설, 기획기사는 9.8%에 지나지 않았다. 이러한 피상적인 보도 경향은 방송사마다 약간 달랐는데, 그래도 KBS가 상대적으로 심층보도를 하였는데, 전체 기사의 15.0%가 기획-해설기사였다.

셋째, 방송사들은 사태의 원인 분석이나 사태 해결을 위한 내용보다는 주로 환자들의 불편과 피해를 중점적으로 강조하였는데, 이와 관련된 기사내용은 전체 보도 건수의 3건 중 1건(33.2%)을 차지하였다. 결국 이것은 기틀린이 지적한 바와 같이 우리 방송이 사소화(trivialization), 극단화(polarization), 주변화(marginalization)라는 프레임 기제를 사용하였음을 알 수 있겠다.

넷째, 방송사들은 이번 사태를 매우 비중 있게 기사화 한 것으로 나타났다. 폐업관련기사가 톱뉴스로 보도된 것은 모두 20번으로 전체 톱뉴스 중(14일분 X 3방송사=42) 47.6%를 차지하였다. 또한 뉴스 밸류를 상, 중상, 중하, 하 등 4등급으로 분류하여 분석한 결과 전체 기사의 절반인 50.2%가 상에 해당한 것만 보아도 의약분업 사태는 매우 비중 있게 취급되었다고 할 수 있겠다. 특히 "파업철회, 정상화"관련 소식은 거의 모두가 톱 뉴스 또는 그에 준하는 비중으로 보도되었는데, 이와 관련된 기사의 90.9%가 상의 뉴스 밸류를 나타냈다.

다섯째, 방송사들은 이번 사태를 대체로 중립적으로 보도하였으나 정부보다는 의사들에 대해 훨씬 비판적이었다. 전체 기사의 17.6%가 의사에 대해 비판적인 반면에, 정부 비판적인 기사는 4.9%에 지나지 않았다. 각 방송사별로 보면 비교적 뚜렷한 차이를 보였는데, SBS가 이번 사태를 가장 중립적인 입장에서 보도한 것과는 달리 반면에 KBS는 타 방송사들에 비해 의사들에 대해 상대적으로 가장 비판적이었는데, 전체 기사의 24.7%가 의사들에 비판적인 반면에 정부 비판적인 기사는 2.7%에 불과하였다. 또한 입장지지에 있어서도 정부를 옹호하는 기사는 8.2%인데 비해 의사를 지지하는 기사는 1.4%에 지나지 않았다. MBC 역시 KBS와 비슷하였는데, 전체기사의 21.9%가 의사 비판적 기사인 반면에 정부 비판적 기사는 5.5%에 불과하였다.

여섯째, 방송사들은 이번 의료분쟁사태를 지나치게 "환자-의사", "정부-의사"간의 갈등 또는 대결적 구도로 틀지었다. 결국 이것은 기틀린이 지적한 극단화(polarization) 프레임 기제를 의미하는 것이라 하겠다. 기사 내용의 갈등성을 보면 전체기사의 64.9%가 당사자 간의 갈등과 대결구도를 그렸다. 이에 반해 화합은 8.8%, 중립은 26.3%이다. 방송사별로 보면 SBS가 이번 사태를 갈등과 대결관계로 가장 많이 묘사했는데 전체기사의

83.1%가 갈등과 대결기사이다. 반면에 KBS는 갈등보다는 중립적인 관계를 더 많이 강조했는데, 전체기사의 43.8%만이 갈등기사이고, 46.6%가 중립적인 기사이다.

일곱째, 이번 사태를 일으킨 장본인인 "의사와 병원관계자"(37.1%)가 뉴스에서 가장 많은 초점을 받았으며, 이어서 "환자나 시민단체"가 26.8%로 두 번째로 많아, 결국 전체기사의 대부분인 63.9%가 의사와 환자에 집중적으로 초점을 맞춘 셈이다. 결국 이러한 결과는 우리 방송이 전체 국민들에게 파업에 따른 피해 확산의 우려를 강조함으로써 "위협을 함으로써 사태 해결을 촉구하는" 뉴스 프레임을 사용한 것으로 판단된다.

마지막으로 방송사들은 이번 사태의 전개 과정을 신속하게 보도하는 데에만 열중하였지, 정작 사태 해결을 위한 분쟁 조정자로서의 역할을 제대로 하지 못한 것으로 나타났다. 다시 말해 우리 방송사들은 분쟁 해결을 위해 갈등의 중심이 되고 있는 의제를 찾아 국민들에게 제대로 제시하지 않았고, 당사자 간의 직접적인 대화를 위한 대화의 장 마련이 부족하였을 뿐만 아니라 당사자들에게 대화의 필요성을 강조하거나 이를 제대로 촉구하지도 않았다. 또한 언론의 가장 중요한 갈등 조정자 역할이라 할 수 있는 새로운 대안의 제시노력도 매우 부족했던 것으로 나타났다. 그러나 방송사별로 보면 모두 낙제점이나 그래도 KBS가 상대적으로 가장 많은 노력을 한 것과는 달리 SBS는 전혀 노력을 하지 않았다.

결론적으로 방송사들은 이번 의약파동을 매우 관심 있고 비중 있게 다루기는 하였으나 갈등 당사자들의 입장에 대한 정확한 해석과 이해가 부족하였고, 게다가 전문적 지식도 결여되어 이번 사태를 피상적으로 보도하였을 뿐만 아니라, 지나치게 "환자-의사"와 "정부-의사"간의 갈등과 대결의 틀로만 보도하는 데에만 열중하여 결과적으로 사태해결을 위한 내용보도를 소홀히 하고 말았고, 갈등 조정자로서의 역할 노력을 제대로 하지 못했다고 하겠다. 또한 방송사들은 대체로 공정성을 유지하려 노력하였으나 "정부와 의사단체"라는 이분법적인 관계에서 본다면 의사들에게 과도하게 비판적인 태도를 취해 결국 제 3자로서의 공정한 자세와 신중한 태도를 유지하지 못했다고 하겠다.

따라서 앞으로 방송사들은 이번 사태와 같은 이익집단간의 갈등이나 분쟁이 터지면 다음과 같은 역할을 좀 더 충실히 하여야 하겠다.

첫째, 사태의 진행상황을 정확하고 신속하게 보도하면서 동시에 좀 더 신중하고 공정한 자세를 취해야 하겠다. 특히 한 쪽 편에 대한 일방적인 매도나 부정적 보도는 국민들로 하여금 해당 집단에 대해 부정적인 스테레오타입과 적개심을 심어줄 수 있다. 이렇게 된다면 사태의 해결이 더딜 뿐만 아니라 사태가 해결된 뒤에도 그 후유증이 상당기간 지속되기 때문에 사회통합과 공동체 의식형성을 저해할 위험성이 높다 하겠다.

둘째, 좀 더 적극적으로 당사자들 간의 대화를 촉구하고 토론의 장을 마련해 주어야 한다. 물론 뉴스 시간 이외에 여러 시사 토론프로그램을 통해 당사자들 간의 토론의 장을 만들 수는 있다. 하지만 시청률이 가장 높은 뉴스 시간에 양 당사자들을 스튜디오로 부르거나 아니면 3원 방송을 통해 갈등 이슈만을 가지고 토론하는 것도 시도해볼 만 하다. 혹자는 이러한 뉴스시간의 토론이 뉴스의 포맷에 맞지 않는다고 지적할 수 있지만, 수많은 환자와 보호자들이 고통 받고 수십 명의 환자들이 죽어 나가는 중대한 사회갈등 사태 해결을 위해서라면 프로그램 형식만을 고집할 수는 없을 것이다.

셋째로 언론은 당사자들 간의 갈등의제를 명확하게 정리하여 보도하여야 하겠다. 그래야만 국민들의 올바른 이해와 판단에 도움을 줄 수 있을 뿐만 아니라 당사자들에게도 문제해결을 위한 논쟁의 폭을 좁혀 줄 수 있을 것이다.

마지막으로 조정자가 할 수 있는 가장 중요한 역할이라 할 수 있는 새로운 대안을 제시하는데 좀 더 많은 노력을 하여야 하겠다.

<의약분업 코딩 스킴I>

(1–3) ID
(4) **방송국** 1. KBS 2. MBC 3. SBS
(5) **월**
(6,7) **날자**
(8) **요일** 1. 월 2. 화 3. 수 4. 목 5. 금 6. 토 7. 일
(9) **기사유형** (1) 스트레이트 (2) 스케치 (3) (4) 기획기사 (5)해설기사
(6) 단신 (7) 인터뷰 + 대담

(10,11) 기사의 꼭지번호

(12–3, 14–5) 기사내용 1, 기사내용2

(1) 약사재기 (2) 사태원인 (3) 파업사태, 돌입
(4) 의약분업 준비부족(처방약 공급 차질 등) (5) 응급환자 치료(안내)
(6) 국회 (7) 의약분업 정부 처리, 대책 (8) 대화용의
(9) 의료진료 문제, 불만 (10) 병원 표정, 스케치 (11) 국민들 분노
(12) 인명사고, 피해 (13) 선진 외국 사례 (14) 한국의료수준 (15) 대화 막힘
(16) 진료 방해(협회 간부) 구속, 수사 (17) 간호사 강제 휴가
(18) 어린이 진료 어려움 (19) 교수 응급실 철수 (20) 인술 미담 (21) 약사회 반발
(22) 검찰수사 유보 (23) 의약분업 준비 문제 (24) 진료준비 (25) 파업철회
(26) 약사법 개정 합의 (27) 의약분업 문제점 (28) 의약분업 역사
(29) 폐업 피해 소송 (30) 처방전 부실역사(31) 의약분업 실시 이유

(16) 기사 성격 1 (1) 긍정적 (2) 부정적 (3) 중립 (4) 긍정 + 부정

(17) 기사 성격 2 (1) 갈등 (2) 화합 (3) 중립

(18,19) 갈등(화합) 관계

(1) 정부–의사 (2) 의사–약사 (3) 여–야 (4) 검찰–의사 (5) 환자–의사
(6) 의사–간호사 (7) 정부–약사

(20,21) 기사의 초점인물1

(1) 시민, 소비자 개인 (2) 시민 단체 (3) 의사 개인 (4) 의사단체, 병원
(5) 약사 개인 (6) 약사 단체 (7) 정부(장관, 관리 등) (8) 청와대
(9) 대통령 (10) 여당 (11) 야당 (12) 여야(국회) (13) 병원 직원
(14) 검찰 (15) 간호사 (16)
(21) 정부+ 의사단체 (22) 외국 (23) 한국의료수준 (24) 의약분업 (90) 없음

(22,23) 기사의 주초점 인물 행동

(1) 대중연설 (2) 소규모 집회(연설) (3) 회의(주재)
(4) 기자회견 (5) 대중 집회 (6) 폭력적 충돌
(7) 약 구매 (8) 인터뷰 (9) 병원 진료 신청 (10) 병원 표정 스케치
(11) 구속–연행 장면 (12) 시민들 행동 (13) 진료 (14) 환영
(15) 고소 장면 (90) 없음

(24) 주초점 인물 육성 처리(soundbite) (1) 있다 (2) 없다

(25) 육성 내용의 성격

(1) 긍정적 지지(찬성, 격려, 지지 등) (2) 공격, 비판 (4) 지지호소

(5) 주장, 제의 (7) 사실제시, 의견 표명 (8) 정책

(26) 주초점 인물 사운드 바이트 반응 양태

(1) 정보적 (2) 평가적 (3) 정서적

(27–8) 인터뷰 대상

(1) 시민, 소비자 개인 (2) 시민 단체 (3) 의사 개인 (4) 의사단체, 병원
(5) 약사 개인 (6) 약사 단체 (7) 정부(장관, 관리 등) (8) 청와대
(9) 대통령 (10) 여당 (11) 야당 (12) 여야(국회) (13) 병원 직원
(14) 검찰 (15) 간호사 (21) 정부+ 의사단체 (22) 외국
(23) 한국의료수준 (24) 의약분업 (90) 없음

(29) 인터뷰 대상 내용의 성격

(1) 긍정적 지지(찬성, 격려, 지지 등) (2) 공격, 비판
(4) 지지호소 (5) 주장, 제의 (7) 사실제시, 의견 표명 (8) 정책

(30) 인터뷰 대상자 사운드 바이트 반응 양태

(1) 정보적 (2) 평가적 (3) 정서적

(31–2) 자료 source (1)자체 취재 (2) 정부 (3) 국회 (4) 청와대
(5) 검찰 (6) WHO (7) 의사협회 (6) 시민단체

(33–7) 기사의 복합성

원인(33)–사태(사건)의 원인
과정(34)– 사태, 사건의 전개 과정에 대한 진술
결과(35)– 사태 결과에 대한 진술
반응(36)–사건 관련자들의 반응
대안–해결방안(37)–사건을 해결하기 위안 방안의 제시

(38–40) 기사의 길이—(예, 169초)

(41) 보도 태도

(1) 정부에 비판적 (2) 의사에 비판적 (3) 정부–의사에 모두 비판적
(4) 중립 (5) 의사(입장)에 동정, 긍정, 찬양
(6) 정부(입장)에 동정, 지지

<의약분업 보도 코딩 스킴2>

(1–2) ID

(3) 방송국 1. KBS 2. MBC 3. SBS

(4,5) 날자
(6–7) 전체 기사수
(8–9) 의약분업 기사수
(10) 톱기사

(1) 남북교류 (2) 의약분업 (3)경제문제 (4) 택시 미터기 조작
(5)개각 (6) 총리 인사청문회

CHAPTER

09

미디어 이용, TV토론시청이 정치효능감과 투표행위에 미치는 효과

미디어 이용, TV토론시청이 정치효능감과 투표행위에 미치는 효과[1]

연구 목적 및 의의

선거에서 후보들에 대한 정보는 국민들이 선출할 공직자에 대한 판단과 평가를 내리는 데 필수적이고 동시에 결정적이다. 불완전하고 부정확한 정보는 국민들의 결정을 흐리게 만들고 잘못된 선택으로 유도한다. 따라서 풍부하고 정확한 정보를 기초로 한 투표가 담보되어야만 참다운 민주주의가 실현될 수 있는 것이다. 바로 이러한 점에서 매스미디어가 전하는 선거정보의 중요성이 강조된다. 시민들 역시 선거와 후보자들에 대한 정보를 얻는데 있어서 거의 절대적으로 매스미디어에 의존하고 있다. 선거에서 매스미디어는 시민들이 유식한 한 표를 행사할 수 있도록 정책과 공중 문제에 대한 정보를 제공하고 동시에 학습을 일으키고, 시민들간의 토론을 자극하며, 나아가 투표 참여를 포함한 시민들의 정치참여(civic engagement)를 부추기는 역할을 한다(Norris, 2000). 이처럼 오늘날 정치선거가 매스미디어를 중심으로 이루어지고 있다는 점에서 많은 사람들은 미디어 선거시대라고 말한다.

선거철에 유권자들은 언론의 선거캠페인 보도, 정치광고, 후보자 방송연설 등을 통해 선거 관련 정보를 입수하고 있다. 그러나 우리나라의 선거는 불공정의 역사로 기록될 만큼 선거의 공정성과 관련된 시비가 끊이지 않았는데, 언론 특히 텔레비전은 항상 편파보도 시비의 중심에 있어 왔다. 언론의 선거보도는 언론 스스로가 메시지를 여과, 통제하기

1 저자의 '2010 지방선거에서 미디어 이용과 TV토론관심시청이 정치효능감, 투표행위에 미치는 효과연구, 한국언론학보, 2011, 55권 6호, 126-151' 논문을 일부 수정하였음.

때문에 항상 불공정 시비로부터 자유로울 수 없었다. 정치광고 역시 후보측이 메시지를 통제하기 때문에 그 내용이 일방적인 정치선전으로 인식되고 있다. 후보자 방송연설 역시 한 명의 후보가 나와 자신이 직접 작성한 메시지를 유권자들에게 일방적으로 전달하기 때문에 유권자들의 흥미를 불러일으키지 못한다(권혁남, 2006).

반면에 TV토론은 유권자들에게 풍부하고, 제3자에 의해 걸러지거나 변형되지 않은 정확한 정보를 유권자가 직접 채취하여 후보들에 대한 판단에 활용할 수 있게 해준다는 점에서 매우 유용한 도구이다. TV토론은 똑같은 조건에서 경쟁하는 후보들을 한자리에 모아놓고 후보들간의 논쟁 대결을 통해 이들의 자질과 정책을 직접 비교해볼 수 있는 유일한 기회이다. 또한 자신이 지지하지 않는 후보에 대해서도 새롭게 지켜볼 수 있는 기회를 제공한다. TV토론은 유권자들에게 긴장감과 현장감, 그리고 흥미를 불러일으킬 수 있을 뿐만 아니라, 후보들간의 우열을 가릴 수 있게 하여 지지 후보를 결정하는 데 필요한 풍부하고 정확한 정보를 유권자 개인이 직접 입수, 확인할 수 있다는 점에서 중요한 의미가 있다. 아울러 유권자들은 TV토론을 통해 국가나 지역사회의 현안과 쟁점에 대해 학습함으로써 올바른 선택을 하는데 도움을 받는다(권혁남, 2010).

지금까지의 국내외 연구에 의하면 미디어 이용이 후보 선택과 투표활동에 많은 영향을 미치는 것으로 나타났다. 오늘날 텔레비전은 대중들에게 가장 많이 이용되며, 가장 신뢰도가 높은 미디어로 꼽히고 있다. 그러나 텔레비전 이용의 정치적 효과를 두고서 상반되는 연구결과들이 도출되기도 한다. 예를 들어 뉴스 등 텔레비전의 공공 이슈 프로그램들이 수용자들의 정치 참여에 중대한 영향을 미치기도 하지만(이효성, 2003), 반대로 정치참여에 부정적 효과를 가져 온다는 연구결과들도 적지 않다(송종길 · 박상호, 2005; Pinkleton & Austin, 2001). 따라서 텔레비전의 정치적 효과에 대한 좀 더 체계적이고 심층적인 연구가 필요하다 하겠다.

TV토론의 정치적 효과에 관한 연구 역시 비교적 활발히 진행되었는데, 기존의 연구들에 의하면 TV토론이 유권자들의 선거캠페인에 대한 관심을 일으키고, 선거 관련 대화를 촉진시키며, 나아가 투표참여율을 높이는 것으로 나타났다(문성철, 양문희, 2009; Benoit & Hansen, 2004; Kraus, 1988; Sears & Chaffee, 1979; 양승찬, 1999, 2003). 우리나라에서

TV토론의 정치적 영향력에 관한 연구는 외국에 비해 상대적으로 활발하지 못했다. 지금까지 수행된 국내 연구들은 주로 TV토론이 후보 정책에 대한 정보습득, 후보 이미지 형성 및 변화, 후보에 대한 태도 및 후보 선택, 그리고 정치 참여 행위, 후보자에 대한 유권자의 태도에 미치는 직접적인 효과에 관한 연구가 주류를 이루어 왔다. 국내에서 가장 최근에 실시된 한 연구(문성철, 양문희, 2009)는 17대 대통령선거 기간에 TV토론 프로그램을 많이 시청할수록, 대통령선거에 대한 관심이 높아지고, 정치지식에 대한 인지도도 높아지며, 선거 참여의사도 증가하는 것으로 나타나 TV토론 시청이 선거참여 의사에 중대한 영향을 미친다는 사실을 밝혀냈다.

미디어 이용, 특히 텔레비전 이용이 미치는 정치적 효과는 연구에 따라 그 크기나 방향성이 다르게 나타나고 있어 이론적으로나 방법론적으로 좀 더 체계적이고 새로운 접근이 요구되고 있다. 또한 미디어 이용과 TV토론이 정치커뮤니케이션 연구에서 중요한 매개변수로 작용하고 있는 정치효능감, 선거대화량, 선거관심도 등에 구체적으로 어떠한 영향을 미치는지에 대한 심층적인 연구들이 부족하다 하겠다. 특히 국내 연구들이 주로 대통령선거나, 국회의원선거 상황에서 일어나는 미디어 효과를 분석하였기 때문에 풀뿌리 민주주의라고 일컫는 지방선거 상황에서 미디어 이용과 TV토론이 투표행위와 정치효능감 등에 미치는 효과에 대한 지식과 정보가 거의 없는 실정이다. 따라서 본 연구는 국민적 관심도가 낮은 지방선거 상황에서 미디어 이용과 TV토론이 정치효능감 등 매개변수에 어떻게 영향을 미치며, 투표행위(투표의향)에 어떠한 영향을 미치는 지를 알아보는 것을 목적으로 한다.

이론적 배경과 선행연구 검토

미디어 이용효과

시공간적으로 제약된 생활을 하고 있는 일반 시

민들은 선거와 관련된 정보들을 얻는데 있어서 거의 전적으로 미디어에 의존하고 있는 실정이다. 국내외 연구들에서 미디어 이용이 후보의 선택과 선거참여활동에 많은 영향을 미치는 것으로 나타났다.

먼저 매스미디어 이용 및 노출이 후보 인지도, 그리고 선거에 대한 관심도를 높이는데 있어서 긍정적인 영향을 미치는 것으로 나타났다(박상호 · 송종길, 2006; 이효성, 2004; 변동현 · 김옥렬 · 양혜승, 1999). 또한 매스미디어 이용은 후보자의 개인적 자질 유형과 이슈 관련 중요도에도 영향을 미치며(이준웅, 1998), 시청자의 감성에 호소하고 인지적 차원의 이미지와 감정적 차원의 이미지를 형성하는 데 영향을 미치고 있다(이강형, 2004). 그리고 매스미디어의 이용은 정당 지도자 평가 및 정당 지지에 영향을 미치기도 한다(이효성 · 허경호, 2004), 후보들에 대한 이미지 변화에 영향을 미치며(이강형, 2004), 최종 투표 행위에도 영향을 미치는 것으로 나타났다(변동현 외, 1999).

이같이 대다수 국내외 연구들에서 미디어 이용이 유권자들의 정치 참여에 긍정적으로 영향을 미치는 것으로 나타났지만, 미디어에 따라서는 부정적 효과를 가져오는 것으로 나타났다. 다시 말해 매스미디어가 공공문제와 관련된 정보를 제공해 줌과 동시에 적극적인 관심을 유발하여 시민의 정치참여에 긍정적인 영향을 미치지만(Brehm & Rahn, 1997; Viswanath, et al., 2000), 반대로 선거 관련 정보나 지식을 얻는데 별다른 도움을 주지 못하거나 정치과정에 대한 부정적 보도로 인해 정치불신과 냉소를 유발한다는 결과도 있다(문성철, 양문희, 2009).

특히 텔레비전 이용 효과를 두고서 정반대의 연구결과들이 도출되었다. 텔레비전은 많은 연구들에서 매체의 영향력, 주정보원, 신뢰도 등에서 신문을 비롯한 여타 미디어에 앞서는 것으로 나타났다. 또한 뉴스 등 텔레비전의 공공 이슈 프로그램들은 다른 프로그램에 비해 수용자들의 정치 참여에 더 유의미한 영향을 미치는 것으로 나타났다(이효성, 2003). 그러나 텔레비전의 이용이 오히려 정치참여 등에 부정적 효과를 가져 온다는 연구결과들도 적지 않은 것이 사실이다(Austin & Pinkleton, 1995). 국내 연구에서도 텔레비전 뉴스가 갖고 있는 부정주의, 냉소주의적 보도 등으로 인해 투표 참여율이나 선거에 대한 관심을 저하시키는 요인으로 작용하기도 하였다(송종길 · 박상호, 2005), 따라서 신문과는 달리 텔레비전의 정치적 효과에 대해서는 좀 더 장기적이고 심층적인 연구가 필요하다 하겠다.

한편 핀클톤과 오스틴(Pinkleton & Austin, 2001)은 유권자의 정치 참여는 정치에 관한 관여도와 관련이 있으며, 관여도가 높으면 미디어 중요성도 높아진다고 하였다. 즉, 정치에 대한 관심도가 낮으면 텔레비전에서 제공하는 선거 관련 프로그램을 시청할 확률이 낮아진다는 점에서 정치 관여도(political involvement)와 미디어 이용은 밀접한 관계를 맺고 있다고 하였다(송종길, 박상호, 2005).

엣킨(Atkin, 1972)과 캐니한, 채피(Kanihan, & Chaffee, 1996)는 국민들의 정치 활동을 높이기 위해서는 정치에 대한 관여도가 높아져야 한다고 주장했다. 정치 관여도는 정치 또는 공공 정보에 관한 정보 추구를 자극하는 동기 추구의 역할을 한다. 로저(Roser, 1990)는 정치와 공공의 일에 관련된 메시지에 관한 관여도의 증가는 국민들의 정치적 태도와 행위에 직접적인 영향을 미친다고 하였다. 그리고 선행 연구를 통해 정치 관여도는 능동적 미디어 이용과 정치효능감에 긍정적 영향 관계를 가지고 있음이 밝혀졌다(송종길, 박상호, 2005).

TV토론 시청 효과

지금까지의 국내외 연구들에 의하면 TV토론이 유권자로 하여금 선거 캠페인에 대한 관심을 일으킴으로써 선거 기간 중 정치 대화를 촉진시키고 투표율을 높이는 것으로 나타났다. 많은 연구들은 TV토론이 유권자들에게 후보자에 대한 정보를 제공하고, 나아가 이러한 정보를 통해 더 적극적인 정치참여를 하도록 한다는 결과를 보여주었다. 즉, TV토론은 정치와 선거 관련 지식 습득과 투표참여에 영향을 미친다는 것이다(Benoit & Hansen, 2004; Kraus, 1988; 양승찬, 1999, 2003).

특히 유권자가 후보에 대해 많은 정보를 갖고 있지 않은 선거 초반과 같은 시점에서, TV토론은 유권자에게 후보의 정치적 입장과 인격에 대한 정보를 제공함으로써, 후보에 대한 평가에 영향을 미칠 수 있다(송종길, 박상호, 2009). 일반적으로 TV토론은 후보에 대한 지식을 전달하는데 있어서 커다란 기여를 하는 것으로 알려졌는데. TV토론의 효과는 유권자의 다양한 개인적 특성, 정당지지도, 정치 지식, 정치관심도, 매체의존도 등에 따라 다르게 나타났다(Bishop, Oldendick, & Tuchfarber, 1978; Kraus, 1988; Sears & Chaffee, 1979; 양승찬, 1999, 2003; 이강형, 2004; 이준웅, 1999, 2003).

우리나라에서 TV토론의 영향력에 관한 연구는 주로 TV토론이 후보 정책에 대한 정보습득(이준웅, 1999, 2003; 양승찬, 1999; 이강형, 2003), 후보 이미지 형성 및 변화(이준웅, 2003; 이강형, 2003, 2004; 정성호, 2003), 후보에 대한 태도 및 후보 선택(이준웅, 1999), 그리고 정치 참여 행위(문성철, 양문희, 2009; 양승찬, 1999), 후보자에 대한 유권자의 태도에 미치는 직접적인 효과에 관한 연구(이강형, 2004; 이준웅, 2003)와 선거 당시의 정치환경이나 유권자 개인의 정치적 성향 및 인지적 역량이 TV토론 시청에 미치는 영향에 관한 연구(이강형 · 김춘식 · 양승찬 · 권혁남, 2004)가 대표적이다. TV토론 이용동기가 투표행위(의도)에 미치는 영향에 관한 연구도 진행되었는데, 'TV토론 공정성 평가' 이용동기는 투표의도에 긍정적인 영향을 미치는 것으로 나타났으며, '이야기 소재 제공' · '후보자와 준사회적 상호작용' 이용동기는 투표행위에 부정적인 영향을 미치는 것으로 나타났다(송종길, 박상호, 2009).

또한 17대 대통령선거기간에 실시한 패널조사연구에 의하면 선거와 관련해 텔레비전을 많이 이용한 유권자일수록 캠페인 시작 전의 애초 지지후보자에게 투표할 확률이 높았고, 텔레비전 토론의 경우에는 주목도가 높을수록 일관투표자이기보다는 처음 지지한 후보자를 바꿨다가 다시 돌아오는 회귀투표자일 가능성이 높은 것으로 나타났다(김성태, 노성종, 2009).

2004년 17대 총선을 앞두고 터진 노무현 대통령에 대한 탄핵과 TV토론의 관계에 관한 연구결과를 보면 텔레비전 탄핵 토론 프로그램의 단순이용과 인터넷 탄핵 관련 글의 주의 깊은 이용은 노대통령의 지도력 평가에 긍정적 영향을 미친 것으로 나타났다. 또한 텔레비전 탄핵 토론 프로그램의 단순이용 및 신문과 인터넷 탄핵 기사의 주의 깊은 이용은 신뢰도 평가에 긍정적인 영향을 미친 것으로 나타났다. 아울러 텔레비전 탄핵 뉴스의 단순 이용은 대통령 신뢰도 변인과 함께 열린 우리당 지지에 긍정적 영향을 미치는 것으로 나타났다(이효성, 허경호, 2004).

17대 대통령선거 기간에 실시된 패널조사 연구에 의하면 대통령선거 관련 토론 프로그램을 많이 시청할수록 대통령선거에 대한 관심이 높아지고, 정치지식에 대한 인지도도 높아지며, 선거 참여의사도 증가하는 것으로 나타나 TV토론 시청이 선거참여 의사에 중요한 영향을 미치고 있는 것으로 나타났다(문성철, 양문희, 2009).

정치효능감

수준 높은 민주주의는 시민들이 투표는 물론이고 그 이상의 정치활동에 적극적으로 참여할 것을 요구한다. 건강한 민주주의라면 개인들은 공중모임에 참석해서 발언을 하고, 정치인이나 관리들에게 청원도 하고, 여러 가지 방법을 동원하여 정책 결정에 영향을 미치도록 해야 한다. 그런데 시민들이 정치에 참여하기 위해서는 두 가지 조건이 필요하다 (Lassen, Serritzlew, 2011), 하나는 시민들이 생각하기에 정부당국이 시민들의 요구에 잘 반응하며, 시민들이 참여하면 뭔가를 성취할 수 있다는 믿음을 가져야 한다. 둘째, 시민들은 자신들이 정치 결정을 이해하고 효과적으로 기여할 수 있는 능력이 있다고 믿어야 한다. 이러한 신념이 바로 정치효능감(political efficacy)이다. 전자를 외적 정치효능감(external political efficacy)이라 하고, 후자를 내적 정치효능감(internal political efficacy)이라 한다. 다시 말해 정치효능감은 개인의 정치적 행동이 정치과정에 영향을 미칠 수 있다는 느낌을 말한다. 내적 정치효능감은 정치를 효과적으로 이해하고 참여할 수 있는 자신의 능력에 대한 신념을 말하며, 외적 정치효능감은 정부 당국과 기관이 시민 요구에 잘 반응한다는 믿음을 말한다(Lassen, Serritzlew, 2011),

정치효능감은 정치행위자가 자신의 노력으로 정치환경을 얼마나 변화시킬 수 있을 것인가 하는 주관적 감정의 판단을 의미한다. 정치효능감은 1960년에 출간되어 미국 선거분석의 고전으로 남아있는 "미국의 유권자"(The American Voter)라는 책에서 처음으로 사용된 이후 많은 학자들이 그것의 효과를 입증해왔다. 이들의 한결같은 주장은 유권자들의 정치효능감이 높을수록 선거참여도가 높다는 것이다. 애브람슨과 앨드리치(Abramson and Aldrich,1982)에 의하면 정치효능감이 높은 유권자는 나의 한 표가 비록 한 표에 불과하나 정치상황을 변화시킬 수 있다고 믿는 반면에, 정치효능감이 낮은 유권자는 나의 한 표는 다른 수백만 표에 비하여 너무 미미하기 때문에 정치상황을 거의 변화시킬 수 없다고 부정적으로 보는 유권자로 규정하였다(강경태, 2003)

Hess(1971)는 정치효능감의 개념적 구성요소로서 다음의 세 가지를 제시하였는데, 첫째, 정치체제 및 그 대리인에 대한 신뢰감, 둘째, 자신이 그 체제를 조절하고 처리할 수 있다고 생각하는 확신, 그리고 셋째, 정치체제로 하여금 그에 대한 반응을 보이도록 강제할 수 있다는 믿음이 그것이다. 1960년대 이후 정치효능감은 정치학과 정치커뮤니케이션 연구 분야에서 널리 사용되는 중요한 개념으로 자리 잡았으며, 수많은 연구들이 수행되어왔는데, 지금까지의 연구에 의하면 내적효능감과 외적효능감 차원은 매우 높은 상관관계를 갖고 있는 것으로 나타났다(Tedesco, 2011),

국내외의 많은 연구들에 의하면 정치 효능감은 유권자의 정치참여와 긍정적인 상관관계에 있으며, 유권자의 인구학적 속성변인에 의해 영향을 받는 것으로 나타났다. 정치커뮤니케이션 학자들은 정치효능감이 미디어 이용과 관련이 깊다는 연구결과를 발표했다. 정치관여도가 높은 유권자의 경우 캠페인 이슈에 관심을 갖고 이에 관한 정보를 적극적으로 접하려는 경향이 있고, 유권자의 적극적인 정보 추구는 결국 투표참여처럼 어떤 목적을 지닌 행동을 긍정적으로 평가하는 내적 정치효능감을 증대시킬 수 있다는 것이다(김춘식, 2009).

과거 연구에 의하면 공공문제에 관한 텔레비전 뉴스 시청이 정치적 관심 및 정치효능감과 깊은 관계가 있으며, 정치 관련 뉴스 이용이 정치효능감 증대에 긍정적인 영향을 미치는 것으로 나타났다(Leshner & Thorton, 2000; Pinkleton & Austin, 2001). 또한 뉴스미디어 이용과 정치효능감은 정적인 영향 관계가 있는 것으로 나타났는데, 정치효능감이 높을수록 신문 열독량이 높게 나타나며, TV뉴스 시청량과도 정적인 관계가 있는 것으로 나타났다. 그리고 정치효능감이 높은 사람들은 효능감이 낮은 사람들보다 TV의 시청자 참여 프로그램을 더 많이 이용하는데, 이는 정치 과정에 대한 자신감이 클수록 정치인과의 토론에 적극적으로 참여한다는 것을 의미한다(송종길, 박상호, 2005).

국내외 많은 연구들에서 정치효능감은 투표행태에 많은 영향을 미치는 것으로 나타났는데, 많은 연구들에서 정치효능감을 정치 참여(투표 행위)를 매개하는 중요한 변인으로 다루고 있다(Conway, 1985). 반두라는 정치효능감이 투표율에 영향을 미친다고 주장했으며(Bandura, 1986), 리차드슨(Richardson, 2003)도 정치효능감을 가진 시민들은 정치적 과정에 더 많이 참여한다고 주장했다. 또한 반두라(Bandura, 1993)는 정치효능감은 투표율에 있어서 정치적 소외보다 더 높은 관련성을 가지며, 투표 등 정치 참여율을 높이고, 조직의 구성원을 단결시키는 역할을 한다고 말했다. 그러나 일부 연구에서는 정치효능감과 투표행위와의 관계가 부분적으로만 의미 있는 것으로 보고되기도 했다(문성철, 양문희, 2009).

국내에서도 비슷한 연구결과가 나타났는데, 먼저 미디어 이용의 차이가 정치효능감의 차이를 초래하는 것으로 나타났고, 정치효능감의 차이가 투표 참가여부에도 영향을 미치는 것으로 나타났다(김무곤, 김관규, 2005). 그리고 17대 국회의원 선거과정에서 유권자의 정치 뉴스 이용이 정치 행태에 미치는 영향을 분석한 연구에 의하면 정치효능감이 투표행위에 긍정적인 영향을 미치는 주요한 변인임이 증명되었다(송종길, 박상호, 2005). 또한 TV토론 프로그램을 많이 시청할수록 정치효능감이 감소하지만 정치효능감이 투표참여를 높인다는 연구결과도 있다(문성철, 양문희, 2009).

일반적으로 정치효능감을 방해하는 요인으로는 정치 냉소주의인 것으로 알려져 있지만 (송종길 · 박상호, 2005) 최근의 연구는 뉴스 미디어와 정치 냉소주의간의 관계는 여러 요인들에 달려있으며, 냉소주의가 시민참여에 미치는 영향은 무시해도 좋을 만큼 그리 크지 않은 것으로 나타났다(de Vreese, 2005). 또한 정치효능감과 정치냉소주의간의 관계 역시 기존의 연구결과와는 달리 나타났는데, 정치효능감이 높은 사람이 정치효능감이 낮은 사람보다 덜 냉소적인 것으로 나타났다. 이는 냉소주의가 항시 나쁜 것만은 아니며, 냉소주의는 "정치에 관심이 있으며 비판적인 시민"(an interested and critical citizenry)에 대한 지표일 수도 있음을 암시하는 것이라 하겠다(Lariscy, Tinkham, and Sweetser, 2011).

한편 Kaid, McKinney 등은 젊은 유권자들이 투표를 하지 않는 결정적인 원인이 정보 부족에 있음을 파악하고 정치정보 효능감이론(Political information efficacy theory)을 발표했다. 정치정보효능감이란 전적으로 유권자가 자신의 정치지식과 그 정치지식이 정치과정(투표)에 참여할 만큼 충분한 것인가에 대한 신뢰에 초점을 두고 있다(Tedesco, 2011).[2] 국내에서도 송종길, 박상호(2009)가 국내 최초로 정치정보효능감 개념을 도입하여 TV토론관심시청동기와의 관계를 분석하였는데, 연구결과 TV토론관심시청동기 중 '선거참여의 흥미/재미', '이야기 소재 제공', 'TV토론 공정성 평가', '후보자와 준사회적 상호작용' 이용동기가 정치 정보효능감에 긍정적인 영향을 미치는 것으로 나타났다.

최근 핑그리는 지식정치효능감(epistemic political efficacy, EPE)의 개념을 새롭게 개발하였는데, EPE는 정치의 사실적 측면에 대한 진실을 결정할 수 있는 자신의 능력에 대한 신뢰를 말한다. 정치 효능감이 정치에 영향을 미칠 수 있는 자신의 능력에 대한 신뢰라면 EPE는 정치를 이해하는 자신의 능력에 대한 신뢰이다. 내적 정치효능감에 대한 전통적인 측정은 지식적 차원을 내포하고 있다는 점에서 EPE는 어느 정도 내적 정치효능감과 관련이 있다 하겠다(Pingree, 2011). EPE는 정치효능감 그리고 정치정보효능감과도 다르다.[3] 정치정보효능감은 내적 정치효능감과 스스로 평가하는 정치지식과는 확연히 다른 개념이다. 그리고 정치정보효능감은 정치적 주장의 정확성을 평가할 수 있는 능력에 대한 신뢰가 아니라 투표나 다른 정치참여에 필요한 정치정보의 충분성에 대한 신뢰라는 점에서 EPE와 확연히 구별된다. EPE는 커뮤니케이션, 의견 형성, 그리고 정보추구결과를 강조하고 있다는 점이 특징이라 하겠다(Pingree, 2011).

---

2 정치정보효능감은 4문항으로 구성되었다. (1) 나는 나 자신이 정치에 참여할만한 충분한 자격이 있다고 생각한다 (2) 나는 대부분의 다른 사람들보다 정치와 정부에 대해 잘 알고 있다고 생각한다 (3) 나는 우리나라가 직면하고 있는 중요한 정치 이슈에 대해 매우 잘 이해하고 있다고 느낀다 (4) 만약 친구가 선거에 대해 묻는다면 나는 친구가 누구를 찍어야할지를 알수있도록 도와줄 수 있는 충분한 정보를 갖고 있다고 느낀다 (Tedesco, 2011)

3 지식 정치효능감(EPE)는 3문항으로 측정된다. "나는 정치이슈에 대한 진실을 밝힐 수 있다는 신뢰감을 느낀다" "내가 원하면 대부분의 정치 논쟁 뒤에 있는 사실들을 파악할 수 있다" "대부분의 정치 논쟁 뒤에는 객관적인 사실들이 있다. 그러니 당신이 충분히 노력하면 그것들을 찾을 수 있다"(Pingree, 2011).

연구문제

지금까지의 문헌고찰을 통해 미디어 이용과 TV 토론 시청이 정치효능감, 투표행위와 밀접한 관계를 갖고 있음을 알 수 있다. 그러나 미디어의 정치적 효과는 미디어 유형에 따라 효과의 크기와 방향이 서로 다르게 나타나고 있다. 또한 미디어 이용과 TV토론시청이 정치커뮤니케이션 연구에서 중요한 매개변수로 작용하고 있는 정치효능감, 선거대화량, 선거관심도 등에 구체적으로 어떠한 영향을 미치고 있는지에 대한 심층적인 연구들이 부족하다 하겠다. 특히 국내 연구들이 주로 대통령선거나 국회의원선거 상황에서 미디어 효과를 분석하였기 때문에 국민적 관심도가 떨어지는 지방선거 상황에서 미디어 이용과 TV토론이 투표행위와 정치효능감 등에 미치는 효과에 대한 연구가 필요하다 하겠다.

따라서 본 연구는 국민들의 선거참여율이 낮은 지방선거 상황에서 미디어 이용과 TV 토론이 정치효능감 등 매개변수에 어떻게 영향을 미치며, 나아가 투표행위(투표의향)에 미치는 효과를 알아보기 위해 연구문제와 가설들을 설정하였다. 여기서 미디어 이용은 신문 읽는 빈도, TV뉴스 시청빈도, 인터넷 정치사회 이슈 이용 빈도 등으로 세분화시켜 살펴보았다.

연구문제 1. 미디어 이용이 TV토론관심시청에 영향을 미치는가?

연구가설 1-1. 신문이용은 TV토론관심시청에 영향을 미칠 것이다.

연구가설 1-2. TV뉴스시청은 TV토론관심시청에 영향을 미칠 것이다.

연구가설 1-3. 인터넷 정치사회이슈 이용은 TV토론관심시청에 영향을 미칠 것이다.

연구문제 2. 미디어 이용이 정치효능감에 영향을 미치는가?

연구가설 2-1. 신문이용은 정치효능감에 영향을 미칠 것이다.

연구가설 2-2. TV뉴스시청은 정치효능감에 영향을 미칠 것이다.

연구가설 2-3. 인터넷정치사회이슈 이용은 정치효능감에 영향을 미칠 것이다.

연구문제 3. TV토론관심시청은 정치효능감, 선거관심도, 선거 대화량에 영향을 미치는가?

연구가설 3-1. TV토론관심시청은 정치효능감에 영향을 미칠 것이다.

연구가설 3-2. TV토론관심시청은 선거관심도에 영향을 미칠 것이다.

연구가설 3-3. TV토론관심시청은 선거 대화량에 영향을 미칠 것이다.

연구문제 4. 미디어 이용과 TV토론관심시청은 투표의향에 영향을 미치는가?

연구가설 4-1. 신문이용은 투표의향에 영향을 미칠 것이다.

연구가설 4-2. TV뉴스이용은 투표의향에 영향을 미칠 것이다.

연구가설 4-3. 인터넷정치사회이슈 이용은 투표의향에 영향을 미칠 것이다.

연구가설 4-4. TV토론관심시청은 투표의향에 영향을 미칠 것이다.

이러한 연구문제와 가설들을 종합하여 그림으로 정리하자면 〈그림 9-1〉에 제시한 바와 같은 구조방정식모형(structural equation modeling)을 제시할 수 있을 것이다.

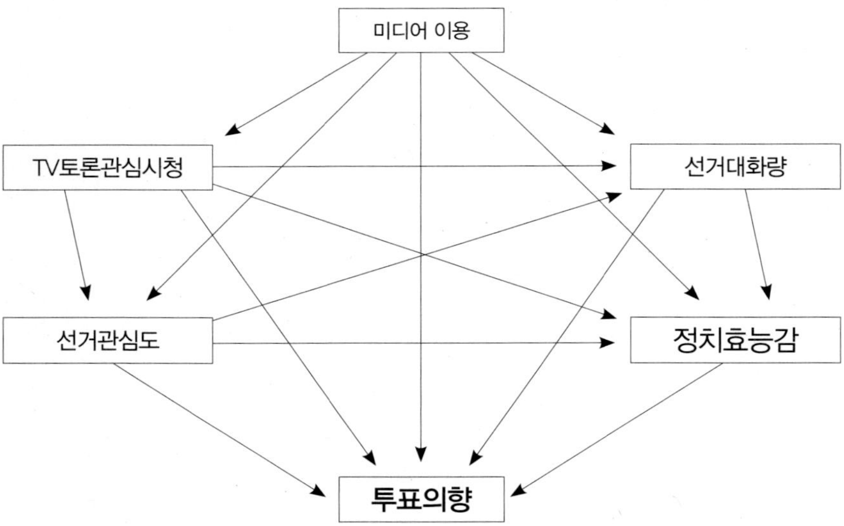

〈그림 9-1〉 연구 구조방정식모형

조사방법

자료수집 및 분석방법

기존 연구에 따르면 유권자가 후보에 대해 많은 정보를 갖고 있지 않은 선거 초반에 TV토론 효과가 비교적 크게 나타나는 경향(송종길, 박상호, 2009)이 있어서 본 연구 역시 지방선거 초반이라고 할 수 있는 2010년 4월 2일-6일(4일간)을 조사기간으로 잡았다.

본 연구의 모집단은 2010년 4월 현재 전라북도에 거주하는 만19세(유권자) 이상의 남녀로 하였으며 전라북도 14개 시군의 지역, 성, 연령 별 실제인구비율에 맞게 표본을 할당하는 할당표본추출방법(quota sampling method)을 통해 총 510명의 표본을 추출하였다. 조사결과 남녀 비율은 각각 51.6%, 48.4%이었으며, 연령별 비율은 19세 이상 29세 이하가 24.5%, 30대 18.4%, 40대 25.5%, 50대 15.1%, 60대 이상 16.5%로 전라북도의 실제 연령별 비율과 같았다. 응답자들의 학력은 중졸이하가 9.6%, 고졸 이하가 31.7%, 대학이상이 58.7%이었다.

한편 본 연구는 변수들 간의 인과관계를 좀 더 명확히 밝히기 위해 위계적 회귀분석방법(hierarchial regression)과 구조방정식모형을 통해 가설을 검증하기로 하였다. 구조방정식모형은 실험연구가 어려운 상황에서 변수들의 측정오차를 통제할 수 있다는 점에서 변수들간의 인과관계에 관한 추론을 용이하게 해주는 다변량 분석기법이다(김주환, 김민규, 홍세희, 2009). 또한 구조방정식모형은 독립(외생)변수가 종속(내생)변수에 미치는 직접효과뿐만 아니라 독립(외생)변수가 중개변수를 거쳐 종속(내생)변수에 미치는 간접효과까지 파악할 수 있는 장점을 갖고 있다. 본 연구가 변수들간의 인과관계를 정확히 분석하는 데에 주안점을 두고 있다는 점에서 이러한 구조방정식모형은 본 연구의 목적과 잘 부합된다 하겠다.

주요 변수의 조작적 정의

(1) 정치효능감: 본 연구에서의 정치효능감은 핑그리의 연구(Pingree, 2011)와 이강형 등(2005)의 연구에서 사용되었던 항목들을 사용하였다. 본 연구에서는 모두 8항목을 조사하였는데, 그것들은 ① "선거에 내 한 표는 중요한 영향력을 미친다" ② "정치에 관련된 사항은 복잡하여 이해하기 힘들다" ③ "선거에 한 표를 행사하는 것은 유일한 의사표시 방법이다" ④ "정부가 무슨일을 하고 있는지 나는 잘 모른다" ⑤ "정부나 정당에 내 의견을 제시 할 수 있다" ⑥ "국민이 힘을 합치면 잘못된 정치를 바로 잡을 수 있다" ⑦ "정부가 하는 일에 말해봤자 소용 없다" ⑧ "정치인들은 일반시민이 무슨 생각을 하는지 신경 쓰지 않는다" 등을 5점 척도로 측정하였다. 8항목들에 대한 신뢰도 분석을 통해 전체적인 신뢰도를 떨어뜨리는 ② ③ ⑧ 항목들을 제외하고 나머지 5개 항목에 대한 응답을 합산하여 평균값을 개인의 정치효능감 점수로 산출하였다(M=3.16, SD=0.64, Cronbach's alpha=0.69).[4]

(2) 미디어 이용: 본 연구에서 미디어 이용은 응답자들이 선거관련 정보원으로 가장 많이 의존하고 있는 TV(45.6%), 신문(29.7%), 인터넷(13.6%) 이용빈도를 의미한다. 본 연구에서 TV이용량은 텔레비전 뉴스 시청빈도로 한정하였는데, 매일 본다를 4점, 전혀 안 본다를 1점으로 하는 4점 척도로 하였다 (M=3.13, SD=0.82). 신문이용량은 신문을 읽는 빈도로 하였는데, TV이용량과 똑같이 매일 본다를 4점, 전혀 안 본다를 1점으로 하는 4점 척도로 하였다. (M=2.31, SD=0.98). 인터넷 이용량은 좀 더 구체화시켰는데, 인터넷을 통한 정치 사회 이슈에 대한 정보검색 빈도로 한정하였다. 매우 많이 이용한다를 5점, 전혀 이용하지 않는다를 1점으로 하는 5점 척도로 하였다(M=2.90, SD=1.34).

(3) 선거대화량: 선거대화량은 '가족', 그리고 '친구나 동료 등 주변 사람'과 선거에 대한 대화빈도로 하였는데, 두 항목을 각각 5점 척도로 측정하여 응답을 합산하여 평균값을

---

4 크론바하 알파계수(Cronbach`s α)는 집단 수준의 경우 알파계수가 0.6 이상이고, 개인 수준인 경우 0.9 이상이 되면 신뢰도가 높다고 할 수 있다. 적어도 알파계수(α)가 0.69은 넘어야 신뢰도가 만족할 수준이라고 볼 수 있고, 통상적으로 측정척도에 대해 0.75 이상의 값이 나오면 신뢰도가 우수하다고 판단한다(송종길, 박상호, 2005).

개인의 대화량으로 하였다(M=2.69, SD=0.86).

(4) 선거관심도와 투표의향: 본 연구에서의 선거관심도는 지방선거에 대한 관심도를 5점 척도로 측정하였다(M=3.11, SD=1.04). 또한 투표의향은 "이번 6.2지방선거에 투표하시겠습니까?"로 물어 반드시 하겠다는 4점, 가능하면 하겠다 3점, 별로 하고 싶지 않다 2점, 절대로 하지 않겠다는 1점으로 측정하였다(M=3.16, SD=0.76).

(5) TV토론 관심시청: 많은 학자들은 연구를 통해 미디어에 대한 일반적인 노출(exposure)보다는 주의 깊은 이용(attention)이 보다 유용한 측정도구임을 밝히고, 노출보다는 이용 변수의 사용을 강조하고 있다(이효성, 허경호, 2004). 따라서 본 연구에서도 TV토론의 단순 시청빈도보다는 얼마나 관심 있게 시청하고 있는지를 물었다. 매우 관심 있게 시청하고 있다를 5점, 전혀 관심 있게 시청하고 있지 않다를 1점으로 하는 5점 척도로 측정하였다(M=3.02, SD=1.02).

연구결과

각 연구문제별 가설검증에 앞서 본 연구가 설정한 구조방정식모형을 AMOS 7.0을 통해 분석하였다. 〈그림 9-2〉는 본 연구에서 설정한 변수들간의 인과관계를 나타내주고 있는데, 본 연구에서 설정한 구조방정식모형은 모형의 적합도 기준치들을 모두 만족시키고 있다(χ^2=8.8, df=8, p=0.352, TLI=.993, CFI=.998, RMSEA=0.015).[5]

5 일반적으로 적합도 기준치는 χ^2〉.05, TLI〉.90, CFI〉.90, RMSEA〈.05로 제시되고 있다(김주환, 김민규, 홍세희, 2009).

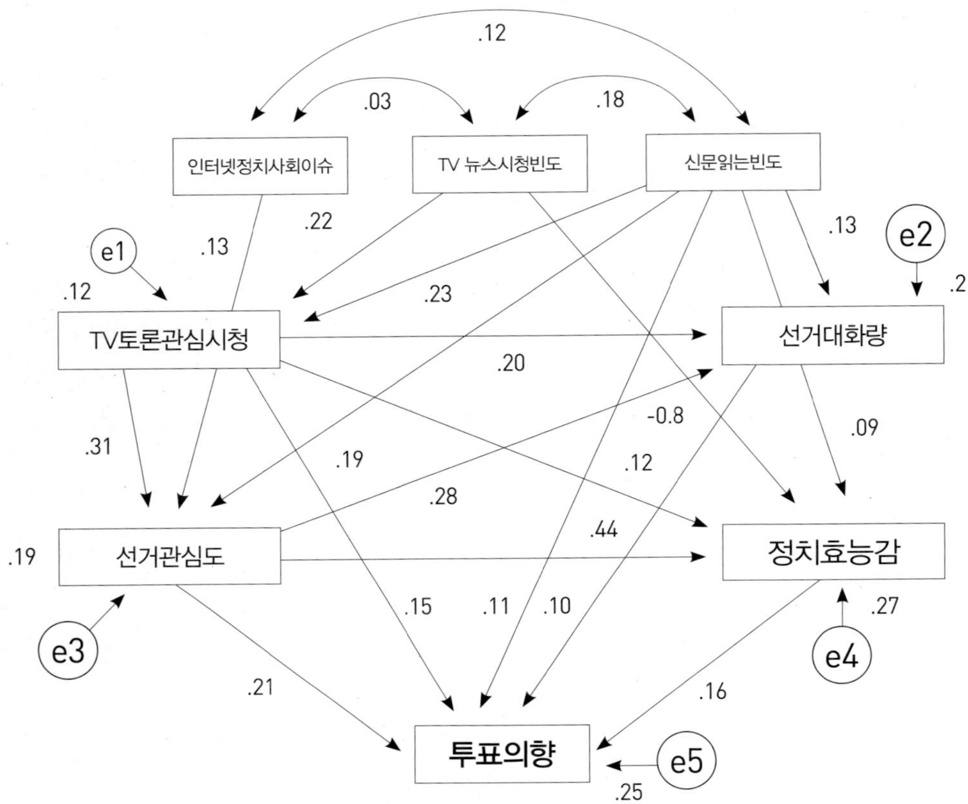

〈그림 9-2〉 경로분석 결과

연구문제 1(미디어 이용과 TV토론 관심시청 관계) 검증

먼저 미디어 이용과 TV토론관심시청과의 관계를 분석해 보았다. 다시 말해서 신문, TV, 인터넷 이용량이 TV토론을 관심 있게 시청하게 만드는지를 분석하였다. 성, 연령, 학력 등 인구통계학적 변수들과 함께 신문 읽는 빈도, TV뉴스 시청빈도, 인터넷 정치사회이슈 이용빈도 등을 독립변수로 하고 TV토론 관심시청을 종속변수로 하여 회귀분석을 하였다. 회귀분석에 있어서 독립변수들이 종속변수에 미치는 영향을 체계적으로 분석하기 위해 위계적 회귀분석방법(hierarchial regression)을 사용했다. 그래서 기존 연구들에서 그 영향력이 확인된 인구통계학적 변수들(성, 연령, 학력)을 통제변수로 설정하여 1단계 분석에 투입하고, 이어서 미디어 이용 변수군(신문, TV, 인터넷 이용량)을 2단계에 투입하였다.[6]

인구통계학적 변수군 만을 투입한 위계적 회귀분석 1단계 결과를 나타내는 〈모형 1〉을 보면 성, 연령, 학력 모두 종속변수인 TV토론 관심시청에 영향을 미치고 있다(표 9-1 참조). 다시 말해 남성일수록, 연령이 많을수록, 그리고 고학력자일수록 TV토론을 관심 있게 시청하는 것으로 나타났는데, 특히 연령의 영향력이 가장 큰 것으로 나타났다(β =.279, p=0.000). 이어서 미디어 이용 변수군을 추가로 투입한 〈모형2〉를 보면 신문, TV뉴스, 인터넷 정치사회이슈 이용 빈도 등 세 변수가 종속변수인 TV토론 관심시청 변량의 8.7%를 설명하였다(R =8.7%, F=16.9, df=1/493, p=0.000). 구체적으로 신문 읽는 빈도(β=.197, p=0.000)와 TV뉴스시청빈도(β=.175, p=0.000) 모두 TV토론관심시청에 유의미한 영향력을 미치는 것으로 나타났다. 그러나 인터넷 정치사회이슈 이용 빈도(β=.093, p〉0.05)는 통계적으로 유의미한 영향을 미치지 못하는 것으로 나타났다. 연령(β=.215, p=0.000)은 미디어 이용 변수군이 투입된 후에도 여전히 종속변수인 TV토론관심시청에 많은 영향을 미치고 있다.

이러한 결과는 AMOS 7.0 프로그램을 이용한 경로분석에서도 다시 한 번 확인되었는데, 선거관심도, 선거대화량, 정치효능감 변수들을 모두 추가한 상태에서도 신문 읽는 빈도(β=.23, p=0.000)와 TV뉴스시청빈도(β=.22, p=0.000) 모두 TV토론관심시청에 유의

---

6 회귀분석에 있어서 독립변수들 간의 높은 상관관계에 의해 발생하는 다중공선성(multicollinearity)을 검토하였다. 일반적으로 다중공선성을 진단하는 방법으로는 특정 변수의 표준오차 크기를 의미하는 공차(tolerance:$1-R^2$), 공차에 역수를 취해서 계산하는 각 변수의 상승변량(Variance Inflation Factor:VIF=$1/(1-R^2)$)이 많이 사용된다. 이보다 더 정밀하게 진단하기 위해서는 공선성 진단통계치인 조건지수(condition index), 변량비율(Variance proportions)을 검토해야 한다. 그래서 공차 값이 1에 가까울수록 변수들 간에 다중공선성이 없음을 의미한다. VIF는 값이 1에 가까울수록 다중공선성이 없음을 의미하며, 값이 10 이상이면 다중공선성이 있는 것으로 간주한다. 조건지수는 값이 30을 초과하면 다중공선성이 있을 가능성이 높으며, 조건지수가 30을 넘고 상수를 포함한 둘 이상 변수에서 변량비율이 0.90이상이 나타나면 다중공선성이 의심된다 하겠다(양병화, 2006). 본 연구에서 사용된 모든 독립변수들 간의 다중공선성을 검토한 결과 위의 모든 값에서 매우 안심할만한 수치임을 확인하였다. 특히 모든 회귀분석에서 조건지수 값이 30이하였으며, 변량비율 역시 상수의 경우 0.90을 넘는 경우가 있었으나 독립변수들의 변량비율 값이 매우 낮게 나타나 본 연구에서 다중공선성 문제는 발생하지 않을 것으로 판단하였다.

미한 영향력을 미치는 것으로 나타났지만 인터넷 정치사회이슈 이용은 별다른 영향을 미치지 못하는 것으로 나타났다(그림 9-2 참조).

따라서 신문읽는 빈도와 TV뉴스 시청빈도가 TV토론 관심시청에 영향을 미칠 것이라는 〈가설 1-1〉과 〈가설 1-2〉는 검증되었으나 인터넷 정치사회이슈 이용빈도가 TV토론 관심시청에 영향을 미칠 것이라는 〈가설 1-3〉은 부정되었다.

〈표 9-1〉 미디어 이용이 TV토론관심시청, 정치효능감에 미치는 영향(계수는 β값)

	TV토론 관심시청		정치효능감	
	모형 1	모형 2	모형 1	모형 2
성별(남자=1)	.104*	.050	.194***	.194***
연령	.279***	.215***	.137**	.126*
학력	.184**	.088	.169**	.080
신문읽는 빈도		.197***		.181***
TV뉴스시청빈도		.175***		–.033
인터넷 정치사회이슈 이용		.093		.104*
R^2	.066	.152	.063	.100
R^2변화량	.066	.087	.063	.038
F	11.6***	16.9***	11.1***	9.2***

* p 〈 .05 ** p 〈 .01 *** p = .000

연구문제 2(미디어 이용과 정치효능감 관계) 검증

미디어 이용과 정치효능감과의 관계를 분석해 보았다. 성, 연령, 학력 등 인구통계학적 변수들을 1단계에 투입하고 신문 읽는 빈도, TV 뉴스 시청빈도, 인터넷 정치사회이슈 이용 빈도 등의 미디어 이용변수들을 2단계에 투입하여 정치효능감을 종속변수로 한 위계적 회귀분석을 하였다. 그 결과 〈표 9-1〉에서 보는 바와 같이 인구통계학적 변수들만 투입된 〈모형 1〉에서 성, 연령, 학력 모두 정치효능감에 유의미한 영향을 미치고 있다. 특히 성별 변수의 영향력이 가장 컸는데, 남성일수록 정치효능감이 높았다. 또한 연령과 학력이 높을 수록 정치효능감이 높았다. 이어서 미디어 이용 변수군이 추가로 투입된 〈모형 2〉를 보면 이들 미디어 이용변수군이 종속변수인 정치효능감 변량의 3.8%를 설명하였다(R^2=3.8%, F=9.2, df=1/493, p=0.000). 전체적으로 보면 신문 읽는 빈도(β=.181, p=0.000)가 정치효능감에 가장 많은 영향력을 미쳤으며, 인터넷 정치사회이슈 이용 역시 정치효능감에 어느 정도 영향을 미치고 있다(β=.104, $p<0.05$). 그러나 TV뉴스 이용 빈도(β=-.033, $p>0.05$)는 정치효능감에 별다른 영향을 미치지 못하는 것으로 나타났다. 〈모형 2〉에서도 성(β=.155, p=0.000), 연령(β=.126, $p<.05$)은 정치효능감에 여전히 영향력을 미치고 있다.

그런데 미디어 이용, 정치효능감 이외에 선거관심도, 투표의향, 대화량, TV토론관심시청 등 여러 변수들을 동시에 고려한 종합경로분석 결과는 위 결과와 조금 다른 결과를 보여준다. 〈그림 2〉에서 보는 바와 같이 종합 경로분석 결과를 보면 신문 읽는 빈도(β=.092, $p<0.05$, 전체효과계수=.232)는 여전히 정치효능감에 영향력을 미쳤으나, TV뉴스 시청빈도(β=-.080, $p<0.05$, 전체효과계수=-.023)는 앞의 회귀분석결과와는 반대로 부적(역방향)으로 영향을 미치는 것으로 나타났다. 이와 같이 회귀분석에서는 TV뉴스 시청빈도의 영향이 나타나지 않았다가 경로분석에서 나타난 것은 TV뉴스 시청빈도가 정치효능감에 미치는 직접효과보다는 다른 내생변수들을 통한 간접효과가 크다는 점을 의미하는 것이다. 결국 TV뉴스를 많이 시청할수록 정치효능감이 떨어진다 하겠다. 그러나 앞의 회귀분석에서는 정치효능감에 유의미한 영향을 미치는 것으로 나타났던 인터넷 정치사회이슈 이용은 거의 영향을 미치지 못하는 것으로 나타났다(β=.000, $p<0.05$, 전체효과계수=.059).

따라서 신문 읽는 빈도와 TV뉴스 시청빈도가 정치효능감에 영향을 미칠 것이라는 〈가설 2-1〉과 〈가설 2-2〉은 검증되었으나 인터넷 정치사회이슈 이용 빈도가 정치효능감에 영향을 미칠 것이라는 〈가설 2-3〉은 부분적으로만 검증되었다.

연구문제 3(TV토론관심시청과 정치효능감, 정치관심도, 대화량 간의 관계) 검증

이어서 TV토론관심시청이 정치커뮤니케이션 연구에서 중요한 매개변수로 인식되고 있는 정치효능감, 정치관심도, 대화량에 미치는 효과를 알아보기 위해 위계적 회귀분석을 하였다. 1단계에서 성, 연령, 학력 등 인구통계학적 변수들을 투입하고, 2단계에서 신문, TV, 인터넷 등 미디어 이용 관련변수들을 투입한 다음에 3단계에서 TV토론관심시청 변수를 단독으로 투입하였다.

먼저 TV토론관심시청이 정치효능감에 미치는 영향에 관한 회귀분석 결과를 보면, 〈표 9-2〉에서 보는 바와 같이 인구통계학적 변수군들만을 투입한 〈모형 1〉을 보면 성, 연령, 학력 모두 종속변수에 영향을 미쳤다. 이들의 종속변수 설명량은 6.3%(R^2=6.3%, F=11.2, df=3/497, p=0.000)로 비교적 높은 편이었다. 이어서 미디어 이용변수군을 투입한 2단계 분석결과인 〈모형 2〉를 보면 이들 독립변수들은 종속변수인 선거관심도 변량의 10.2%를 설명하였다(R^2=10.2%, F=9.7, df=6/494, p=0.000). 신문 읽는 빈도만이 정치효능감에 영향을 미치고 있으나 TV뉴스 시청빈도와 인터넷 정치사회이슈 이용 빈도는 별다른 영향을 미치지 못하고 있다. 이어서 TV토론 관심시청을 추가로 투입한 3단계 분석결과인 〈모형 3〉을 보면 TV토론관심시청 변수가 단독으로 4.5%의 R^2값을 변화시켰다(R^2=4.5%, F=26.2, df=1/493, p=0.000). 또한 TV토론관심시청의 베타값 역시 .231로 다른 독립변수들에 비해 정치효능감에 가장 큰 영향력을 미치는 것으로 나타났다. 다음으로 성(β=.145, p=.000), 신문읽는 빈도(β=.140, p〈.01)가 정치효능감에 유의미한 영향을 미치는 것으로 나타났다.

이어서 선거관심도에 미치는 영향에 관한 회귀분석 결과를 보자(표 9-2 참조). 인구통계학적 변수군들만을 투입한 〈모형 1〉을 보면 성, 연령, 학력 모두 종속변수에 영향을 미쳤다. 이들의 종속변수 설명량은 5.2%(R^2=5.2%, F=9.1, df=1/494, p=0.000)로 비교적 높은 편이었다. 이어서 미디어 이용변수군을 투입한 2단계 분석결과인 〈모형 2〉를 보면 이들 독립변수들은 종속변수인 선거관심도 변량의 8.1%를 설명하였다(R^2=8.1%, F=12.7, df=1/494, p=0.000). 신문 읽는 빈도와 인터넷 정치사회이슈 이용 빈도가 선거관심도에 영향을 미치고 있으나 TV뉴스 시청빈도는 별다른 영향을 미치지 못하고 있다. 이어서

TV토론 관심시청을 추가로 투입한 3단계 분석결과인 〈모형 3〉을 보면 여러 독립변수 중에서 TV토론관심시청이 가장 많은 영향력을 미치는 것으로 나타났다(β=.291, p=.000). TV토론 관심시청에 이어 신문 읽는 빈도(β=.170, p=.000), 인터넷 정치사회이슈이용(β=.126, p=.01), 그리고 성(β=.087, $p<0.05$)의 순서로 영향력을 미치고 있다. TV토론 관심시청은 정치관심도 전체변량의 7.2%의 단독 설명력을 갖고 있는 것으로 나타나(R^2=7.2%, F=44.6, df=1/494, p=0.000), TV토론 관심시청이 정치관심도에 매우 큰 영향을 미치고 있음을 알 수 있다.

TV토론관심시청이 선거대화량에 미치는 영향에 관한 회귀분석 결과를 보면, 인구통계학적 변수군들만을 투입한 〈모형 1〉에서 보듯이 연령만이 종속변수에 영향을 미쳤다(표 9-2 참조). 즉 나이가 많은 사람일수록 선거대화를 많이 나눈다는 것이다. 이들의 종속변수 설명량은 3.9%(R^2=3.9%, F=6.7, df=1/494, p=0.000)이었다. 이어서 미디어 이용 변수군을 투입한 2단계 분석결과인 〈모형 2〉를 보면 이들은 종속변수인 선거대화량 변량의 11.7%를 설명하였다. (R^2=11.7%, F=15.2, df=1/494, p=0.000). 여기에서도 신문 읽는 빈도와 인터넷 정치사회이슈 이용 빈도가 선거관심도에 영향을 미치고 있으나 TV뉴스 시청빈도는 별다른 영향을 미치지 못하고 있다. TV토론 관심시청을 추가로 투입한 3단계 분석결과인 〈모형 3〉을 보면 여러 독립변수 중에서 TV토론관심시청이 가장 많은 영향력을 미치는 것으로 나타났다(β=.256, p=.000). 인터넷 정치사회이슈 이용(β=.248, p=.000)이 두 번째로 높게 나온 점이 주목되는데, 이는 인터넷 사용이 일상생활에서 선거대화량을 활성화시키는 것임을 알 수 있다. 이어서 신문읽는 빈도(β=.189, p=.000), 그리고 학력(β=-.181, p=0.001), 연령(β=.134, p=0.011) 순서로 영향력을 미치고 있다. 학력이 낮을수록 선거대화를 많이 한다는 점 역시 주목되는 결과라 하겠다. TV토론관심시청은 선거대화량 전체변량의 5.6%의 단독 설명력을 갖고 있는 것으로 나타나(R^2=5.6%, F=34.7, df=1/493, p=0.000), TV토론관심시청이 선거대화량에도 꽤 많은 영향을 미치고 있음을 알 수 있겠다.

〈표 9-2〉 주요 변수들이 정치효능감, 대화량, 선거관심도에 미치는 영향(계수는 β값)

	정치효능감			선거대화량			선거관심도		
	모형 1	모형 2	모형 3	모형 1	모형 2	모형 3	모형 1	모형 2	모형 3
성별 (남자=1)	.196***	.157***	.145***	.056	−.015	−.028	.160***	.101*	.087
연령	.138**	.126*	.126*	.201**	.189***	.134**	.141**	.104	.041
학력	.168**	.078	.057	.021	−.159**	−.181**	.177**	.050	.025
신문읽는 빈도		.185***	.140**		.239***	.189***		.227***	.170***
TV뉴스시청 빈도		−.035	−.075		.044	−.001		.079	.028
인터넷 정치 사회이슈		.102	.081		.272***	.248***		.153**	.126**
TV토론관심 시청			.231***			.256***			.291***
R^2	.063	.102	.147	.039	.156	.212	.052	.133	.205
R^2변화량	.063	.039	.045	.039	.117	.056	.052	.081	.072
F	11.2***	9.3***	12.2***	6.7***	15.2***	18.9***	9.1***	12.7***	18.2***

* p 〈 .05 ** p 〈 .01 *** p = .000

이러한 결과는 AMOS 프로그램을 이용한 경로분석 결과와도 일치하고 있다(그림 9-2 참조). 경로분석에서 나타난 베타값을 보나, 전체 효과계수를 보더라도 TV토론관심 시청은 선거관심도에 매우 많은 영향을 미치고 있으며(β=.313, p=.000, 전체 효과계수 0.313), 선거대화량(β=.203, p=.000, 전체 효과계수 .289), 정치효능감(β=.123, p=.01, 전체 효과계수 0.260)에도 많은 영향을 미치고 있다(표 9-3 참조).

따라서 TV토론관심 시청이 정치효능감, 선거관심도, 선거 대화량에 영향을 미칠 것이라는 〈가설 3-1〉, 〈가설 3-2〉, 〈가설 3-3〉은 모두 검증되었다.

〈표 9-3〉 TV토론관심시청이 정치효능감, 선거관심도, 선거대화량에 미치는 경로계수

(계수는 β값)

	정치효능감	선거관심도	선거대화량
직접 효과계수	.123**	.313***	.203***
간접 효과계수	.137	.000	.086
전체 효과계수	.260	.313	.289

** p = .01　　*** p = 0.000

연구문제 4(미디어 이용, TV토론관심시청과 투표의향간의 관계) 검증

미디어 이용과 TV토론관심시청이 투표의사에 미치는 영향을 알아보기 위해 위계적 회귀분석을 하였다. 1단계에서 성, 연령, 학력 등 인구통계학적 변수들을 투입하고, 2단계에서 신문, TV, 인터넷 등 미디어 이용 관련변수들을 투입한 다음에 3단계에서 TV토론관심시청, 정치효능감, 선거관심도, 선거대화량 변수들을 일괄 투입하였다.

인구통계학적 변수들만을 투입한 1단계 분석결과인 〈모형 1〉을 보면 연령과 학력이 투표의사에 많은 영향을 미치고 있다 (표 9-4 참조). 다시 말해 연령과 학력이 높을수록 투표의사가 강하게 나타났다. 그러나 성별은 별다른 영향을 미치지 못했다. 이들 인구통계학적 변수들은 종속변수인 투표의사 변량의 3.8%를 설명하였다(R^2=3.8%, F=6.1, df=1/493, p=0.000).

미디어 이용 변수들을 동시에 투입한 2단계 분석결과를 보여주는 〈모형 2〉를 보면 이들 변수들이 종속변수 전체변량의 7.2%를 단독으로 설명해주고 있다(R^2=7.2%, F=9.4, df=1/493, p=0.000). 미디어 이용 변수 중에서는 신문 읽는 빈도만이 유의미한 영향력을 행사하고 있을 뿐 나머지 변수들은 별다른 영향을 미치지 못하고 있다.

이어서 TV토론관심시청, 정치효능감, 선거관심도, 선거대화량 변수들을 일괄 투입한 분석결과를 보여주는 〈모형 3〉을 보면, 이들 독립변수들이 종속변수의 14.7%를 단독으로 설명해주고 있다(R^2=14.7%, F=15.7, df=1/493, p=0.000). 전체적으로 보면 선거관심

도가 투표의사에 가장 많은 영향력을 미치는 것으로 나타났다(β=.200, p=.000). 이어서 정치효능감(β=.170, p=.000)이 두 번째로, 그리고 TV토론관심시청(β=.132, p=.005)이 세 번째, 신문 읽는 빈도(β=.110, p=.013)가 네 번째로 많은 영향을 미치는 것으로 나타났다. 그러나 TV뉴스 시청빈도(β=.018, p〉.05). 인터넷 정치사회이슈이용(β=.091, p〉.05) 등은 투표의향에 별다른 영향을 미치지 못하는 것으로 나타났다(표 9-4 참조).

〈표 9-4〉 주요변수들이 투표의향에 미치는 영향(계수는 β값)

	모형 1	모형 2	모형 3
성별 (남자=1)	.060	.002	−.060
연령	.197***	.173**	.090
학력	.182**	.054	.023
신문읽는 빈도		.220***	.110*
TV뉴스시청빈도		.045	.018
인터넷 정치사회이슈		.169	.091
선거관심도			.200***
정치효능감			.170***
선거대화량			.076
TV 토론관심시청			.132**
R^2	.038	.110	.257
R^2변화량	.038	.072	.147
F	6.1***	9.4***	15.7***

* p〈 .05 ** p〈 .01 *** p = .000

이러한 결과는 AMOS프로그램을 이용한 경로분석 결과와도 일치하고 있다(그림 9-2 참조). 경로분석에서 나타난 베타값을 보나, 전체 효과계수를 보더라도 TV토론관심시청은 투표의향에 영향을 미치고 있으며(β=.150, p=.000, 전체 효과계수 0.286), 신문 읽는 빈도(β=.109, p〈.05, 전체 효과계수 .259) 역시 적지 않은 영향을 미치고 있다. 이밖에 선거관심도(β=.206, p=0.000, 전체 효과계수 0.305), 정치효능감(β=.163, p=0.000, 전체 효과계수 0.163), 선거대화량(β=.100, p〈.05, 전체 효과계수 0.100) 등 역시 많은 영향을 미치고 있다.

그런데 〈표 9-5〉에서 보듯이 투표의향에 미치는 직접효과와 간접효과를 감안한 전체 효과 경로계수를 보면 선거관심도가 .305로 여전히 영향력이 가장 크지만, 위의 직접효과에서 세 번째로 영향력이 컸던 TV토론 관심시청이 .286(직접효과 .150, 간접효과 .136)으로 두 번째로 큰 것으로 나타났다. 이는 TV토론 관심시청이 다른 내생변수를 통해 간접효과를 미치고 있음을 의미하는 것이다. 또한 신문 읽는 빈도는 직접효과계수(.109) 보다 간접효과계수(.150) 더 크게 나타나 전체효과계수가 .259로 정치효능감보다 더 높았다. 결국 TV토론 관심시청과 신문 읽는 빈도는 투표의향에 직접적으로 뿐만 아니라 간접적으로 영향을 미치고 있음을 알 수 있다.

결국 미디어 이용과 TV토론관심 시청이 투표의향에 영향을 미칠 것이라는 가설은 신문 읽는 빈도(가설 4-1), TV토론관심 시청(가설 4-4)만이 검증되었고, TV뉴스 시청빈도(가설 4-2). 인터넷 정치사회이슈이용(가설 4-3) 검증은 실패하였다.

〈표 9-5〉 주요 변수들이 투표의향에 미치는 경로계수(계수는 β값)

	신문읽는 빈도	TV뉴스 시청빈도	인터넷정치 사회	TV토론 관심시청	정치효능감	선거관심도	선거대화량
직접 효과계수	.109*	.000	.000	.150***	.163***	.206***	.100*
간접 효과계수	.150	.049	.041	.136	.000	.099	.000
전체 효과계수	.259	.049	.041	.286	.163	.305	.100

** p 〈 .05 *** p = 0.000

요약 및 결론

본 연구는 국민적 관심도가 높지 않은 지방선거 상황에서 미디어 이용과 TV토론관심시청이 정치효능감 등 매개변수에 어떻게 영향을 미치며, 나아가 투표행위(투표의향)에 미치는 영향을 심층적으로 분석하고자 하였다. 기존 연구에 의하면 유권자들이 후보자들에 대한 정보를 충분히 갖기 전인 선거 초반에 TV 토론 효과가 비교적 크게 일어난다는 점을 감안하여 본 연구 역시 지방선거 초반이라고 할 수 있는 2010년 4월 2일-6일(4일간)을 조사기간으로 잡았다. 본 연구의 모집단은 전라북도에 거주하는 만19세(유권자) 이상의 남녀로 하였으며 전라북도 14개 시군의 지역, 성, 연령 별 실제인구비율에 맞게 표본을 할당하는 할당표본추출방법을 통해 510명의 표본을 추출하였다.

주요 연구결과를 요약하면 다음과 같다.

첫째, 먼저 미디어 이용과 TV토론관심시청과의 관계를 회귀분석과 경로분석 한 결과 신문 읽는 빈도와 TV뉴스시청빈도 모두 TV토론관심시청에 유의미한 영향력을 미치는 것으로 나타났다. 그러나 인터넷 정치사회이슈 이용 빈도는 통계적으로 유의미한 영향을 미치지 못하는 것으로 나타났다. 연령 역시 TV토론관심시청에 많은 영향을 미치고 있다. 따라서 신문읽는 빈도와 TV뉴스 시청빈도가 TV토론 관심시청에 영향을 미칠 것이라는 〈가설 1-1〉과 〈가설 1-2〉는 검증되었으나 인터넷 정치사회이슈 이용 빈도가 TV 토론 관심시청에 영향을 미칠 것이라는 〈가설 1-3〉은 부정되었다.

둘째, 미디어 이용과 정치효능감과의 관계를 분석해 보았다. 전체적으로 보면 신문 읽는 빈도가 정치효능감에 가장 많은 영향력을 미쳤으며, TV뉴스 이용 빈도는 정치효능감에 부정적(역방향)으로 영향을 미치는 것으로 나타났다. 다시 말해 TV뉴스를 많이 시청할수록 정치효능감이 낮아지는데, TV뉴스 시청이 정치효능감에 직접 미치는 효과보다는 다른 내생변수를 통한 간접효과가 더 큰 것으로 나타났다. 그러나 인터넷 정치사회이슈 이용은 정치효능감에 부분적으로만 영향을 미치고 있다. 인구통계학적 변수 중에서는 성, 연령이 정치효능감에 영향력을 미치고 있다. 따라서 신문 읽는 빈도와 TV뉴스 이용 빈도가 정치효능감에 영향을 미칠 것이라는 〈가설 2-1〉과 〈가설 2-2〉는 검증되었으나 인터넷 정치사회이슈 이용이 정치효능감에 영향을 미칠 것이라는 〈가설 2-3〉은 부분적으로만 검증되었다.

셋째, TV토론관심시청이 정치효능감, 정치관심도, 대화량에 미치는 효과를 알아보기 위해 회귀분석과 경로분석을 하였다. 먼저 TV토론관심시청이 정치효능감에 미치는 영향에 관한 회귀분석 결과를 보면, TV토론관심시청 변수가 단독으로 4.5%의 R^2값을 변화시켰다. 또한 TV토론관심시청의 베타값 역시 .231로 다른 독립변수들에 비해 정치효능감에 가장 큰 영향력을 미치는 것으로 나타났다. 이어서 성, 신문 읽는 빈도가 정치효능감에 유의미한 영향을 미치는 것으로 나타났다.

선거관심도에 미치는 영향에 관한 회귀분석 결과를 보면 여러 독립변수 중에서 TV토론관심시청이 가장 많은 영향력을 미치는 것으로 나타났다. TV토론 관심시청에 이어 신문 읽는 빈도, 인터넷 정치사회이슈 이용, 그리고 성의 순서로 영향력을 미치고 있다. TV토론관심시청은 정치관심도 전체변량의 7.2%의 단독 설명력을 갖고 있는 것으로 나타나 TV토론 관심시청이 정치관심도에 매우 큰 영향을 미치고 있음을 알 수 있다.

TV토론관심시청이 선거 대화량에 미치는 영향에 관한 분석 결과를 보면, 여러 독립변수 중에서 TV토론관심시청이 가장 많은 영향력을 미치는 것으로 나타났다. 인터넷 정치사회이슈 이용이 두 번째로 높게 나온 점이 주목되는데, 이는 인터넷 사용이 일상생활에서 선거대화량을 활성화시키는 것임을 알 수 있다. 이어서 신문 읽는 빈도, 그리고 학력, 연령 순서로 영향력을 미치고 있다. 학력이 낮을수록 선거대화를 많이 한다는 점 역시 주목되는 결과라 하겠다. 따라서 TV토론관심 시청이 정치효능감, 선거관심도, 선거 대화량에 영향을 미칠 것이라는 〈가설 3-1〉, 〈가설 3-2〉, 〈가설 3-3〉은 모두 검증되었다.

넷째, 미디어 이용과 TV토론관심시청이 투표의향에 미치는 영향을 분석하였다. 그 결과 전체적으로 보면 선거관심도가 투표의향에 가장 많은 영향력을 미치는 것으로 나타났다. 이어서 정치효능감이 두 번째로, 그리고 TV토론관심시청이 세 번째, 신문 읽는 빈도가 네 번째로 많은 영향을 미치는 것으로 나타났다. 그러나 TV뉴스 시청빈도. 인터넷 정치사회이슈이용 등은 별다른 영향을 미치지 못하는 것으로 나타났다. 따라서 미디어 이용과 TV토론관심 시청이 투표의향에 영향을 미칠 것이라는 가설은 신문 읽는 빈도(가설 4-1), TV토론관심 시청(가설 4-4)만이 검증되었고, TV뉴스 시청빈도(가설 4-2). 인터넷 정치사회이슈이용(가설 4-3)은 검증이 실패하였다.

이러한 결과를 통해 다음과 같은 결론을 내릴 수 있겠다.

첫째, TV토론관심시청이 정치효능감은 물론이고 선거관심도와 선거 대화량에 중대한 영향을 미칠 뿐만 아니라 투표의향에도 매우 큰 영향을 미치고 있다. 따라서 선거에 있어서 TV토론을 관심 있게 시청하는 정도가 유권자의 선거에 대한 관심, 그리고 정치심리 요인(정치효능감)은 물론이고 선거참여를 예측할 수 있는 매우 강력한 예측변수임을 알 수 있다. 대통령선거 상황에서 실시된 기존 연구(문성철, 양문희, 2009)에서 TV토론 시청이 선거에 대한 관심을 높이고 선거참여의사를 증가시키는 것으로 나타났는데, 본 연구에서도 이러한 사실이 다시 확인되었다. 그러나 TV토론 시청이 정치효능감을 감소시킨다는 기존의 연구결과(문성철, 양문희, 2009)와는 반대로 본 연구에서는 TV토론관심시청이 정치효능감을 증가시키는 요인으로 밝혀졌다는 점이 의의가 있다 하겠다. 이와 같이 본 연구가 기존 연구결과와 다르게 나타난 것은 기존연구는 TV토론에 대한 단순노출을 변수화한 반면 본 연구에서는 TV토론에 대한 관심시청을 변수화 시킨 차이에서 비롯된 것으로 보인다.

둘째, 선거에서 신문 이용 변수의 중요성이 다시 한 번 확인되었는데, 신문 이용은 TV토론관심시청뿐만 아니라 매개변수들인 정치효능감, 선거관심도, 선거 대화량, 그리고 선거참여에도 적지 않은 영향을 미친다고 하겠다. 신문 읽는 빈도는 TV토론관심시청에 이어 선거에서 여러 매개변수와 선거참여를 예측할 수 있는 중요한 예측변수라 하겠다.

셋째, 텔레비전 뉴스 이용은 TV토론관심시청을 증대시키지만 정치효능감을 감소시키는 요인으로 작용하고 있다. 기존의 국내연구에서 TV뉴스 이용이 선거에 대한 관심과 선거참여를 떨어뜨리는 요인(송종길, 박상호, 2005)으로 확인되었으나 정치효능감과의 관계에 대해서는 덜 알려졌다. 따라서 본 연구를 통해 텔레비전 뉴스 이용이 정치효능감을 떨어뜨리는 요인임을 확인할 수 있었던 점이 중요한 의미를 갖는다고 하겠다. 그러나 텔레비전 뉴스 이용은 선거관심도, 선거대화량, 선거참여에는 별다른 영향을 미치지 않는 것으로 확인되었다.

넷째, 선거관심도는 정치효능감을 포함한 어떠한 요인보다도 선거참여에 훨씬 강력한 영향을 미치고 있다. 다시 말해 선거관심도는 정치효능감, 선거대화량 뿐만 아니라 선거참여에 매우 큰 영향을 끼치고 있다는 것이다. 물론 기존 연구에서 정치관여도나 선거관심도의 중요성이 경시된 것은 아니지만 정치효능감에 비해 상대적으로 덜 중요한 매개변수로 여겨져 왔다. 그러나 본 연구에서 선거관심도는 정치효능감(β=.44, p=.000)과 선거대화량(β=.28, p=.000)에 가장 큰 영향력을 미칠 뿐만 아니라 투표의향(β=.21, p=.000)에도 가장 큰 영향을 미치는 것으로 나타났다. 이러한 선거관심도는 중요 매개변수와 선거참여를 예측하는데 있어서 TV토론관심시청보다도 더 강력한 예측변수임을 알 수 있다. 그런데 선거관심도는 TV토론 관심시청(β=.31, p=.000), 신문 읽는 빈도(β=.20, p=.000), 인터넷 정치사회이슈 이용(β=.13, p=.01) 등 미디어 요인으로부터 영향을 받고 있는 점을 주목할 필요가 있겠다.

다섯째, 과거 연구에서는 별다른 주목을 받지 못했던 대인간 커뮤니케이션(선거대화량)의 중요성을 확인했다. 선거대화량은 선거참여에 유의미한 영향(β=.10, $p<.05$)을 미치는 것으로 나타났는데, 이는 곧 선거 관련 대화를 많이 나눌수록 투표할 가능성이 높다는 것을 의미한다. 또한 인터넷 정치사회이슈를 많이 이용할수록 선거대화량이 늘어나고, 학력이 낮을수록 선거대화량이 많아진다는 사실 역시 의미 있는 발견이라 하겠다. 학력이 낮을수록 선거대화량이 많은 것은 선거와 관련된 정보가 적고 정치효능감이 낮은 저학력자들이 선거나 후보자들에 대한 정보를 얻기 위해 대인간 커뮤니케이션에 더 많이 의존하는 것으로 추론된다. 그런데 선거대화량은 TV토론 관심시청, 신문 읽는 빈도, 선거관심도 등으로부터 영향을 받고 있다는 점 역시 주목된다.

본 연구는 국민들의 관심이 상대적으로 낮아 선거와 후보자들에 대한 정보가 상대적으로 부족한 지방선거 상황에서 특정 지역에서만 조사되었기 때문에 본 연구결과를 다른 선거와 전국적 현상으로 일반화하는 데에는 다소 한계가 있을 수 있다고 본다. 또한 본 연구가 지방선거 기간 중에서도 선거관련 정보가 비교적 부족한 선거초반에 실시되었기 때문에 미디어 이용과 TV토론 관심시청의 정치적 효과가 크게 나타날 수 있다고 본다. 따라서 앞으로 연구에서는 연구기간을 좀 더 넓게 잡아 선거 초반뿐만 아니라 종반까지도 연구 범위에 포함시키는 것이 보다 정확한 결과를 얻을 수 있다고 본다.

<설문 내용 및 빈도분석 결과(%)>

1. 선생님은 주로 무엇을 통해 세상 돌아가는 소식을 알고 있습니까?

14.5 신문 46.9 텔레비전 1.0 케이블TV
2.7 라디오 10.4 사람들과의 대화, 소문 0.0 잡지
24.3 인터넷 0.2 기타

2. 선생님은 신문을 얼마나 자주 보십니까?

16.3 매일 본다 19.1 거의 매일 본다
43.8 어쩌다 한 번씩 본다 20.8 전혀 안 본다

3. 선생님은 텔레비전 뉴스를 얼마나 자주 보십니까?

37.5 매일 본다 41.0 거의 매일 본다
18.4 어쩌다 한 번씩 본다 3.1 전혀 안 본다

4. 선생님은 인터넷을 얼마나 자주 하십니까 ?

34.4 매일 한다 21.5 거의 매일 한다
19.7 어쩌다 한 번씩 한다 24.4 전혀 안 한다

5 선생님은 이번 6.2 지방선거에 투표하시겠습니까?

33.5 반드시 하겠다 42.4 가능하면 하겠다
15.7 별로 하고 싶지 않다 1.6 절대로 하지 않겠다
6.9 잘 모르겠다

6. 선생님께서는 평소 다음 목적을 위해 인터넷을 얼마나 많이 이용하십니까?

	전혀 이용 하지 않음	별로 이용 하지 않음	보통이다	꽤 이용한 편이다	매우 많이 이용함
주요 뉴스 기사 읽기	23.2	9.4	21.2	**28.5**	17.7
정치 , 사회 이슈에 대한 정보 검색	21.9	16.8	23.7	**25.0**	12.6
인터넷 채팅	**54.5**	15.4	14.6	9.6	5.9

7. 선생님께서는 평소에 정치나 선거에 대한 대화를 아래의 대상과 얼마나 많이 하십니까?

	거의 하지 않음	별로 하지 않음	보통이다	꽤 하는 편이다	매우 많이 하는 편이다
가족 간	18.5	32.9	**34.6**	13.0	1.0
친구 / 동료등 주변 사람 간	9.2	23.2	**37.9**	25.5	4.1

8. 다음은 사람들이 우리나라 정치과정에 대해 이야기한 내용입니다. 다음 내용에 대해 어느 정도 동의 또는 동의하지 않는지를 해당란에 V표해 주십시오.

	전혀 동의 하지 않음	동의 않는편	중립적	동의 하는편	매우 동의함
선거에 내 한 표는 중요한 영향력을 미친다 .	3.5	11.0	25.9	**41.8**	17.8
정치에 관련된 사항은 복잡하여 이해하기 힘들다	2.2	12.2	34.9	**38.8**	12.0
선거에 한 표를 행사하는 것은 유일한 의사표시 방법이다	3.3	12.2	29.8	**39.6**	15.1
정부가 무슨 일을 하고 있는지 나는 잘 모른다	7.9	18.1	**35.2**	30.3	8.6
정부나 정당에 내 의견을 제시 할 수 있다	7.5	21.2	**37.9**	28.1	5.3
국민이 힘을 합치면 잘못된 정치를 바로 잡을 수 있다 .	6.5	17.1	**29.7**	28.5	18.3
정부가 하는 일에 말해봤자 소용없다	8.9	20.5	**38.2**	24.2	8.3
정치인들은 일반시민이 무슨 생각을 하는지 신경 쓰지 않는다 .	5.3	9.0	31.6	**35.4**	18.7

9. 선생님께서는 정치와 선거 대해 얼마나 관심을 가지고 계십니까?

	전혀 관심없음	관심 없는편	보통	관심 있는편	매우 관심 있음
정치 문제	5.3	20.2	**33.9**	31.4	9.2
선거	6.7	19.6	**38.7**	25.7	9.2

10. 후보자간 TV토론에 대한 선생님의 견해는 어떻습니까? 해당란에 V표 해주시기 바랍니다.

	매우 그렇다	그런 편이다	보통이다	그렇지 않은 편이다	전혀 그렇지 않다
TV 토론은 후보선택에 도움이 된다	11.0	**44.4**	34.7	7.7	2.2
TV 토론을 관심 있게 시청한다	7.1	25.6	**35.4**	26.0	5.9

11. 성 51.6 남 48.4 여

12. 연령

	빈도수	퍼센트
20 대이하	125	24.5
30 대	94	18.4
40 대	130	25.5
50 대	77	15.1
60 대이상	84	16.5

13. 학력

	빈도	퍼센트
중졸이하	49	9.6
고졸	161	31.7
대학이상	298	58.7

CHAPTER

10

전략적 뉴스 이용이 정치 냉소주의, 투표참여에 미치는 효과

전략적 뉴스 이용이 정치 냉소주의, 투표참여에 미치는 효과[1]

머리말

많은 사람들은 오늘날 민주주의가 위기라고 말한다. 위기의 징조는 국민들의 정치에 대한 무관심, 정치인과 정치 제도에 대한 불신과 부정적 관점, 여기에 따른 정치 참여의 부족에서 잘 나타나고 있다. 이러한 위기를 가져온 원인 중의 하나로 매스 미디어가 지목되고 있다. 이와 같이 매스 미디어가 일반 공중의 정치에 대한 무관심, 국가나 시민 문제에 대한 경시, 그리고 정부에 대한 불신 등을 직접적으로 조장했다는 이론이 바로 미디어 부정주의 이론(media malaise theory)이다 (권혁남, 2006:14).

미디어 부정주의에 관한 연구는 1960년대 정치학에서 처음으로 시작되었다. 워터게이트 사건 이후인 1970년대부터 이와 관련된 학술 논문들이 본격적으로 나왔고, 1990년대 들어서서는 언론학과 정치학에서 홍수를 이루게 되었다. 미국에서 이 문제에 대한 최초의 문제제기는 1960년대 랭(Lang) 부부에 의해서이다. 이들은 처음으로 방송사 네트워크 뉴스의 부상과 미국 정치에 대한 환멸 간에 어떤 연관이 있다고 주장하였다. 다시 말해 텔레비전 방송은 정치 갈등을 과장하고, 일상적인 워싱턴의 정책 결정을 깎아 내림으로써 공중의 냉소주의를 부추긴다고 하였다 (Norris, 2000 : p. 5). 1970년대 월남전과 워터게이트 사건 이후 공중의 소외감이 커지자 몇몇 학자들이 이를 설명하려 하였다.

---

1 저자의 논문 '전략적 뉴스 이용이 정치 냉소주의, 투표참여에 미치는 개인적 특성 효과연구 -2010 지방선거를 중심으로, 한국언론학보, 57권 1호 (2013년 2월), 5-26.'을 일부 수정하였음.

그 중 마이클 로빈슨(Michael Robinson, 1976)이 처음으로 비디오 부정주의이론(video-malaise)을 제시했다. 그는 미국인들의 텔레비전에 대한 의존이 정치 냉소주의, 사회적 불신, 정치 효능감의 상실 등과 연관이 있다고 주장했다. 그는 심한 부정주의, 갈등적 틀, 반정치 제도 사고 등으로 가득 찬 텔레비전 뉴스를 많이 보게 보면 정치적 불만, 좌절, 냉소주의, 자아 의심, 그리고 불쾌감을 불러일으킨다고 하였다 (권혁남, 2006:15).

로빈슨의 주장 이후 많은 학자들은 정치와 시민들의 정치인에 대한 불신의 원인으로 매스 미디어를 가장 많이 지목하였다. 특히 텔레비전 뉴스는 강력한 원인으로 여겨지는데, 많은 연구들에서 시민들이 텔레비전의 선거캠페인 보도를 통해 받는 메시지가 정치 행위자와 그들의 행위에 대해 매우 냉소적이고 부정적이라는 사실을 밝혀냈다. 텔레비전 뉴스가 정부의 불법행위에 대한 지각을 높이고, 정치에 대한 부정적 관점을 강화시킨다는 것이다(Sweetser, Kaid, 2008). 로빈슨의 주장에 따라 수많은 학자들이 미디어 부정주의이론을 지속적으로 연구하였으나 연구결과들은 제각기 다르게 나타났다. 특히 미디어 종류와 내용, 그리고 미디어 이용자의 개인적 특성에 따라 정치 냉소주의의 크기와 방향이 다르게 나타나 아직도 논란이 계속되고 있다.

한편 Patterson은 언론이 매일같이 게임식 보도를 강조함으로써 유권자들의 후보자에 대한 불신을 강화시키고 정치 관여도를 감소시킨다고 주장하였다(Patterson, 1993:93). 후속연구들은 캠페인을 보도할 때 이슈보다는 캠페인 전략과 경마식 저널리즘에 집중하는 텔레비전 뉴스 효과를 연구하였다. 특히 Cappella, Jamieson(1997)은 1991년 필라델피아 시장경선과 1993년 미국 의료보험 개혁 논쟁 기간에 수행한 개척자적인 일련의 실험연구를 통해 전략적 뉴스(캠페인의 승패 관점과 정치인들의 이기적인 관심사항에 초점을 두는 뉴스 보도)에 노출된 사람들이 전략적 관점으로 생각하는 경향이 많고, 높은 정치 냉소주의 수준으로 응답하는 경향이 있음을 발견했다. 이들은 이것을 미디어에서 시작하여 공중을 더욱더 냉소적으로 만드는 이른바 "냉소주의의 나선"(spiral of cynicism)이라고 하였다(Jackson, 2011). 후속 연구들(Crigler et al., 2002; DeVreese, Semetko, 2002)에서 전략적 뉴스에 많이 노출될수록 더욱더 냉소적이라는 사실을 확인하였다.

이처럼 많은 연구들에서 전략적으로 틀지어진 정치보도에 대한 노출은 매우 높은 수준의 냉소주의를 일으킨다는 점을 증명해주었다. 그러나 이러한 효과가 모든 시민들에게서 똑같이 일어나는지 그리고 최고 수준의 냉소주의 나선이 항상 최종결과인지 여부에 대한 일치된 견해는 없다(Dan, 2011). Valentino 등(2001)은 정치 냉소주의의 나선이 모든 사람에게서 일어나는 것이 아니라 오직 일부 사람에게서만 일어난다고 결론 내렸다. 비선거 정치적 이슈(EU확대) 상황에서 de Vreese(2004)는 전략적 뉴스에 대한 노출이 정치 냉소주의를 부추기는데, 특히 정치 지식이 많은 사람들에게서 이러한 효과가 많이 일어난다는 사실을 발견하였다. 또 다른 연구에 의하면 뉴스 미디어의 선거 전략에 대한 집중보도가 유권자, 특히 정치에 덜 관여적이거나 무엇을 믿어야할 지 모르는 유권자들에게는 유용한 정보를 제공하는 것으로 나타났다 (Lariscy, Tinkham, and Sweetser, 2011).

미디어 이용이 정치 냉소주의에 미치는 효과는 미디어 유형, 내용에 따라 그 크기와 방향성이 다르게 나타나고 있어 이론적으로나 방법론적으로 좀 더 체계적이고 새로운 접근이 요구되고 있다. 그런데도 아직까지 국내에서 미디어 이용과 정치 냉소주의 간의 관계에 관한 본격적인 연구들이 매우 부족한데, 특히 미디어의 전략적 뉴스보도가 정치 냉소주의에 미치는 영향과 그에 따른 정치참여에 미치는 효과에 관해 연구가 제대로 이루어지지 않고 있는 실정이다. 따라서 본 연구는 2010년 지방선거 상황에서 전략적 뉴스 이용과 정치 냉소주의간의 인과관계, 그리고 그 결과로 투표참여에 미치는 영향을 알아보고, 이러한 영향이 일어난다면 모든 사람에게서 일어나는 것인지, 아니면 특정의 개인적 특성을 가진 사람에게서만 일어나는지를 밝히는 것을 목적으로 한다.

이론적 배경과 선행연구 검토

전략적 뉴스와 정치 냉소주의, 그리고 정치참여

일반적으로 정치 냉소주의는 미디어 이용과 깊은 관련이 있는 것으로 알려져 있다. 정치 냉소주의는 미디어 내용, 그 중에서 특정 내용의 과다 소비에 의해 발생한다는 주장이 있는가 하면, 이와는 반대로 이들 간에는 아무런 관계가 없다는 주장도 만만치 않게 제기되고 있는 실정이다. 미디어의 특정 내용이 정치 냉소주의를 일으키는 원인으로 작용한다는 주장은 아직까지 단일 이론이나 주장으로 합의되지 못하고 여전히 논쟁거리로 남아 있다.

정치 냉소주의 형성과 관계가 있는 것으로 알려진 미디어 내용은 크게 4가지이다. 그것은 전략적 뉴스보도, TV토론(Kaid, Tedesco, & McKinney, 2004; 송종길, 박상호, 2009;McKinney & Chattopadhyay, 2007; Stroud, Stephens, Pye, 2011), 정치광고(Lariscy, Tinkham, Sweetser, 2011;Guggenheim, Kwak and Campbell, 2011; 송종길, 이호영, 2007; Lemert et. al, 1999;Wattenberg & Brians, 1999;Freedman & Goldstein,1999), 인포테인먼트(정보오락프로그램)에 대한 노출 또는 이용과 관련된 것(Moy et al., 2005;Young, 2006; Guggenheim, Kwak and Campbell, 2011)들이다. 이 중에서 전략적 뉴스보도와 관련된 논쟁은 본 연구의 핵심주제이기 때문에 이와 관련된 논쟁만을 살펴보기로 하겠다.

언론인들이 정치, 특히 선거캠페인을 보도할 때 기본적으로 전략적 프레임을 점차 많이 사용하고 있다는 주장은 1990년대 초반 이후 수행된 많은 선거 내용분석 연구에서 확인되었다 (Jamieson 1992; Kerbal et al. 2000; Patterson 1993). 그런데 전략적 보도 프레임은 선거기간이 아닌 기간에도 정치보도에서 만연되어 있음을 알 수 있다 (Morris, Clawson 2005; Skorkjaer Binerkrantz and Green-Pendersen 2009).

전략적 뉴스 프레임이란 선거에 참여한 정치인들이 오로지 당선되기 위해서, 또는 유권자의 지지를 얻기 위해서는 무슨 일이라도 할 수 있을 것이라고 해석하고 보도하는 뉴스 프레임을 의미한다. 전략 보도는 선거 과정을 전쟁 · 전투에 비유하며, 공세, 수세, 공방전, 전진 배치, 배수진 등과 같은 군사적 용어를 이용해서 설명한다 (박종화, 2005).

전략적인 보도가 문제되는 까닭은 유권자가 이러한 기사를 자주 읽으면 선거와 같은 정치 참여에 대한 신념과 태도가 달라질 수 있기 때문이다. 전략적 보도에 자주 노출된 사람들은 정치인이란 언제나 제 밥그릇을 챙기기 위해 이전투구나 하는 집단이라는 인식(지각)을 하게 되고, 결과적으로 정치 집단에 대해 냉소적 시각을 조성할 수 있다는 것이다 (박종화, 2005).

재미슨(Jamieson, 1992) 등 연구자들은 최근 20여 년 동안 미국의 정치 뉴스가 이슈 중심 기사에서 어느 후보가 앞서고 뒤서며, 또 그들의 선거 전략이나 전술을 강조하는 전략 중심 기사로 바뀌었다고 주장한다. 그는 전략 기사가 정치 뉴스의 대부분을 차지하면서 유권자들의 정치에 대한 기대감(정치 효능감)은 사라지고 대신 정치에 대한 냉소적 감정만 갖게 한다고 말했다.(박종화, 2005).

재미슨(1996)은 이러한 전략 기사가 갖는 특징으로, 첫째 이기고 지는 것이 가장 큰 관심사이며, 둘째 전쟁 · 게임 및 경쟁이란 용어를 선택하며, 셋째 선거 후보자의 실천력 · 스타일 및 인지도를 강조하고, 넷째 후보자를 평가하는 여론 조사 결과에 지나치게 비중을 두고 있다고 분석했다 (박종화, 2005).

승패 프리즘과 이것과 관련된 전략을 통해 정치 행위를 해석하는 데만 골몰하는 저널리즘 때문에 정치 토론이 약해지고 있다는 불만이 많다. Cappella, Jamieson(1997)의 냉소주의의 나선이론이 제기된 이후 후속 연구들은 이러한 결과를 확인시켜주었다. 그러나 또 다른 연구(Valentino et al., 2001)에서는 오직 일부 사람에게서만 냉소주의의 나선이 일어난다는 사실이 발견되었다. de Vreese(2005)는 덴마크와 네덜란드에서 뉴스 미디어 내용분석과 2차례 패널서베이(2-wave panel surveys)를 통해 정치 냉소주의는 모든 곳에서 나타나는 것이 아니라 뉴스에서 차지하는 전략적 내용의 양이 일으키는 부수적 효과라는 사실을 발견하였다. 또한 그는 Valentino et al.(2001) 연구와 비슷하게 전략적 뉴스의 탈동원 효과(demobilizing effect)는 대부분 정치적으로 덜 정교화된 사람들(less politically sophisticated)에게만 한정 된다는 사실을 발견하였다. 냉소주의 나선 이론과 관련하여 de Vreese와 Semetko(2002)는 국민투표 캠페인 기간 동안에 전략적 보도는 정치 냉소주의와 부정적 캠페인 평가를 증가시킨다는 사실을 발견하였다. 그러나 투표율이 높게 나온 것에 대해, 이것은 유권자들이 "냉소적이면서 참여적(engaged)일 수 있다"는 주장을 가능하게 만들었다고 말한다.

한편 일본에서도 텔레비전 뉴스의 전략적 보도와 정치 냉소주의 간의 관계에 대해 연구가 이루어졌다. 일본의 한 연구자는 일본 수용자들의 뉴스 시청과 정치 냉소주의간의 관계를 연구하였다. 그는 연구를 통해 TV아사히의 '뉴스 스테이션'(전략적 프레임을 사용하고 정치인들을 매우 부정적인 관점으로 묘사하는 뉴스)은 시청자들을 정치 냉소주의로 이끈다고 결론지었다. 그러나 NHK의 10시 뉴스(전략적 보도를 거의 사용하지 않는 전통적인 뉴스)에서는 이러한 것이 발견되지 않았다고 한다 (Saito, 2008). 기존 연구들에 의하면 전략적으로 틀지어진 정치보도에 대한 노출은 매우 높은 수준의 냉소주의를 일으킨다는 점을 증명해주었다. 그러나 이러한 효과가 모든 시민들에게서 똑같이 일어나는지 그리고 최고 수준의 냉소주의의 나선이 항상 최종결과인지 여부에 대한 일치된 견해는 없다 (Dan, 2011). 예를 들어 뉴스 미디어의 선거전략에 대한 집중보도가 유권자, 특히 정치에 덜 관여적이거나 무엇을 믿어야할 지 모르는 유권자들에게는 유용한 정보를 제공하는 것으로 나타났다 (Kim, Tinkham, & Weaver Lariscy, 2007; Tinkham, & Weaver Lariscy, Sung, & Hall, 2002;Weaver Lariscy & Tinkham, 1999; Lariscy, Tinkham, and Sweetser, 2011).

많은 학자들은 미디어 부정주의 효과 또는 냉소주의의 나선효과가 모든 사람에게서 똑같이 일어나지 않는다는 점에서는 의견을 일치한다. 오래 전부터 미디어 효과연구에서 미디어 효과 조정자로서 개인적 특성의 중요성이 강조되어왔다 (Ansolabehere, Iyengar 1995). 그래서 전략적 틀짓기 효과 연구에서도 조정자로서의 개인적 특성에 대한 많은 연구들이 실시되었다. 그러나 그 결과들은 때로는 갈등적이고 동시에 모호한 결과들이 많았다. 예를 들어 Valentino et al. (2001)은 정치적 정교성(political sophistication)차원에서 비정파적이고 교육수준이 낮은 사람들이 전략 중심 보도에 의해 탈동원화 된다는 사실을 발견하였다. 또한 de Vreese(2005)는 전략 뉴스는 정치적으로 덜 관심이 있는 사람에게서 탈동원화 효과가 가장 크게 나타난다는 사실을 밝혔다. 그러나 다른 연구들(de Vreese, Elenbaas 2008;Rhee 1997)은 반대의 결과를 나타냈는데, 정치적 정교성이 높은 사람들이 전략적 틀짓기 효과에 오히려 더 민감하다는 것이다.

이러한 결과들의 불일치는 왜 특정의 개인적 특성들이 틀짓기 효과를 조정하는지에 대한 추가적인 설명을 필요로 한다. 대부분의 학자들은 지식이 많은 시민들이 그들의 정보처리에서 더욱더 정교하다는 점에서 의견을 같이 한다. Cappella, Jamieson(1997)에 의해 발전된 틀짓기 효과이론에 따르면 정치적 정교성은 더욱 조직적이고, 통합적이며, 실용적인 지식구조를 갖고 있다는 것이다. 연구자들은 "그들은 더욱 열성적인 소비자일 뿐만 아니라 더 사려 깊은 처리자이다. 그들은 뉴스 소비의 다른 동기를 찾고 있고 이미 정교화 된 지식 창고 속으로 더욱더 쉽게 통합될 수 있는 지식을 잘 처리한다"고 말한다(Cappella, Jamieson 1997:199). 그러나 많은 지식과 정교성이 사람들을 틀짓기 효과로부터 더 많이 또는 적게 영향 받도록 만드는가에 대해서는 일치된 의견이 없다. Valentino et al. (2001:350)은 최소의 정교성을 가진 사람들은 뉴스에서 제공되는 프레임을 받아들이는 경향이 많다고 주장한다. 이것은 정치적 정교성은 뉴스기사가 처리하는 상황을 전달(정치 이슈, 정당 또는 후보자에 대한 지식 차원에서)하는 기존 정보의 커다란 창고를 갖고 있기 때문이다. 이런 창고는 기사에서 메시지를 타협하거나 거부하는 커다란 수단을 개인에게 주기 때문에 그 효과를 감소시킨다. 대조적으로 정교성이 부족한 개인은 이 같은 정보 창고가 없기 때문에 뉴스기사에 주어진 프레임에 덜 저항적이다. 매스 미디어가 전달하는 정치 정보의 수용성(또는 저항성)에 관한 Zaller(1992)의 영향력 있는 연구는 이러한 이론을 지지하는데, 매우 정교한 응답자들은 설득 메시지를 접하고 나서 자신의 의견을 변화시킬 가능성이 거의 없다는 것이다(Dan, 2011). 정치적 정교성은 상황 정보에 대한 커다란 창고를 갖고 있기 때문에 뉴스 기사 속에 담긴 프레임은 더욱 더 친근하게 되고, 따라서 더욱 더 접근성이 높아진다(Chong, Druckman 2007).

국내에서는 이건혁(2002)이 실험연구를 통해 TV뉴스의 전략적 프레임이 정치인에 대한 부정적 감정반응과 정치 냉소주의에 유의미한 영향을 미치며, 정치인에 대한 부정적 감정반응은 정치 냉소주의와 유의미한 상관관계가 있음을 밝혀낸 바 있다.

연구문제

앞의 문헌고찰을 통해 살펴보았듯이 정치 냉소주의는 미디어의 특정 내용 이용과 깊은 관련이 있다. 그러나 미디어의 특정 내용 이용이 모든 사람에게 정치 냉소주의를 일으키는 것이 아니라 특정 사람들에게만 효과를 미치며, 그 효과의 크기와 방향이 서로 다르게 나타나고 있으며 이와 관련된 논란이 계속되고 있다. 또한 미디어 이용으로 인해 형성된 정치 냉소주의가 투표행위 등의 정치참여에 미치는 효과 역시 수용자의 특성에 따라 달리 나타나는 등 이와 관련된 논란 역시 끊이지 않고 있다.

그동안 외국에서 전략적 뉴스의 효과 조정자로서의 개인적 특성에 대한 많은 연구들이 실시되었으나 때로는 갈등적이고 동시에 모호한 결과들이 많았다 (Valentino et al., 2001; de Vreese, Elenbaas 2008;Rhee 1997;de Vreese, 2005;Lariscy, Tinkham, and Sweetser, 2011;Dan, 2011). 예를 들어 de Vreese(2004)는 전략적 뉴스에 대한 노출이 정치 냉소주의를 부추기는데, 특히 정치 지식이 많은 사람들에게서 많이 일어난다고 하였으나, Valentino et al.(2001) 연구에서는 전략적 뉴스의 탈동원 효과(demobilizing effect)는 정치적으로 덜 정교화된 사람들에게만 한정 된다는 사실을 발견하여 de Vreese와는 반대의 결과가 나타났다. 한편 Valentino et al. (2001)은 비정파적이고 교육수준이 낮은 사람들이 전략 중심 보도에 의해 탈동원화 된다는 사실을 발견하였으며, de Vreese(2005)는 정치적으로 덜 관심이 있는 사람에게서 탈동원화 효과가 가장 크게 나타난다는 사실을 밝혔다. 그러나 다른 연구들(de Vreese, Elenbaas 2008;Rhee 1997)은 반대의 결과를 나타냈는데, 정치적 정교성이 높은 사람들이 전략적 틀짓기 효과에 오히려 더 민감하게 나타났다.

외국 학계에서의 뜨거운 논쟁에도 불구하고 국내에서는 이와 관련된 연구들이 제대로 이루어지지 않고 있는 실정이다. 따라서 본 연구는 미디어 내용 중에서 전략적 뉴스 이용이 정치 냉소주의에 미치는 영향, 그리고 정치 냉소주의가 투표참여에 미치는 연속적인 효과를 알아보고자 한다. 아울러 이러한 효과들이 모든 사람에게서 일어나는 것인지, 아니면 특정의 개인적 특성을 가진 사람들에게서만 일어나는 것인지를 밝혀보고자 한다.

본 연구에서는 외국의 연구에서 전략적 뉴스의 효과를 조정하는 개인적 특성으로 많이 사용한 정파성, 교육수준, 정치관심도, 정치효능감 등을 중심으로 이러한 개인적 특성에 따라 효과들이 다르게 나타나는지를 분석하고자 한다. 본 연구에서 미디어의 전략적 뉴스는 신문과 TV로 나누어 살펴보도록 하였으며, 다음과 같은 연구문제들을 설정하였다.

연구문제 1. 인구통계학적 속성에 따라 미디어의 전략적 뉴스 이용이 다른가?

연구문제 2. 전략적 뉴스 이용이 정치 냉소주의에 영향을 미치는가? 개인적 특성에 따라 영향이 다르게 나타나는가?

연구문제 3. 전략적 뉴스 이용과 정치 냉소주의는 투표의향에 영향을 미치는가? 개인적 특성에 따라 영향이 다르게 나타나는가?

조사방법

자료수집 및 분석방법

본 연구는 2010년 6월 지방선거의 초반인 4월 2일-6일(4일간)을 조사기간으로 잡았다. 본 연구의 모집단은 2010년 4월 현재 전라북도에 거주하는 만 19세(유권자) 이상의 남녀로 하였으며 전라북도 14개 시군의 지역, 성, 연령별 실제 인구비율에 맞게 표본을 할당하는 할당표본추출방법(quota sampling method)을 통해 총 510명의 표본을 추출하였다. 조사결과 남녀 비율은 각각 51.6%, 48.4%이었으며, 연령별 비율은 19세 이상 29세 이하가 24.5%, 30대 18.4%, 40대 25.5%, 50대 15.1%, 60대 이상 16.5%로 전라북도의 실제 연령별 비율과 같았다. 응답자들의 학력은 중졸이하가 9.6%, 고졸 이하가 31.7%, 대학이상이 58.7%이었다.

한편 본 연구는 변수들 간의 인과관계를 좀 더 명확히 밝히기 위해 계층적 회귀분석방법(hierarchial regression)과 구조방정식모형(structural equation modeling)을 통해 가설을 검증하기로 하였다. 구조방정식모형은 실험연구가 어려운 상황에서 변수들의 측정오차를 통제할 수 있다는 점에서 변수들 간의 인과관계에 관한 추론을 용이하게 해주는 다변량 분석기법이다 (김주환, 김민규, 홍세희, 2009). 또한 구조방정식모형은 독립(외생)변수가 종속(내생)변수에 미치는 직접효과뿐만 아니라 독립(외생)변수가 중개변수를 거쳐 종속(내생)변수에 미치는 간접효과까지 파악할 수 있는 장점을 갖고 있다. 본 연구가 변수들간의 인과관계를 정확히 분석하는 데에 주안점을 두고 있다는 점에서 이러한 구조방정식모형은 본 연구의 목적과 잘 부합된다 하겠다.

주요 변수의 조작적 정의

(1) 전략적 뉴스 이용: 본 연구에서는 신문과 TV 각각 '선거 판세 내용', '후보자의 선거전략 내용' '후보자의 여론조사 지지도' 등에 얼마나 주목하는 지를 5점 척도로 측정하였다. 3개 항목에 대한 응답을 합산하여 평균값을 개인의 신문과 TV 전략적 뉴스 이용도로 하였다. 신문의 전략적 뉴스 이용도의 Cronbach's alpha=0.801, M=2.16, SD=0.67였으며, TV의 전략적 뉴스 이용도의 Cronbach's alpha=0.818, M=2.18, SD=0.67이었다.

전략적 뉴스보도 이용도와 대조적인 개념으로 정책 및 후보 개인적 정보 뉴스 이용도를 측정하였는데, 이는 '인물 경력 및 개인사항' '후보자의 정책공약' '후보자의 선거쟁점 공방' '후보자의 선거유세내용'등에 얼마나 주목하는 지를 5점 척도로 측정하였다. 4개 항목에 대한 응답을 합산하여 평균값을 개인의 신문과 TV의 정책 및 후보 개인적 정보 뉴스 이용도로 하였다. 신문의 정책 및 후보 개인적 정보 뉴스 이용도의 Cronbach's alpha=0.852, M=3.09, SD=0.92였으며, TV의 정책 및 후보 개인적 정보 뉴스 이용도의 Cronbach's alpha=0.843, M=3.13, SD=0.87이었다.

(2) 정치 냉소주의: 본 연구에서는 기존의 선행연구들(Pinkleton, et al., 1998, 2001; 송종길 · 박상호, 2009;Saito, 2008; Stroud, Stephens, and Pye, 2011)에서 사용되었던 항목들을 참고하여 7개 항목을 선정하였다. ① "정치인들은 정치적 소신보다는 개인적인 이익과 이해관계를 위해 행동한다", ② "정당 및 정치인들은 유권자의 표에만 관심이 있으며, 표를 얻기 위해 행동한다", ③ "정치인들은 나름대로 국가이익을 생각하고 있다"(역코딩), ④ "정치인들은 국민의 복지와 안위를 생각하고 있다"(역코딩), ⑤ "정치인들이 하는 말을 신뢰할 수 없다", ⑥ "정부를 이용하는 대다수의 사람들은 그들이 하고 있는 일을 잘 알고 있다", ⑦ "정부는 자신들의 이익만 생각하는 소수 이익집단에 의해 움직인다" 등을

5점 척도로 측정하였다. 7항목들에 대한 신뢰도 분석 결과 전체적인 신뢰도를 떨어뜨리는 ③ ④ ⑥ 항목들을 제외하고 나머지 4개 항목에 대한 응답을 합산하여 평균값을 개인의 정치 냉소주의 점수로 만들었다(Cronbach's alpha=0.802, M=3.65, SD=0.80).

(3) 정치효능감: 본 연구에서의 정치효능감은 핑그리의 연구(Pingree, 2011)에서 사용되었던 항목들을 사용하였다. 본 연구에서는 모두 8항목을 조사하였는데, 그것들은 ① "선거에 내 한 표는 중요한 영향력을 미친다" ② "정치에 관련된 사항은 복잡하여 이해하기 힘들다" ③ "선거에 한 표를 행사하는 것은 유일한 의사표시 방법이다" ④ "정부가 무슨 일을 하고 있는지 나는 잘 모른다" ⑤ "정부나 정당에 내 의견을 제시 할 수 있다" ⑥ "국민이 힘을 합치면 잘못된 정치를 바로 잡을 수 있다" ⑦ "정부가 하는 일에 말해봤자 소용없다" ⑧ "정치인들은 일반시민이 무슨 생각을 하는지 신경 쓰지 않는다" 등을 5점 척도로 측정하였다. 8항목들에 대한 신뢰도 분석을 통해 전체적인 신뢰도를 떨어뜨리는 ② ③ ⑧ 항목들을 제외하고 나머지 5개 항목에 대한 응답을 합산하여 평균값을 개인의 정치효능감 점수로 산출하였다 (M=3.16, SD=0.64, Cronbach's alpha=0.69).[2]

(4) 투표의향: 본 연구에서의 투표의향은 "이번 6.2지방선거에 투표하시겠습니까?"로 물어 반드시 하겠다는 4점, 가능하면 하겠다 3점, 별로 하고 싶지 않다 2점, 절대로 하지 않겠다는 1점으로 측정하였다 (M=3.16, SD=0.76).

연구결과

각 연구문제별 가설검증에 앞서 본 연구가 설

2 크론바하 알바계수(Cronbach`s α)는 집단 수준의 경우 알파계수가 0.6 이상이고, 개인 수준인 경우 0.9 이상이 되면 신뢰도가 높다고 할 수 있다. 적어도 알파계수(α)가 0.69은 넘어야 신뢰도가 만족할 수준이라고 볼 수 있고, 통상적으로 측정척도에 대해 0.75 이상의 값이 나오면 신뢰도가 우수하다고 판단한다 (송종길, 박상호, 2005).

정한 구조방정식모형을 AMOS 18.0을 통해 분석하였다. 〈그림 10-1〉은 본 연구에서 설정한 변수들간의 인과관계를 나타내주고 있는데, 본 연구에서 설정한 구조방정식모형은 모형의 적합도 기준치들을 모두 만족시키고 있다 (χ^2=11.1, df=9, p=0.272, TLI=.993, CFI=.998, RMSEA=0.021).[3]

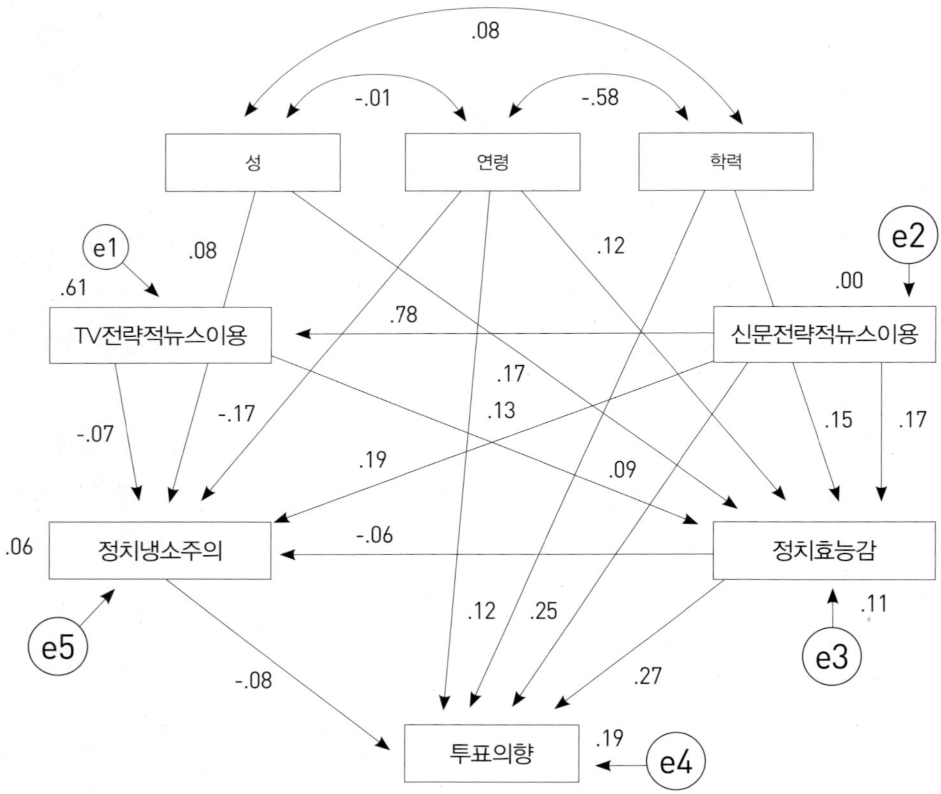

〈그림 10-1〉 경로분석 결과

3 일반적으로 적합도 기준치는 χ^2〉.05, TLI〉.90, CFI〉.90, RMSEA〈.05로 제시되고 있다 (김주환, 김민규, 홍세희, 2009).

연구문제 1의 검증(인구통계학적 속성과 전략적 뉴스 이용과의 관계)

먼저 성, 연령, 학력 등 인구통계학적 변수들과 전략적 뉴스 이용간의 관계에 대해 알아보았다. 〈표 10-1〉에 제시된 바와 같이 성과 학력에 따라서는 신문의 전략적 뉴스 이용과 TV의 전략적 뉴스 이용 모두 통계적으로 유의미한 차이를 보이지 않았다. 그러나 연령별로는 신문과 TV의 전략적 뉴스 이용 모두 통계적으로 유의미한 차이를 보였다. 먼저 신문의 전략적 뉴스 이용도를 보면 20대 이하에서 2.00으로 가장 낮은 반면에 30대(2.24), 40대(2.23), 50대(2.22) 연령층에서 많이 이용하고 있다. 이어서 TV의 전략적 뉴스 이용도를 보면 여기에서도 20대 연령층(2.03)에서 가장 낮은 반면에 40대(2.29), 50대(2.24), 30대(2.23)에서 높게 나타났다.

또한 신문의 전략적 뉴스를 관심 있게 보는 사람들은 TV의 전략적 뉴스에도 많은 관심을 갖고 있는데, 이들 간의 상관관계는 .779(p=.000)로 매우 높게 나타났다. 다시 말해 전략적 뉴스에 관심이 많은 사람들은 신문, TV 등 미디어 유형을 가리지 않고 이러한 내용에 주목을 많이 하고 있음을 알 수 있다.

〈표 10-1〉 성, 연령, 학력별 신문, TV 전략뉴스 이용점수 (평균 값)

		신문 전략뉴스 이용점수	TV 전략뉴스 이용점수	
성	남	2.10	2.12	신문 : t=1.9, df=506, p〉.05 TV: t=1.9, df=505, p〉.05
	여	**2.22**	**2.23**	
연령	20대(19세 포함)	2.00	2.03	신문 : F=2.6, df=4/503, p〈.05 TV : F=3.2, df=4/502, p〈.05
	30대	**2.24**	2.23	
	40대	2.23	**2.29**	
	50대	2.22	2.24	
	60대 이상	2.15	2.08	
학력	중졸 이하	2.12	2.01	신문 : F=0.1, df=2/503, p〉.05 TV : F=1.7, df=4/502, p〉.05
	고졸	**2.17**	**2.21**	
	대학 이상	2.16	2.18	

* 5점 만점, 전체 평균=2.16(신문 전략뉴스 이용점수), 2.18(TV 전략뉴스 이용점수)

연구문제 2(전략적 뉴스 이용과 정치 냉소주의의 관계)

미디어 전략적 뉴스 이용과 정치 냉소주의간의 관계를 알아보기 위해 신문과 TV의 전략적 뉴스 이용도를 평균값을 기준으로 높고 낮은 집단으로 나누어 각 집단의 정치 냉소주의 점수를 비교하였다. 그 결과 신문의 전략적 뉴스 이용도가 높은 집단의 정치 냉소주의는 3.71인데 반해 낮은 집단은 3.57로 이들간에 통계적으로 유의미한 차이를 보였다 ($t=1.96$, $df=502$, $p<.05$). 그러나 TV의 전략적 뉴스 이용도의 많고 적음에 따라서는 정치 냉소주의 점수가 통계적으로 유의미한 차이가 없었다.

신문의 전략적 뉴스 이용도 차이가 정치 냉소주의에 미치는 효과가 혹시 단순히 신문의 이용에 따른 효과인지 여부를 확인하기 위해 신문과 TV의 정책 및 후보 개인적 정보 뉴스 이용과 정치 냉소주의 간의 관계를 알아보았다. 그래서 만약 신문과 TV의 정책 및 후보 개인적 정보 뉴스가 정치 냉소주의와 관계가 있는 걸로 나타난다면 신문의 전략적 뉴스 이용에 따라 정치 냉소주의가 차이나는 것으로 보기는 어렵다. 대신에 이것은 신문의 내용과 관계 없이 신문의 이용에 따른 정치 냉소주의의 본질적인 차이로 해석할 수 있는 것이다. 이를 위해 신문과 TV의 전략적 뉴스 이용도, 신문과 TV의 정책 및 후보 개인적 정보 뉴스 이용도, 그리고 정치 냉소주의 간의 상관관계를 구했다. 그 결과 정치 냉소주의는 오직 신문의 전략적 뉴스 이용도와 .117($p=.000$)의 높은 상관관계를 나타냈을 뿐, TV의 전략적 뉴스 이용도($r=.068$)는 물론이고 신문의 정책 및 후보 개인적 정보 뉴스 이용도($r=.071$), TV의 정책 및 후보 개인적 정보 뉴스 이용도($r=.070$) 등과는 별다른 관계가 없는 것으로 나타났다. 이러한 결과를 통해 신문이나 TV의 선거정책이나 후보의 개인적 정보 이용, 그리고 TV의 전략적 뉴스 이용은 정치 냉소주의와 관계가 없으나 신문의 전략적 뉴스 이용은 분명히 정치 냉소주의를 높여준다고 할 수 있겠다.

이어서 이러한 신문과 TV의 전략적 뉴스 이용이 정치 냉소주의에 미치는 영향력을 알아보기 위해 계층적 회귀분석을 하였다. 인구통계학적 변수들(성, 연령, 학력)을 통제변수로 설정하여 1단계 분석에 투입하고, 이어서 미디어 전략적 뉴스 이용변수군(신문,

TV)을 2단계에 투입하였다.[4]

그 결과 〈표 10-2의 A〉에서 보는 바와 같이 먼저 인구통계학적 속성들만을 투입한 1단계에서는 연령의 베타값이 -.129(p=.01)로 정치 냉소주의에 영향을 미치고 있는데, 연령이 낮을수록 정치 냉소주의가 높아지는 효과를 일으키고 있다. 이어서 이들 인구통계학적 속성을 통제한 상태에서 신문과 TV의 전략적 뉴스 이용변수들이 종속변수인 정치 냉소주의 변량의 1.9%를 설명하였다 (R^2=1.9%, F=5.0, df=2/494, p=0.000). 구체적으로 살펴보면 신문의 전략적 뉴스 이용이 정치 냉소주의를 높이는 상당한 효과(β=.197, p=.000)를 일으키고 있으나, TV의 전략적 뉴스 이용은 별다른 영향을 미치지 못하고 있는 것으로 나타났다.

이러한 결과는 AMOS프로그램을 이용한 경로분석 결과와도 일치하고 있다 (그림 10-1 참조). 경로분석에서 나타난 베타값을 보나, 전체 효과계수를 보더라도 신문의 전략적 뉴스 이용이 정치 냉소주의에 많은 영향을 미치고 있으나(β=.193, p=.01, 전체 효과계수 .121), TV의 전략적 뉴스 이용도는 별다른 영향(β=-.073, p〉0.05, 전체 효과계수 -.079)을 미치지 못하고 있는 것으로 나타났다 (표 10-3 참조).

4 회귀분석에 있어서 독립변수들 간의 높은 상관관계에 의해 발생하는 다중공선성(multicollinearity)을 검토하였다. 특히 본 연구에서 신문과 TV의 전략적 뉴스 이용 간에 상관관계가 .779로 높게 나타나 더욱이 이 문제에 더 많은 신경을 쓰지 않을 수 없었다. 일반적으로 다중공선성을 진단하는 방법으로는 특정 변수의 표준오차 크기를 의미하는 공차(tolerance:1-R^2), 공차에 역수를 취해서 계산하는 각 변수의 상승변량(Variance Inflation Factor:VIF=1/(1-R^2))이 많이 사용된다. 이보다 더 정밀하게 진단하기 위해서는 공선성 진단통계치인 조건지수(condition index), 변량비율(Variance proportions)을 검토해야 한다. (양병화, 2006). 본 연구에서 사용된 모든 독립변수들 간의 다중공선성을 검토한 결과 위의 모든 값에서 매우 안심할만한 수치임을 확인하였다. 특히 모든 회귀분석에서 조건지수 값이 30이하였으며, 변량비율 역시 상수의 경우 0.90을 넘는 경우가 있었으나 독립변수들의 변량비율 값이 매우 낮게 나타나 본 연구에서 다중공선성 문제는 발생하지 않을 것으로 판단하였다.

〈표 10-2〉 주요 변수들이 정치 냉소주의에 미치는 영향(계수는 β값)

	전체(A)		학력(B)		정치 효능감(C)		정파성(D)	
	모형 1	모형 2	고졸이하	대학이상	저	고	무	유
성별 (남자=1)	.071	.063	–.027	–.141*	–.054	.093	.046	.089
연령	–.129**	–.143**	–.183**	–.106	–.168*	–.113	–.128	–.136*
학력	.061	.053			.069	.021	.153	–.012
신문 전략적 뉴스 이용		.197**	.339***	.104	.244*	.126	.217	.187*
TV 전략적 뉴스 이용		–.090	–.170	–.061	–.064	–.120	–.121	–.068
R^2	.035	.054	.077	.033	.089	.031	.084	.045
R^2변화량	.035	.019	.077	.033	.089	.031	.084	.045
F	6.1***	5.0***	4.19**	2.5*	4.7***	.16	3.7**	2.7*

* p 〈 .05 ** p 〈 .01 *** p = .000

지금까지의 분석을 통해 신문의 전략적 뉴스 이용이 정치 냉소주의에 많은 영향을 미치고 있는 것으로 나타났는데, 그렇다면 이러한 영향력이 모든 계층에서 일어나는 것인지 아니면 특정 계층에서만 일어나는 것인지를 추가 분석하였다. 그동안 외국의 연구에서는 전략적 뉴스가 정치 냉소주의에 미치는 효과가 개인의 교육수준, 정파성, 정치지식, 정치관심도 , 정치 효능감 등에 따라 다르게 나타났다. 본 연구에서는 개인의 교육수준, 정치효능감, 정파성, 정치 관심도 수준에 따라 그 효과가 달리 나타나는지를 분석하였다.

이를 위해 학력은 고졸이하(43.3%)와 대학 이상 학력자(56.7%) 두 집단으로 나누고, 정치효능감은 평균값을 기준으로 높고(50.8%) 낮은(49.2%) 두 집단으로, 정파성은 특정 정당을 지지하는 집단(58.0%)과 지지 정당이 없는 집단(41.2%) 등 두 집단, 정치 관심도는 평균값을 기준으로 높고(40.9%) 낮은(59.1%) 집단으로 분류하였다. 그래서 각 집단별로 회귀분석을 하였는데, 여기에서는 모든 독립변수들을 한꺼번에 투입하는 일괄 투입법(enter method)을 사용하였다.

회귀분석 결과는 〈표 10-2〉에 제시되어 있는데, 학력, 정치 효능감, 정파성의 수준에 따라 많은 차이를 보였으나 정치관심도의 높고 낮음에 따라서는 별다른 차이를 보이지 않았다. 〈표 10-2의 B〉에서 보는 바와 같이 신문의 전략적 뉴스 이용이 정치 냉소주의에 미치는 효과는 고졸 이하의 학력이 낮은 집단(β=.339, p=.000)에서만 일어나며, 대학이상의 고학력자 집단에서는 효과가 일어나지 않고 있다. 또한 정치 효능감의 수준에 따라서도 효과의 차이가 있었는데, 정치 효능감이 낮은 집단(β=.244, p〈.05)에서만 효과가 일어날 뿐 정치 효능감이 높은 집단에서는 신문의 전략적 뉴스 이용이 정치냉소주의에 별다른 영향을 미치지 못하였다 (표 10-2의 C 참조). 그리고 정파성이 없는 집단에서는 이러한 효과가 일어나지 않았으나 지지정당을 갖고 있는 정파성 집단(β=.187, p〈.05)에서만 효과가 일어났다 (표 10-2의 D 참조).

이러한 결과를 통해 신문의 전략적 뉴스 이용이 정치 냉소주의에 미치는 효과는 오직 학력이 낮고, 정치 효능감이 낮으며, 정파성이 있는 사람들에게서만 일어나고 있음을 알 수 있다.

〈표 10–3〉 전략적 뉴스 이용이 정치 냉소주의, 정치 효능감에 미치는 경로계수(계수는 β값)

	정치 냉소주의		정치 효능감	
	신문의 전략적 뉴스 이용	TV의 전략적 뉴스 이용	신문의 전략적 뉴스 이용	TV의 전략적 뉴스 이용
직접 효과계수	.193**	–.073	.168**	.089
간접 효과계수	–.072	–.005	.070	.000
전체 효과계수	.121	–.079	.238	.089

* p〈 .05 ** p = .01 *** p = 0.000

연구문제 3(전략적 뉴스 이용과 정치 냉소주의가 투표의향에 미치는 효과)

외국의 연구에서 오랫동안 논란이 되었던 정치 냉소주의와 투표참여간의 관계와 더불어 전략적 뉴스 이용이 투표의향에 미치는 효과에 대해 알아보았다. 이를 위해 인구통계학적 속성, 전략적 뉴스 이용 변수군, 그리고 정치 냉소주의와 정치 효능감 등의 정치관여변수들을 계층적 회귀분석에 단계적으로 투입하였다. 그 결과 〈표 10-4의 A〉에서 보는 바와 같이 신문의 전략적 뉴스 이용이 베타값 .274로 투표의향에 가장 큰 영향력을 미치는 것으로 나타났다. 이어서 정치 효능감(β=.273, p=.000), 연령(β=.125, p〈.05), 학력(β=.119, p〈.05) 등이 투표의향에 영향을 미치고 있다. 그러나 정치 냉소주의(β=-.077, p〉.05)와 TV의 전략적 뉴스 이용(β=-.032, p〉.05)은 투표의향에 아무런 영향을 미치지 못하고 있다.

〈표 10-4〉 주요 변수들이 투표의향에 미치는 영향(계수는 β값)

	전체(A)			학력(B)		정치 효능감(C)		정파성(D)	
	모형 1	모형 2	모형 3	고졸이하	대학이상	저	고	무	유
성별 (남자=1)	.055	.032	−.014	−.020	−.012	−.028	.031	.015	−.034
연령	.196***	.161**	.125*	.130	.066	.078	.189**	.182*	.090
학력	.180**	.160**	.119*			.069	.211**	.174	.090
신문 전략적 뉴스 이용		.300***	.274***	.202	.325***	.274*	.332***	.305**	.263**
TV 전략적 뉴스 이용		.001	−.032	−.041	.007	−.010	−.048	−.071	−.016
정치 효능감			.273***	.259***	.280***			.296***	.252***
정치냉소주의			−.077	−.161*	.011	−.148*	−.016	−.027	−.118*
R^2	.036	.126	.199	.176	.230	.090	.136	.225	.181
R^2변화량	.036	.089	.073	.176	.230	.090	.136	.225	.181
F	5.8***	23.4***	20.9***	6.6***	13.1***	3.4**	6.4***	7.5***	8.5***

* p〈.05 ** p〈.01 *** p=.000

AMOS프로그램을 이용한 경로분석에서는 약간 다른 결과가 나타났는데(그림 10-1 참조), 여기에서는 정치 효능감이 투표의향에 가장 많은 영향을 미치고 있으며(β=.267, p=.000, 전체 효과계수 .272), 신문의 전략적 뉴스 이용(β=.253, p=.000, 전체 효과계수 .307)이 두 번째로 많은 영향을 미치는 것으로 순위가 바뀌었다. 그러나 간접 효과계수를 포함한 전체 효과계수에서는 신문의 전략적 뉴스 이용이 .307로 가장 높고, 정치 효능감이 .272로 두 번째로 영향력이 많았다 (표 5 참조). 여기에서도 정치 냉소주의는 투표의향에 별다른 영향을 미치지 못하고 있다 (β=-.077, p〉.05, 전체 효과계수 -.077). 따라서 정치 냉소주의는 투표의향과 관계가 없다고 말할 수 있겠다.

〈표 10-5〉 주요 변수들이 투표의향에 미치는 경로계수(계수는 β값)

	신문의 전략적 뉴스 이용	TV의 전략적 뉴스 이용	정치냉소주의	정치 효능감
직접 효과계수	.253***	.000	−.077	.267***
간접 효과계수	.054	.030	.000	.005
전체 효과계수	.307	.030	−.077	.272

* p〈.05   *** p = 0.000

지금까지의 분석을 통해 신문의 전략적 뉴스 이용이 투표의향에 많은 영향을 미치고 있지만 정치 냉소주의는 투표의향에 별다른 영향을 미치지 못하고 있음을 알 수 있다. 그러면 이러한 영향력이 모든 계층에 해당되는 것인지, 아니면 특정 집단에게만 적용될 수 있는 것인지를 추가로 알아보기 위해 〈연구문제 2〉에서와 똑같이 개인의 교육수준, 정파성, 정치 효능감, 정치관심도 등의 수준에 따라 각 두 집단씩으로 나누어 각 집단별로 일괄 투입법 회귀분석을 하였다.

그 결과는 〈표 10-4〉에 제시되어 있는데, 여기에서도 학력, 정치 효능감, 정파성의 수준에 따라 많은 차이를 보였으나 정치관심도의 높고 낮음에 따라서는 차이를 보이지 않았다. 먼저 표에서 보는 바와 같이 신문의 전략적 뉴스 이용이 투표의향에 미치는 효과는 고졸이하의 저학력자 집단을 제외하고는 모든 집단에서 통계적으로 유의미하게 나타나고 있다 (표 10-4의 B 참조). 그러나 정치 효능감이 높은 사람들(β=.332, p=.000)이 낮은 사람들(β=.274, p〈.05)보다 그 효과가 더 크게 일어나고 있으며(표 10-4의 C 참조), 지지정당이 없는 무당파 사람들(β=.305, p=.01,이 지지 정당을 갖고 있는 정파적 사람들(β=.263, p=.01)보다 효과가 더 크게 일어났다 (표 10-4의 D 참조)그러나 정치 관심도가 높은 사람이나 낮은 사람에게서는 뚜렷한 차이가 일어나지 않았다.

한편 조사응답자 전체를 대상으로 한 분석에서는 정치 냉소주의가 투표의향에 별다른 영향을 미치지 못하는 것으로 나타났는데, 각 집단별 분석에서는 전체 분석과 많은 차이를 보였다. 먼저 고학력자들에게서는 정치 냉소주의와 투표의향 간에 별다른 관계가 없지만 저학력자들에게서는 정치 냉소주의가 투표의향을 떨어뜨리는 효과(β=-.161, p〈.05)를 일으키고 있다 (표 10-4의 B 참조). 또한 정치 효능감의 수준에 따라서도 달랐는데, 정치 효능감이 높은 집단에서는 별다른 효과가 일어나지 않았지만 정치 효능감이 낮은 집단(β=-.148, p〈.05)에서는 정치 냉소주의가 투표의향을 떨어뜨리는 효과가 나타났다 (표 10-4의 C 참조). 그리고 정파성이 없는 집단에서는 이러한 효과가 일어나지 않았으나 지지정당을 갖고 있는 정파적 집단(β=-.118, p〈.05)에서는 정치 냉소주의가 투표의향을 떨어뜨리는 효과를 일으키고 있다 (표 10-4의 D 참조). 그러나 정치 관심도가 높은 사람이나 낮은 사람에게서는 여전히 정치 냉소주의와 투표의향 간에 별다른 관계가 없었다.

이러한 결과를 통해 신문의 전략적 뉴스 이용이 투표의향에 미치는 효과는 고졸이하의 저학력자 집단을 제외하고는 모든 집단에서 일어나는데, 특히 정치 효능감이 높은 사람이 낮은 사람보다, 지지정당이 없는 무당파 사람이 지지 정당을 갖고 있는 정파적 사람보다 효과가 더 크게 일어났다. 또한 전체적으로는 정치 냉소주의가 투표의향에 별다른 영향을 미치지 못하지만 저학력자, 정치 효능감이 낮은 사람, 그리고 정파성이 있는 사람들에게서는 정치 냉소주의가 투표의향을 떨어뜨리는 효과를 일으키고 있는 것으로 나타났다.

요약 및 결론

본 연구는 전략적 뉴스 이용이 정치 냉소주의에 미치는 영향, 그리고 정치 냉소주의가 투표참여에 미치는 연속적인 효과를 알아보고자 하였다. 아울러 이러한 효과들이 모든 사람에게서 일어나는 것인지, 아니면 특정의 개인적 특성을 가진 사람들에게서만 일어나는 것인지를 밝혀보고자 하였다.

본 연구는 2010년 6월 지방선거의 초반인 4월 2일-6일(4일간)을 조사기간으로 잡았으며, 연구 모집단은 전라북도에 거주하는 만19세(유권자) 이상의 남녀로 하였으며 전라북도 14개 시군의 지역, 성, 연령 별 실제 인구비율에 맞게 표본을 할당하는 할당표본추출방법(quota sampling method)을 통해 총 510명의 표본을 추출하였다.

주요 연구결과는 다음과 같다.

첫째, 성, 연령, 학력 등 인구통계학적 변수들과 전략적 뉴스 이용간의 관계에 대해 알아본 결과 성과 학력에 따라서는 신문의 전략적 뉴스 이용과 TV의 전략적 뉴스 이용 모두 통계적으로 유의미한 차이를 보이지 않았다. 그러나 연령별로는 신문과 TV의 전략적 뉴스 이용 모두 통계적으로 유의미한 차이를 보였다. 또한 신문의 전략적 뉴스를 관심 있게 보는 사람들은 TV의 전략적 뉴스에도 많은 관심을 갖고 있는데, 이들 간의 상관관계는 .779(p=.000)로 매우 높게 나타났다. 다시 말해 전략적 뉴스에 관심이 많은 사람들은 신문, TV 등 미디어 유형을 가리지 않고 이러한 내용에 주목을 많이 하고 있음을 알 수 있다.

둘째, 전략적 뉴스 이용과 정치 냉소주의간의 관계를 알아본 결과 신문이나 TV의 선거정책이나 후보의 개인적 정보의 이용은 정치 냉소주의와 관계가 없으나 신문의 전략적 뉴스 이용은 분명히 정치 냉소주의를 높여준다고 할 수 있겠다. 회귀분석과 경로분석을 통해서도 신문의 전략적 뉴스 이용이 정치 냉소주의를 높이는 상당한 효과(β=.197, p=.000)를 일으키나, TV의 전략적 뉴스 이용은 별다른 영향을 미치지 못하였다.

셋째, 신문의 전략적 뉴스 이용이 정치 냉소주의에 미치는 영향력은 모든 사람에게서 일어나는 것이 아니라 특정 사람에게서만 일어났다. 신문의 전략적 뉴스 이용이 정치 냉소주의에 미치는 효과는 고졸 이하의 학력이 낮은 집단(β=.339, p=.000)에서만 일어나며, 대학이상의 고학력자 집단에서는 효과가 일어나지 않았다. 또한 정치 효능감의 수준에 따라서도 효과의 차이가 있었는데, 정치 효능감이 낮은 집단(β=.244, p〈.05)에서만 효과가 일어날 뿐 정치 효능감이 높은 집단에서는 신문의 전략적 뉴스 이용이 정치 냉소주의에 별다른 영향을 미치지 못하였다. 그리고 정파성이 없는 집단에서는 이러한 효과가 일어나지 않았으나 지지정당을 갖고 있는 정파성 집단(β=.187, p〈.05)에서는 효과가 나타났다. 이러한 결과를 통해 신문의 전략적 뉴스 이용이 정치 냉소주의에 미치는 효과는 오직 학력이 낮고, 정치 효능감이 낮으며, 정파성이 있는 사람들에게서만 일어나고 있음을 알 수 있다.

넷째, 전략적 뉴스 이용이 투표의향에 미치는 효과를 알아본 결과 신문의 전략적 뉴스 이용이 투표의향에 가장 큰 영향력을 미치는 것으로 나타났다. 다시 말해 신문의 전략적 뉴스를 많이 볼수록 투표참여가 증가한다고 하겠다. 이어서 정치 효능감, 연령, 학력 등이 투표의향에 영향을 미쳤으나 TV의 전략적 뉴스 이용은 투표의향에 별다른 영향을 미치지 못하였다. 그런데 신문의 전략적 뉴스 이용이 투표의향에 미치는 영향을 계층별로 심층분석해 보면 고졸이하의 저학력자 집단에서는 일어나지 않았으나 고학력자들(β=.325, p=.000)에게서는 그 효과가 비교적 크게 나타났다. 또한 정치 효능감이 높은 사람들(β=.332, p=.000)이 낮은 사람들(β=.274, p〈.05)보다 그 효과가 더 크게 일어나고 있으며, 지지정당이 없는 무당파 사람들(β=.305, p=.01)이 지지 정당을 갖고 있는 정파적 사람들(β=.263, p=.01)보다 효과가 더 크게 일어났다. 그러나 정치 관심도가 높은 사람이나 낮은 사람에게서는 뚜렷한 차이가 일어나지 않았다. 간단히 말해 신문의 전략적 뉴스 이용이 투표의향에 미치는 효과는 고졸이하의 저학력자 집단을 제외하고는 모든 집단에서 일어나는데, 특히 교육수준이 높고, 정치 효능감이 높으며, 지지정당이 없는 무당파 사람에게서 효과가 더 크게 일어났다.

다섯째, 전체적으로 정치 냉소주의는 투표의향에 별다른 영향을 미치지 못하였으나 계층에 따라서는 많은 차이를 보였다. 먼저 고학력자들에게서는 정치 냉소주의와 투표의향 간에 별다른 관계가 없지만 저학력자들에게서는 정치 냉소주의가 투표의향을 떨어뜨리는 효과(β=-.161, p〈.05)를 일으키고 있다. 또한 정치 효능감의 수준에 따라서도 달랐는데, 정치 효능감이 높은 집단에서는 별다른 효과가 일어나지 않았지만 정치 효능감이 낮은 집단(β=-.148, p〈.05)에서는 정치 냉소주의가 투표의향을 떨어뜨리는 효과가 나타났다. 그리고 정파성이 없는 집단에서는 이러한 효과가 일어나지 않았으나 지지정당을 갖고 있는 정파적 집단(β=-.118, p〈.05)에서는 정치 냉소주의가 투표의향을 떨어뜨리는 효과를 일으키고 있다. 그러나 정치 관심도가 높은 사람이나 낮은 사람에게서는 여전히 정치 냉소주의와 투표의향 간에 별다른 관계가 없었다. 이러한 결과를 통해 전체적으로는 정치 냉소주의가 투표의향에 별다른 영향을 미치지 못하지만 저학력자, 정치 효능감이 낮은 사람, 그리고 정파성이 있는 사람들에게서는 정치 냉소주의가 투표의향을 떨어뜨리는 효과를 일으키고 있음을 알 수 있다.

이 같은 연구결과를 통해 다음과 같은 결론을 내릴 수 있겠다.

첫째, 외국의 연구에서는 정치 냉소주의를 조장하고, 나아가 결과적으로 투표참여를 떨어뜨리는 강력한 요인으로 지목된 전략적 뉴스의 이용이 민주주의 과정에 반드시 부정적인 요소로 작용하는 것이 아니라 오히려 긍정적인 측면을 갖고 있다 하겠다 Cappella, Jamieson(1997)이 1991년 개척자적인 실험연구를 통해 전략적 뉴스에 노출된 사람들이 전략적 관점으로 생각하는 경향이 많고, 높은 정치 냉소주의 수준으로 응답하는 경향이 있음을 발견한 이후 후속 연구들(Crigler et al., 2002; DeVreese, Semetko, 2002)에서도 전략적 뉴스에 많이 노출될수록 더욱더 냉소적이라는 사실을 확인하였다. 본 연구에서 신문의 전략적 뉴스 이용이 정치 냉소주의를 조장하고 있는 것은 외국의 연구결과와 일치한다. 그러나 전략적 뉴스 노출 또는 이용이 투표참여를 감소시키는 탈동원 효과(demobilizing effect)를 일으키는 것이 아니라 반대로 어느 요인보다도 투표참여를 부추기는 강력한 동원효과가 있음이 확인되었다. 또한 신문의 전략적 뉴스 이용이 중요한 정치관여변수인 정치 효능감을 높여주는 요인으로 작용하고 있는 것도 긍정적인 결과라 하겠다.

둘째, 그 동안 국내외 연구에서 정치 냉소주의를 일으키는 강력한 요인으로 여겨졌던 TV의 전략적 뉴스는 정치 냉소주의에 별다른 영향을 미치지 못한다고 하겠다. 마이클 로빈슨(Michael Robinson, 1976)이 처음으로 비디오 부정주의이론을 제시한 이후 많은 연구들에서 시민들이 텔레비전의 선거캠페인 보도를 통해 받는 메시지가 정치 행위자와 그들의 행위에 대해 매우 냉소적이고 부정적이기 때문에 TV뉴스가 정치에 대한 부정적 관점을 강화시키는 요인임을 밝혀냈다 (Sweetser, Kaid, 2008). 또한 국내에서도 이건혁(2002)이 실험연구를 통해 TV뉴스의 전략적 프레임이 정치인에 대한 부정적 감정반응과 정치 냉소주의에 유의미한 영향을 미친다는 사실을 밝혀냈다. 그러나 본 연구에서 TV의 전략적 뉴스 이용은 정치 효능감과도 관계가 없을 뿐만 아니라 정치 냉소주의에 별다른 영향을 미치지 못하며, 아울러 투표참여에도 별다른 관계가 없다는 점이 확인되었다.

셋째, 외국의 연구에서 나타난 전략적 뉴스 이용이 정치 냉소주의를 부추기고, 이어서 투표불참으로 이어지는 일련의 연결고리는 한국의 모든 유권자에게서 일어나는 것이 아니라 특정 개인적 특성을 가진 일부 사람에게서만 일어나는 현상이라 하겠다. 신문의 전략적 뉴스 이용이 정치 냉소주의에 미치는 효과는 학력이 낮고, 정치 효능감이 낮으며, 정파성이 있는 사람들에게서만 일어나며, 바로 이러한 사람들에게서만 정치 냉소주의가 투표참여를 떨어뜨리는 요인으로 작용하고 있다는 사실을 밝혀낸 것은 큰 의의가 있다 하겠다. 그런데 정파적인 사람들이 전략뉴스에 의해 정치 냉소주의가 일어나고, 나아가 투표불참으로 이어지는 것은 다소 의외의 결과라 하겠다. 이처럼 본 연구에서 비정파적인 사람보다는 정파적인 사람들에게서 전략적 뉴스 이용이 탈동원화 효과를 일으킨다는 결과는 Valentino et al. (2001)의 비정파적이고 교육수준이 낮은 사람들에게서 탈동원화 된다는 연구 결과와 일치하지 않는다. 여기에 대한 보다 심층적인 연구가 요구된다 하겠다.

마지막으로 교육수준이 높고 정치 효능감이 높은 사람들은 전략적 뉴스에 별다른 영향을 받지 않는다. 그것은 이들이 나름대로 높은 정치적 정교성(political sophistication)을 갖고 있기 때문에 전략적 뉴스를 이용한다고 하더라도 민감하게 반응하지 않으며, 그에 따라 정치 냉소주의와 투표참여에 별다른 영향을 미치지 못한다고 하겠다. 학력이 높고, 정치 효능감이 높은 사람들은 Cappella, Jamieson(1997)의 지적처럼 조직적이고, 통합적이며, 실용적인 지식구조인 정치적 정교성을 갖고 있기 때문에 전략적 뉴스 프레임에 영향을 덜 받는다고 하겠다. Valentino et al. (2001:350)의 지적처럼 많은 정치 지식과 높은 정교성을 가진 사람들은 새로운 메시지를 타협하거나 거부하는 역할을 하는 기존 정보의 커다란 창고를 갖고 있기 때문에 전략적 뉴스 프레임의 효과를 감소시키는 것으로 해석된다. 또한 이러한 사람들은 설득 메시지를 접하고 나서 자신의 의견을 변화시킬 가능성이 거의 없다 (Zaller, 1992). 반대로 정치적 정교성이 부족한 사람은 이 같은 정보 창고가 없기 때문에 뉴스기사에 주어진 프레임에 덜 저항적이라서 전략적 뉴스 프레임에 민감하게 반응한다.

본 연구는 국민들의 관심이 상대적으로 낮아 선거와 후보자들에 대한 정보가 상대적으로 부족한 지방선거 상황에서 특정 지역에서만 조사되었기 때문에 본 연구결과를 다른 선거와 전국적 현상으로 일반화하는 데에는 조금은 조심스럽다 하겠다. 또한 본 연구가 선거관련 정보가 비교적 부족한 선거초반에 실시되었다는 점 역시 연구의 한계라 하겠다. 따라서 앞으로 연구에서는 연구기간을 좀 더 넓게 잡아 선거 초반뿐만 아니라 종반까지도 연구 범위에 포함시키는 패널 서베이를 실시하는 것이 보다 정확한 결과를 얻을 수 있다고 본다. 또한 전략적 뉴스 노출이 일으키는 정치적 효과를 보다 정확히 이해하기 위해서는 실험적 방법을 사용하는 것이 변수들 간의 인과성을 보다 정확하게 파악할 수 있을 것이라고 생각한다.

<설문 내용 및 빈도분석 결과(%)>

1. 선생님은 이번 6.2 지방선거에 투표하시겠습니까?

33.5 반드시 하겠다　　**42.4 가능하면 하겠다**
15.7 별로 하고 싶지 않다　　1.6 절대로 하지 않겠다
6.9 잘 모르겠다

2. 이번 6.2 지방선거와 관련하여 신문에서 다음과 같은 세부 내용을 얼마나 주목하고 읽으십니까?

	전혀 주목하지 않는다	별로 주목하지 않는다	보통이다	꽤 주목하는 편이다	매우 많이 주목하는 편이다
선거 판세 내용	10.4	25.8	**37.4**	21.3	5.1
후보자의 선거 전략 내용	10.0	27.0	**36.6**	20.5	5.9
후보자의 여론 조사 지지도	11.4	21.5	**36.0**	23.6	7.5

3. 이번 6.2 지방선거와 관련하여 텔레비전에서 다음과 같은 세부 내용을 얼마나 주목하고 보십니까?

	전혀 주목하지 않는다	별로 주목하지 않는다	보통이다	꽤 주목하는 편이다	매우 많이 주목하는 편이다
선거 판세 내용	9.9	26.2	**35.3**	23.5	5.1
후보자의 선거 전략 내용	10.3	24.9	**40.4**	19.5	4.9
후보자의 여론 조사 지지도	9.9	21.3	**36.5**	25.2	7.1

4. 다음은 우리사회의 정치인, 정당, 정부와 관련하여 사람들이 평가한 내용들입니다. 다음 내용에 대해 어느 정도 동의 또는 동의하지 않는지를 말씀해 주십시오.

	전혀 동의하지 않음	동의 않는편	중립적	동의 하는편	매우 동의함
정치인들은 정치적 소신보다는 개인적인 이익과 이해관계를 위해 행동한다	3.0	6.3	25.3	**44.5**	20.9
정당 및 정치인들은 유권자의 표에만 관심이 있으며, 표를 얻기 위해 행동한다	3.0	6.9	21.7	**41.8**	26.6
정치인들은 나름대로 국가이익을 생각하고 있다	10.3	23.5	**38.1**	25.0	3.2
정치인들은 국민의 복지와 안위를 생각하고 있다	11.1	29.4	**41.5**	15.8	2.2

정치인들이 하는 말을 신뢰할 수 없다	4.7	11.6	32.5	**33.9**	17.2
정부를 운영하는 대다수의 사람들은 그들이 하고 있는 일을 잘 알고 있다	8.7	25.2	**39.1**	22.7	4.3
정부는 자신들의 이익만 생각하는 소수 이익집단에 의해 움직인다.	3.4	9.9	**34.1**	33.1	19.5

5. 다음은 사람들이 우리나라 정치과정에 대해 이야기한 내용입니다. 다음 내용에 대해 어느 정도 동의 또는 동의하지 않는지를 해당란에 V표해 주십시오.

	전혀 동의하지 않음	동의 않는편	중립적	동의 하는편	매우 동의함
선거에 내 한 표는 중요한 영향력을 미친다.	3.5	11.0	25.9	**41.8**	17.8
정치에 관련된 사항은 복잡하여 이해하기 힘들다	2.2	12.2	34.9	**38.8**	12.0
선거에 한 표를 행사하는 것은 유일한 의사표시 방법이다	3.3	12.2	29.8	**39.6**	15.1
정부가 무슨 일을 하고 있는지 나는 잘 모른다	7.9	18.1	**35.2**	30.3	8.6
정부나 정당에 내 의견을 제시 할 수 있다	7.5	21.2	**37.9**	28.1	5.3
국민이 힘을 합치면 잘못된 정치를 바로 잡을 수 있다.	6.5	17.1	**29.7**	28.5	18.3
정부가 하는 일에 말해봤자 소용없다	8.9	20.5	**38.2**	24.2	8.3
정치인들은 일반시민이 무슨 생각을 하는지 신경 쓰지 않는다.	5.3	9.0	31.6	**35.4**	18.7

6. 성 51.6 남 48.4 여

7. 연령

	빈도수	퍼센트
20 대이하	125	24.5
30 대	94	18.4
40 대	130	25.5
50 대	77	15.1
60 대이상	84	16.5

8. 학력

	빈도	퍼센트
중졸이하	49	9.6
고졸	161	31.7
대학이상	298	58.7

CHAPTER

11

미디어 이용, 정치 냉소주의, 투표참여 간의 관계

미디어 이용, 정치 냉소주의, 투표참여 간의 관계[1]

머리말

매스 미디어가 정치적 소외, 정치적 불신, 정치 냉소주의를 일으키거나 강화시키는 데 중요한 역할을 한다는 주장은 오래전부터 제기되었지만 1970년대 로빈슨의 "비디오 부정주의이론(video malaise theory)" (Robinson, 1976)이 체계적으로 주장한 최초이자 동시에 가장 영향력 있는 이론이다. 로빈슨은 서베이 데이터를 이용하여 "정치정보를 텔레비전에 의존하는 사람들이 결과적으로 높은 비효능감과 냉소주의, 불신감을 보인다"는 가설을 실증적으로 검증하였다 (Robinson, 1976: 418).

정치 비효능감과 불신에 대한 미디어의 영향 문제를 최초로 실증적으로 접근했던 로빈슨(1976)은 비디오 부정주의를 일으키는 요인들을 5가지로 설명하였다. 그것은 ① 텔레비전 뉴스 수용자의 비정상적인 규모와 형태, ② 수용자들의 텔레비전에 대한 높은 신뢰, ③ 텔레비전 뉴스의 해석적 보도, ④ 텔레비전 뉴스의 부정적 보도, 갈등과 폭력에 대한 강조, ⑤ 텔레비전 뉴스의 반제도적 주제(anti-institutional theme) 등이다 (Saito, 2008).

후속연구들은 미디어 부정주의이론을 검증하기 위해 정치적 소외, 냉소주의, 효능감, 무기력, 정부에 대한 불신, 정치지식 등 다양한 종속변인들을 사용하는 수많은 연구들

1 저자 논문 '2012 국회의원 총선에서 나타난 미디어 이용, 정치 냉소주의, 투표 참여 간의 관계에 관한 연구, 한국언론정보학보, 2012 겨울, 통권 60호, 28-51'을 일부 수정하였음.

을 실시하였다. 전형적인 미디어 부정주의 이론에 입각한 연구들은 텔레비전 뉴스 노출이 정치 냉소주의와 비효능감과 관련 있다는 것을 검증하고자 하였다. 특히 보웬 등(Bowen et als)(2000)은 미디어 부정주의이론에서 가장 중요한 두 개의 개념적 요소로서 냉소주의와 무기력임을 밝혀내기도 하였다. 스트라마(Strama)(1998)는 미국 정치과정에서 냉소주의와 신뢰 부족이 젊은 유권자들이 투표를 기피하는 주된 이유라는 사실을 밝혀냈다.

그러나 후속 연구들이 미디어 부정주의 이론을 모두 지지하는 건 아니었다. 적지 않은 연구들에서는 미디어 부정주의 이론이 검증되지 않거나 오히려 반대의 결과들이 나오기도 하였다. 노리스(Norris)(2000)는 만약 학습과 정치 참여의 다른 형식이 정부에 대한 태도와 함께 고려된다면 악순환보다는 선순환이 있다고 말하고, 이것은 뉴스가 실제로 시민 건강에 기여한다는 증거라고 주장하였다. 또한 많은 서베이 결과들도 뉴스가 냉소주의와 불신을 일으키는 데 실패하였고, 오히려 신뢰적 태도와 관련이 있다는 점을 보여주기도 하였다 (Wilkins, 2000). 이와 관련하여 노리스(Norris)는 미디어 부정주의에 관한 단 하나의 표준적인 이론은 없고, 다만 다양한 관점만 있을 뿐이라고 하였다 (Norris, 2000:310).

이렇게 미디어 이용과 정치 냉소주의 간의 관계에 대한 계속되는 논란을 두고서 보웬 등(Bowen et als)(2000)은 로빈슨의 미디어 부정주의 이론은 너무 많은 우연성 때문에 그것의 일반화를 제한시키고 있다고 비판하였다. 홀츠바커(Holz-Bacha)(1990) 역시 여러 연구들에서 서로가 엇갈리는 결과들이 나타난 것은 연구들의 다양한 개념화, 연구 설계, 지수(index) 등의 문제에서 일어난 것이라고 주장한다.

미디어 이용과 정치적 불신간의 관계정립에 있어서 한 가지 어려운 점은 지난 30년간 국민의 정치적 신뢰수준은 점차 감소한 반면, 동일 기간 동안 국민의 다양한 유형의 미디어 노출은 증가했다는 점이다. 아울러 이 기간 동안에 발생한 다른 사회 변화와 함께 미디어 편재성이 확대되었다. 이에 대해 한 연구자는 다음과 같은 결론을 내렸다. “매스미디어가 정치적 불만 증대에 영향을 주었는가라는 질문에 대해 만족할 만한 대답은 결코 존재하지 않을 것이다.” (송종길, 이호영, 2007:577).

미디어 이용이 정치 냉소주의에 미치는 효과는 미디어 유형, 내용에 따라 그 크기와 방향성이 다르게 나타나고 있어 이론적으로나 방법론적으로 좀 더 체계적이고 새로운 접근이 요구되고 있다. 그런데도 아직까지 국내에서 미디어 이용과 정치 냉소주의 간의 관계에 관한 본격적인 연구들이 매우 부족할 뿐만 아니라 이들 간의 효과를 조정하는 중개변수들에 대한 연구가 제대로 수행되지 않은 실정이다. 따라서 본 연구는 2012년 19대 국회의원 총선거 상황에서 미디어 이용과 정치 냉소주의 간의 인과관계, 그리고 기존의 연구에서 중요한 중개변수로 확인된 정치 효능감 등의 정치관여변수들과 정치 냉소주의와의 관계를 밝혀내고, 최종적으로 정치 냉소주의가 정치참여(투표의향)에 어떠한 영향을 미치는 지를 알아보는 것을 목적으로 한다.

이론적 배경과 선행연구 검토

정치 냉소주의 개념 정의

앞에서도 언급한 바와 같이 미디어 부정주의이론 연구들이 서로 엇갈리는 결과들을 내놓은 것은 홀츠바커(Holz-Bacha)(1990)의 지적대로 다양한 개념화에 따른 개념 정의의 차이에서 일어날 수 있다. 따라서 정치 냉소주의와 이와 유사한 개념들에 대한 정확한 파악이 필요하다 하겠다,

그 동안 정치 제도와 인물에 대한 불만과 냉담한 감정은 다양한 개념과 용어들로 혼용되어 사용되어 왔는데, 많이 혼용되어 사용되어 온 개념 또는 용어들로는 정치 불신(political distrust), 정치 냉소주의(political cynicism), 정치 부정주의(political malaise), 정치 효능감 부족(lack of political efficacy), 정치 소외(political alienation), 정치적 냉담(political apathy), 불만(disaffection), 무관심(indifference) 등을 들 수가 있다 (Sweetser, Kaid, 2008; Saito, 2008). 초기의 정치 냉소주의 연구들은 냉소주의를 '다른 것들에 대한 혐오와 불신' 태도로 정의 하고 정치체계에 대한 냉소주의를 분석하였다 (Saito, 2008). 카

펠라와 재미슨(Cappella & Jamieson)(1997)은 냉소를 “정치체계가 부패되었고, 정치인들은 공중의 이익에는 무관심한 마키아벨리와 같은 정파적인 인물이며, 정치과정은 지배가 아닌 승리를 위해서만 진행되는 것으로 생각하는 경향”이라고 하였다.

또한 정치 냉소주의는 “정부에 대한 신뢰부족”, “무기력감”(Pinkleton, Austin, & Fortman 1998)으로 정의되기도 하고, “일반적으로 정부와 정치지도자들이 공중의 의견에 신경 쓰지 않고, 국민들의 최선의 이익을 위해 일하지 않는다는 느낌”(Kaid, McKinney, and Tedesco, 2000)을 말하기도 한다. 첸(Chen)(1992)은 정치적 소외는 4가지 차원으로 구성되는데, 그것은 ① 불신 ② 무기력 또는 비효능감 ③ 무의미 ④ 냉담 등이라고 하였다. 야마다(Yamada)는 일본에서의 연구를 통해 일본의 정치 소외는 3차원으로 구성되었는데, 그것은 정치 냉담, 정치 비효능감, 정치 냉소주의(또는 불신)이라고 하였다 (Saito, 2008).

한편 핀클톤과 오스틴(Pinkleton, Austin)(2004)은 정치 냉소주의와 비효능감이 개념적으로 다름을 증명하였는데, 이들은 연구를 통해 정치 비효능감은 “원하는 결과나 효과를 일으킬 수 있는 능력이 부족하다는 느낌”으로 정의하였고, 정치 냉소주의는 “정치 관리나 제도를 포함한 정치 체제에 대한 불신 감정과 신뢰부족으로 정의하였다. 밀러(Miller)(1974)는 냉소주의를 전체적으로 정부기구와 정권에 대한 신뢰 부족으로 해석하였다. 반면에 시트린(Citrin)(1974) 같은 사람들은 정치 냉소주의를 후보자와 현직 정치 지도자에 대한 반대와 부정으로 여겼다. 어버와 라우(Erber, Lau)(1990)는 사람에 대한 냉소주의와 이슈와 기구에 대한 냉소주의로 구별할 것을 제안하기도 하였다.

지금까지의 다양한 개념정의를 통해 정치 냉소주의의 뿌리는 신뢰 부족이라는 알 수 있겠다. 또한 냉소주의의 상위 단계는 정치참여(political engagement)를 함축하고 있는데, 냉소주의의 높은 수준은 투표율 저하와 정치과정 불참을 일으킬 수 있다 (Stroud, Stephens, Pye, 2011)는 점에서 중요한 의미를 갖는다 하겠다.

미디어 이용과 냉소주의, 그리고 정치참여

시민들의 정치참여 범위와 유형은 매우 폭넓기 때문에 연구자 마다 개념정의하기에 달려있다. 일반적으로 정치참여를 투표 등의 행위적인 측면만을 의미하지만 사실은 행위 이전의 신념, 태도, 의견 까지를 포함시킬 수 있다. 이와 관련하여 카피니(Carpini)는 시민들의 정치참여를 구성하는 요소를 4가지로 설명하였다. 그것은 ① 민주적 규범과 가치에 대한 지지 ② 경험적 차원에서 정치적, 사회적 세계의 본질에 대한 일련의 신념과 태도 유지 ③ 당대의 주요 공공 쟁점에 대해 안정적이고 일관되며 식견 있는 의견 보유 ④ 직접적이든 또는 간접적이든, 자신 또는 다른 사람의 삶의 질에 영향을 미칠 수 있도록 기획된 행위에 참여 등과 같은 요소를 포함하고 있다. 그런데 이들 모든 요소의 밑바탕에는 시민들이 식견 있는 가치, 태도 그리고 의견을 발전시키는 데 필요한 기술과 자원을 갖고 있으며, 이들을 서로 연계시켜 효과적인 행동으로 나아가게 할 수 있다는 가정이 존재한다 (송종길, 이호영, 2007:570). 이런 면에서 정치 냉소주의는 개인의 가치 또는 신념이나 태도에 관한 것으로서 이 것 자체가 정치참여의 한 요소를 이루고 있다고 하겠다.

그러면 정치 냉소주의는 어디에서 어떠한 과정을 거쳐 형성되며 정치참여에 미치는 효과는 어떠한가? 일반적으로 정치 냉소주의는 미디어 이용과 깊은 관련이 있는 것으로 알려져 있다. 정치 냉소주의는 미디어 내용, 그 중에서 특정 내용의 과다 소비에 의해 발생하기도 하며, 동시에 신문, TV, 인터넷 등 미디어 유형에 의해서도 달리 형성되는 것으로 알려져 있다. 그러나 미디어의 특정 내용이 정치 냉소주의를 일으킨다는 주장, 그리고 특정 미디어 유형이 정치 냉소주의를 일으키는 원인으로 작용한다는 주장은 아직까지 학자들 사이에서 하나의 이론이나 주장으로 합의되지 못하고 여전히 논쟁거리로 남아 있다. 또한 정치 냉소주의가 시민들의 정치참여에 긍정적으로 영향을 미치는지 아니면 반대로 부정적으로 영향을 미치는 지에 대해서도 논란이 계속되고 있다. 본 연구는 미디어 유형에 따른 정치냉소주의에 초점을 맞추고 있기 때문에 미디어 내용과 관련된 논쟁은 생략하고 오직 미디어 유형과 관련된 논쟁만을 살펴보도록 하겠다.

정치적 신뢰, 소외, 냉소주의는 미디어와의 관계에서 매우 복잡하고 비결정적인 모습을 보여준다. 이들 개념과 미디어의 관계에 대한 지배적인 이론은 "비디오" 또는 "미디어 부정주의"에 관한 것으로, 이는 일반적인 미디어, 특히 TV 시청이 정치 소외감과 냉소주의를 증가시키는 반면 정부나 정치에 대한 부정적이고 냉소적인 보도의 증가, 오락 프로그램에서 정부와 정치에 대한 부정적 묘사, 정치담론이나 사회적 유대감에 관한 TV 프로그램 효과의 저하에 이르기까지 다양한 차원에서 제시되고 있다 (송종길, 이호영, 2007:576).

카펠라와 재미슨(Cappella & Jamieson, 1997)은 정치 냉소주의는 능동적 미디어 이용의 동기를 감소시키는 역할을 한다고 주장하였다. 몇몇 연구에서도, 정치 냉소주의는 공공문제들과 관련된 정보를 찾는 개개인의 동기를 감소시킬 뿐만 아니라, 정치적 지식과 참여를 증가시키는 능동적 미디어 이용을 감소시킨다고 하였다 (송종길, 박상호, 2009). 대체로 정치 냉소주의는 정치정보 추구의 감소 및 투표 불참 등의 '비정치적', '탈정치적' 형태로 나타나며, 정치 냉소주의의 증대는 유권자들을 자연스럽게 미디어 정보로부터 멀어지게 함으로써, 결국 정치참여를 저조하게 만드는 것으로 나타났다 (Cappella & Jamieson, 1997).

벡커와 휘트니(Becker, & Whitney, 1980)는 TV에 대한 의존이 정치적 지식, 믿음에 부정적인 영향을 준다는 결과를 발표하였다. 그리고 투표에 참여하지 않은 사람들을 대상으로 한 연구에서, TV 뉴스에 더 의존할수록 더 냉소적이게 된다는 결과도 제시되었다. TV에 의존하는 유권자들은 투표 행위를 결정하는 과정에서 좀 더 후보자의 이미지 특성에 영향을 받으며, 신문 의존자 보다 불만을 느낄 가능성이 더 큰 것으로 나타났다 (송종길, 박상호, 2005).

핀클톤과 오스틴(Pinkleton & Austin, 1998)의 연구에 의하면 다른 매체와는 달리 신문의 이용이 냉소주의 감소와 관련이 있다는 사실을 발견했다. 그러나 정반대로 신문 역시 유권자들의 냉소주의를 강화시키는데 책임이 있다는 연구결과도 있다. 밀러(Miller) 등(1979)은 신문보도가 주로 중립적이고 긍정적이기는 하지만 매우 비판적인 신문을 읽은 사람들은 정부에 더 불신하고, 정치적 냉담 수준이 높았다는 사실을 발견했다.

일반적으로 인쇄미디어(신문, 잡지)와 정치 참여의 관계는 매우 강력하지만, 정치 참여와 TV시청 사이의 관계는 다소 일관적이지도 강력하지도 않다. 그러나 또 다른 연구에 의하면 신문과 TV 모두 정치 학습을 증가시키며, 더 많은 정치 참여를 이끌어 내는데 기여한다고 한다. TV는 또한 정치화 정도가 낮은 시민에게 동기부여, 교육제공, 이를 통한 정치 참여 확대에 특히 효과적이라고 한다 (송종길, 이호영, 2007:604).

TV, 신문 등 전통적 미디어가 정치 냉소주의 강화에 책임이 있는 것으로 여겨진 반면에 민주주의 과정에서 시민들을 재 참여시키는데 있어서 인터넷의 잠재력에 대해 많은 희망을 갖고 있다. 왜냐하면 인터넷 이용자들은 자신의 정보사용을 통제할 능력을 갖고 있기 때문이다. 알트하우스와 텍스베리(Althaus, Tewksbury)(2000)는 젊은 사람들은 정치정보의 환경감시를 위해 인터넷을 사용한다는 점을 발견했다. 테데스코와 케이드(Tedesco, Kaid)(2000)는 2000년 대통령후보들의 웹사이트를 접촉한 사람들은 그 이용 동기가 정보적 또는 오락적 내용이든 간에 관계없이 이전보다 덜 냉소적이었다고 한다. 그러나 케이드(Kaid)(2002)는 후의 연구에서 웹의 캠페인 메시지에 노출된 유권자들을 대상으로 연구한 결과, 웹 노출은 정치 냉소주의 수준에서 어떠한 감소를 일으키지 않았는데, 이는 이와 관련된 더 많은 연구를 요하고 있음을 보여준다 (Sweetser, Kaid, 2008).

최근의 연구들에 의하면 뉴스 미디어와 정치 냉소주의 간의 관계는 여러 요인들에 달려있으며, 정치 냉소주의가 시민참여에 미치는 영향은 무시할만한 수준인 것으로 나타났다(de Vreese, 2005). 또한 이 연구는 정치효능감이 높은 사람은 정치효능감이 낮은 사람보다 덜 냉소적이며, 높은 정치 정교화(political sophistication)가 냉소주의를 강화시키는 것으로 나타났다. 이는 냉소주의가 항시 나쁜 것만은 아니며, 냉소주의는 “정치에 관심 있는 비판적인 시민”(an interested and critical citizenry)에 대한 지표일 수도 있음을 암시하는 것이라 하겠다 (de Vreese, 2005,p.294; Lariscy, Tinkham, and Sweetser, 2011).

또한 데이비스와 오언(1998)은 라디오 청취자, TV 뉴스 시청자, 인터넷 사용자를 대상으로 각 집단 간 또는 이들 집단과 일반 국민을 비교했을 때 정치적 신뢰도에 차이가 없다고 밝혔다. 핀클톤과 오스틴(Pinkleton & Austin, 1998) 또한 1996년 대통령 선거 당시 워싱턴 주의 유권자들이 이용한 미디어 유형이 냉소주의 수준에 아무런 영향을 끼치지 않았으며, 예외적으로 신문의 이용은 냉소주의 감소와 관련이 있다는 사실을 발견했다.

그러나 임의추출 표본을 이용한 존슨과 카예(Johnson & Kaye, 1998)의 연구에서 정치적 신뢰와 정치정보를 제공하는 웹에 대한 의존도는 부적(negative)관계를 보이지만 정치적 신뢰와 TV 또는 신문에 대한 의존도는 정적 관계를 나타낸다는 점을 발견했다 (송종길, 이호영, 2007:604)

한편 미디어의 특정 내용 소비에 따른 정치 냉소주의 생성, 강화와 그 결과로 정치참여에 미치는 영향에 관한 논쟁에서 논란이 되고 있는 미디어 내용은 크게 4가지이다. 그것은 전략적 뉴스보도(Cappella, & Jamieson, 1997 ; Pinkleton, et al., 1998, 2001; 송종길, 박상호, 2005; Dan, 2011; Lariscy, Tinkham, and Sweetser, 2011; 이건혁, 2002)., TV토론(Kaid, Tedesco, & McKinney, 2004; 송종길, 박상호, 2009; McKinney & Chattopadhyay, 2007; Stroud, Stephens, Pye, 2011), 정치광고(Lariscy, Tinkham, Sweetser, 2011; Kahn, Kenny, 1999), 인포테인먼트(정보 오락프로그램) (Moy et al., 2005; Guggenheim, Kwak and Campbell, 2011)에 대한 노출 또는 이용과 관련된 것들이다.

연구문제

앞의 문헌고찰을 통해 살펴보았듯이 정치 냉소주의는 미디어 이용과 깊은 관련이 있음을 알 수 있다. 그러나 미디어 이용이 모든 사람에게 정치 냉소주의를 일으키는 것이 아니라 특정 사람들에게만 효과를 미치며, 미디어의 유형과 내용에 따라 그 효과의 크기와 방향이 서로 다르게 나타나고 있으며 이와 관련된 논란이 계속되고 있다. 또한 미디어 이용으로 인해 형성된 정치 냉소주의가 투표행위 등의 정치참여에 미치는 효과 역시 수용자의 특성과 정치상황에 따라 달리 나타나는 등 이와 관련된 논란도 끊이지 않고 있다.

외국의 정치커뮤니케이션 학계에서의 뜨거운 논쟁에도 불구하고 국내에서는 이와 관련된 연구들이 제대로 이루어지지 않고 있는 실정이다. 따라서 본 연구는 한국적 상황에서 미디어 이용이 정치 냉소주의에 미치는 영향과 정치 냉소주의와 관련이 있는 중요한 정치관여 변수들과의 관계, 그리고 정치 냉소주의가 투표참여에 미치는 효과를 알아보고자 한다. 정치관여 변수로는 외국의 연구들에서 정치 냉소주의와 깊은 관계가 있는 것으로 알려진 정치효능감, 선거관심도, 정치지식, 미디어 보도 부정주의 등을 선정하여 정치 냉소주의와의 관계를 밝혀내기로 하였다.

본 연구에서의 미디어 이용은 한국의 유권자들이 정치 및 선거정보원으로 가장 많이 이용하고 있는 TV, 인터넷, 신문 등 3가지 미디어 유형으로 한정하였는데, 좀 더 구체적으로 신문 읽는 빈도, TV뉴스 시청빈도, 그리고 인터넷 뉴스기사 읽는 빈도 등으로 세분화하여 살펴보았다.

먼저 기존의 연구들에서 미디어 이용과 정치 냉소주의 간의 관계에 대해 많은 논란이 있어왔는데, 과연 우리나라 국회의원 선거 상황에서 신문, TV, 인터넷 등 미디어 이용과 정치 냉소주의와의 관계가 어떠한지를 알아보기 위해 다음과 같이 연구문제를 설정하였다.

연구문제 1. 미디어 이용이 정치 냉소주의에 어떠한 영향을 미치는가?

이어서 기존의 정치커뮤니케이션 연구에서 정치 냉소주의와 직접 관련이 있는 것으로 알려진 정치관심도, 정치지식, 미디어 보도 부정주의, 정치효능감 등의 정치관여변수들이 정치냉소주의에 미치는 영향에 대해 알아보기 위해 다음과 같이 연구문제를 정했다.

연구문제 2. 정치관심도, 정치지식, 미디어 보도 부정주의, 정치효능감 등은 정치 냉소주의에 어떠한 영향을 미치는가?

마지막으로 정치 냉소주의가 투표참여를 낮추는 것인지, 아니면 높여주는 것인지, 그것도 아니면 별다른 관계가 없는 것인지를 알아보기 위해 다음과 같이 연구문제를 설정하였다.

연구문제 3. 정치 냉소주의는 투표의향에 어떤 영향을 미치는가?

이러한 연구문제들을 종합하여 그림으로 정리하자면 〈그림 11-1〉에 제시한 바와 같은 구조방정식모형(structural equation modeling)을 제시할 수 있을 것이다.

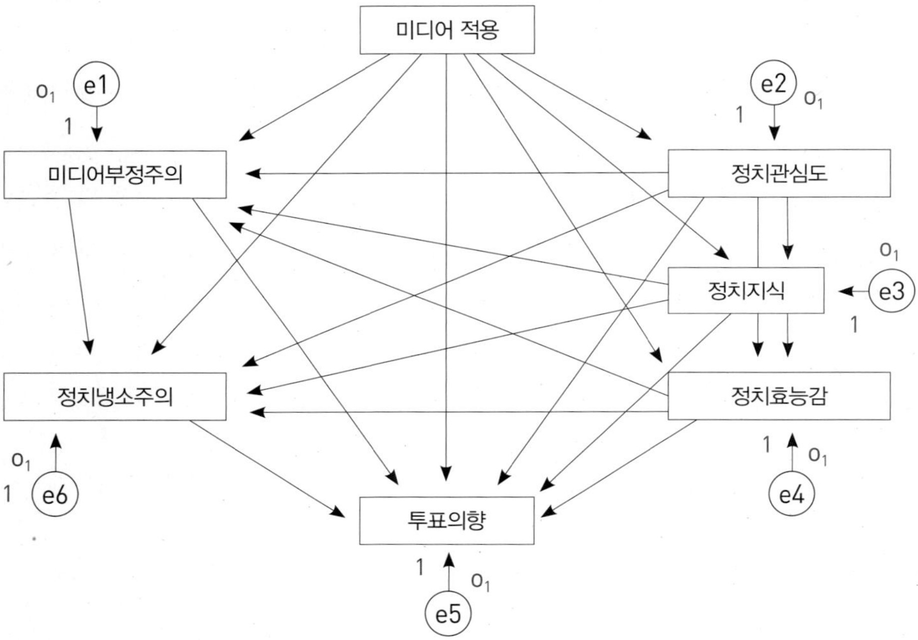

〈그림 11-1〉 연구 구조방정식 모형

조사방법

자료수집 및 분석방법

본 연구는 2012년 4월 11일에 치러진 제 19대 국회의원 총선 막바지인 4월 6일-8일(3일간)을 조사기간으로 잡았다. 본 연구의 모집단은

2012년 4월 현재 전라북도에 거주하는 만 19세(유권자) 이상의 남녀로 하였으며 전라북도 14개 시군의 지역, 성, 연령 별 실제인구비율에 맞게 표본을 할당하는 할당표본추출방법을 통해 총 1,000명의 표본을 추출하였다. 조사결과 남녀 비율은 각각 50.1%, 49.9%이었으며, 연령별 비율은 20대(19세 포함)가 16.3%, 30대 17.0%, 40대 20.4%, 50대 17.8%, 60대 이상 28.5%로 전라북도의 실제 연령별 비율과 같았다. 응답자들의 학력은 중졸이하가 17.6%, 고졸 학력이 33.6%, 대학학력(졸업, 재학)이 44.6%, 대학원 학력(졸업, 재학)이 4.2%이었다.

한편 본 연구는 변수들 간의 인과관계를 좀 더 명확히 밝히기 위해 계층적 회귀분석방법(hierarchial regression)[2]과 구조방정식모형을 통해 연구문제에 대한 해답을 얻고자 하였다. 구조방정식모형은 실험연구가 어려운 상황에서 변수들의 측정오차를 통제할 수 있다는 점에서 변수들 간의 인과관계에 관한 추론을 용이하게 해주는 다변량 분석기법이다. (김주환, 김민규, 홍세희, 2009). 또한 구조방정식모형은 독립(외생)변수가 종속(내생)변수에 미치는 직접효과뿐만 아니라 독립(외생)변수가 중개변수를 거쳐 종속(내생) 변수에 미치는 간접효과까지 파악할 수 있는 장점을 갖고 있다. 본 연구가 변수들 간의 인과관계를 정확히 밝히는 데에 주안점을 두고 있다는 점에서 이러한 구조방정식모형은 본 연구의 목적과 잘 부합된다 하겠다.

주요 변수의 조작적 정의

(1) 정치 냉소주의: 본 연구에서는 기존의 선행연구들(Pinkleton, et al., 1998, 2001; 송종길 · 박상호, 2009;Saito, 2008; Stroud, Stephens, and Pye, 2011)에서 사용되었던 항목들을 참고하여 7개 항목을 선정하였다. ① "정치인들은 정치적 소신보다는 개인적인 이익과 이해관계를 위해 행동한다", ② "정당

2 계층적 회귀분석(hierarchial regression)은 단계별 회귀분석(stepwise regression)과 비슷하다. 그러나 컴퓨터가 아닌 연구자가 변수의 투입순서를 결정한다. 변수 또는 변수군은 단계마다 투입되는데, 앞선 변수들이 통제된 상태에서 각 독립변수들이 종속변수의 예측에 추가되는 관점에서 평가된다.(Jackson, 2011),

및 정치인들은 유권자의 표에만 관심이 있으며, 표를 얻기 위해 행동한다", ③ "정치인들은 나름대로 국가이익을 생각하고 있다"(역코딩), ④ "정치인들은 국민의 복지와 안위를 생각하고 있다"(역코딩), ⑤ "정치인들이 하는 말을 신뢰할 수 없다", ⑥ "정부는 자신들의 이익만 생각하는 소수 이익집단에 의해 움직인다", ⑦ "나는 우리나라 정치만 생각하면 한심하다는 느낌을 갖는다" 등을 5점 척도로 측정하였다. 7항목들에 대한 신뢰도 분석 결과 모든 항목의 신뢰도가 높게 나타나 7개 항목에 대한 응답을 합산하여 평균값을 개인의 정치 냉소주의 점수로 만들었다 (Cronbach's alpha=0.809, M=3.56, SD=0.63).[3]

(2) 미디어 이용: 응답자들이 선거관련 정보원으로 가장 많이 의존하고 있는 TV(45.6%), 신문(29.7%), 인터넷(13.6%) 이용 빈도를 측정하였다. 본 연구에서 TV이용량은 텔레비전 뉴스 시청빈도로 한정하였는데, 매일 본다를 4점, 전혀 안본다를 1점으로 하는 4점 척도로 하였다 (M=2.71, SD=0.91). 신문이용량은 신문을 읽는 빈도로 하였는데, TV이용량과 똑같이 매일 본다를 4점, 전혀 안본다를 1점으로 하는 4점 척도로 하였다 (M=2.12, SD=0.95). 인터넷 이용량은 좀 더 구체화시켰는데, 인터넷을 통한 기사 읽는 빈도로 한정하였다. 매우 많이 이용한다를 5점, 전혀 이용하지 않는다를 1점으로 하는 5점 척도로 하였다 (M=2.82, SD=1.36).

(3) 정치 효능감: 본 연구에서의 정치 효능감은 핑그리의 연구(Pingree, 2011)와 권혁남의 연구(2011)에서 사용되었던 항목들을 사용하였다. 본 연구에서는 모두 8항목을 조사하였는데, 그것들은 ① "선거에 내 한 표는 중요한 영향력을 미친다" ② "정치에 관련된 사항은 복잡하여 이해하기 힘들다"(역코딩) ③ "선거에 한 표를 행사하는 것은 유일한 의사표시 방법이다"(역코딩) ④ "정부가 무슨 일을 하고 있는지 나는 잘 모른다"(역코딩) ⑤ "정부나 정당에 내 의견을 제시 할 수 있다" ⑥ "국민이 힘을 합치면 잘못된 정치를 바로 잡을 수 있다" ⑦ "정부가 하는 일에 말해봤자 소용없다"(역코딩) ⑧ "정치인들은 일반시

---

3 크론바하 알바계수(Cronbach`s α)는 집단 수준의 경우 알파계수가 0.6 이상이고, 개인 수준인 경우 0.9 이상이 되면 신뢰도가 높다고 할 수 있다. 적어도 알파계수(α)가 0.69는 넘어야 신뢰도가 만족할 수준이라고 볼 수 있고, 통상적으로 측정척도에 대해 0.75 이상의 값이 나오면 신뢰도가 우수하다고 판단한다(송종길, 박상호, 2005).

민이 무슨 생각을 하는지 신경 쓰지 않는다"(역코딩) 등을 5점 척도로 측정하였다. 8항목들에 대한 신뢰도 분석을 통해 전체적인 신뢰도를 떨어뜨리는① ③ ⑤ ⑥ 항목들을 제외하고 나머지 4개 항목에 대한 응답을 합산하여 평균값을 개인의 정치 효능감 점수로 산출하였다 (Cronbach's alpha=0.75, M=2.64, SD=0.65).

(4) 정치관심도와 투표의향: 본 연구에서의 정치관심도는 5점 척도로 측정하였다(M=3.14, SD=.97). 투표의향은 "이번 국회의원 총선거에 투표하시겠습니까?"로 물어 반드시 하겠다는 4점, 가능하면 하겠다 3점, 별로 하고 싶지 않다 2점, 절대로 하지 않겠다는 1점으로 측정하였다. 잘 모르겠다고 응답한 사람(6.5%)은 분석에서 제외하였다(M=3.28, SD=0.77).

(5) 정치지식: 정치지식은 국회의원 선거와 관련된 기본적인 지식에서부터 난이도가 높은 지식까지 골고루 선정하였고, 여기에 국무총리 이름 인지도 등을 추가해 모두 8개 항목에 대해 제대로 알고 있는지를 주관식과 객관식 문제로 측정하였다. ① "이번 4.11 국회의원 총선은 제 몇 대 국회입니까"(정답률 71.2%), ② "다가오는 12월 대통령선거는 제 몇 대 선거입니까"(정답률 54.9%), ③ "이번에 뽑는 국회의원은 지역구와 비례대표를 합쳐서 모두 몇 명입니까"(정답률 33.4%), ④ "비례 대표로 선출되는 국회의원 수는 몇 명입니까"(정답률 15.9%), ⑤ "비례 대표 국회의원은 어떤 방식으로 선정됩니까"(정답률 48.4%), ⑥ "대통령 임기는 몇 년입니까"(정답률 90.0%), ⑦ "국회의원 임기는 몇 년입니까"(정답률 90.6%), ⑧ "현재 국무총리가 누구인지 말씀해 주시겠습니까"(정답률 48.4%) 등이다.

8항목들에 대한 신뢰도 분석 결과 모든 항목의 신뢰도가 높게 나타나 8개 항목에 대한 응답을 합산하여 개인의 정치지식 점수로 하였다. 각 항목들에 대해 정답을 맞히면 1점, 틀리면 0점으로 코딩하여 본 연구에서의 정치지식 점수는 최소 0점에서 부터 최고 8점까지 분포하게 된다 (Cronbach's alpha=0.754, M=4.29, SD=2.14).

(6) 미디어 보도 부정주의: 본 연구에서의 미디어 보도 부정주의는 국내외 연구(Pinkleton & Austin, 2002; 김춘식, 2009)에서 사용된 항목들을 사용하였다. 모두 5항목을 조사하였는데, 그것들은 ① "언론이 전하는 선거보도 내용은 새로운 게 없다" ② "언론

은 정치적 이슈 혹은 후보자의 나쁜 측면만 보도 한다" ③ "언론은 내가 관심을 갖고 있는 이슈에 대해서는 충분히 보도하지 않는다" ④ "언론은 주로 정부나 정치권이 잘못하는 일을 보도 한다" ⑤ "언론은 똑같은 주제를 반복해서 보도하기 때문에 때론 신물이 난다" 등을 5점 척도로 측정하였다. 5항목들에 대한 신뢰도 분석을 통해 전체적인 신뢰도를 떨어뜨리는 ④번 항목을 제외하고 나머지 4개 항목에 대한 응답을 합산하여 평균값을 개인의 미디어 보도 부정주의 점수로 산출하였다 (Cronbach's alpha=0.71, M=3.36, SD=0.60).

연구결과

각 연구문제별 분석에 앞서 본 연구가 설정한 구조방정식모형을 AMOS 18.0을 통해 분석하였다. 〈그림 11-2〉는 본 연구에서 설정한 변수들 간의 인과관계를 나타내주고 있는데, 본 연구에서 설정한 구조방정식모형은 모형의 적합도 기준치들을 모두 만족시키고 있다 (χ^2=16.2 df=11, p=0.132, TLI=.979, CFI=.995, RMSEA=0.022).[4]

연구문제 1(미디어 이용과 정치 냉소주의 관계)

미디어 이용과 정치 냉소주의의 관계를 분석하기에 앞서 성, 연령, 학력 등 인구통계학적 변수들과 정치 냉소주의와의 관계에 대해 알아보았다. 〈표 11-1〉에 제시된 바와 같이 성별에 따라서는 정치 냉소주의가 차이가 없었으나 연령과 학력에 따라서는 많은 차이가 있었다. 연령별로 보면 40대 연령층이 3.71(5

4 일반적으로 적합도 기준치는 χ^2〉.05, TLI〉.90, CFI〉.90, RMSEA〈.05로 제시되고 있다 (김주환, 김민규, 홍세희, 2009).

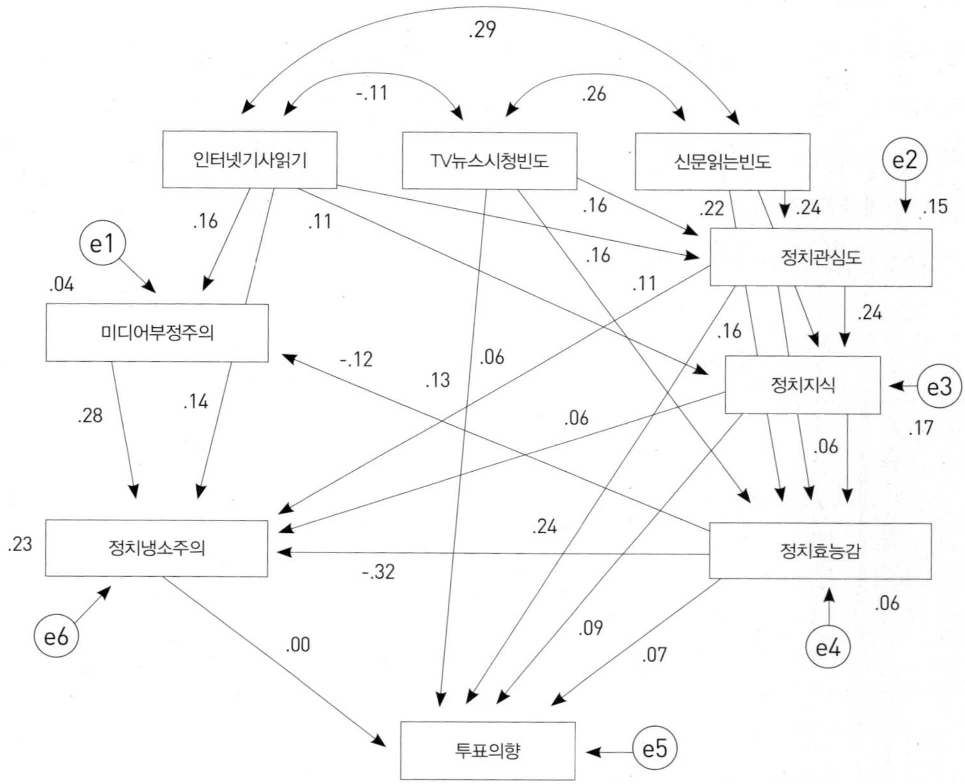

〈그림 11-2〉 경로분석 결과

점 만점)로 정치 냉소주의가 가장 높았으며, 30대(3.55)와 60대 이상 연령층(3.56)에서 가장 낮았다 (F=10.6, df=4/992, p=.000). 학력별로 보면 고학력자일수록 정치 냉소주의가 높아지는 경향을 보였는데, 대학 이상의 학력자들은 3.61, 고졸 학력자는 3.56, 중졸 이하의 학력자들은 3.40의 점수를 보였다 (F=7.3, df=2/992, p=.001). 또한 의존매체별로 보면 주로 인터넷을 통해 세상 돌아가는 소식을 접하고 있는 사람들이 3.71로 정치 냉소주의가 가장 높았고, 신문매체 의존자들이 3.60이고, TV매체 의존자들이 3.48로 정치 냉소주의가 가장 낮았다.

결국 우리나라에서의 정치 냉소주의는 연령별로는 40대의 고학력자들과 인터넷 의존자들에게서 매우 높음을 알 수 있는데, 이러한 결과는 외국의 연구 결과와 약간 차이를 보이고 있다. 특히 20대의 젊은 연령층 보다는 오히려 40대에서 정치 냉소주의가 높고, 고학력자들이 정치 냉소주의가 높다는 것은 주목되는 결과라 하겠다. 또한 인터넷 매체 의존자들에게서 정치 냉소주의가 가장 높고, 텔레비전 매체 의존자들이 정치 냉소주의가 가장 낮다는 결과 역시 두드러진 결과라 하겠다.

〈표 11-1〉 성, 연령, 학력, 의존매체별 정치 냉소주의 점수(평균 값)

성	남	**3.57**	t=.59, df=995, p〉.05
	여	3.54	
연령	20대(19세 포함)	3.62	F=10.6, df=4/992, p=.000
	30대	3.55	
	40대	**3.71**	
	50대	3.63	
	60대 이상	3.56	
학력	중졸 이하	3.40	F=7.3, df=2/992, p=.001
	고졸	3.56	
	대학 이상	**3.61**	
의존매체	신문	3.60	F=13.2, df=2/886, p=.000
	TV	3.48	
	인터넷	**3.71**	

* 5점 만점, 전체 평균=3.56.

이어서 미디어 이용과 정치 냉소주의의 관계를 심층적으로 분석하기 위해 성, 연령, 학력 등 인구통계학적 변수들과 함께 신문 읽는 빈도, TV뉴스 시청빈도, 인터넷 기사읽기 빈도 등의 미디어 이용변수들을 독립변수로 하고 정치 냉소주의를 종속변수로 하여 회귀분석을 하였다. 회귀분석에 있어서 독립변수들이 종속변수에 미치는 영향을 체계적으로 분석하기 위해 계층적 회귀분석방법을 사용했다. 인구통계학적 변수들(성, 연령,

학력)을 통제변수로 설정하여 1단계 분석에 투입하고, 이어서 미디어 이용변수군(신문, TV, 인터넷 이용량)을 2단계에 투입하였다.

먼저 인구통계학적 변수군 만을 투입한 위계적 회귀분석 1단계 결과를 나타내는 〈표 11-3〉의 〈모형1〉을 보면 오직 연령만이 종속변수인 정치 냉소주의에 부정적 영향을 미치고 있다(β=-.117, p=0.004). 다시 말해 연령이 낮을수록 정치 냉소주의가 높아지고 있다. 그러나 성과 학력은 별다른 영향을 미치지 못하고 있는 것으로 나타났다. 이어서 미디어 이용변수군을 추가로 투입한 〈모형2〉를 보면 신문, TV뉴스, 인터넷 기사 읽기 빈도 등 세 변수가 종속변수인 정치 냉소주의 변량의 2.0%를 설명하였다 (R^2=2.0%, F=6.5, df=3/979, p=0.000). 자세히 살펴보면 인터넷 기사읽기 빈도(β=.154, p=0.000)가 정치 냉소주의에 가장 많은 영향을 미치고 있다. TV뉴스시청빈도 역시 정치 냉소주의에 유의미한 영향을 미치고 있으나 정치 효능감 등 정치관여변수들이 추가로 투입되는 〈모형3〉에서는 별다른 영향을 미치지 못하는 것으로 나타났다. 신문 읽는 빈도는 〈모형2〉〈모형3〉에서 모두 별다른 영향을 미치지 못하는 것으로 나타났다. 정리하면 인터넷을 통해 기사를 많이 볼수록 정치 냉소주의가 높아지나 TV와 신문은 별다른 영향을 미치지 못한다고 하겠다. 연령(β=-.092, $p<0.05$)은 미디어 이용 변수 군이 투입된 후에도 여전히 종속변수인 정치 냉소주의에 부정적 영향을 미치고 있다.

AMOS 18.0 프로그램을 이용한 경로분석에서도 이러한 경향이 다시 한 번 확인되었는데, 선거관심도, 정치효능감, 정치지식, 미디어 보도 부정주의 등의 정치관여 변수들을 모두 추가한 상태에서도 인터넷 기사읽기 빈도(β=.14, p=0.000)는 정치 냉소주의에 유의미한 영향력을 미치는 것으로 나타났다. 그러나 앞의 회귀분석에서는 정치 냉소주의에 유의미한 영향을 미치는 것으로 나타났던 TV뉴스 시청빈도, 그리고 회귀분석에서도 별다른 영향을 미치지 못했던 신문 읽는 빈도 등은 별다른 영향을 미치지 못하는 것으로 나타났다 (그림 11-2 참조). 결국 인터넷 기사읽기만이 정치 냉소주의에 많은 영향을 미치고, TV뉴스 시청빈도와 신문 읽는 빈도 등은 별다른 영향을 미치지 못하고 있음을 확인할 수 있겠다.

연구문제 2(정치 냉소주의와 정치관여 변수들과의 관계)

기존 연구에서 정치 냉소주의와 유의미한 관계를 갖는 것으로 알려진 정치 효능감, 정치관심도, 미디어 보도 부정주의, 정치지식 등의 정치관여변수들과의 관계를 알아보았다. 먼저 이들 간의 관계를 알아보기 위해 t-검증을 하였다. 〈표 11-2〉에서 보는 바와 같이 정치 효능감, 정치관심도, 미디어 보도 부정주의, 정치지식 점수에서 각각의 평균값을 기준으로 높고 낮은 두 집단으로 나누어 집단별 정치 냉소주의 점수를 비교하였다. 그 결과 정치 효능감에 있어서는 정치 효능감이 낮은 집단이 평균 3.72로 높은 집단(3.41)보다 정치 냉소주의가 강했다 (t=8.17, df=995, p=.000). 미디어 보도 부정주의에서는 높은 집단이 평균 3.74, 낮은 집단이 평균 3.39로 미디어 보도 부정주의가 강할수록 정치 냉소주의도 강한 것으로 나타났다 (t=7.08, df=995, p=.000). 또한 정치지식 역시 높은 집단이 3.61, 낮은 집단이 3.51로 정치지식이 많은 사람일수록 정치 냉소주의가 강한 것으로 나타났다 (t=2.40, df=995, p=.017). 그리고 정치관심도가 높은 집단이 3.64, 낮은 집단이 3.51로 정치에 관심이 높을수록 정치 냉소주의가 강했다 (t=3.17, df=995, p=.002). 결국 정치지식과 정치관심도, 미디어 보도 부정주의가 높고 정치 효능감이 낮을수록 정치 냉소주의가 강하다는 사실을 알 수 있다.

〈표 11-2〉 정치관여 변수들의 집단별 정치 냉소주의 점수(평균 값)

변수	집단	평균	검증
정치효능감	고	3.41	t=8.17, df=995, p=.000
	저	**3.72**	
미디어보도 부정주의	고	**3.74**	t=7.08, df=995, p=.000
	저	3.39	
정치지식	고	**3.61**	t=2.40, df=995, p=.017
	저	3.51	
정치관심도	고	**3.64**	t=3.17, df=995, p=.002
	저	3.51	

* 5점 만점, 전체 평균=3.56, 고-저 집단은 각각의 평균값을 기준으로 구분했음.

이어서 이러한 4개의 변수들이 정치 냉소주의에 미치는 영향력을 알아보기 위해 계층적 회귀분석을 하였다. 1단계에서 성, 연령, 학력 등 인구통계학적 변수들을 투입하고, 2단계에서 신문, TV, 인터넷 등 미디어 이용 관련변수들을 투입한 다음에 3단계에서 정치효능감, 정치관심도, 미디어 보도 부정주의, 정치지식 등 정치관여 변수들을 추가로 투입하였다. 그 결과 〈표 11-3〉의 〈모형 3〉에서 보는 바와 같이 이들 4개의 독립변수들이 종속변수인 정치 냉소주의 변량의 19.9%를 설명하였다 (R^2=19.9%, F=63.5, df=3/979, p=0.000). 구체적으로 살펴보면 정치 효능감이 베타값 -.321로 다른 변수들에 비해 정치 냉소주의에 가장 큰 영향력을 미치는 것으로 나타났다. 다시 말해 정치 효능감은 정치 냉소주의를 크게 떨어뜨리는 효과를 일으키고 있다. 이어서 미디어 보도 부정주의(β=.281, p=.000) 역시 정치 냉소주의에 비교적 많은 영향을 미치고 있는데, 이는 정치 냉소주의를 높여주는 효과를 일으키고 있다. 그러나 정치지식과 정치관심도는 정치 냉소주의에 별다른 영향을 미치지 못하는 것으로 나타났다.

〈표 11-3〉 주요 변수들이 정치 냉소주의에 미치는 영향(계수는 β값)

		모형1	모형2	모형3
인구통계학적 변수군	성(남자=1)	.014	-.008	-.004
	연령	-.117**	-.092*	-.067
	학력	.026	-.033	-.026
미디어 이용 변수군	신문 읽는 빈도		.002	.018
	TV뉴스시청빈도		.072*	.026
	인터넷 기사읽기빈도		.154***	.111**
정치관여 변수군	정치효능감			-.321***
	미디어 보도 부정주의			.281***
	정치지식			.053
	정치관심도			.056
통계량	R^2	.018	.038	.237
	R^2변화량	.018	.020	.199
	F	6.1***	6.5***	30.3***

* $p < .05$ ** $p < .01$ *** p = .000

이러한 결과는 AMOS프로그램을 이용한 경로분석 결과와도 거의 일치하고 있다 (그림 11-2 참조). 경로분석에서 나타난 베타값을 보나, 전체 효과계수를 보더라도 정치 효능감이 정치 냉소주의에 가장 많은 영향을 미치고 있으며(β=-.324, p=.000, 전체 효과계수 -.324), 미디어 보도 부정주의(β=.288, p=.000, 전체 효과계수 .288) 역시 많은 영향을 미치고 있다. 이밖에 인터넷 기사읽기빈도(β=.138, p=0.000, 전체 효과계수 0.188)도 유의미한 영향을 미치고 있으며, 앞의 회귀분석에서는 유의미한 영향력을 보이지 않았던 정치관심도(β=.061, p〈0.05, 전체 효과계수 0.021)가 여기에서도 정치 냉소주의에 유의미한 영향을 미쳤다.

〈표 11-4〉 주요 변수들이 정치 냉소주의에 미치는 경로계수(계수는 β값)

	신문 읽는 빈도	TV뉴스 시청빈도	인터넷 기사읽기	정치지식	정치효능감	정치관심도	미디어보도 부정주의
직접 효과계수	.000	.000	.138***	.057	−.324***	.061*	.288***
간접 효과계수	−.018	.046	.050	−.006	.000	−.040	.000
전체 효과계수	−.018	.046	.188	.051	−.324	.021	.288

* p 〈 .05 *** p = 0.000

연구문제 3(정치 냉소주의와 투표의향의 관계)

외국의 연구에서 오랫동안 논란이 되었던 정치 냉소주의와 투표참여간의 관계에 대해 알아보았다. 이를 위해 인구통계학적 속성, 미디어 이용 변수군, 그리고 정치 냉소주의를 포함한 정치관여변수들을 계층적 회귀분석에 단계적으로 투입하였다. 1단계에서 성, 연령, 학력 등 인구통계학적 변수들을 투입하고, 2단계에서 신문, TV, 인터넷 등 미디어 이용 관련변수들을 투입한 다음에 3단계에서 정치 효능감, 정치관심도, 미디어 보도 부정주의, 정치지식, 그리고 정치 냉소주의 등 정치관여 변수들을 차례로 투입하였다. 그 결과 〈표 11-5〉에서 보는 바와 같이 정치관심도가 베타값 .232로 투표의향에 가장 큰 영향력을 미치는 것으로 나타났다. 이어서 연령(β=.131, p=.001), 정치지식(β=.097, p<=.05), TV뉴스 시청빈도(β=.093, p<.05), 성(β=-.092, p<.05), 정치 효능감(β=.076, p<.05) 등이 투표의향에 영향을 미치고 있다. 그러나 정치 냉소주의는 투표의향에 아무런 영향을 미치지 못하고 있다 (β=-.002, p>.05),

〈표 11-5〉 주요 변수들이 투표의향에 미치는 영향(계수는 β값)

		모형1	모형2	모형3
인구통계학적 변수군	성(남자=1)	-.010	-.040	-.092*
	연령	.180***	.138**	.131**
	학력	.135**	.060	.027
미디어 이용 변수군	신문 읽는 빈도		.108*	.030
	TV뉴스시청빈도		.127***	.093*
	인터넷 기사읽기빈도		.083*	.053
정치관여 변수군	정치효능감			.076*
	미디어 보도 부정주의			.012
	정치지식			.097*
	정치관심도			.232***
	정치 냉소주의			-.002
통계량	R^2	.022	.061	.135
	R^2변화량	.022	.039	.073
	F	6.9***	9.9***	12.8***

* p<.05 **p<.01 ***p=.000

이러한 결과는 AMOS프로그램을 이용한 경로분석에서도 그대로 나타난다 (그림 11-2 참조). 여기에서도 정치 관심도가 투표의향에 가장 많은 영향을 미치고 있으며(β=.238, p=.000, 전체 효과계수 .274), 이어서 TV뉴스 시청빈도(β=.129, p=.000, 전체 효과계수 .163), 정치지식(β=.094, p<=.05, 전체 효과계수 .098), 정치 효능감(β=.072, p<.05, 전체 효과계수 .072) 등이 투표의향에 영향을 미치고 있다. 그러나 정치 냉소주의는 투표의향에 전혀 영향을 미치지 못하고 있다 (β=-.001, p>.05, 전체 효과계수 -.001). 따라서 정치 냉소주의는 투표의향과 전혀 관계가 없다고 말할 수 있겠다.

〈표 11-6〉 주요 변수들이 투표의향에 미치는 경로계수(계수는 β값)

	신문 읽는 빈도	TV뉴스 시청빈도	인터넷 기사읽기	정치지식	정치효능감	정치 관심도	미디어 부정주의	미디어보도부정주의
직접 효과계수	.000	.129***	.000	.094**	.072*	.238***	.000	-.001
간접 효과계수	.096	.034	.054	.005	.000	.035	.000	.000
전체 효과계수	.096	.163	.054	.098	.072	.274	.000	-.001

* p 〈 .05 ** p 〈 .001 *** p = 0.000

요약 및 결론

기존의 국내외 연구들에서 미디어 이용과 정치 냉소주의, 그리고 정치참여 간의 관계에 대해 많은 논란이 있어왔는데, 본 연구는 한국적 상황에서 미디어 이용이 정치 냉소주의에 미치는 영향, 정치 냉소주의와 정치관여 변수들과의 관계, 그리고 정치 냉소주의가 투표참여에 미치는 효과를 밝혀보고자 하였다. 본 연구는 2012년 4월 11일에 치러진 제 19대 국회의원 총선 막바지인 4월 6일-8일(3일간)을 조사기간으로 잡았다. 본 연구의 모집단은 2012년 4월 현재 전라북도에 거주하는 만 19세(유권자) 이상의 남녀로 하였으며 전라북도 14개 시군의 지역, 성, 연령 별 실제인구비율에 맞게 표본을 할당하는 할당표본추출방법을 통해 총 1,000명의 표본을 추출하였다.

주요 연구결과는 다음과 같다.

첫째, 먼저 정치 냉소주의와 성, 연령, 학력 등 인구통계학적 변수들과의 관계를 알아본 결과, 성별에 따라서는 정치 냉소주의가 차이가 없었으나 연령과 학력에 따라서는 많은 차이가 있었다. 연령별로 보면 40대 연령층에서 정치 냉소주의가 가장 높았으며, 30대와 60대 이상 연령층에서 가장 낮았다. 학력별로 보면 고학력자일수록 정치 냉소주의가 높아지는 경향을 보였다. 의존매체별로 보면 주로 인터넷을 통해 세상 돌아가는 소식을 접하고 있는 사람들에게서 정치 냉소주의가 가장 높은 반면, TV매체 의존자들의 정치 냉소주의가 가장 낮았다. 결국 우리나라에서의 정치 냉소주의는 연령별로는 40대의 고학력자들과 인터넷 의존자들에게서 매우 높음을 알 수 있었다.

이어서 정치 냉소주의와 미디어 이용변수들과의 관계를 알아보기 위해 계층적 회귀분석방법과 경로분석을 한 결과, 인터넷 기사읽기 빈도(β=.154, p=0.000)가 정치 냉소주의에 가장 많은 영향을 미치고 있다. 그러나 TV뉴스시청빈도와 신문 읽는 빈도는 별다른 영향을 미치지 못하는 것으로 나타났다. 다시 말해 인터넷을 통해 기사를 많이 볼수록 정치 냉소주의가 높아지나 신문과 TV는 별다른 영향을 미치지 못한다고 하겠다. 경로분석에서도 오직 인터넷 기사읽기 빈도(β=.14, p=0.000)만이 정치 냉소주의에 유의미한 영향력을 미치는 것으로 나타난 반면 TV뉴스 시청빈도와 신문 읽는 빈도 등은 별다른 영향을 미치지 못하는 것으로 나타났다.

둘째, 정치 냉소주의와 유의미한 관계를 갖는 것으로 알려진 정치 효능감, 정치관심도, 미디어 보도 부정주의, 정치지식 등의 정치관여변수들과의 관계를 알아보았다. 먼저 t-검증을 통해 정치지식과 정치관심도, 미디어 보도 부정주의가 높고 정치 효능감이 낮을수록 정치 냉소주의가 강하다는 사실을 알 수 있었다.

이어서 회귀분석을 한 결과, 정치 효능감이 베타값 -.321로 다른 변수들에 비해 정치 냉소주의에 가장 큰 영향력을 미치는 것으로 나타났다. 다시 말해 정치 효능감은 정치 냉소주의를 크게 떨어뜨리는 효과를 일으키고 있다. 반면에 미디어 보도 부정주의(β=.281, p=.000)는 정치 냉소주의를 높여주는 효과를 미치고 있다. 그러나 정치지식과 정치관심도는 정치 냉소주의에 별다른 영향을 미치지 못하는 것으로 나타났다. 경로분석에서도 앞의 회귀분석 결과와 거의 같았으나, 회귀분석에서 유의미한 영향력을 보이지 않았던 정치관심도가 정치 냉소주의에 유의미한 영향을 미치는 것으로 나타났다.

셋째, 외국의 연구에서 오랫동안 논란이 되었던 정치 냉소주의와 투표참여간의 관계를 알아보기 위해 인구통계학적 속성, 미디어 이용 변수군, 그리고 정치 냉소주의를 포함한 정치관여변수들을 계층적 회귀분석에 단계적으로 투입하였다. 그 결과 정치관심도가 베타값 .232로 투표의향에 가장 큰 영향력을 미치는 것으로 나타났다. 이어서 연령

(β=.131, p=.001), 정치지식(β=.097, $p \leq .05$), TV뉴스 시청빈도(β=.093, $p<.05$), 성(β=-.092, $p<.05$), 정치 효능감(β=.076, $p<.05$) 순으로 투표의향에 영향을 미치고 있다. 그러나 정치 냉소주의는 투표의향에 아무런 영향을 미치지 못하고 있다.(β=-.002, $p>.05$), 경로분석에서도 똑같은 결과가 나타났다. 여기에서도 정치 냉소주의는 투표의향에 전혀 영향을 미치지 못하고 있는 것으로 나타나 적어도 우리나라에서는 정치 냉소주의는 투표의향과 관계가 없음을 알 수 있겠다.

이 같은 연구결과를 통해 다음과 같은 결론을 내릴 수 있겠다.

첫째, 우리나라에서 정치 냉소주의는 투표율이 가장 낮은 20대 연령층이 아닌 40대 연령층에서 가장 높고, 교육수준이 높은 사람들에게서 강하다. 미국에서는 대체로 18-24세의 젊은 유권자들이 정치 냉소주의가 가장 높고 동시에 투표참여율도 가장 낮은 것으로 알려졌다 (Strama, 1998). 따라서 이러한 연구결과는 한국의 정치 냉소주의가 미국의 정치 냉소주의와는 성격적으로 다를 가능성이 높다는 점을 시사해준다 하겠다. 또한 우리나라에서 비교적 투표율이 높은 40대 연령층과 학력이 높은 사람들에게서 정치 냉소주의가 높다는 사실은 정치 냉소주의와 투표참여 간에는 별다른 관계가 없음을 간접적으로 시사하는 것이라 하겠다.

둘째, 인터넷 이용은 정치 냉소주의를 일으키거나 강화시켜주는 중요한 요인으로 작용할 뿐만 아니라 정치관심도와 정치지식을 높이는 요인으로 작용한다. 테데스코와 케이드(Tedesco, Kaid)(2000)의 연구에 의하면 인터넷 이용자들은 인터넷을 사용한 후에 덜 냉소적으로 변했다고 한다. 그러나 나중에 케이드(Kaid)(2002)는 인터넷 웹 노출이 정치 냉소주의 수준을 감소시키지 않는다는 사실을 밝혀냈다. 그러나 본 연구에서는 적어도 한국 정치상황에서 인터넷 이용이 정치 냉소주의를 부추기는 중요한 요인임이 확인되었다. 지금까지 참여민주주의를 높일 수 있는 강력한 대안으로 인식되어온 인터넷의 이용이 오히려 정치 냉소주의를 높여준다는 본 연구결과는 미래의 민주주의 건강성 측면에서는 어두운 결과라 하겠다.

셋째, 텔레비전 뉴스 이용은 정치 효능감을 감소시킴과 동시에 정치관심도와 투표참여를 높이는 요인으로 작용하고 있으나 정치 냉소주의에는 별다른 영향을 미치지 못한다.

기존의 국내연구에서 TV뉴스 이용이 선거에 대한 관심과 선거참여를 떨어뜨리는 요인(송종길, 박상호, 2005)으로 확인되었으나 본 연구에서는 반대의 결과가 나타났다. 본 연구에서 TV뉴스 이용의 중요성이 재발견된 것은 나름대로 중요한 의미를 갖는다 하겠다. 이러한 결과는 TV는 정치화 정도가 낮은 시민에게 동기부여, 교육제공, 이를 통한 정치참여 확대에 특히 효과적이라는 외국의 연구결과(송종길, 이호영, 2007)와도 일치한다. 한편 벡커와 휘트니(Becker, & Whitney, 1980)의 연구를 비롯한 많은 연구에서 TV뉴스에 의존할수록 냉소적이라는 사실이 발견되었지만 본 연구에서는 TV뉴스 이용과 정치 냉소주의 간에는 뚜렷한 관계가 없는 것으로 나타났다.

넷째, 신문은 정치 냉소주의와는 직접적인 관계가 없지만 정치관심도, 정치지식, 정치 효능감을 높이는 중요한 요인으로 작용한다. 핀클톤과 오스틴(Pinkleton & Austin, 1998)의 연구에서는 신문 이용이 정치 냉소주의를 감소시키는 요인이라는 사실을 발견했다. 그러나 정반대로 밀러(Miller) 등(1979)은 신문을 읽는 사람들이 정부를 더 불신하고, 정치적 냉담 수준이 높다는 사실을 발견했다. 미국에서는 이와 같이 신문과 정치 냉소주의 간의 관계가 상반되게 나왔지만 본 연구에서는 신문이 정치 냉소주의를 일으키지도, 떨어뜨리지도 않는 아무런 관계가 없다는 사실을 발견하였다.

다섯째, 정치 효능감이 정치 냉소주의를 떨어뜨리는 가장 강력한 요인일 뿐만 아니라 미디어 보도 부정주의를 감소시킴과 동시에 투표의향을 높여주는 등 매우 중요한 정치 심리요인임이 다시 한 번 확인되었다. 물론 과거 수많은 연구들에서 정치 효능감의 중요성이 입증되었지만(권혁남, 2011) 정치 냉소주의와의 관계에 대해서는 상대적으로 덜 알려져 있다. 그런데 본 연구를 통해 정치 효능감이 정치 냉소주의를 크게 떨어뜨리는 요인으로 확인된 것은 중요한 의미가 있다 하겠다. 이러한 결과는 정치효능감이 높은 사람이 정치효능감이 낮은 사람보다 덜 냉소적이라는 드 브리스(de Vreesee)(2005)의 연구결과와 일치한다 하겠다.

여섯째, 정치관심도는 정치 냉소주의를 높여주는 효과를 일으킬 뿐만 아니라 정치 효능감을 포함한 어떠한 요인보다도 투표참여에 훨씬 강력한 영향을 미치고 있다. 2010 지방선거 상황에서 정치관심도(선거관심도)가 투표참여를 높이는 가장 중요한 요인으로 작용한다는 연구결과(권혁남, 2011)에 이어 국회의원 선거 상황에서도 정치관심도가 가장 중요한 투표참여 원인으로 작용하고 있음을 다시 한 번 확인하였다. 또한 정치관심도가 높은 사람일수록 정치 냉소주의가 높다는 연구결과는 정치 냉소주의가 정치에 관심을 갖고 있으면서 현실정치에 비판적인 성격이라는 사실을 시사해준다 하겠다.

마지막으로, 정치 냉소주의는 투표참여와 별다른 관계가 없다. 그동안 미국에서 정치 냉소주의와 투표참여 간의 관계에 대한 논쟁이 많았지만 본 연구에서 정치 냉소주의가 반드시 투표참여를 떨어뜨리는 요인이 아니라는 사실이 밝혀졌는데, 이는 정치 냉소주의가 시민참여에 미치는 영향은 무시할만한 수준이라는 드 브리스(de Vreese)(2005)의 연구결과와 거의 같다 하겠다.

결국 본 연구를 통해 비교적 투표율이 높은 40대 연령층, 그리고 학력이 높고 동시에 정치에 관심이 많은 사람들에게서 정치 냉소주의가 높게 나타나며, 정치 냉소주의가 투표참여와 무관하다는 사실을 알게 되었다. 이러한 사실은 곧 정치 냉소주의가 민주주의의 건강성에 해악을 끼치는 나쁜 것만은 아니며, 정치 냉소주의는 "정치에 관심 있는 비판적인 시민"(an interested and critical citizenry)을 암시하는 것(de Vreese, 2005,p.294; Lariscy, Tinkham, and Sweetser, 2011)이라는 주장과 매우 일치한다 하겠다. 따라서 한국 정치 상황에서 정치 냉소주의를 반드시 부정적으로만 인식해서는 안 되며, 앞으로 정치 냉소주의를 "정치인과 정치제도에 대해서는 비판적이지만 정치에 대한 관심을 잃지 않고 정치참여를 결코 거부하지 않는 하나의 정치심리요인"으로 새롭게 해석해야 할 것으로 판단된다.

본 연구는 대통령 선거나 지방선거에 비해 국민적 관심도가 중간 정도 수준인 국회의원 선거상황에서 유달리 정치의식의 동질성이 높은 전라북도라는 특정 지역에서만 조사되었기 때문에 본 연구결과를 다른 선거와 전국적 현상으로 일반화하는 데에는 다소 제한적이라고 본다. 또한 본 연구에서는 미디어 유형에 따른 이용량과 정치 냉소주의간의 관계만을 분석하였기 때문에 미디어의 내용(예를 들어 전략적 선거보도, 정치광고, 인포테인먼트 등)과 정치 냉소주의 간의 관계를 분석하지 못했다. 따라서 앞으로의 연구에서는 미디어 유형뿐만 아니라 미디어 내용의 차이에 따라 정치 냉소주의, 나아가 정치참여가 어떻게 달라지는 지를 연구의 범위 안에 포함시킨다면 미디어 이용--정치 냉소주의--정치참여 간의 관계를 보다 정확하게 분석할 수 있을 것으로 생각한다.

<설문내용>

1. 선생님은 주로 무엇을 통해 세상 돌아가는 소식을 알고 있습니까?

① 신문　② 텔레비전　③ 케이블TV
④ 라디오　⑤ 사람들과의 대화, 소문　⑥ 잡지
⑦ 인터넷　⑧ 기타

2. 선생님은 신문을 얼마나 자주 보십니까?

① 전혀 안 본다　② 어쩌다 한 번씩 본다
③ 거의 매일 본다　④ 매일 본다

3. 선생님은 텔레비전 뉴스를 얼마나 자주 보십니까?

① 전혀 안 본다　② 어쩌다 한번씩 본다
③ 거의 매일 본다　④ 매일 본다

4. 선생님께서는 평소 다음 목적을 위해 인터넷을 얼마나 많이 이용하십니까?

	전혀 이용 하지 않음	별로 이용 하지 않음	보통이다	꽤 이용한 편이다	매우 많이 이용함
주요 뉴스 기사 읽기					
정치, 사회 이슈에 대한 정보 검색					

5. 다음은 사람들이 우리나라 정치과정에 대해 이야기한 내용입니다. 다음 내용에 대해 어느 정도 동의 또는 동의하지 않는지를 해당란에 V표해 주십시오.

	전혀 동의 하지 않음	동의 않음	중립적	동의 하는편	매우 동의함
선거에 내 한 표는 중요한 영향력을 미친다.					
정치에 관련된 사항은 복잡하여 이해하기 힘들다					
선거에 한 표를 행사하는 것은 유일한 의사표시 방법이다					
정부가 무슨 일을 하고 있는지 나는 잘 모른다					
정부나 정당에 내 의견을 제시 할 수 있다					
국민이 힘을 합치면 잘못된 정치를 바로 잡을 수 있다.					
정부가 하는 일에 말해봤자 소용없다					
정치인들은 일반시민이 무슨 생각을 하는지 신경 쓰지 않는다.					

6. 다음은 우리사회의 정치인, 정당, 정부와 관련하여 사람들이 평가한 내용들입니다. 다음 내용에 대해 어느 정도 동의 또는 동의하지 않는지를 말씀해 주십시오.

	전혀 동의하지 않음	동의 않는편	중립적	동의 하는편	매우 동의함
정치인들은 정치적 소신보다는 개인적인 이익과 이해관계를 위해 행동한다	3.0	6.3	25.3	**44.5**	20.9
정당 및 정치인들은 유권자의 표에만 관심이 있으며, 표를 얻기 위해 행동한다	3.0	6.9	21.7	**41.8**	26.6

정치인들은 나름대로 국가이익을 생각하고 있다	10.3	23.5	**38.1**	25.0	3.2
정치인들은 국민의 복지와 안위를 생각하고 있다	11.1	29.4	**41.5**	15.8	2.2
정치인들이 하는 말을 신뢰할 수 없다	4.7	11.6	32.5	**33.9**	17.2
정부를 운영하는 대다수의 사람들은 그들이 하고 있는 일을 잘 알고 있다	8.7	25.2	**39.1**	22.7	4.3
정부는 자신들의 이익만 생각하는 소수 이익집단에 의해 움직인다 .	3.4	9.9	**34.1**	33.1	19.5

7. 선생님은 이번 국회의원선거에 투표하시겠습니까?

① 절대로 하지 않겠다 ② 별로 하고 싶지 않다
③ 가능하면 하겠다 ④ 반드시 하겠다

8. 선생님께서는 이번 국회의원 총선에 대해 얼마나 관심을 가지고 계십니까?

① 전혀 관심이 없다 ② 별로 관심이 없다 ③ 보통이다
④ 조금 관심 있다 ⑤ 매우 관심 있다

9. 아래의 각 진술문에 대해 선생님은 주로 어떤 편입니까?

	전혀 그렇지 않다	대체로 그렇지 않다	반반이다	대체로 그렇다	매우 그렇다
언론이 전하는 선거보도 내용은 새로운 게 없다					
언론은 정치적 이슈 혹은 후보자의 나쁜 측면만 보도 한다					
언론은 내가 관심을 갖고 있는 이슈에 대해서는 충분히 보도하지 않는다					
언론은 주로 정부나 정치권이 잘못하는 일을 보도 한다					

언론은 똑같은 주제를 반복 해서 보도하기 때문에 때론 신물이 난다					

10. 아래와 관련한 사항에 대해 생각나시는 대로 말씀해 주시면 감사하겠습니다.

1) ● 이번 국회의원 총선은 제 몇 대 국회입니까?

① 제 17대 ② 제 18대 ③ 제 19대 ④ 제 20대 (5) 제 21대

2) 다가오는 12월의 대통령선거는 몇 대 선거입니까?

① 제 17대 ② 제 18대 ③ 제 19대 ④ 제 20대 (5) 제 21대

3) 이번에 뽑는 국회의원은 지역구와 비례대표를 합쳐서 모두 몇 명입니까?

4) 비례 대표로 선출되는 국회의원 수는 몇 명입니까?

5) 비례 대표 국회의원은 어떤 방식으로 선정됩니까? (　　)

① 지역구 정당 의석수　　②정당 득표율

③ 지역구 의석수와 정당득표율 혼합　　④ 잘 모르겠다

6) 우리나라 대통령과 국회의원 임기는 몇 년입니까?

(● 대통령 : ________ 년 ,　● 국회의원 : ________ 년)

7) 현재 국무총리가 누구인지 말씀해 주시겠습니까?

CHAPTER

12

미디어 이용, 정치네트워크 이질성이 정치적 관용과 정치참여에 미치는 효과

미디어 이용, 정치네트워크 이질성이 정치적 관용과 정치참여에 미치는 효과[1]

머리말

최근 우리 사회는 정치적 집단 극화(Group Polarization)로 인한 갈등이 갈수록 심해지고 있다. 정치적 집단 극화란 집단 내에서 구성원들의 정치적 태도가 특정한 방향으로 동질화되면서 강화되는 현상과, 그 결과 정치적 성향이 다른 집단들 간에 정치적 사안에 대한 태도 차이가 분명해져 상호 이해와 관용의 정도가 낮아지는 현상을 말한다. 보수와 진보, 고소득층과 저소득층, 경영진과 노동자들, 지역적으로는 호남과 영남으로 나뉘어져 이들 집단들 간 정치적, 이념적 대립양상이 심화되고 있는데, 이제는 상호 불신과 적대시를 넘어 자신의 입장이나 견해가 다른 사람들을 폄훼하고 배척, 공격까지 하는 실정이다 (장낙원, 2014).

정치적, 이념적 집단 간의 갈등은 최근에 와서 발생한 새로운 현상은 아니며, 정치적 이념적 다양성이 보장되는 민주주의 사회에서는 자연스러운 현상일 수 있다. 그러나 최근의 갈등양상은 그 정도가 매우 심각한 상황인데, 극우성향인 '일간 베스트' 온라인 사이트에서 5 · 18 희생자를 '홍어택배'라고 비하하는가 하면, 세월호 희생자에 대한 성적 모욕 글이 올라와 해당 게시자가 구속 기소되기도 했다. 이외에 다른 온라인 게시판이나 댓글에서도 경상도 지역과 전라도 지역 사람들 간에 비하 언어로 사용되는 '전라디언', '홍

1 저자의 논문 '미디어 이용, 정치네트워크 이질성이 정치적 관용과 정치참여에 미치는 효과전북대학교 사회과학연구, 2015. 39-3'을 일부 수정하였음.

어', '개쌍도', '홍노', 진보 성향과 보수 성향의 사람들 간의 비방언어인 '종북세력', '빨갱이', '꼰대', 특정 종교를 폄훼하는 '개독', '땡 중' 등의 비방, 모욕, 차별, 혐오적 표현이 넘쳐나고 있는 실정이다 (장낙원, 2014).

이와 같은 우리 사회의 집단과 계층 간 갈등은 민주주의의 기본조건이 라 할 수 있는 관용(Tolerance)의 부족에서 비롯된다. 관용이란 상대방의 가치나 의견이 나와 다름을 이해하고, 자신이 싫어하거나 반대하는 집단에 대해 참으려는 의지로 정의된다 (Sullivan et al., 1979). 관용은 성숙한 민주주의를 위해 구성원들이 갖추어야 할 기본적 소양으로서 자신과 다른 생각에 대한 관용 없이는 민주주의가 발전할 수 없다 (Djupe and Calfano, 2012).

정치적 관용에 관한 초기 연구들은 정치적 관용과 관련된 요인들을 구명하고자 하였는데, 주로 교육수준의 효과가 연구되었다(Stouffer, 1955), 그러나 최근에는 미디어를 통한 정치적 사회화 혹은 다양한 배경과 의견을 가진 사람들과의 커뮤니케이션이 더 설명력 있는 요인으로 밝혀졌다 (금희조, 2011). 그 동안 커뮤니케이션 관점에서 접근한 정치적 관용 연구들은 주로 정치적 이질성(Political Heterogeneity)의 노출이 정치적 관용과 정치참여에 미치는 영향에 대해 집중하였다. 정치적 이질성 또는 이견노출(Cross-Networking Exposure)은 자신과 다른 관점이나 의견을 가진 사람들과의 노출을 의미하는데, 그 동안의 연구결과들을 살펴보면 이견노출이 정치적 관용을 높인다는 주장과 그렇지 않다는 주장으로 팽팽히 맞서왔다.

이견 노출이 상대방의 논지를 이해하게 해 상대방에 대한 관용을 증가시킨다는 주장(김은미 · 이준웅, 2006; 이준웅 외, 2007; Capella et al., 2002; Mutz, 2002; Barabas, 2004; Huckfeldt et al., 2004)과 반대로 경우에 따라서는 이견노출이 자기 의견의 공고화를 가져와서 결과적으로 정치적 관용을 약화시킨다는 주장(송현주 외, 2006; 최윤정 · 이종혁, 2012; Knoke, 1990)들이 있다.

이견노출 또는 정치 네트워크의 이질성이 정치참여에 긍정적으로 미친다는 주장(Gastil and Dillard, 1999; Cappella et al., 2002; Huckfeldt et al., 2004; Mutz, 2002; Huckfeldt et al., 2004; Kwak et al, 2005; Scheufele et al., 2006; Jang, 2009)이 있는 반면,

반대로 이견노출 등이 사람들의 정치적 결정을 지연시키고 참여에 소극적인 태도를 유도한다는 주장(Lazarsfeld et al., 1944/1968 ; Mutz, 2002; Huckfeldt et al., 2004)이 있다.

이와 같이 이견노출 또는 정치적 이질성 노출과 정치적 관용, 정치참여 간의 관계가 명확히 밝혀지지 않고 있다. 특히 우리나라는 인터넷과 SNS 등을 통한 정치 토론이 증가하면서 온라인 미디어가 많은 사람들에게 자유롭고 평등한 정치참여를 높여줄 것으로 기대하였으나 실제로는 그렇지 못한 실정이다. 따라서 본 연구는 인터넷 이용자들을 대상으로 하여 미디어 이용이 정치네트워크 이질성과 정치적 관용에 미치는 효과, 정치네트워크 이질성이 정치적 관용에 미치는 효과, 나아가 정치네트워크 이질성과 정치적 관용이 투표참여와 선거운동참여 등의 정치참여에 미치는 효과를 실증적으로 검증하는 것을 목적으로 한다. 기존의 우리나라에서 실시된 정치적 관용 연구들은 주로 인터넷에서의 이견노출이 정치적 관용에 영향을 미치는 과정(송현주 외, 2006; 최윤정 · 이종혁, 2012)에 국한시키고, 정치참여와의 관계를 연결하지 못한 한계를 가졌다. 이에 본 연구는 한국적 상황에서 미디어 이용-이견노출(정치네트워크 이질성)-정치적 관용-정치참여 간의 관계를 검증한다는 점에서 큰 의의를 갖는다 하겠다. 또한 기존의 연구들은 정치참여를 투표참여에만 초점을 맞추어 연구하였기 때문에 그 결과들이 제각기 다르게 나타났다. 따라서 본 연구에서는 정치참여를 투표참여라는 소극적 참여와 선거운동참여라는 적극적 참여로 보다 세분화시켜 분석하는 점 역시 중요한 의의를 갖는다고 하겠다.

이론적 배경과 선행연구 검토

정치적 관용 개념과 영향요인

관용은 일반적으로 “자신이 반대하는 생각이나 이익의 표현을 참고 견딜 수 있는 의지”로 정의된다(Ramírez and Verkuyten, 2011). 미국에서 관용에 관한 학문적 논의는 1950년대에 Stouffer(1955)가 비순응주의자들

(Nonconformists), 공산주의자와 좌파들에 대한 불관용에 관한 연구에서 시작되었다. 그러나 관용 연구가 공산주의자와 좌파에 관한 것으로 제한되는 것을 비판하며 설리번과 동료들은 개념을 확대해 새롭게 정의했는데, 그들은 관용을 개인이 싫어하거나 반대하는 집단에 대해 참으려는 의지로 좀 더 넓게 정의했다 (금희조, 2011).

같은 맥락에서 정치적 관용(Political Tolerance)이란 정치적으로 반대의 입장을 보이고 있는 집단이나 개인에게 정치적 자유와 같은 시민권을 허용하는 의지(Gibson, 1987)라 정의할 수 있다. 특히 자신과 상이한 의견이나 이해를 가진 사람이라도 기꺼이 그들의 의견이 표현될 수 있다는 점을 인정하는 의향이라 하겠다 (가상준 외, 2010). Corbett(1982)는 정치적 관용이란 정치적 자유와 사회적 평등성에 대한 지지라고 하였다. 결국 정치적 관용은 혐오하거나 또는 위협적으로 느끼는 집단 및 단체에게 기본권 및 정치활동과 사회활동을 허용할 수 있는 의지라고 할 수 있다. 구체적으로 정치관용이란 위협을 느끼는 혐오집단이 기본적으로 누릴 수 있는 공직진출 그리고 집회 및 언론의 자유와 같은 기본권에 대해 허용할 의지 혹은 이들의 기본권 및 정치 및 사회활동에 제약을 가하려고 할 때 이에 대해 느끼는 거부감이라 말할 수 있다 (가상준 외, 2010).

지금까지 약 60년 동안의 연구를 통해 밝혀진 정치적 관용에 미치는 요인들은 크게 (1) 사회 · 경제적 요인, (2) 심리적 성향, (3) 정치적 요인, (4) 미디어 요인으로 분류될 수 있다. 사회 · 경제적 변인 중 관용수준에 가장 큰 영향을 미치는 변인은 교육이다 (Stouffer, 1955). 학교 교육을 많이 받을수록 인지와 지식수준이 발달하고, 학력이 높을수록 다양한 경험을 하게 되고, 아울러 다른 집단에 대한 이해심이 높아지며 위협으로부터 느끼는 안전성이 커지기 때문에 정치적 관용이 높아진다. 또한 연령이 낮을수록 타 집단에 대한 이해와 수용성이 높아 정치적 관용이 높아지는 경향을 보였으며, 이밖에도 소득, 성별, 거주도시 크기, 지역, 종교 등이 정치적 관용과 관련이 있는 것으로 나타났다 (Stouffer, 1955; Corbett, 1982; Sullivan et al, 1982; Mutz, 2002; Mutz, 2006).

정치적 관용에 영향을 미치는 심리적 요인으로는 자신에 대한 평가, 즉 자부심(Self-Esteem)이 중요한 요인으로 평가된다. 자신에 대한 평가가 낮을수록 정치적 관용이 낮아진다. 또한 권위주의적 성향도 정치적 관용과 깊은 관련성이 있는데, 권위주의적 성향이 강할수록 타인에 대한 배려 및 이해가 쉽지 않기 때문에 정치적 관용이 낮게 나타난다(가상준 외, 2010). 개인의 정치 요인으로는 이념, 정치적 위협, 그리고 민주주의 일반적 규범에 대한 지지 등이 있다(Sullivan et al., 1982). 이념은 관용과 밀접한 연관성을 띠고 있는 것으로 밝혀졌는데, 대체로 진보적일수록 정치적 관용 수준이 높은 것으로 나타났다. 그리고 개인의 정치적 관용은 민주주의 규정에 대한 지지, 그리고 민주주의 원칙에 대한 이해와 깊은 관련성을 갖고 있다 (Gibson, 2013). 법 앞의 평등, 집회 및 결사의 자유, 언론의 자유 등과 같은 민주주의에서 강조하는 규범을 잘 이해하는 사람일수록 정치적 관용이 크다는 것을 의미한다. 또한 정치적 관용은 정치적 위협에 의해 영향을 받는데 정치적으로 반대하는 집단으로부터 위협을 받고 있다는 느낌이 강할 때 이들에 대한 관용이 낮아지게 된다 (가상준 외, 2010). 설리번과 트랜슈(Sullivan, Transue)1999)는 민주주의 가치들을 지지하는 사람들은 관용적 관점을 더 많이 채택하는 경향이 있다는 사실을 밝혀냈다. 깁슨(Gibson)(1987)은 표현의 자유와 집회의 자유에 대한 일반적인 지지는 동성애자와 KKK단에 대한 정치적 관용에 긍정적인 영향을 미친다는 사실을 밝혔다. 또한 정치적 관심과 정치 지식이 정치적 관용 수준의 중요한 예측변인임이 밝혀졌다(Mutz, 2002; 2006).

우리나라에서의 실증연구에 의하면 한국사회의 정치적 관용을 설명함에 있어 가장 중요한 변인은 연령과 이념인 것으로 나타났다. 연령대가 높아질수록 특정 집단에 대한 혐오가 강해지는 경향을 보였고, 이념이 진보적일수록 정치적 관용이 높았다. 그러나 교육, 소득, 민주주의 원칙에 대한 이해, 그리고 정치지식 변수의 영향력은 매우 미비하였다(가상준 외, 2010).

정치적 관용과 미디어 요인

정치적 관용에 관한 초기의 연구들은 주로 교육 수준의 효과에 초점을 두었지만, 최근에는 미디어를 통한 정치사회화 혹은 다양한 배경과 의견을 가진 사람들과의 커뮤니케이션이 더 설명력 있는 요인인 것으로 밝혀졌다 (금희조, 2011). 미디어의 특정 내용은 미디어의 틀 짓기를 통해 수용자에게 특정 집단에 대한 정치적 관용수준에 영향을 미치는 것으로 나타났다. 미디어를 통해 뉴스 혹은 시사 교양 프로그램을 많이 접하는 사람들은 다양한 의견과 집단에 노출될 기회가 많고 관용의 민주적 가치를 배우게 된다. 예를 들어 미디어가 뉴스와 프로그램을 통해 특정 집단이나 대상에 대한 관용적 내용을 전달하면 의제설정과 틀 짓기 기능을 하게 되는데, 이 내용을 접한 수용자들은 관용의 중요성과 의미를 인식하게 된다 (금희조, 2011).

넬슨(Nelson) 외(1997)는 미디어 틀 짓기의 관용에 대한 효과에 초점을 맞추어 KKK단의 정치적 행위에 관한 뉴스가 표현의 자유의 중요성 차원에서 틀지어지면 참여자들은 공공질서의 중요성이 강조되어지는 상황에 비해 KKK 집단에 대한 높은 수준의 정치적 관용을 갖는다는 사실을 발견하였다. 라미레즈와 베르쿠이텐(Ramirez, Verkuyten)(2011) 역시 미디어 틀짓기가 정치적 관용에 미치는 효과를 연구하였는데, 이들은 네덜란드의 헬몬드(Helmond)시에서 계획된 정치 집회와 관련된 신문의 가상기사를 응답자들이 읽도록 하였다. 그 결과 미디어 틀짓기는 표현의 자유를 상대적으로 더 중요한 가치로 인식하는 참여자들 사이에서 높은 관용성으로 이끈다는 사실을 알아냈다.

정치적 관용과 미디어 요인을 논의할 때 빠질 수 없는 것이 바로 인터넷, 모바일 등의 온라인 미디어이다. 온라인 미디어 이용이 정치적 견해가 다른 이질적 대상과의 커뮤니케이션을 가능하게하기 때문에 이것이 정치적 관용 수준을 높일 것으로 예상할 수 있다. 인터넷에서는 전자우편, 게시판, 뉴스그룹, 메일링리스트 등의 다양한 커뮤니케이션 양식을 통해 자신의 견해를 특정 소수 혹은 불특정 다수에게 전달할 수 있으며, 반대로 그들로부터 전달 받을 수도 있다. 특히 인터넷 게시판 이용을 통해 이용자들은 자신의 견해를 적극적으로 개진하고, 이견에 대해서는 좀 더 깊이 이해하게 되고 그 정당성 또한 나름대로 인정하게 되며, 이를 통해 이견과 다양성이 유지되면서도 사안별로 활발한 토론을 통해 새로운 합의를 만들어낼 것으로 기대할 수 있다 (송현주 외, 2006).

그러나 지금까지의 실증 연구들은 인터넷 등의 온라인 미디어 이용이 집단 극화를 심화시켜 결과적으로 정치적 관용 수준을 높이지 못하는 것으로 나타났다. 온라인 미디어를 통한 다양한 관점의 정보를 접하고 이질적 견해를 가진 사람들과의 상호작용이 이견에 대한 이해, 관용, 조정, 합의를 이끌어 사회적 갈등을 해소하고 합리적 의사결정을 유도하는 순기능을 갖는다는 숙의 민주주의 이론가들의 주장과 배치된다 (장낙원, 2014: Taber and Lodge, 2006; Binder et al., 2009; Wojcieszak and Price, 2010; Lee et al., 2014).

이견노출, 정치적 관용과 정치참여

이견 노출(Cross-Networking Exposure)은 정치적 관용 연구에서 매우 중요한 개념으로 다뤄져 왔다. 자신과 다른 의견이나 입장을 가진 사람과의 노출이 정치적 관용에 어떠한 영향을 미치고, 나아가 정치참여에도 영향을 미치는지에 대한 수많은 연구들이 행해져 왔다. 지금까지의 연구들을 개괄해 보면 이견노출이 정치적 관용을 높인다는 주장과 반대로 정치적 관용에 별다른 영향을 미치지 못한다는 주장으로 나눠지고 있다. 또한 이견노출과 정치적 관용이 정치참여에 미치는 영향에 대해서도 긍정적 또는 부정적 영향으로 상반된 주장들로 엇갈려 있다. 이러한 주장들을 상세히 살펴보기로 하자.

이견노출에 대해 채피(Chaffee) 외(2001)는 '자신의 의견과 다른 의견에 대한 관심'이라고 하였고, 뮤츠(Mutz)(2002)는 '반대의견 나누기'(Cross-Cutting Exposure)라고 설명하였다. 라자스펠드(Lazarsfeld) 외(1944/1968)가 제시한 '양쪽 의견으로부터 받는 압력'(Cross-Pressure)이나 슈펠(Scheufele) 외(2003)의 '네트워크 이질성'(Network Heterogeneity)도 이견 노출과 직접적으로 관련된 개념들이라 하겠다 (최윤정 · 이종혁, 2012).

먼저 이견노출이 정치적 관용에 미치는 영향에 대한 상반된 주장들을 들어보자. 이견노출이 정치적 관용과 정치참여에 미치는 효과에 대해 본격적으로 연구한 뮤츠(Mutz)(2002)는 이견 노출이 정치적 관용 수준을 높여준다고 하였다. 그에 따르면 이견 노출이 (1) 상대방의 의견에 대한 인지적 이해와 (2) 상대방에 대한 감정이입을 통해 정치적 관용수준이 높아진다고 하였다. 먼저 이견 노출을 통해 상대방의 논리와 사고 배경에 대해 이해하게 되고, 동시에 자신의 의견을 스스로 점검하고 더 정교한 논리를 세우게 되는 효과를 갖는다고 한다. 이 같은 사실은 국내에서 행해진 연구(송현주 외, 2006)에서도 확인되었다. 이 연구에 의하면 온라인 토론방에서 자신과 의견이 다른 글을 많이 읽게 되면 자기 의견에 대한 논변구성을 정교하게 하고 동시에 상대 의견에 대한 논변을 이해하게 되는데, 상대 의견을 많이 이해하게 되는 경우에 상대에 대한 정치적 관용이 증가하는 것으로 나타났다. 또한 이견 노출은 상대방에 대한 감정이입을 불러일으키는데, 토론을 하면서 상대방에 대해 느끼게 되는 감정의 교감, 즉 친밀감이 상대에 대한 관용으로 이어지게 만든다 (최윤정 · 이종혁, 2012).

그러나 뮤츠(Mutz)의 주장과 정반대되는 의견도 만만치 않다. 이들의 주장을 한마디로 요약하면 이견 노출이 반드시 정치적 관용으로 이어지지 않고, 오히려 자기 의견의 공고화를 이끈다는 것이다. 자신과 의견이 다른 사람에 노출한 사람들이 오히려 자신의 정치적 신념에 확신을 가지게 되고 자신의 정치적 이념을 강화하는 경향이 있다 (Knoke, 1990). 자신과 다른 의견을 자주 접하는 사람일수록 자신의 의견을 방어하려는 의지가 강해지고, 지속적으로 이견에 노출되면 이것이 자신의 신념 강화로 이어진다는 것이다. 송현주 외(2006)의 연구에서도 이견 노출이 이견의 논변구성을 잘 인지하게 함과 동시에 자신의 의견에 대한 논변구성도 강화시키는 것으로 나타났다. 이때, 이견의 논변구성에 대한 이해는 정치적 관용으로 이어졌지만, 자기 견해에 대한 논변구성 강화는 오히려 정치적 관용을 약화시켰다. 즉, 뮤츠(Mutz)의 주장과는 달리, 이견 노출이 반드시 관용으로 이어지지 않고, 자기 의견의 공고화로 이어지는 경우가 있다는 것이다. 이와 관련하여 최윤정과 이종혁(2012)의 연구는 한국의 인터넷 토론을 대상으로 이견 노출이 어떻게 관용으로 이어질 수 있을 지에 초점을 맞추었다는 점에서 관심을 끈다. 이 연구는 '이견 노출 → 비판적 이해 → 의견 조정 및 공고화 → 관용'으로 이어지는 모델을 제시하였다. 연구결과 이견 노출이 비판적 이해를 통해 의견의 조정 이외에 의견의 공고화를 유발할 수도 있음을 밝혔다. 또한 의견 조정이 관용을 증가시키지만, 의견 공고화는 관용에 유의미한 영향을 미치지 않음을 보여 주었다.

이어서 이견노출이 정치참여에 미치는 영향에 대한 두 가지 상반된 주장들을 살펴보자. 이견 노출의 정치적 효과에 대해 학문적으로 처음 연구한 라자스펠드(Lazarsfeld) 외

(1944/1968)는 이견 노출을 통해 서로가 다른 양쪽 의견을 모두 들은 사람은 양쪽 의견으로부터 압력을 받게 되어 태도의 양가성(Ambivalence)이 증가하여 확실한 자신의 의견을 결정하지도 못하고 그 결과로 정치참여도 소극적이 된다고 보았다. 일반적으로 양가성은 "태도 극화(Attitude Polarization)의 낮은 수준과 결합된 태도 강도의 높은 수준"으로 정의된다 (Huckfeldt et al., 2004; Jun, 2013). 예를 들어 투표 상황에서 어떤 사람이 투표에 높은 관심을 갖고 있고 참여하고자 하는 의지를 갖고 있으나(높은 태도 강도), 동시에 두 후보자가 모두 똑같이 좋거나 싫기 때문에(낮은 태도 극화) 어떤 후보에게 투표해야 할지를 쉽게 결정 못하는 경우가 바로 양가성의 상황이라 할 수 있다 (Jun, 2013).

이견 노출이 정치적 관용과 정치참여에 미치는 효과에 대해 본격적으로 연구한 뮤츠(Mutz)(2002)는 Lazarsfeld 등과 같은 생각을 가졌다. 뮤츠(Mutz)에 따르면 이견 노출이 태도의 양가성을 증가시켜 의견 확신 정도를 감소시키고, 동시에 의견이 다른 사람들과의 대립을 회피하려는 사회적 책임성(Social Accountability)을 증가시켜 정치 토론에 나서지 않게 한다는 것이다 (최윤정 · 이종혁, 2012). 양가성이 자신의 사고와 감정 내에서의 개인내 갈등(Intrapersonal Conflict)이라면 사회적 책임성은 자신의 관점과 다른 사람과의 관점 간의 대인간 갈등(Interpersonal Conflic)을 말하는 것이다. 뮤츠(Mutz) 역시 라자스펠드(Lazarsfeld)와 똑같이 이견 노출이 태도의 양가성과 사회적 책임성을 거쳐 정치참여를 약화시킨다고 주장한다 (최윤정 · 이종혁, 2012).

그러나 뮤츠(Mutz)의 주장에 대한 반론도 만만치 않다. 이견 노출이 결코 정치참여의 감소를 일으키지 않는다는 연구 결과들이 적지 않다. 풀(Pool) 외(1965)의 연구는 사람들이 이견에 대한 노출에 의해 투표를 포기하거나 혼란스러워한다는 증거는 찾을 수 없다고 했다 (최윤정 · 이종혁, 2012). 호란(Horan)(1971)도 이견 노출이 정치참여 유보를 유발한다는 연구 결과는 설문 참여자의 사회적 지위가 정치참여에 미치는 부정적 효과를 잘못 해석한 것이라고 하였다 (최윤정 · 이종혁, 2012).

네트워크 이질성(Network Heterogeneity)에 대한 연구(Huckfeldt et al., 2004)에 의하면 사람들은 자신과 정치적 의견이 다른 사람들과 생각보다는 대화를 자주하는 것으로 나타났다. 이 연구에 의하면 응답자의 3분의 1 이상이 자신이 지지하지 않는 후보를 지지하는 사람들과 대화를 하고, 4분의 1 정도는 정치 이념이 매우 혼합된 네트워크를 가지고 있는 것으로 나타났다. 혼합된 네트워크를 가진 사람들이 양가적 태도를 가지기는 하지만, 정치참여가 줄지 않는 것으로 나타났다(최윤정 · 이종혁, 2012). 그 밖의 많은 연구에서 이견을 가진 사람들과 토론하는 것이 투표참여에 부정적 영향을 미치지 않는 것으로 밝혀졌으며 (최윤정 · 이종혁, 2012; Huckfeldt et al.,2004; Huckfeldt et al., 2004), 어느 경우에는 오히려 이견 노출이 다양한 정치참여를 불러일으키는 것으로 나타났다 (Scheufele et al., 2003).

한편 정치적 관심과 정치 지식, 그리고 정치 이념의 강도가 정치적 관용 수준의 중요한 예측변인이며, 동시에 정치적 관용과 정치 참여 간에 긍정적인 관계가 있는 것으로 나타났다 (Mutz, 2002; Mutz, 2006). Dineen(2001)은 관용적인 사람들이 더 참여적이라는 사실을 밝혔는데, 이것은 관용과 참여 간의 긍정적인 관계를 확인시켜준 것이다. 다시 말하면, 관용적인 사람들은 사회 경제적 지위가 높고, 정치에 관심이 많으며, 사회적으로 이질적인 사람들과의 밀접하고 약한 관계를 유지하는 성향이 있기 때문에 더 정치적으로 다양성을 갖는다. 따라서 그들은 정치에 참여적인 경향이 있다 하겠다 (Jun, 2013).

연구문제

본 연구는 한국적 정치와 미디어 환경에서 미디어 이용이 정치네트워크 이질성과 정치적 관용에 미치는 효과, 정치네트워크 이질성이 정치적 관용에 미치는 효과, 나아가 정치네트워크 이질성과 정치적 관용이 투표참여와 선거운동참여 등의 정치참여에 미치는 효과를 실증적으로 검증하고자 한다. 그래서 먼저 미디어 이용이 정치네트워크 이질성(이견노출)에 미치는 효과를 검증하고자 하였다. 본 연구에서 미디어 이용은 신문구독빈도, TV뉴스시청빈도, 인터넷 뉴스 읽기빈도, 인터넷 정보 탐색빈도, 인터넷 채팅 토론빈도, SNS이용빈도 등으로 구체화하였다. 본 연구의 대상자를 인터넷 이용자들로 한정하였기 때문에 인터넷 이용을 뉴스읽기, 정보탐색, 채팅 토론 등으로 세분화하였다. 이를 검증하기 위한 연구문제와 연구가설을 아래와 같이 설정하였다.

연구문제1. 미디어 이용은 정치네트워크 이질성에 영향을 미치는가?
〈연구가설 1-1〉 미디어 이용은 정치네트워크 이질성에 영향을 미칠 것이다.

이어서 미디어 이용이 정치적 관용에 미치는 효과와 정치네크워크 이질성이 정치적 관용에 미치는 효과를 검증하기 위해 다음과 같이 연구문제와 연구가설들을 설정하였다.

연구문제 2. 미디어 이용과 정치 네트워크 이질성은 정치적 관용에 영향을 미치는가?
〈연구가설 2-1〉 미디어 이용은 정치적 관용에 영향을 미칠 것이다.
〈연구가설 2-2〉 정치네트워크 이질성은 정치적 관용에 영향을 미칠 것이다.

미디어 이용, 정치네트워크 이질성, 정치적 관용이 정치참여에 미치는 효과를 알아보기 위해 정치참여를 소극적 참여(투표참여)와 적극적 참여(선거운동참여)로 나누어서 분석하였다. 이를 위한 연구문제와 연구가설들을 다음과 같이 설정하였다.

연구문제 3. 미디어이용, 정치네트워크 이질성, 정치적 관용은 소극적 정치참여(투표참여)와 적극적 정치참여(선거운동참여)에 영향을 미치는가?
〈연구가설 3-1〉 미디어 이용은 투표참여에 영향을 미칠 것이다.
〈연구가설 3-2〉 미디어 이용은 선거운동참여에 영향을 미칠 것이다.
〈연구가설 3-3〉 정치네트워크 이질성은 투표참여에 영향을 미칠 것이다.
〈연구가설 3-4〉 정치네트워크 이질성은 선거운동참여에 영향을 미칠 것이다.
〈연구가설 3-5〉 정치적 관용은 투표참여에 영향을 미칠 것이다.
〈연구가설 3-6〉 정치적 관용은 선거운동참여에 영향을 미칠 것이다.

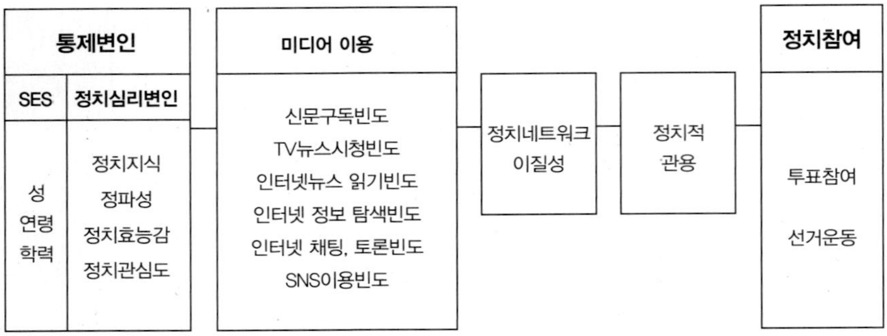

〈그림 12-1〉 연구 모형

한편 본 연구는 기존연구(Dineen, 2001; Mutz, 2006; Jun, 2013)에서 정치네트워크 이질성, 정치적 관용, 정치참여에 많은 영향을 미치는 것으로 밝혀진 인구통계학적 변인군(성, 연령, 학력)과 정치심리변인군(정치이념, 정파성, 정치효능감, 정치관심도)을 통제변인으로 설정하여 본 연구에서 설정한 독립변인과 종속변인간의 인과관계를 보다 명확히 밝히고자 하였다. 본 연구에서 검증하고자 하는 연구모형을 〈그림 12-1〉과 같이 정리할 수 있겠다.

조사방법

자료수집 및 분석방법

본 연구의 자료는 2013년 9월 10~16일 사이에 인터넷 설문조사를 통해 자료를 수집하였는데, 자료 수집은 인터넷 설문 전문리서치 회사인 ㈜마크로밀엠브레인에 의뢰하였다. 본 연구의 실증조사는 전국의 만 19세(유권자) 이상의 남녀를 대상으로 하였으며, 지역, 성, 연령별 인구비율을 고려하여 표본을 할당하는 할당표본추출방법(Quota Sampling Method)을 통해 최종 1200명의 표본을 확보하였다.

조사결과 남녀 비율은 각각 48.3%, 51.7%이었으며, 연령별 비율은 20대(19세 포함)가 22.8%, 30대 25.3%, 40대 27.3%, 50대 이상은 24.8%였으며, 전체 평균연령은 39.2세이다. 응답자들의 학력은 중졸 0.6%, 고졸 21.5%, 대학이상이 77.9%이었다.

주요 변인의 조작적 정의

(1) **정치적 관용**: 본 연구에서 정치적 관용은 응답자들에게 현재 우리나라에서 가장 싫어하는 집단(민주노총, 전경련, 전교조, 뉴라이트 단체, 종북세력, 극우세력, 전라도 사람, 경상도 사람, 외국인 노동자)을 고르게 한 다음 가장 싫어하는 집단에게 "공공연설 등의 표현의 자유 허용", "국회의원을 포함한 공직진출 허용", "항의 시위나 집회의 자유 허용"을 해야 할지를 각각 4점 척도로 측정하였다. 그래서 3개의 항목에 대한 점수를 합산하여 이를 개인의 정치적 관용점수(3점에서 12점까지 분포)로 하였다 (Cronbach's alpha=0.87, M=6.33, SD=2.43).[2]

(2) **정치네트워크 이질성**: 본 연구에서는 이견노출의 정도를 측정하기 위해 정치네트워크 이질성이라는 개념을 사용하였다. 개인의 정치적 입장이 "친하게 지내는 친구나 선후배들"과 "동네 이웃들", 그리고 "직장 동료들"의 정치적 입장과 어느 정도 같은지를 물었다. 그래서 완전히 다르다는 5점, 다른 사람이 많은 편이다는 4점, 반은 같고 반은 다르다는 3점, 같은 사람이 많은 편이다는 2점, 완전히 같다는 1점으로 측정하였다. 3개 문항의 점수를 합산하여 개인의 정치네트워크 이질성 점수(3점에서 15점까지 분포)로 하였는데, 점수가 높을수록 정치적 이질성이 많은 사람들과 접촉하는 것을 의미한다 (Cronbach's alpha=0.69, M=8.20, SD=1.86).

---

2 크론바하 알바계수(Cronbach`s α)는 적어도 알파계수(α)가 0.69은 넘어야 신뢰도가 만족할 수준이라고 볼 수 있고, 통상적으로 측정척도에 대해 0.75 이상의 값이 나오면 신뢰도가 우수하다고 판단한다(송종길·박상호, 2005).

(3) **정치심리변인**: 본 연구에서는 모두 4개의 정치심리변인들을 통제변인으로 사용하였다. 먼저 정치효능감은 Pingree(2011)의 연구에서 사용되었던 항목들을 사용하였다. 본 연구에서는 모두 8항목을 조사하였는데, 그것들은 ① "선거에 내 한 표는 중요한 영향력을 미친다", ② "정치에 관련된 사항은 복잡하여 이해하기 힘들다", ③ "선거에 한 표를 행사하는 것은 유일한 의사표시 방법이다", ④ "정부가 무슨 일을 하고 있는지 나는 잘 모른다", ⑤ "정부나 정당에 내 의견을 제시할 수 있다", ⑥ "국민이 힘을 합치면 잘못된 정치를 바로 잡을 수 있다", ⑦ "정부가 하는 일에 말해봤자 소용없다", ⑧ "정치인들은 일반시민이 무슨 생각을 하는지 신경 쓰지 않는다" 등을 5점 척도로 측정하였다. 8항목들에 대한 신뢰도 분석을 통해 전체적인 신뢰도를 떨어뜨리는 ①, ③ 항목들을 제외하고 나머지 6항목에 대한 응답을 합산하여 평균값을 개인의 정치효능감 점수로 산출하였다 (Cronbach's alpha=0.692, 2.86, SD=0.61).

정치이념은 본인이 스스로 판단하기에 매우 보수적(1점), 중립적(3점), 매우 진보적(5점)인지를 5점 척도로 측정하였는데, 보수적이 21.3%, 중도가 48.2%, 진보적이 30.5%였다. 정파성은 현재 지지하는 정당이 있는지를 물어서 지지정당이 없으면 0점(55.1%), 있으면 1점(44.9%)으로 하였다. 정치관심도는 5점 척도로 측정하였다.

(4) **정치참여**: 정치참여는 소극적 정치참여인 투표참여경험, 적극적 정치참여인 선거운동참여 경험으로 나누어 측정하였다. 투표참여는 2010년 지방선거, 2012년 국회의원 총선, 2012년 대통령선거 투표참여는 1, 불참은 0으로 측정하여 세 선거 참여여부를 합산하여 개인의 투표참여점수(0~3점 분포)로 하였다 (Cronbach's alpha=0.74, M=2.6, SD=0.81). 선거운동은 정당이나 후보를 위한 자원봉사 활동, 특정 정당에 회비 또는 후보자에게 후원금 납부, 가족이나 주변사람들을 만나 특정후보자 지지 권유나 설득, 정치집회 참여, '인터넷, 이메일, 메신저, SNS 등을 통한 선거와 관련된 의견을 띄움' 등 5개 선거운동 경험여부를 측정하여 이것들을 합산하여 개인의 선거운동점수(0-5점 분포)로 하였다 (Cronbach's alpha=0.76, M=0.71, SD=1.21).

(5) **미디어 이용**: 미디어 이용 관련 변인은 모두 6개인데, 본 조사 응답자들이 인터넷 이용자들이기 때문에 인터넷을 통한 정보추구행위를 3개로 세분화시켰다. 그래서 인터넷 주요 뉴스 기사 읽기, 정치 사회 이슈에 대한 정보 검색, 인터넷 채팅이나 토론 등을 별도로 5점 척도로 측정하였다. 이밖에 신문 읽는 빈도, TV뉴스 시청빈도, SNS이용 빈도 등을 4점 척도로 측정하였다.

(6) **인구통계학적 변인**: 본 연구에서 통제변인으로 사용될 인구통계학적 변인으로 성, 연령, 교육수준(중졸이하-고졸-대재, 대졸) 등을 측정하였다.

연구결과

〈연구문제 1의 검증〉

먼저 미디어 이용과 정치네트워크 이질성(이견노출)간의 관계를 알아보기 위한 〈연구문제 1〉을 분석하였다. 이를 위해 인구통계학적 변인군(SES)과 정치심리변인군을 통제변인으로 하여 위계적 회귀분석(Hierarchial Regression)을 하였다. 그 결과 〈표 12-1〉에 제시한 바와 같이 정치네트워크 이질성에 가장 큰 영향을 미치는 변인은 성(β=.237, p=.000)으로서 남성일수록 이질적인 정치네트워크를 갖고 있다. 이어서 정치이념의 영향력이 두 번째로 높았는데(β=.112, p=.000), 진보적일수록 정치네트워크 이질성이 높아지는 경향을 나타냈다. 정치효능감(β=-.089, p=.01)도 종속변인에 영향력을 미치고 있는데, 정치효능감이 높을수록 정치네트워크 이질성이 낮았다. 학력(β=.071, $p<.05$)이 높을수록 정치네트워크 이질성이 높아졌다. 그러나 인구통계학적변인들과 정치심리변인들을 통제한 상태에서 미디어 이용 변인들은 정치네트워크 이질성에 영향을 미치지 못하는 것으로 나타났다. 그래서 미디어 이용은 정치네트워크 이질성에 영향을 미칠 것이라는 〈연구가설 1-1〉은 부정되었다.

〈표 12-1〉 주요 변인들이 정치네트워크 이질성에 미치는 영향(β값)

	모형1	모형2	모형3
성(남자=1)	.214***	.229***	.237***
연령	.006	.038	.009
학력	.068*	.074**	.071*
정파성		-.023	-.028
정치효능감		-.085**	-.089**
정치문제관심도		-.045	-.058
정치 이념		.102***	.112***
신문구독빈도			.002
인터넷 주요뉴스기사읽기			-.054
인테넷 정보탐색			.066
인터넷 채팅토론			.021
텔레비전뉴스시청빈도			.059
SNS이용 빈도			-.050
R^2	.055	.078	.087
R^2 변화량	.055	.023	.009
F	23.3***	14.4***	27.8***

* p〈.05 ** p〈.01 *** p=.000

〈연구문제 2의 검증〉

이어서 미디어 이용이 정치적 관용에 미치는 효과와 정치네트워크 이질성이 정치적 관용에 미치는 효과에 관한 〈연구문제 2〉를 분석하였다. 여기에서도 인구통계학적 변인군(SES)과 정치심리변인군을 통제변인으로 하여 위계적 회귀분석을 하였다. 그 결과 〈표 12-2〉에 제시한 바와 같이 통제변인들 중에서 정치적 관용에 가장 큰 영향을 미치는 변인은 정치이념(β=.217, p=.000)인데, 진보적일수록 정치적 관용이 높았다. 이어서 정치문제 관심도의 영향력이 두 번째로 높았는데(β=-.151, p=.000), 정치문제에 관심이 많을수록 정치적 관용이 낮아지는 경향을 나타냈다. 정치효능감(β=.133, p=.000)도 종속변인에 영향력을 미치고 있는데, 정치효능감이 높을수록 정치적 관용이 높았다. 그리고 정파성(β=-.063, p〈.05)이 높을수록 정치적 관용이 낮아졌다. 여기서 정치문제 관심도와 정파성이 정치적 관용과 부적인과관계(Negative Causal Relationship)를 보였는데, 이는 사회판단이론에서 말하는 자아관여도로 설명될 수 있다. 사회판단이론에 따르면, 개인이 특정 메시지를 접할 때 수용, 거부, 비개입(Non-commitment)의 세 가지 반응이 나타난다고 한다. 이러한 반응에 영향을 미치는 주요 요인이 자아 관여도이다. 자아 관여도가 높으면 특정 대상에 대한 허락 영역(Latitude of Acceptance)이 좁고 거부 영역(Latitude of Rejection)이 넓게 형성된다. 따라서 자아 관여도가 높은 사람들은 이견에 노출되어도 쉽게 태도가 변하지 않으며, 반대의견을 수용하기보다 상대 의견을 실제보다 극단적으로 과장되게 인식하게 된다(최윤정 · 이종혁, 2012). 정치 문제에 관심이 높거나 정파성이 있는 사람들은 관여도가 높은 경우가 많다. 따라서 이견 노출이 의견의 조정보다 자신의 의견 공고화로 이어질 가능성이 높고, 정치적 관용이 낮을 가능성이 높다 하겠다. 국내의 기존연구(가상준 외, 2010)와는 달리 학력, 연령이 정치적 관용에 영향을 미치지 못하는 것으로 나타났다.

그러나 인구통계학적변인들과 정치심리변인들을 통제한 상태에서 미디어 이용 요인들은 정치적 관용에 별다른 영향을 미치지 못하는 것으로 나타났다. 그래서 미디어 이용은 정치적 관용에 영향을 미칠 것이라는 〈연구가설 2-1〉은 부정되었다. 그렇지만 정치네트워크 이질성은 정치적 관용에 상당한 영향력(β=.110, p=.000)을 미치고 있는 것으로 나타나 정치네트워크 이질성이 정치적 관용에 영향을 미칠 것이라는 〈연구가설 2-2〉는 입증되었다. 결국 자신과 다른 정치적 의견에 많이 노출될수록 정치적 관용이 높아짐을 알 수 있다.

〈표 12-2〉 주요 변인들이 정치적 관용에 미치는 영향(β값)

	모형1	모형2	모형3	모형4
성(남자=1)	.063*	.076*	.071*	.042
연령	-.094**	-.041	-.040	-.039
학력	.051	.040	.040	.034
정파성		-.072*	-.066*	-.063*
정치효능감		.123***	.122***	.133***
정치문제 관심도		-.137***	-.153***	-.151***
정치 이념		.231***	.231***	.217***
신문구독빈도			-.004	-.004
인터넷 뉴스기사읽기			-.007	.002
인터넷 정보탐색			.060	.054
인터넷 채팅토론			-.040	-.042
텔레비전뉴스시청빈도			-.021	-.029
SNS이용빈도			.004	.009
정치네트워크 이질성				.110***
R^2	.013	.089	.093	.104
R^2 변화량	.013	.076	.003	.011
F	4.9**	15.1***	8.5***	47.7***

* p<.05 ** p<.01 *** p=.000

〈연구문제 3의 검증〉

이어서 미디어 이용, 정치네트워크 이질성, 정치적 관용이 정치참여에 미치는 효과를 알아보기 위한 〈연구문제 3〉을 분석하였다. 본 연구에서는 정치참여를 소극적 참여(투표참여)와 적극적 참여(선거운동참여)로 나누어서 분석하였다. 〈연구문제 3〉의 분석에서도 인구통계학적 변인군(SES)과 정치심리변인군을 통제변인으로 하여 위계적 회귀분석을 하였다.

먼저 독립변인들이 소극적 정치참여인 투표참여에 미치는 효과에 관한 분석결과를 보기로 하자. 〈표 12-3〉에 제시한 바와 같이 통제변인들 중에서 투표참여에 가장 큰 영향을 미치는 변인은 연령(β=.183, p=.000)으로서 나이가 많을수록 투표참여율이 높았다. 이어서 정치문제 관심도의 영향력이 두 번째로 높았는데(β=.117, p=.000), 정치문제에 관심이 많을수록 투표참여가 활발하였다. 또한 학력(β=.065, p〈.05)도 종속변인에 영향력을 미치고 있는데, 학력이 높을수록 투표참여율이 높았다.

인구통계학적변인들과 정치심리변인들을 통제한 상태에서 미디어 이용 요인들이 투표참여에 미치는 영향은 오직 신문구독빈도(β=.130, p=.000)에서만 통계적으로 유의미하게 나타났다. 다시 말해 다른 미디어 이용은 투표참여에 영향을 미치지 못하나 신문을 많이 읽을수록 투표참여가 활발한 것으로 나타났다. 그래서 미디어 이용이 투표참여에 영향을 미칠 것이라는 〈연구가설 3-1〉은 부분적으로 검증되었다. 그러나 정치네트워크 이질성과 정치적 관용은 똑같이 투표참여에 영향을 미치지 못하는 것으로 나타나 〈연구가설 3-3〉과 〈연구가설 3-5〉는 부정되었다.

〈표12-3〉 주요 변인들이 투표참여에 미치는 영향(β값)

	모형1	모형2	모형3	모형4
성(남자=1)	.086**	.045	.047	.045
연령	.237***	.226***	.182***	.183***
학력	.101**	.083**	.065*	.065*
정파성		.071*	.059	.060
정치효능감		.071*	.065*	.064
정치문제 관심도		.127***	.116**	.117**
정치 이념		.042	.058	.055
신문구독빈도			.130***	.130***
인터넷 뉴스기사읽기			.003	.003
인터넷 정보탐색			−.019	−.020
인터넷 채팅토론			−.021	−.020
텔레비전뉴스시청빈도			.044	.044
SNS이용 빈도			−.028	−.028
정치네트워크 이질성				.005
정치적관용				.010
R^2	.079	.114	.132	.132
R^2 변화량	.079	.035	.018	.000
F	29.8***	19.0***	12.0***	10.4***

* p〈.05 ** p〈.01 *** p=.000

이어서 독립변인들이 적극적 정치참여인 선거운동참여에 미치는 효과에 관한 분석결과를 보기로 하자. 〈표 12-4〉에 제시한 바와 같이 통제변인들 중에서 투표참여에 가장 큰 영향을 미치는 변인은 정치문제 관심도(β=.158, p=.000)로서 정치에 관심이 많을수록 선거운동참여율이 높았다. 이어서 정치이념이 다음으로 높았는데(β=.153, p=.000), 진보적일수록 선거운동참여가 활발하였다. 또한 정파성이 높을수록 선거운동참여도(β=.134, p=.000)가 높았으며, 연령(β=.065, p〈.05)도 종속변인에 영향력을 미치고 있는데, 연령이 높을수록 선거운동참여율이 높았다.

인구통계학적변인들과 정치심리변인들을 통제한 상태에서 미디어 이용 요인들이 선거운동참여에 미치는 영향을 보면 모든 미디어 이용변인이 선거운동참여에 많은 영향을 미치는 것으로 나타났다. 미디어 이용변인들 중에서 인터넷뉴스기사읽기가 가장 많은 영향을 미치고 있는데(β=-.128, p=.000), 인터넷뉴스기사를 많이 읽을수록 선거운동참여가 낮았다. 이어서 인터넷 정보 탐색(β=.127, p=.000), 인터넷 채팅 토론(β=.116, p=.000)이 각각 두 번째, 세 번째로 많은 영향을 미치고 있는데, 이들은 모두 인터넷 이용과 관련된 변인들이라는 공통된 특징을 갖는다. 다음으로 TV뉴스시청빈도(β=-.078, p〈.05), SNS 이용 빈도(β=.076, p〈.05), 신문구독빈도(β=.060, p〈.05) 순으로 많은 영향을 미치고 있다. 따라서 미디어 이용이 선거운동참여에 영향을 미칠 것이라는 〈연구가설 3-2〉는 입증되었다.

또한 정치네트워크 이질성은 선거운동참여에 별다른 영향을 미치지 못해 〈연구가설 3-4〉는 부정되었으나, 정치적 관용(β=.082, p=.00)은 선거운동참여에 통계적으로 유의미한 영향을 미치는 것으로 나타나 〈연구가설 3-6〉은 입증되었다.

〈표 12-4〉 주요 변인들이 선거운동참여에 미치는 영향(β값)

	모형1	모형2	모형3	모형4
성(남자=1)	.122***	.056	.045	.046
연령	.008	.013	.062	.065*
학력	.067*	.036	.032	.031
정파성		.141***	.129***	.134***
정치효능감		.097**	.053	.040
정치문제 관심도		.178***	.146***	.158***
정치 이념		.185***	.168***	.153***
신문구독빈도			.060*	.060*
인터넷 뉴스기사읽기			-.126***	-.128***
인터넷 정보탐색			.130**	.127***
인터넷 채팅토론			.112***	.116***
텔레비전뉴스시청빈도			-.082**	-.078*
SNS이용 빈도			.077**	.076*
정치네트워크 이질성				-.028
정치적 관용				.082**
R^2	.022	.126	.172	.178
R^2 변화량	.022	.104	.046	.006
F	8.1**	22.0***	17.1***	15.5***

* p〈.05 ** p〈.01 *** p=.000

요약 및 결론

본 연구는 한국적 정치와 미디어 환경에서 미디어 이용이 정치네트워크 이질성과 정치적 관용에 미치는 효과를 알아보고, 정치네트워크 이질성이 정치적 관용에 미치는 효과, 나아가 정치네트워크 이질성과 정치적 관용이 투표참여와 선거운동참여 등의 정치참여에 미치는 효과를 실증적으로 검증하였다. 본 연구에서 미디어 이용은 신문구독빈도, TV뉴스시청빈도, 인터넷 뉴스 읽기빈도, 인터넷 정보 탐색빈도, 인터넷 채팅 토론빈도, SNS이용 빈도 등으로 구체화하였다. 본 연구의 대상자를 인터넷 이용자들로 한정하였기 때문에 인터넷 이용을 뉴스읽기, 정보탐색, 채팅 토론 등으로 세분화하였다.

본 연구의 자료는 2013년 9월 10~16일 사이에 인터넷 설문조사를 통해 자료를 수집하였는데, 전국의 만 19세(유권자) 이상의 남녀를 대상으로 하였으며, 지역, 성, 연령별 인구비율을 고려하여 표본을 할당하는 할당표본추출방법을 통해 최종 1,200명의 표본을 확보하였다.

본 연구는 연구문제와 가설을 검증하는데 있어서 인구통계학적 변인군(성, 연령, 학력)과 정치심리변인군(정치이념, 정파성, 정치효능감, 정치관심도)을 통제변인으로 하여 위계적 회귀분석(Hierarchial Regression)을 하였으며, 정치참여는 소극적 참여(투표참여)와 적극적 참여(선거운동참여)로 나누어 분석하였다. 주요 연구결과는 다음과 같다.

첫째, 미디어 이용과 정치네트워크 이질성(이견노출)간의 관계를 알아보았는데, 정치네트워크 이질성에 가장 큰 영향을 미치는 변인은 성(β=.237, p=.000)으로서 남성일수록 이질적인 정치네트워크를 갖고 있다. 이어서 정치이념의 영향력이 두 번째로 높았는데(β=.112, p=.000), 진보적일수록 정치네트워크 이질성이 높아지는 경향을 나타냈다. 정치효능감(β=-.089, p=.01)이 높을수록 정치네트워크 이질성이 낮았다. 또한 학력(β=.071, $p<.05$)이 높을수록 정치네트워크 이질성이 높아졌다. 그러나 인구통계학적변인들과 정치심리변인들을 통제한 상태에서 미디어 이용 변인들은 정치네트워크 이질성에 영향을 미치지 못하는 것으로 나타났다.

둘째, 미디어 이용이 정치적 관용에 미치는 효과와 정치네트워크 이질성이 정치적 관용에 미치는 효과를 분석한 결과, 통제변인들 중에서 정치적 관용에 가장 큰 영향을 미치는 변인은 정치이념(β=.217, p=.000)으로서 진보적일수록 정치적 관용이 높았다. 이어서 정치문제 관심도의 영향력이 두 번째로 높았는데(β=-.151, p=.000), 정치문제에 관심이 많을수록 정치적 관용이 낮아지는 경향을 나타냈다. 정치효능감(β=.133, p=.000)도 종속변인에 영향력을 미치고 있는데, 정치효능감이 높을수록 정치적 관용이 높았다. 그리고 정파성(β=-.063, $p<.05$)이 높을수록 정치적 관용이 낮아졌다. 그러나 인구통계학적 변인들과 정치심리변인들을 통제한 상태에서 미디어 이용 요인들은 정치적 관용에 별다른 영향을 미치지 못하는 것으로 나타났다. 그렇지만 정치네트워크 이질성은 정치적 관용에 상당한 영향력(β=.110, p=.000)을 미치고 있는 것으로 나타나 자신과 다른 정치적 의견에 많이 노출될수록 정치적 관용이 높아짐을 알 수 있었다.

셋째, 미디어 이용, 정치네트워크 이질성, 정치적 관용이 소극적 정치참여인 투표참여에 미치는 효과를 분석한 결과, 통제변인들 중에서 투표참여에 가장 큰 영향을 미치는 변인은 연령(β=.183, p=.000)으로서 나이가 많을수록 투표참여율이 높았다. 이어서 정치문제 관심도의 영향력이 두 번째로 높았는데(β=.117, p=.000), 정치문제에 관심이 많을수록 투표참여가 활발하였다. 학력(β=.065, $p<.05$)이 높을수록 투표참여율이 높았다. 인구통계학적변인들과 정치심리변인들을 통제한 상태에서 미디어 이용 요인들이 투표참여에 미치는 영향은 오직 신문구독빈도(β=.130, p=.000)에서만 통계적으로 유의미하게 나타났다. 정치네트워크 이질성과 정치적 관용은 투표참여에 별다른 영향을 미치지 못하였다.

넷째, 미디어 이용, 정치네트워크 이질성, 정치적 관용이 적극적 정치참여인 선거운동참여에 미치는 효과를 분석한 결과, 통제변인들 중에서 투표참여에 가장 큰 영향을 미치는 변인은 정치문제 관심도(β=.158, p=.000)로서 정치에 관심이 많을수록 선거운동참여율이 높았다. 이어서 정치이념이 다음으로 높았는데(β=.153, p=.000), 진보적일수록 선거운동참여가 활발하였다. 또한 정파성이 높을수록 선거운동참여도(β=.134, p=.000)가 높았으며, 연령(β=.065, $p<.05$)도 종속변인에 영향력을 미치고 있는데, 연령이 높을수록 선거운동참여율이 높았다. 인구통계학적변인들과 정치심리변인들을 통제한 상태에서 미디어 이용 변인들이 선거운동참여에 미치는 영향을 보면 모든 미디어 이용변인들이 선거운동참여에 많은 영향을 미치는 것으로 나타났는데, 특히 인터넷 이용변인들의 영향력이 컸다. 또한 정치네트워크 이질성은 선거운동참여에 별다른 영향을 미치지 못했으나, 정치적 관용(β=.082, p=.00)은 선거운동참여에 통계적으로 유의미한 영향을 미치

는 것으로 나타났다.

이 같은 연구결과를 통해 다음과 같은 결론을 내릴 수 있겠다.

첫째, 정치네트워크 이질성(이견노출)은 인터넷, 신문, TV, SNS 등의 미디어 이용 요인으로부터는 별다른 영향을 받지 않지만 인구통계학적 요인(성, 학력)과 정치심리요인(정치이념, 정치효능감)으로부터 많은 영향을 받는다. 그래서 남성일수록, 정치이념이 진보적일수록, 학력이 높을수록, 그리고 정치효능감이 낮을수록 자신과 다른 의견에 대한 노출을 많이 하는 편이다.

둘째, 미디어 이용은 정치적 관용에 별다른 영향을 미치지 못한다. 이러한 연구결과는 인터넷 등의 온라인 미디어 이용이 이론적으로는 정치적 관용 수준을 높일 수 있으나 실제로는 정치적 관용 수준을 높이지 못한다는 주장들(장낙원, 2014; Taber and Lodge, 2006; Binder, et al., 2009; Wojcieszak and Price, 2010; Lee et al., 2014)과 일치한다.

미디어 이용과는 달리 정치이념, 정치문제 관심도, 정치효능감, 정파성 등의 정치심리요인들이 정치적 관용에 큰 영향력을 미치고 있다. 그래서 정치이념이 진보적일수록, 그리고 정치효능감이 높을수록 정치적 관용이 높았으나, 정치관심도와 정파성이 높을수록 정치적 관용 수준이 낮아지는 부적인과관계(Negative Causal Relationship)를 나타냈다. 정치관심도, 정파성과 정치적 관용 간에 부적인과관계가 나타난 것은 사회판단이론에서 말하는 자아관여도와 깊은 관계가 있다 하겠다. 정치 문제에 관심이 높거나 정파성이 있는 사람들은 자아 관여도가 높은 사람들이라 할 수 있는데, 이들은 이견에 노출되어도 쉽게 태도가 변하지 않으며, 반대 의견을 수용하기보다 상대 의견을 실제보다 극단적으로 과장되게 인식하기 때문에 정치적 관용이 낮을 가능성이 높다하겠다.

한편 본 연구에서 진보적일수록 정치적 관용 수준이 높아지는 결과는 기존의 연구들(가상준 외, 2010; Sullivan et al. 1982; Gibson, 2013)과 일치한다. 그러나 기존의 국내외 연구들(가상준 외, 2010; Stouffer, 1955; Corbett, 1982; Sullivan et al, 1999; Mutz, 2002; Mutz, 2006)에서는 교육과 연령이 정치적 관용에 가장 많은 영향을 미치는 요인으로 밝혀졌으나 본 연구에서는 이들 요인들은 별다른 영향력을 보이지 않았다.

셋째, 적어도 우리나라 상황에서는 이견노출(정치네트워크 이질성)이 정치적 관용을 높여준다고 하겠다. 지금까지 학계에서는 이견노출이 정치적 관용을 높인다는 주장과 반대로 정치적 관용에 별다른 영향을 미치지 못한다는 주장으로 나눠져 치열한 논쟁을 벌여왔다. 본 연구 결과는 뮤츠(Mutz)(2002)의 주장과 일치하는데, 그는 이견 노출이 상대방의 의견에 대한 인지적 이해와 감정이입을 통해 정치적 관용수준이 높아진다고 하였다.

넷째, 이견노출은 소극적 정치참여(투표참여)와 적극적 정치참여(선거운동참여) 모두에 별다른 영향을 미치지 않으나, 정치적 관용은 투표참여라는 소극적 참여에는 영향을 미치지 못했으나 선거운동참여라는 적극적 정치참여를 높여주는 유의미한 영향을 미친다. 그동안 학계에서는 이견노출이 투표참여에 미치는 영향에 대한 상반된 주장들이 팽팽히 맞서왔다. 그러나 본 연구에서 이견 노출의 정치적 효과는 라자스펠드와 뮤츠(Lazarsfeld, Mutz) 등의 부정적인 주장(Lazarsfeld et al., 1944; Mutz, 2002; Huckfeldt et al., 2004; Jun, 2013)과 일치한다.

정치적 관용이 정치참여에 긍정적으로 영향을 미친다는 기존의 연구결과들(Dineen, 2001; Scheufele et al., 2003; Huckfeldt et al., 2004)이 있기는 하지만 대부분의 연구들이 투표참여라는 소극적인 정치참여에만 초점을 맞추었기 때문에 그 효과가 제대로 검증되지 않았다. 그러나 본 연구에서는 정치참여를 소극적 참여와 적극적 참여로 분리하여 조사한 결과 정치적 관용이 소극적 정치참여인 투표참여에는 별다른 영향을 미치지 못하지만 적극적 정치참여인 선거운동참여에는 상당한 영향을 미친다는 연구결과를 발견한 것은 중요한 의미를 갖는다 하겠다. 따라서 앞으로 연구에서는 정치참여를 투표참여에만 국한시키지 말고 선거운동참여까지로 확대시켜야한다는 사실을 본 연구가 증명하고 있다고 하겠다.

다섯째, 소극적 정치참여인 투표참여에는 신문이용변인만이 영향을 미치지만 적극적 정치참여인 선거운동참여에는 모든 미디어 이용변인이 영향을 미치는데, 특히 인터넷 이용변인의 영향이 크게 미치고 있다. 미디어 이용이 정치참여에 미치는 효과에 관한 기존의 국내외 연구들(송종길 · 박상호, 2005; 김성태 · 노성종, 2009; 권혁남, 2011; Viswanath et al., 2000)은 주로 투표참여에만 초점을 맞추어 왔기 때문에 그 효과가 제대로 검증되지 않는 경우가 많았다. 따라서 이와 관련된 앞으로의 연구 역시 정치참여요인을 투표참여와 선거운동참여로 분리하여 연구한다면 미디어이용변인의 효과가 제대로 잘 검증될 것으로 보인다. 본 연구가 미디어 이용의 정치적 동원 효과(Mobilizing Effect)를 세분화시켜 검증하였다는 점 역시 중요한 의미를 갖는다 하겠다.

결국 본 연구는 기존의 국내외 연구에서 상반된 결론이 도출되어 논란이 많았던 미디어 이용-이견노출(정치네트워크 이질성)-정치적 관용-정치참여(투표, 선거운동 참여) 간의 관계를 본 연구가 처음으로 한국적 상황에서 실증조사를 거쳐 검증하였다는 점에서 나름대로 의의가 있다 하겠다. 본 연구를 통해 우리나라 미디어 환경과 정치상황에서 이와 관련된 더 많은 실증연구와 토론이 확대되기를 기대한다. 또한 본 연구를 통해 이견노출-정치적 관용-선거운동 참여의 연속적인 인과관계를 밝혀낸 점 역시 중요한 의미를 갖는다고 하겠다.

그러나 본 연구는 인터넷 이용자들만을 대상으로 조사하였기 때문에 본 연구결과를 전체 유권자들로 일반화하는 데에는 조심스럽다 하겠다. 또한 본 연구에서 중요개념으로 사용한 이견노출을 직접 측정하지 못하고 대신에 정치네트워크 이질성이라는 개념을 사용하였는데, 이는 다분히 조사응답자의 주관적 판단에 전적으로 의존한다는 점에서 어느 정도 한계가 있다 하겠다. 따라서 앞으로 연구에서는 이견노출 또는 정치네트워크 이질성을 보다 객관적으로 측정할 수 있는 개념의 개발이나 방법론적인 개선이 필요하다 하겠다. 또한 미디어 이용이 이견노출이나 정치적 관용에 미치는 효과(예를 들어 미디어 틀 짓기 효과)를 실험방법으로 분석하는 것이 변인들 간의 인과성을 보다 정확하게 파악할 수 있을 것으로 생각한다. 마지막으로 앞으로의 연구에서는 미디어 종류를 더욱 더 다각화하고, 아울러 미디어 이용빈도 등의 양적 측면뿐만 아니라 미디어 콘텐츠의 내용이 일으키는 효과까지 분석한다면 보다 정확하고 폭넓은 분석이 될 것이다.

<설문내용>

1. 선생님의 정치적 입장은 친하게 지내는 친구나 선후배들의 정치적 입장과 대체로 같습니까, 아니면 다릅니까?

____그들과 나는 완전히 다르다
____나와 다른 사람이 많은 편이다
____반은 같고 반은 다르다
____나와 같은 사람이 많은 편이다
____그들과 나는 완전히 같다

2. 선생님의 종교적 입장은 친하게 지내는 친구나 선후배들의 종교적 입장과 대체로 같습니까, 아니면 다릅니까?

____그들과 나는 완전히 다르다
____나와 다른 사람이 많은 편이다
____반은 같고 반은 다르다
____나와 같은 사람이 많은 편이다
____그들과 나는 완전히 같다

3. 외국인 노동자에 대한 선생님의 감정은 친하게 지내는 친구나 선후배들의 감정과 대체로 같습니까, 아니면 다릅니까?

____그들과 나는 완전히 다르다
____나와 다른 사람이 많은 편이다
____반은 같고 반은 다르다
____나와 같은 사람이 많은 편이다
____그들과 나는 완전히 같다

4. 선생님의 정치적 입장은 직장 동료들의 정치적 입장과 대체로 같습니까, 아니면 다릅니까?

____그들과 나는 완전히 다르다
____나와 다른 사람이 많은 편이다
____반은 같고 반은 다르다
____나와 같은 사람이 많은 편이다

____그들과 나는 완전히 같다

5. 선생님의 종교적 입장은 직장 동료들의 종교적 입장과 대체로 같습니까, 아니면 다릅니까?

____그들과 나는 완전히 다르다
____나와 다른 사람이 많은 편이다
____반은 같고 반은 다르다
____나와 같은 사람이 많은 편이다
____그들과 나는 완전히 같다

6. 외국인 노동자에 대한 선생님의 감정은 직장 동료들의 감정과 대체로 같습니까, 아니면 다릅니까?

____그들과 나는 완전히 다르다
____나와 다른 사람이 많은 편이다
____반은 같고 반은 다르다
____나와 같은 사람이 많은 편이다
____그들과 나는 완전히 같다

7. 선생님의 정치적 입장은 동네 이웃들의 정치적 입장과 대체로 같습니까, 아니면 다릅니까?

____그들과 나는 완전히 다르다
____나와 다른 사람이 많은 편이다
____반은 같고 반은 다르다
____나와 같은 사람이 많은 편이다
____그들과 나는 완전히 같다

8. 선생님의 종교적 입장은 동네 이웃들의 종교적 입장과 대체로 같습니까, 아니면 다릅니까?

____그들과 나는 완전히 다르다
____나와 다른 사람이 많은 편이다
____반은 같고 반은 다르다
____나와 같은 사람이 많은 편이다
____그들과 나는 완전히 같다

9. 외국인 노동자에 대한 선생님의 감정은 동네 이웃들의 감정과 대체로 같습니까, 아니면 다릅

니까?

____그들과 나는 완전히 다르다

____나와 다른 사람이 많은 편이다

____반은 같고 반은 다르다

____나와 같은 사람이 많은 편이다

___그들과 나는 완전히 같다

10. 선생님은 현재 어느 정당을 지지하십니까?

① 새누리당 ② 민주당 ③ 통합진보당 ④ 정의당

⑤ 기타 정당 ⑥ 지지할 만한 정당이 없다 ⑦ 잘 모르겠다

11. 과거 선거 과정에서 다음과 같은 경험을 해 보신 적이 있습니까?

	있다	없다
2010 년 지방선거 투표 참여		
2012 년 국회의원 총선 투표 참여		
2012 년 대통령 선거 투표 참여		
정당이나 후보를 위한 자원봉사 활동		
특정 정당에 회비 또는 후보자에게 후원금 납부		
가족이나 주변사람들을 만나 특정후보자 지지 권유나 설득		
정치집회 참여		
인터넷 , 이메일 , 메신저 , SNS 등을 통한 선거와 관련된 의견을 띄움		

12. 선생님의 정치적 이념은 진보–중도–보수 중 어느 쪽에 가깝다고 생각하십니까? 해당 점수에 표시해주십시오.

보수 중도 진보

① ② ③ ④ ⑤

13. 다음은 사람들이 우리나라 정치과정에 대해 이야기한 내용입니다. 다음 내용에 대해 어느 정도 동의 또는 동의하지 않는지를 해당란에 표시해 주십시오.

	전혀 동의 하지 않음	동의 않음	중립적	동의 하는편	매우 동의함
선거에 내 한 표는 중요한 영향력을 미친다.					
정치에 관련된 사항은 복잡하여 이해하기 힘들다					
선거에 한 표를 행사하는 것은 유일한 의사표시 방법이다					
정부가 무슨 일을 하고 있는지 나는 잘 모른다					
정부나 정당에 내 의견을 제시 할 수 있다					
국민이 힘을 합치면 잘못된 정치를 바로 잡을 수 있다.					
정부가 하는 일에 말해봤자 소용없다					
정치인들은 일반시민이 무슨 생각을 하는지 신경 쓰지 않는다.					

14. 가) 아래 집단 중에서 선생님이 가장 싫어하는 집단은 어느 것입니까?

____민주노총 ____전경련 ____전교조 ____뉴라이트 단체
____종북세력 ____극우세력 ____전라도 사람 ____경상도 사람
____외국인 노동자

나) 선생님이 가장 싫어하는 집단으로 지목하신 그 집단에 대해 매우 좋은 감정을 10점, 중간을 5점, 매우 싫은 감정을 0점으로 한다면 선생님의 감정 점수는 몇 점입니까?

____

다) 선생님이 가장 싫어하는 집단에게 공공연설 등의 표현의 자유를 주지 말아야 한다는 주장이 있는가 하면, 일부에서는 그래서는 안 된다고 말하고 있습니다. 선생님의 생각은 어떻습니까?

____표현의 자유를 완전하게 허용해야 한다
____완전하지는 않더라도 표현의 자유를 상당부분 허용해야 한다
____표현의 자유를 상당부분 제한시켜야 한다
____표현의 자유를 완전히 제한시켜야 한다
____잘 모르겠다

라) 선생님이 가장 싫어하는 집단에게 국회의원을 포함한 공직진출을 허용하지 말아야 한다고 하고, 일부에서는 그래도 허용해야 한다고 말하고 있습니다. 선생님의 생각은 어떻습니까?
____완전하게 허용해야한다
____완전하지는 않더라도 자유롭게 허용해야 한다
____상당부분 제한시켜야 한다
____완전히 제한시켜야 한다
____잘 모르겠다

마) 선생님이 가장 싫어하는 집단에게 '항의 시위나 집회의 자유'를 허용하지 말아야 한다고 하고, 일부에서는 그래도 허용해야 한다고 말하고 있습니다. 선생님의 생각은 어떻습니까?
____완전하게 허용해야한다
____완전하지는 않더라도 자유롭게 허용해야 한다
____상당부분 제한시켜야 한다
____완전히 제한시켜야 한다
____잘 모르겠다

15. 선생님께서는 평소 정치문제에 얼마나 관심을 가지고 계십니까?
____전혀 관심이 없다
____관심이 없는 편이다
____보통이다
____관심이 있는 편이다
____매우 관심이 많다

16. 선생님은 신문을 얼마나 자주 보십니까 ?

____매일 본다
____거의 매일 본다
____어쩌다 한 번씩 본다
____전혀 안본다

17. 선생님께서는 평소 다음 목적을 위해 인터넷을 얼마나 많이 이용하십니까?

	전혀 이용 하지 않음	별로 이용 하지 않음	보통이다	꽤 이용한 편이다	매우 많이 이용함
주요 뉴스 기사 읽기					
정치 , 사회 이슈에 대한 정보 검색					
인터넷 채팅이나 토론					

18. 텔레비전 뉴스를 얼마나 자주 보십니까 ?

____매일 본다
____거의 매일 본다
____어쩌다 한번씩 본다
____전혀 안본다

19. 선생님은 SNS(페이스 북, 트위터 등)를 얼마나 자주 하십니까 ?

① 전혀 안 한다
② 어쩌다 한 번씩 한다
③ 거의 매일 한다
④ 매일 한다

20. 성별은? _____ 남 _____ 여

21. 나이는? 만 _______ 세

22. 학력은?

____ 중졸이하 ____ 고졸(중퇴 포함) ____ 대졸 이상(중퇴 포함)

참고문헌

가상준 · 윤종빈 · 유성진 (2010). *Oughtopia. The Journal of Social Paradigm Studies*, 25(3): 273-298.

강경태(2003). 한국 대통령 선거 어떤 유권자가 참여하나? - 선거관심도를 중심으로. 한국정치학회보 제37집 제1호, 7-47

강내원(2004). 인터넷과 대중매체 이용이 참여에 미치는 영향에 관한 연구: 세대 집단 간 비교. 『한국언론학보』, 48권 3호, 116~143.

강영진(2000). 미국의 공공분쟁 해결제도, 그리고 한국 시민단체의 역할. 참여사회, 11월호, 26-27.

강원택 (2003). 『한국의 선거정치』. 서울: 푸른길.

강지연(2006). 무엇이 효과적인 선거방송토론인가?. 2006 선거방송 토론백서, 175-185.

권혁남(2016). 선거여론조사 보도에 대한 제3자 지각이 투표와 선거운동참여에 미치는 효과, 충남대학교 사회과학연구, 제27권 4호, 67-91.

권혁남(2015). 미디어 이용, 정치네트워크 이질성이 정치적 관용과 정치참여에 미치는 효과. 전북대학교 사회과학연구, 39-3.

권혁남(2014a). ≪미디어 정치 캠페인≫, 서울:커뮤니케이션북스.

권혁남(2014b). 정치의 미디어화와 선거보도 특성 변화연구. 방송문화연구, KBS, 제26권 2호 7~32.

권혁남(2013). 전략적 뉴스 이용이 정치 냉소주의, 투표참여에 미치는 개인적 특성 효과연구 -2010 지방선거를 중심으로. 한국언론학보, 57권 1호, 5-26.

권혁남(2012). 2012 국회의원 총선에서 나타난 미디어 이용, 정치 냉소주의, 투표 참여 간의 관계에 관한 연구. 한국언론정보학보, 통권 60호, 28-51.

권혁남(2011). 2010 지방선거에서 미디어 이용과 TV토론관심시청이 정치효능감, 투표행위에 미치는 효과 연구. 한국언론학보 55권 6호., 126-151

권혁남(2010). 유권자 밀착형 선거방송토론 방안 연구, 언론과학연구. 10권 2호., 5-38.

권혁남(2009). 텔레비전의 15대, 16대 대통령선거 보도 비교 분석. 정치커뮤니케이션 연구, 통권 12호, 45-91.

권혁남 (2006). 『미디어선거의 이론과 실제』. 서울: 커뮤니케이션 북스

권혁남·김춘식·양승찬·이강형(2005). 『미디어와 유권자』. 커뮤니케이션북스.

권혁남(2001). TV방송의 사회갈등 조정역할에 관한 연구-의약분업 분쟁을 중심으로. 한국방송학보, 통권 제15-1호, 2001, 45-84.

권혁남 (1999). 텔레비전의 15대 대통령선거 보도분석, 『한국언론학보』 43-45호. 5-44쪽.

권혁남 (1998). 1998 지방선거에서 나타난 TV방송의 무관심과 부정적 보도에 관한 연구. 『한국언론학보』. 43-2호. 3-36

권혁남 (1997), 『한국 언론과 선거보도』. 서울:나남.

권혁남 (1991). 선거여론조사 보도의 문제점과 새로운 방향: 13대 대통령선거와 국회의원 선거보도를 중심으로. 언론학보, 26호,5-44

권혁남 (1990). 신문의 지방선거 보도의 문제점과 개선방안 연구. 지방자치와 언론(한국언론연구원 연구서 1집), 165-230

권혁남 (1989). 유권자의 투표결정요인에 관한 연구, 현대사회, 현대사회연구소, 가을호.

금희조(2011). 소셜 미디어 이용과 다문화에 대한 관용: 연계형 사회자본의 영향을 중심으로. 『한국언론학보』, 55(4호): 162-186.

기자협회보. 1997년 8월 16일자

김규조(2006). 케이블TV 관련 공직선거법 안내. 한국케이블TV방송협회 주최, 2006년 2월 22일.

김대경(2013). 여론조사보도에 대한 제3자 효과 연구: 제19대 총선 기간 대학생 집단을 대상으로. 〈사회과학연구〉, 24(2), 3-20.

김동규(2000). 사회갈등 보도의 바람직한 방향 찾기. 한국언론학회 주최 '사회갈등과 방송의 역할' 세미나 발표논문, 2000년 9월.

김무곤·김관규(2005). 한·일 대학생 유권자의 미디어 이용과 평가에 관한 연구:양국 국회의원 선거과정을 중심으로. 『언론과학연구』, 5권 1호, 43~82.

김민전(2006). TV토론의 발전을 위한 제언. 2006 선거방송 토론백서, 210-217.

김성태·노성종 (2009). 표심의 동학: 제17대 대통령 선거 패널조사 분석을 통한 유권자의 의사결정 유형 탐색. 『한국언론학보』, 53(1): 33-58.

김성태·윌나트·위버 (2006). 여론조사 보도에 대한 제3자 효과 검증: 온라인 여론조사를 주목하며. 〈한국언론정보학보〉, 32, 49-73.

김세옥(2012. 4. 10). 파업 틈타 "최악의 총선 보도. ≪PD저널≫

김승현(1990). 대중매체와 지배이데올로기 재생산. 커뮤니케이션 과학 10호, 고려대 신문방송연구소, 1-25쪽

김영욱, 김위근 (2007).『미디어 선거와 그 한계 : 17대 대선 보도 분석』. 한국언론재단

김은미·심미선·김반야·오하영(2012), 미디어화 관점에서 본 스마트미디어 이용과 일상경험의 변화, ≪한국언론학보≫, 56권 4호, 133-159,

김은미·이준웅 (2006), 인터넷 게시판 토론과 정치 토론 효능감.『한국언론학보』, 50(3): 393-423.

김은주·방정배 (2010). 뉴스통신사 선거보도 뉴스프레임 변동 연구: 연합뉴스의 대선보도를 중심으로. ≪한국방송학보≫, 24권 5호, 90~125.

김장호(2006). 5.31 지방선거에서 선거방송토론을 뒤돌아보며. 2006 선거방송 토론백서, 186-191

김재영·최민재(2007). 포털의 17대 대선 관련 뉴스서비스 공정성에 관한 연구. ≪2007 한국언론학회 "대선 관련 포털뉴스서비스 분석" 세미나 자료집≫.

김주환, 김민규, 홍세희(2009). 구조방정식모형으로 논문쓰기. 커뮤니케이션북스

김춘식(2009). 미디어 이용, 미디어 선거정보의 중요성 인식 및 미디어 역할에 대한 평가가 정치에 대한 부정적 감정과 정치효능감에 미치는 영향. 언론과학연구, 10권 3호(2009). 157-190.

김춘식(2006). TV토론의 법적 규제 및 개선방안. 2006 선거방송 토론백서. 142-152.

김현정 (2013a). 선거 여론조사 보도의 제삼자 효과와 사회 정체성. 〈언론과학연구〉, 13(1), 67-91.

김현정 (2013b). 선거 여론조사 보도에 대한 제삼자 인식이 정치적 참여 의향에 미치는 영향: 한국과 미국 비교 연구. 〈한국언론학보〉, 57(4), 72-95.

나은영, 한규석, 고재홍(2003). 제 16대 대통령선거에서 TV토론의 효과와 제 3자 효과:세 지역 대학생을 중심으로. 한국심리학회지 사회 및 성격, 17-3, 145-158.

남지나·최윤정(2010), 한국과 미국 TV뉴스의 대선보도 비교 신 단위의 형식과 내용의 공정성을 중심으로, ≪한국방송학보≫, 24-4, 87-120.

문성철, 양문희(2009). 대통령선거 토론 프로그램 시청이 정치효능감과 정치참여에 미치는 영향연구. 한국방송학보, 23-1, 131-168.

문종대·윤영태(2004). 언론 공정성 개념의 재개념화: 언론의 자율성 논변을 중심으로. 한국언론정보학보, 통권 27호, 93-122.

민정식(2013). 여론조사결과의 제 3자 효과 지각이 방어적 투표성향에 미치는 영향. 〈언론과학연구〉, 13(1), 125-152

박경숙·이관열(2012). '편향적' 여론 환경의 인지와 의견표명에 대한 연구-미국 소고기 수입 이슈를 중심

으로. 〈한국방송학보〉, 26(3), 458-494
박상호(2006). 선거방송토론 운영 및 평가. 한국방송학회 주최 “5.31 지방선거방송 평가와 과제” 토론회 발표논문. 2006년 6월 9일 .
박재영(2005). 공정성의 실천적 의미: 문화일보 2002년 대선(大選) 보도의 경우. ≪한국언론학보≫, 49권 2호, 167 195.
박종화(2005). 한국의 정치는 신문이 죽인다. 서울:커뮤니케이션북스.
박태순(2006). 선거방송토론의 쟁점과 운영방향 : 제도화의 문제점과 개선 방향. 5.31 동시지방선거와 선거방송-방송학회 세미나 발표논문.
방송위원회 (1996). 제 15대 국회의원 선거방송 연구.
방송위원회 (1995). 1995년 지자체 선거방송 분석결과 보고서.
백선기 (1996). 한국 신문의 선거보도 경향과 심층구조: 제 15대 총선 보도에 대한 기호학적 분석을 중심으로, 한국언론학회 봄철 학술대회 발표 논문.
백선기(1993). 한국신문의 노사분규에 대한 보도태도와 그 이념적 의미. 한국언론학보, 한국언론학회, 29호, 173-220쪽.
변동현 · 김옥렬 · 양혜승(1999). 대선 TV 캠페인에 대한 노출 효과 연구: 대학생 유권자를 중심으로. 『광전커뮤니케이션학보』, 창간호, 156~179.
선거보도 감시 연대회의 (1998). ‘97 15대 대통령선거보도 감시백서.
설진아·김활빈(2008). 유권자의 제3자 효과 지각 연구. 〈한국언론정보학보〉, 42, 79-106.
송인덕(2014), 언론사의 정파성 인식과 수용자의 정치성향에 따른 편향적 매체지각: 신문사설을 중심으로, ≪커뮤니케이션 이론≫, 10권 3호 (2014년 가을호), 222-253.
송정민(1992). 언론의 이념성 유지기제로서의 뉴스구성 원칙과 관행. 한국언론학보, 한국언론학회, 27호, 272-278쪽.
송종길, 박상호(2009). 17대 대통령 후보 TV토론이 유권자의 태도변화 및 투표행위에 미치는 영향에 관한 연구. 한국언론학보, 53-6, 87-103.
송종길, 이호영(역)(2007). 현대 정치커뮤니케이션. 서울:커뮤니케이션북스.
송종길, 박상호(2005). 뉴스 미디어 이용이 유권자의 정치 행태에 미치는 영향에 관한 연구 17대 총선에서 나타난 유권자의 정치 뉴스 이용과 투표 행위를 중심으로. 한국방송학보 19-2. 126-163.
송종길(2006). 전국동시지방선거와 선거방송 주체로서 케이블TV의 역할, 한국케이블TV방송협회 주최 세미나 발표논문. 2006년 2월 22일
_____(2003). 제16대 대통령선거 후보초청 합동토론회의 토론형식. 제16대 대통령선거방송토론위원회/중

앙선거관리위원회 주최 세미나 발표 논문. 제주 KAL호텔.

송종길(2002). 정치후보자 TV토론개최의 법적·제도적 문제점. 한국방송영상 산업진흥원 주최 세미나 발표논문. 서울 목동 방송회관, 7월 12일

송현주·신승민·박승관 (2006). 인터넷 게시판에서의 이견 읽기가 논변구성과 정치적 관용에 미치는 영향. 한국언론학보』, 50(5): 160-183.

심미선·강혜란(2013). 지상파 및 인터넷에서만 방영된 19대 총선 관련 뉴스에 대한 대학생집단의 뉴스가치 평가에 대한 탐색적 연구 뉴스 공정성 개념을 중심으로. ≪한국방송학보≫. 27권 4호, 85-130.

심영섭(2002). 독일 총선TV토론과 언론보도. 한국언론연구원, 저널리즘 평론, 11호(통권 12호), 168-203.

안차수(2007). TV토론평가. 한국언론학회 주최 "제17대 대통령 선거와 언론: 종합 평가와 과제"세미나 발표논문. 2007년 12월 27일. 프레스센터

양병화(2006). 다변량 데이터 분석법의 이해. 서울:커뮤니케이션북스.

양승목 (1997). 여론조사와 제3자 효과: 여론조사의 영향에 대한 국회의원의 지각적 편향을 중심으로.〈언론과 사회〉, 18, 6-28.

양승찬(2003). 16대 대선 유권자 의식조사 결과로 본 언론. 한국언론재단/한국기자협회/PD연합회/한국언론법학회/인터넷신문협회 주최 세미나 발표 논문. 한국언론재단 연수센터

양승찬(1999). 텔레비전 선거토론 방송의 영향력연구-후보자 평가변화, 정책관련 지식, 정치 과정참여를 중심으로『방송연구』, 48호., 210~246.

양승찬 (1998). 제3자 효과 가설과 침묵의 나선 이론의 연계성: 여론조사 보도에 대한 제3자 효과 지각과 공개적 의견표명과의 관계를 중심으로. 〈한국언론학보〉, 43(2), 109-141.

오창우(2007). 매체특성과 선거법간의 부적합성에 근거한 TV토론방송의 공정성 실현위기 해석. 한국방송협회-한국정치커뮤니케이션학회 세미나 발표논문. 2007년 10월 17일, 한국방송회관 회의실.

이강형(2007). 인지일관성이론에 근거한 텔레비전 후보토론회의 효과. 한국언론학보. 51-1, 272-303.

이강형(2006). 공직선거정책토론회 토론 포맷 및 주제 분석. 2006 선거방송 토론백서. 159-169

______(2004). 대통령 후보의 텔레비전 토론이 후보 이미지 변화에 미치는 효과:16대 대통령선거 후보토론회 패널조사연구. 한국언론학보. 48-2, 346-372

이강형, 김춘식, 양승찬, 권혁남(2004). 후보 결정에 대한 TV토론의 영향력에 있어서 정치환경의 역할: 제17대 국회의원 선거 캠페인. 한국방송학보 18-3, 51-90

이건혁(2002). 미디어 프레임이 부정 감정, 정치 냉소, 그리고 정치 효능성에 미치는 영향. 한국언론학보, 46-3, 252-288.

이경호(2006). 방송사에서 바라본 TV토론. 2006 선거방송 토론백서, 192-198

이동훈·김원용 (2012). ≪프레임은 어떻게 사회를 움직이는가: 프레임 이론과 커뮤니케이션≫. 서울: 삼성경제연구소

이민웅 외(2004). ≪대통령 탄핵 관련 TV 방송 내용분석≫. 서울: 한국언론학회.

이민웅 (1996).『한국 TV저널리즘의 이해』. 서울: 나남

이상철(2002). 한국의 민주주의와 텔레비전 선거 토론: 유권자 공공 교육에 관한 현안. 한국방송영상 산업진흥원 주최 세미나 발표논문. 서울 목동 방송회관, 7월 12일.

이수범·강현곤(2013). 국내 일간지의 트위터 이슈에 관한 보도 프레임 분석: 정치적 소통과 여론 형성이라는 관점을 중심으로. ≪한국언론학보≫, 57권 1호, 28-53.

이영배(2006). 선거토론!!! 이제 양보다 질이다. 2006 선거방송 토론백서. 199-209

이종수(2002). 공정선거 TV토론 모델연구. 방송위원회, 공정선거방송 모델연구, 69-169.

이재호(1997). 제 15대 국회의원 선거보도에 대한 언론인의 현실인식 및 평가에 관한 연구, 김원룡 외, 한국선거보도연구(서울:박영률출판사)

이정춘(2000). 사회갈등과 방송의 사회적 기능. 한국언론학회 주최 '사회갈등과 방송의 역할' 세미나 발표논문, 2000년 9월.

이준웅(2006). 후보자 방송토론 포맷과 유권자의 토론 평가. 한국언론학회 정치커뮤니케이션연구회 '제 4차 정치커뮤니케이션 콜로키움' 발표논문.

이준웅(2005). 비판적 담론 공중의 등장과 언론에 대한 공정성 요구: 공정한 담론 규범 형성을 위하여. ≪방송문화연구≫, 17권 2호., 139-172.

이준웅(2003). 텔레비전 토론이 후보 이미지, 이슈 근접성, 후보에 대한 태도에 미치는 영향.『성곡논총』. 34권 2호. 285~332.

이준웅 (2002). 2002년 대통령 선거와 언론: 신문의 영향력 저하에 대한 설명. 한국언론재단/한국기자협회/PD연합회/한국언론법학회/인터넷신문협회 주최 세미나 발표논문. 2003년 2월 14일.

______(1999). 텔레비전 토론의 정치적 영향력:제 15대 대통령선거를 중심으로. 한국방송학보, 12권, 253-297.

이준웅(1998). 후보 이미지의 정치적 영향력에 대한 사회인지론적 설명: 15대 대통령 선거를 중심으로.『한국언론학보』, 43권 2호, 243~284.

이준웅·이상철·이귀혜·유정아·장윤재·김현석 (2007). 공공 화법과 토론 교육이 의사소통 능력, 토론 효능감, 시민성에 미치는 효과.『한국언론학보』, 51(1): 144-171.

이창현(2008). 공정성 관련 방송심의를 둘러싼 사회적 갈등 분석: 〈PD수첩〉과 촛불시위 관련 프로그램의 심의를 중심으로. ≪방송통신연구≫, 통권 67호, 45-68.

이창현(2004). 방송위원회 심의규정의 현황분석과 개선을 위한 정책연구. ≪사회과학연구≫, 17집, 125-138.

이효성(2003). 제16대 대통령선거방송토론위원회 운영과 평가. 제16대 대통령선거방송토론위원회/중앙선거관리위원회 주최 세미나 발표 논문. 제주 KAL호텔.

이효성, 허경호(2004). 미디어 이용이 정치 지도자 평가와 정당지지에 미치는 효과. 한국방송학보, 18(4), 191-226.

이효성(2003). 대중매체와 인터넷 이용이 16대 대선 관심과 후보인지도에 미치는 영향에 대한 고찰. 『한국방송학보』, 17권 4호, 7~36.

장낙원 (2014). 온라인 디디어와 정치적 집단 극화. 『한국언론학회』, 2014 가을철 학술대회 발표논문.

전주MBC(1998). '1998전북인의 의식조사(전주:새벽출판사).

전혜진(2016). 정치적 지지성향과 미디어 이용, 이용밀도의 제3자 효과 연구: 2012 국가정보원 대선 개입 보도를 중심으로. 고려대학교 대학원 박사학위논문(미간행).

정대화. 16대 대선의 특징과 결정요인. 교수 7단체 주최, 2002년 대통령선거 평가토론회 발표논문. 2002년 12월 23일.

정성은·박애진·문신일(2014). 지지후보 우세 여부에 따른 선거 여론조사 보도의 영향력 지각 변화 : 2012년 한국 대통령선거 상황을 이용한 실험 연구. 〈한국언론학보〉, 58(2), 365-395.

정성은·이원지(2012). 제삼자 지각 가설의 재구성: 메시지 강도, 관련 지식 보유 정도, 기존 태도를 중심으로. 〈한국언론학보〉, 56(5), 323-349.

정성호(2004). 선거와 정치 커뮤니케이션의 역할. 17대 총선과 미디어선거. 정치커뮤니케이션학회 발표논문.

정성호(2003). TV토론이 유권자의 인지변화에 미치는 영향에 관한 연구. 한국언론학보. 47-6, 220-248.

정일권·김지현·이연주(2009). 여론조사 보도가 여론지각과 의견표명에 미치는 효과에 관한 연구: 성형수술을 중심으로. 〈스피치와 커뮤니케이션〉, 11, 157-194

정창화 외(2008). 제 18대 국회의원선거 선거방송토론 개최결과 평가. 단국대학교 산학협력단

조성대(2002). 대통령 선거 TV토론과 민주주의:미국의 경험을 통해 본 한국 선거TV토론의 전망. 한국언론연구원, 저널리즘 평론 11호(통권 12호), 11-54.

중앙선거방송토론위원회(2008). 2008 선거방송 토론백서

중앙선거방송토론위원회(2006). 2006 선거방송 토론백서

중앙선거방송토론위원회(2004). 해외 선거방송과 TV토론

최서영. 대통령선거보도 어제와 오늘.『신문과 방송』, 1987년 11월호, 1987년 11월호

최영재·홍성구(2004). 언론 자유와 공정성.≪한국언론학보≫, 48권 6호, 326 342.

최영재(2012. 12. 13). 어느 공영방송의 대선보도 중 인용방식 판단 어려워. ≪서울신문≫, 30.

최윤정·이종혁 (2012). 인터넷 토론에서 이견(異見) 노출이 정치적 관용에 이르는 경로 분석: 의견 조정과 의견 공고화를 중심으로. 한국언론학보』, 56(2): 302-330.

최한수 (2005).『한국선거정치론』. 서울: 문왕사

황용석(2004). 인터넷 언론의 범주와 법적 쟁점에 대한 전문가조사결과, 한국언론재단 주최 세미나 발표 논문, 2004년 4월 2일.

Aalberg T, Stromback J and De Vreese CH (2012). The framing of politics as strategy and game: A review of concepts, operationalizations and key findings. Journalism 13(2): 162.178.

Alger, D. E.(1996). The media and politics. 2nd, ed., (NY : Wadsworth).

Altheide, David L.(2013). Media Logic, Social Control, and Fear. Communication Theory, 23. 223238

Anderson, M.R.(2010). Community psychology, political efficcy, and trust. Political Psychology, 31(1), 51-84.

Ansolabehers, S. and S. Iyenger (1995). *Going Negative: How Political Ads Shrink and Polarize the Electorate*. New York: Free Press.

Ansolabehere, S. et als.(1993). The Media game:American Politics in the Teleision age(NY:MacMillan Publishing).

Atkin, C. K. (1972). Anticipated communication and mass media information seeking. Public Opinion Quarterly, 36, 188~199.

Auer J.J.(1962). The counterfeit debates. in S. Kraus(ed.), The great debates:Background, perspective, effects(Bloomington, IN:Indiana University Press), 142-150.

Austin, E.W., B.E.Prinkleton(1995). Positive and negative effects of political disaffection on the Less Experienced Voter, Journal of Broadcasting and Electronic Media 39:215-235.

Bandura, A. (1986). *Social foundations of thought and action: A social cognitive theory*. Englewood Cliffs, NJ: Prentice Hall.

Banning, S. A. (2006). Third-Person effects on Political Participation. *J & MC Quarterly*, 83(4), 785-800

Banning, S. Sweeter, K. (2007). How much do they think it affects them and whom do they believe?: comparing the third-person effect and credibility of blogs and traditional media. *Communication Quarterly*, 55(4), 456-466.

Barabas, J., (2004). How deliberation affects policy opinions. *American Politcal Science Review*, 98: 687-701.

Baukus,R.A.(1999). Perception of mediated social conflict:Media dependency and involvement. M.S.Mander(ed.), Framing Friction(89-124). Il:University of Illinois Press.

Beaumont, E.(2011). Promoting political agency, addressing political inequality: A Multilevel model of internal political efficacy. Journal of Politics, 73(1), 216-231.

Becker, Lee B. and D. Charles Whitney(1980). Effects of media Dependencies: Audience Assessments of government. *Communication Research* 7: 95-120.

Bennett, W. L.(2009). News:The Politics of Illusion, 3rd. 유나영 옮김, ≪뉴스, 허깨비를 좇는 정치≫. 서울:책보세, 2009.

Benoit, W. L., & Hansen, G. J. (2004). Presidential debate watching, issue knowledge, character evalutaion, and vote choice. *Human Communication Research*, 30, 121~144.

Benoit, W. J., Webber, D., & Berman, Jr. (1998). Effects of ideology and presidential debate watching and ideology on attitudes and knowledge. *Argumentation and Advocacy*, 34, 163~172.

Berglez, Peter(2011). Inside, outside, and beyond media logic: journalistic creativity in climate reporting. Media, Culture & Society, 33(3) 449465

Bettig, R.V.(1999). Who Owns Prime Time? Industrial and Institutional Conflict over Television Programming and Broadcast Rights(125-160). M.S.Mander(ed.), Framing Friction. Il: University of Illinois Press.

Binder, A. R., Dalrymple, K. E., Brossard, D., and Scheufele, D. A., (2009). The soul of a polarized democracy. *Communication Research*, 36(3): 315-340.

Bishop, G. F., Oldendick, R. W., & Tuchfarber, A. J. (1978). The presidential debates as a device for increasing the "rationality" of election behavior. In G. F. Beshop, R. G.

Blumler, J. G., & Kavanagh, D. (1999). The third age of political communication: Influences and features. *Political Communication*, 16(3), 209230.

Bowen, Lawrence, Keith Stamm and Fiona Clark(2000). Television Reliace and Political Malaise: a Contingency Analysis. *Journal of Broadcasting and Electronic Media* 44: 1-15.

Brants K and Van Praag P (2007). From accommodation to professionalisation? The changing culture and environment of Dutch political communication. In: Negrine RM (ed.) The Professionalisation of Political Communication. Bristol: Intellect Books, pp. 97.110.

Brehm, J., & Rahn, W. (1997). Individual-level evidence the cause and consequences of social capital. *American Journal of Political Science*, 41, 999~1023.

Broh CA (1980). Horse-race journalism: Reporting the polls in the 1976 presidential election. Public Opinion Quarterly 44(4): 514.529.

Bucy EP and Grabe ME (2007). Taking television seriously: A sound and image bite Analysis of presidential campaign coverage, 19922004. *Journal of Communication* 57(4): 652675.

Bryant, J., & Miron, D. (2004). Theory and research in mass communication. *Journal of Communication*, 54(4), 662704.

Capella, J. N., Price, V., and Nir, L.(2002). Argument repertoire as a reliable and valid measure of opinion quality: Electronic dialogue during campaign 2000. *Political Communication*, 19: 73-93.

Cappella, J.N., K.H. Jamieson(1997). Spiral of Cynicism:The press and the Public good(NY:Oxford Univ. Press).

Cappella, J. & K. H. Jamieson(1996). News frames, political cynicism, and media cynicism. Annals of the American Academy of Political and Social Science, 546, pp. 71~84.

Carlin, D.(2002). Televised Debates and Citizen Engagement. 한국방송영상 산업진흥원 주최 세미나 발표논문, 서울 목동 방송회관, 7월 12일.

Chaffee, S. H., Saphir, M. N., Graf, J., Sandvig, C., and Hahn, K. S. (2001). Attention to counter-attitudinal messages in a state election campaign. *Political Communication*, 18: 247-272.

Chapin, J. R. (2008). Third-person perception and racism. *International Journal of Communication*, 2, 100107.

Chen, H., Wu, Y., & Atkin, D. J. (2015), Third person effect and Internet pornography in China. *Telematics and Informatics*, 32. 823833

Chen, Kevin(1992). *Political Alienation and Voting Turnout in the United States*, 1960-1988. San Francisco: Mellen Research University Press.

Chia, S. C., Lu, K. H., & McLeod, D. M. (2004). Sex, lies, and video compact disc a case study on third-person perception and motivations for media censorship. *Communication Research*, 31, 109130.

Chyi, H.I., L, A. M., Holton, A. E. (2016). Examining the Third-Person Perception on News Consumers' Intention to Pay. *Electronic News*, 10(1), 24-44

Chong, D., and J. N. Druckman(2007). Framing Theory. Annual Review of Political Science 10:103-26.

Citrin, J.(1974). The Political Relevance of Trust in Government. *American political Science Review* 68:973-88.

Cohen, J., & Tsfati, Y. (2009). The influence of presumed media influence on strategic voting. *Communication Research*, 36, 359378.

Cohen, A., Adoni H. & Bantz R.(1990). Social Conflict and Television News. CA: Sage.

Conway, M. M. (1985). Political Participation on the United States. New York: A Division of Congressional Quarterly Inc.

Corbett, M. (1982). *Political Tolerance in America: Freedom and Equality in Public Attitudes*. New York: Longmans.

Coser, L.A.(1956). The Functions of Social Conflict. IL.:Longman.

Crespi, I.(1980). Polls as Journalism. POQ,Vol.44, 462-476.

Dahlgren,P.(1999). Television News Narrative. M.S.Mander(ed.), Framing Friction(189-214). Il: University of Illinois Press.

Davis, R., & Owen, D. (1998). New media and American politics. New York: Oxford University Press.

Davison, W. P. (1983). The third-person effect in communication. *Public Opinion Quarterly*, 47(1), 115.

de Vreese,C.H. (2005). The spiral of cynicism reconsidered. European Journal of Communication, 20, 283-301.

de Vreese, C. H.(2004). The Effects of Strategic News on Political Cynicism, Issue Evaluation, and Policy Support: A Two- wave Experiment. *Mass communication and Society* 7(2):191-214.

de Vreese, C. H., and M. Elenbass(2008). Media in the Game of Politics: Effect of Strategic Metacoverage on Political Cynicism. Harvard International Journal of Press/Politics 13(3):285-309.

de Vreese, C. H., & Semetko, H. A. (2002). Public perception of polls and support for restrictions on the publication of polls: Denmark's 2000 euro referendum. *International Journal of Public Opinion Research*, 14(4), 367390.

Dineen, J. N. (2001). The impact of political participation on political tolerance in America. Doctoral Dissertation. University of Connecticut.

Djupe, P. A., and Brian R. Calfano. (2012). American muslim investment in civil society: Political discussion, disagreement, and tolerance., *Political Research Quarterly*, 65(3): 516-528.

Dunaway, J. and R. M. Stein(2013). Early Voting and Campaign News Coverage. *Political Communication*, 30:278296.

Erber, R., and R. R. Lau(1990). Political Cynicism Revisited: An Information-processing Reconciliation of Policy-Based Interpretations of Changes in Trust in Government. *American Journal of political Science Review* 34:236-53.

Erickson,C., and D.Mitchell(1996). "Information on strike and union settlements: Patterns of coverage in a 'Newspaper of record.". Industrial and Labor Relations Review 49(3):393-407.

Eshbaugh-soha, M.(2010). The Tone of Local Presidential News Coverage. *political Communication*, 27:121140,

Esser F (2008). Dimensions of political news cultures: Sound bite and image bite news in France, Germany, Great Britain, and the United States. *International Journal of Press/Politics* 13(4): 401428.

Finkel, S. E. and J. G. Greer (1998). A Sport Check : Casting Doubt on the Demobilizing Effect of Attack Advertisement. *American Journal of Political Science* 42(2): 573-95

Fletcher,C.(1999). "Through Me You'll Live":Impasse vs. Identification in Hostage Negotiation. M.S.Mander(ed.), Framing Friction(256-272). Il:University of Illinois Press.

Flynn,F.J.(2000). No news is Good news:The relationship between media and strike duration. Industrial Relations, Vol.39, No.1:139-160.

Freedman, P., & Goldstein, K. M. (1999). Measuring media exposure and the effects of negative campaign ads. American Journal of Political Science, 43, 1189-1208.

Galtung J and Ruge MH (1965). The structure of foreign news. Journal of Peace Research 2(1): 64.91.

Garramone, G.M., C.K.Atkin, B.E.Pinkleton, and R.T.Cole(1990). Effects of Negative advertising on the Political Process, Journal of Broadcasting and Electronic Media 34-2, 308-320.

Gastil, J., and Dillard, J. P. (1999). Increasing political sophistication through public deliberation. *Political Communication*, 16(1): 3-23.

Gershon, S. A.(2012). Press Secretaries, Journalists, and Editors: Shaping Local Congressional News Coverage. *Political Communication*, 29:160183.

Gibson, James L. (1987). Homosexuals and the Ku Klux Klan: A contextual analysis of political tolerance. *Western Political Quarterly*, 40: 427-448.

______________.(2013). Measuring political tolerance and general support for pro-civil liberties policies notes, evidence, and caustions. *Public Opinion Quarterly*, 77(Special Issue): 45-68.

Gitlin, T.(1978). Media Sociology:The decline of the dominant paradigm. Theory and Society 6, 205-245.

Glynn, C. J., & Ostman, R. E. (1988). Public opinion about public opinion. *Journalism Quarterly*, 65, 299-306.

Golan, G. J., Banning, S. A., & Lundy, L. (2008). Likelihood to vote, candidate choice, and the third-person effect behavioral implications of political advertising in the 2004 presidential election. *American Behavioral Scientist*, 52, 278290.

Gollin, A.E.(1980). Exploring the liaison between polling and the press. POQ, vol.44, 445-461.

Graber, D.(1993). Mass Media and American Politics(Washington, D.C.:Congressional Quarterly Inc.,).

Guggenheim,L., N.Kwak and S.W.Campbel(2011). Nontraditional news negativity:The relationship of entertaining political news use to political cynicism and mistrust. International Journal of Public Opinion Research, Vol. 23 No.3, 287-314.

Gunther, A. C. (1995). Overrating the X-rating: The third-person perception and support for censorship of pornography. *Journal of Communication*, 45(1), 2738.

Gunther, A. C., & Thorson, E. (1992). Perceived persuasive effects of product commercials and public service announcements: Third-person effects in new domains. *Communication Research*, 19, 574596.

Hallin, Daniel(1992). "Sound Bite News: Television Coverage of Elections," Journal of Communication. Spring.

Hellweg, S.S., Michael Pfau, and S.R.Brydon(1992), Televised Presidential Debates(NY:Praeger)

Hess, R. D. (1971). The acquisition of feelings of political efficacy in pre-adults. In A. Gilbert & Soule, J. W. (Eds.), *Social Psychology and political behavior: Problems and prospects*(pp.58~78).

Hoorens, V., & Ruiters, S. (1996). The optimal impact phenomenon: Beyond the third person effect. *European Journal of Social Psychology*, 26, 599610.

Hopmann, David Nicolas, Claes H. de Vreese & Erik Albaek, (2011). Incumbency Bonus in Election News Coverage Explained: The Logics of Political Power and the Media Market. Journal of Communication 61, 264282,

Hopmann, David Nicolas, Rens Vliegenthart, Claes De Vreese and Erik Albaek(2010). Effects of Election News Coverage: How Visibility and Tone Influence Party Choice. *Political Communication*, 27:389405,

Horan, P. M. (1971). Social position and political cross-pressure: A re-examination. *American Sociological Review*, 36(august): 650-660.

Huckfeldt, R., Mendez, J. M., and Osborn, T. (2004). Disagreement, ambivalence, and engagement: The political consequences of heterogeneous networks. *Political Psychology*, 25(1): 65-95.

Idid, S. A., & Souket, R.(2014). Effects of Political Campaign Materials on Party and Non-Party Voting Supporters. *Asian Journal for Public Opinion Research*, 1(4), 307-344

Iyengar S, Norpoth H and Hahn KS (2004). Consumer demand for election news: The horserace sells. Journal of Politics 66(1): 157.175.

Jackson, Dan(2011). Strategic Media, Cynical Public? Examining the contingent effects of Strategic news frames on political cynicism in the United Kingdom. International Journal of press/politics, 16-1, 75-101.

Jacobson, Gary C.(2005). "Polarized Politics and the 2004 Congressional and Presidential Elections", Political Science Quarterly, Vol. 120, No. 2, 199-218.

Jamieson, K. H. et als. (1993). 1-800-President(New York:The Twentieth Century Fund Press).

Jamieson,K.H., K.K.Campbell (1992). The Interplay of Influence News, Advertising, Politics and the Mass Media. Belmont, Calf.:Wadsworth.

Jamieson KH (1992). Dirty Politics: Deception, Distraction, and Democracy. Oxford: Oxford University Press.

Jang, S-J. (2009). Are diverse political networks always bad for participatory democracy?: Idifference, alienation, and political disagreements. *American Politics Research*, 37(5): 879-898.

Jennings, Bruce(1987). Media Coverage of Congressional Elections: An Ethical Perspective. in J.P.Vermeer(ed), Campaigns in the News-Mass media and Congressional Elections(NY:Greenwood Press, 1987):183-198.

Johansson, B. (2005). The third-person effect: Only a media perception?. *Nordicom Review*, 26, 8194.

Johnson, T.J. and B.k. kaye (1998). Cruising is Believing? Comparing Internet and Traditional Sources on Media Credibility Measures. *Journalism and Mass Communication Quarterly* 75(2): 325-40.

Jun, Najin (2014). Political tolerance and encountering political diversity in strong ties and weak ties. 『한국언론학보』, 58(4): 129-156.

Jun, Najin (2013). Is possible tolerance always conducive to democracy?: The implication of political tolerance for deliberative democracy and participative democracy? 한국언론학회 2013년 봄철 학술대회 발표논문.

Kahn, K. F., & Kenney, P. J.(1999). Do negative campaigns mobilize or suppress turnout? Clarifying the relationship between negativity and participation. The American Political Science Review, 93, 877-889.

Kaid, L.L., M.s. McKinney and J.C. Tedesco (2004). Political Information Efficacy and Young Voters. paper presented at the National Communication Association Conference, Chicago, November.

Kaid, L.L. (2002) 'Political Advertising and Information Seeking: Comparing the Exposure Via Traditional and Internet Media Channels', Journal of Advertising 31(1): 27-35

Kaid, L.L., M.s. McKinney and J.C. Tedesco (2000) *Civic Dialogue in the 1996 Presidential Campaign: Candidate, Media, and Public Voices*. Cresskill: Hampton Press.

Kanihan, S. F., & Chaffe, S. H. (1996). Situaional influence of political involvement on information seeking : A field experiment. Paper presented at the meeting of the Association for Education in Jouralism and Mass Communication, Anheim, CA.

Kerbel, M. R., S. Apee, and M. H. Ross(2000). PBS Ain't So Different Public Broadcasting, Election Frames, and Democratic Empowerment. Harvard International Journal of Press/Politics 5(8):8-32.

Kim, H., Tinkham, S. F., & Lariscy, R. W.(2007). Public policies and political advertising: What do source disclosure, message valence, and repetition achieve? Paper presented at the annual conference of the Marketing and Public Policy, Washington, DC.

Knoke, D. (1990). *Political Networks: The Structural Perspective*. New York: Cambridge University Press.

Kogut, T., & Beyth-Marom, R. (2008). Who helps more? How self-other discrepancies influence decisions in helping situations. *Judgment and Decision Making*, 3, 595606.

Kraus, S. (2000). Televised Presidential Debates and Public Policy(2nd.), (Mahwah: New Jersey, Lawrence Erlbaum Associates).

Kraus, S. (1988). *Televised presidential debates and public policy*. Hillsdale, NJ: Lawrence Erlbaum.

Kriesberg, L.(1973). The Sociology of Social Conflicts. Eaglewood Cliffs,N.J.: Prentice-Hall.

Kriesi H (2012). Personalization of national election campaigns. Party Politics 18(6): 825.844.

Kwak, N., Willams, A. E., Wang, X., and Lee, H. (2005). Talking politics and engaging politics: An examination of the interactive relations between structural features of political talk and discussion engagement. *Communication Research*, 32(1) :87-111.

Lange, B. and D.Ward(eds.)(2004). The Media and Elections(NJ:Lawrence Ealbaum Associates, Publishers),

Lariscy,R.W., Tinkham,S.F., and Sweetser, K.D. (2011). Kids these days:Examining differeneces in political uses and gradifications: Internet political participation, Political information efficacy, and cynicism on the basis of age. American Behavioral Scientist, 55(6), 749-764.

Lassen, D.D., Serritzlew, S.(2011). Jurisdiction size and local democracy:Evidence on internal political efficacy from large-scale municipal reform. American Political Science Review, 105(2), 238-260

Latimer,M.K.(1984). Policy Issues and Personal Images in Political Advertising in a State Election. Journalism Quarterly, vol.61, 776-784.

Lavrakas, P., Holley, J., & Miller, P. (1991). Public reactions to polling news during the 1988 president election campaign. In P. Lavrakas & J. Holley(Eds.), *Polling and presidential election coverage*(pp. 151183). Newbury Park, CA: Sage.

Lazarsfeld, P. Berelson, B., and Gaudet, H.(1944/1968). The People's Choice. New York: Columbia

University Press.

Lee, B., & Tamborini, R. (2005). Third-person effect and Internet pornography: The influence of collectivism and Internet self-efficacy. *Journal of Communication*, 55, 292310.

Lee, J. K., Choi, J., Kim, C. and Kim, Y. (2014). Social media, network heterogeneity, and opinion polarization. *Journal of Communication*.

Lemert, J. B., Wanta, W., & Lee, T.(1999). Party identification and negative advertising in a U.S. Senate election. *Journal of Communication*, 49, 123-134.

Lengauer G, Esser F and Berganza R (2012). Negativity in political news: A review of concepts, operationalizations and key findings. Journalism 13(2): 179.202.

Leshner G., & Thorton, E.(2000). Overreporting Voting: Campaign media, public mood, and the vote. *Political Communication*, 17, 263~278.

Lazitski, Olga(2014). Media Endarkenment: A Comparative Analysis of 2012 Election Coverage in the United States and Russia. American Behavioral Scientist, Vol. 58(7) 898927.

Lo, V. H., Wei, R., Lu, H. Y., & Hou, H.Y.(2015). Perceived Issue Importance, Information Processing, and Third-Person Effect of News about the Imported U.S. Beef Controversy. *International Journal of Public Opinion Research*, 27(3), 341-360

Lo, V. H., & Wei, R. (2002). Third-person effect, gender, and pornography on the Internet. *Journal of Broadcasting & Electronic Media*, 46, 1333.

Mander,M.S.(1999) (ed.). Framing Friction. Il:University of Illinois Press.

McLeod, D. M., Detenber, B. H., & Eveland, W. P. (2001). Behind the third-person effect: Differentiating perceptual processes for self and other. *Journal of Communication*, 51, 678695.

McLeod,J.M., D.G. McDonald(1985). Beyond simple exposure:Media orientations and their impact on political processes, Communication Research, 12:3-34.

McNicholas, A., D.Ward. United Kingdom, B.Lange and D.Ward(eds.)(2004), The Media and Elections(NJ:Lawrence Ealbaum Associates,Publishers), pp.145-163.

McKinney, M.S. and S. Chattopadhyay,(2007). Political Engagement through Debates: Young

Citizens' Reactions to the 2004 Presidential Debates. *American Behavioral Scientist* 50: 1169-82.

McKinney, Mitchell S.(2002). The Evolution of Presidential Debates in the United States:Responding to Citizen Needs. 한국방송영상 산업진흥원 주최 세미나 발표논문, 서울 목동 방송회관, 7월 12일.

Miller, A. H. (1974). Political Issue and Trust in Government: 1964-1970. *American Political Science Review* 68(3): 951-72.

Miller, A. H., E.N. Goldenberg and L. Erbring (1979). Type-set Politics: Impact of Newspapers on Public Confidence. *American Political Science Review* 73(1): 67-84.

Morris, J., and R. A. Clawson(2005). Media Coverage of Congress in the 1990s: Scandals, Personalities, and the Prevalence of Policy and Process. Political Communication 22(3):297-313.

Moss,P.D. (1999). Conflict and Containment in Television News:A Case Study. M.S.Mander(ed.), Framing Friction(161-188). Il:University of Illinois Press.

Moy, P., M.A. Xenos and V.K. Hess (2005). Communication and citizenship:Mapping the political Effects of Infortainment. *Mass Communication & Society* 8: 111-31.

Mutz, D. C. (2006). *Hearing The Other Side: Deliberative Versus Participatory Democracy*. New York: Cambridge University Press.

Mutz, D. C. (2002). Cross-cutting social networks: Testing democratic theory in practice. *American Political Science Review*, 96: 111-126.

Nelson, T., Clawson, R., & Oxley, Z. (1997). Media framing of a civil liberties conflict and its effect on tolerance. *American Political Science Review*, 91, 567-583.

Neuwirth, K., Frederick, E., & Mayo, C. (2002). Person-effects and heuristic-systematic processing. *Communication Research*, 29(3), 320-359.

Noelle-Neumann, E.(1980). The public opinion research correspondent. POQ, Vol.44, 585-597

Norris, Pippa(2000). *A Virtuous Circle*. Cambridge :Cambridge University Press.

Neuzil, M., W.Kovarik(1996). Mass Media & Environmental Conflict. London:Sage Publication.

Ostreud, S.(1999). Toward a Pragmatic Understanding of Television Reception. M.S.Mander(ed.), Framing Friction(215-255). Il:University of Illinois Press.

Paletz, D.L. et als.(1980). Polls in the media:Content,credibility,and consequences. POQ,vol.44, 495-513.

Patterson, T. E.(2000). The United States :News in a Free- market society, in R. Gunther & A. Mughan(eds.), 『Democracy and the Media』, Cambridge :Cambridge University Press, pp. 241~265

Patterson, T.E.(1996). Bad News, Period, political Science & Politics(March, 29-1):17-30.

Patterson, T.(1994). Out of Order(NY:Vintage).

Patterson, Thomas E.(1980). The Mass Media Election: How Americans Choose Their President (New York:Praeger).

Perloff, R. M. (2009). Mass media, social perception, and the third-person effect. In J. Bryant & M. B. Oliver (Eds.), *Media effects: Advances in theory and research* (pp. 252268). New York, NY: Routledge.

Pfau, M. (1984). A comparative assessment of intra-party political debate formats. *Political Communication Research*, 8, 1-233.

Pingree,R.J.(2011). Effects of unresolved factual disputes in the news on epistemic political efficacy. Journal of Communication, 61, 22-47

Pinkleton, Bruce E. and Erica Weinstraub Austin(2004). Media perceptions and Public Affairs Apathy in the Politically Inexperienced. *Mass Communication and Society* 7: 319-337.

Pinkleton, B. E., Austin, E. W.(2001). Individual motivation, perceived media importance, and political disaffection. *Political Communication*, 18, 321~334.

Pinkleton, B. E., Austin, E. W., & Fortman, K. K. J. (1998). Relationships of madia use and political disaffection to political efficacy and voting behavior. *Journal of Broadcasting & Electronic Media*, 42(1), 34-49.

Plasser, F., & Plasser, G. (2002). *Global political campaigning: A worldwide analysis of campaign professionals and their practices*. Westport, CT: Praeger.

Pool, I., Abelson, R. P., and Popkins, S. (1965). *Candidates, Issues and Strategies*. Cambridge: MIT Press.

Price, V., & Stroud, N. J. (2005). Public attitudes toward polls: Evidence from the 2000 U.S. presidential election. *International Journal of Public Opinion Research*, 18(4), 393421.

Price, V., & Tewksbury, D. (1996). Measuring third-person effect of news: The impact of question order, contrast and knowledge. *International Journal of Public Opinion Research*, 8, 120-141.

Prinkleton, B.E., E.W.Austin, K.J.Fortman(1998). Relationships of media use and political disaffection to political efficacy and voting behavior, Journal of Broadcasting and Electronic Media 42-1(Winter):34-50

Rahn, W. M., & Hirshorn, R. M(1999). Political advertising and public mood : A study of children`s political orientations. Political Communication, 16, 387-407.

Ramírez, Claudia Zilli and Maykel Verkuyten (2011). Values, media framing, and political tolerance for extremist groups. *Journal of Applied Social Psychology*, 41(7): 1583-1602.

Rhee, J. W. (1997). Strategy and Issue Frames in Election Campaign Coverage: A Social Cognitive Account of Framing Effects. Journal of Communication 47(3):26-48.

Robinson, M.(1976). Public affairs television and the growth of political malaise: The case of the selling of the Pentagon, American Political Science Review, vol.70:409-432

Rogers, E,M,(2004). 정치커뮤니케이션의 이론적 다양성, 송종길, 이호영 옮김, ≪현대 정치커뮤니케이션≫, 서울:커뮤니케이션북스, 2007, 11-32. (원저 출판년도, 2004).

Rojas, H. (2010). "Corrective" actions in the public sphere: How perceptions of media and media effects shape political behaviors. International Journal of Public Opinion Research, 22(3), 343-363.

Rojas, H., Shah, D. V., & Faber, R. J. (1996). For the good of others: Censorship and the thirdperson effect. *International Journal of Public Opinion Research*, 8, 163186.

Roser, C.(1990). Involvement, attention, and perceptions of message relevance in the response to persuasive appeals. *Communicaion Research*, 17, 571~600.

Saito, S. (2008). Television and political alienation:Does television news induce political cynicism and inefficacy in Japan. International Journal of Japanese Sociology, No.17, 101-113.

Scheufele, D. A., Hardy, B. W., Brossard, D., Waismel-Manor, I. S., and Nisbet, E. C. (2006). Democracy based on difference: Examining the links between structural heterogeneity, heterogeneity of discussion networks, and democratic citizenship. *Journal of Communication*, 56: 728-753.

Scheufele, D. A., Nisbet, M. C., and Brossard, D. (2003). Pathways to political participation? Religion, communication contexts, and mass media. *International Journal of Public Opinion Research*, 15(3): 300-324.

Sears, D. O., & Chaffee, S. H. (1979). Uses and effects of the 1976 debates: An overview of empirical studies. In Kraus, S.(Ed.), *The great debates: Carter vs. Ford*, 1976(pp. 223~261). Bloomington: Indiana University Press.

Shah, D. V., Faber, R. J., & Youn, S. (1999). Susceptibility and severity: Perceptual dimensions underlying the third-person effect. *Communication Research*, 26, 240-267.

Simmel,L.(1973). The Sociology of Social Conflicts. Eaglewood Cliffs,N.J.:Prentice-Hall.

Skorkjaer Binderkrantz, A., and C. Green-Pedersen.(2009). Policy or Processes in Focus? Harvard International Journal of Press/Politics 14:166-85.

Spanje, J.V. and Claes H. de Vreese(2014). Europhile Media and Eurosceptic Voting: Effects of News Media Coverage on Eurosceptic Voting in the 2009 European Parliamentary Elections. *Political Communication*, 31:325354.

Stouffer, S. A. (1955). *Communism, Conformity and Civil Liberties: A Cross-section of the Nation Speaks Its Mind*. Gloucester. MA: Peter Smith.

Strama, M. (1998). Overcoming Cynicism : Youth Participation and Electoral Politics. *National Civic Review* 87(1) : 71-7.

Strohm, S.M.(1999). The Black Press and the Black Community:The LosAngeles Sentinel's Coverage of the Watts Riots. M.S.Mander(ed.), Framing Friction(58-88). Il:University of Illinois Press.

Stroud,N.J., Stephens,M. and Pye,D.(2011). The influence of debate viewing context on political cynism and strategic interpretations. American Behavioral Scientist, 56(3), 270-283.

Strömbäck J and Dimitrova DV (2011). Mediatization and media interventionism: A comparative analysis of Sweden and the United States. The International Journal of Press/Politics 16(1): 3049.

Strömbäck J and Esser F (2009). Shaping politics: Mediatization and media interventionism. In: Lundby K (ed.) Mediatization: Concept, Changes, Consequences. New York: Peter Lang, pp. 205223.

Strömbäck, Jesper and Óscar G. Luengo(2008). Polarized Pluralist and Democratic Coporatist Models:A Comparison of Election News Coverage in Spain and Sweden. The International Communication Gazette, VOL. 70 NO. 6: 547-562

Strömbäck, J. (2008). Four phases of mediatization: An analysis of the mediatization of politics. *International Journal of Press/Politics*, 13(3), 228246.

Strömbäck, J. (2007). Marketplace of ideas and marketplace of money. A study of commercialism and the Swedish election news coverage in 1998 and 2002. *Nordicom Review*, 28(Jubilee Issue), 51-61.

Sullivan, J., and Transue, J. E. (1999). The psychological underpinnings of democracy: A selective review of research on political tolerance, interpersonal trust, and social capital. *Annual Review of Psychology*, 50: 625-650.

Sullivan, J. L., Piereson, J., and Marcus, G. E. (1979). An alternative conceptualization of political tolerance: Illusory increases 1950s-1970s. *American Political Science Association*, 73(3): 781-794.

____(1982). *Political Tolerance and American Democracy*. Chicago, IL:University of Chicago Press.

Sun, Y., Pan, Z., & Shen, L. (2008). Understanding the third-person perception: Evidence from a meta-analysis. *Journal of Communication*, 58, 280300.

Sweetser,K.D., L.L.Kaid(2008). Stealth soapboxes:political information efficacy, cynicism and uses of celebrity weblogs among readers. New media and Society, vol 10: 67-91

Taber, C. S., and Lodge, M. (2006). Motivated skepticism in the evaluation of political beliefs. *American Journal of Political Science*, 50(3): 755-769.

Takens, Janet, Wouter van Atteveldt, Anita van Hoof and Jan Kleinnijenhuis(2013). Media logic in election campaign coverage. European Journal of Communication, 28(3) 277293

Tal-Or, N., Tsfati, Y., & Gunther, A. C. (2009). The influence of presumed media influence: Origins and implications of the third-person perception. In R. L. Nabi & M. B. Oliver (Eds.), *The SAGE handbook of media processes and effects* (pp. 99112). Thousand Oaks, CA: Sage.

Tedesco, J.C.(2011). Political information efficacy and internet effects in the 2008 U.S. presidential election. American Behavioral Scientist, 55(6), 696-713.

Tedesco, J.C and L.L. Kaid (2000). Candidate Web Sites and Voter Effects : Investigating Uses and Gratifications. paper presented at the National Communication Association Conference, Seattle, November.

Tewksbury, D., Moy, P., & Weis, D. S. (2004). Preparations for Y2K: Revisiting the behavioral component of the third-person effect. *Journal of Communication*, 54(1), 138155.

Tichenor, P.J. et als.(1999). Community Conflict and Citizen Knowledge. M.S.Mander(ed.), Framing Friction(29-57). Il:University of Illinois Press.

Tichenor, P.J.(1988). Public opinion and construction of social reality. J.A.Anderson(ed.). Communication Yearbook 11. Sage Publications, 547-554.

Tichenor, P.J., Donohue,G,A., & Olien, C.N. (1980). Community conflict and the press. Beverly Hills, CA:Sage.

Tinkham. S. F., Weaver Lariscy, R. A., Sung, Y., & Hall, A. 1.(2002). should negative political advertising be regulated? Empirical implications for “stand by your ad” legislation Paper presented to the AMA Marketing and Public Policy Conference , Atlanta, GA.

Trent, Judith S., Robert V. Friedenber.(1991) Political Campaign Communication-Principles and

Practices(NY:Praeger).

Tresch, A. (2009). Politicians in the media: Determinants of legislators' presence and prominence in Swiss newspapers. *International Journal of Press/Politics*, 14(1), 6790.

Tuchman,G.(1978). Making News:A study in the construction of reality. NY:The Free Press.

Valentino, N. A., Beckamnn, M. N., & Buhr, T. A. (2001). A spiral of cynicism for some: The contingent effects of campaign news frames on participation and confidence in government. *Political Communication*, 18(4), 347-367.

Vavreck. L.(2001). How does it all "turnout"? Exposure to attack advertising, campaign interest, and participation in American presidential elections. In L. M. Bartels & L. Vavreck(Eds.), Campaign reform : *Insights and evidence*(pp. 79-105). Ann Arbor : University of Michigan Press.

Vermeer,J.P.(1987). Congressional Campaign Coverage in Rural Districts. in J.P.Vermeer(ed), Campaigns in the News-Mass media and Congressional Elections(77-89). NY:Greenwood Press.

Viswanath, K., Kocicki, G. M., Fredin, E. S., & Park, E.(2000). Local community ties, community-boundedness and local public affairs knowledge gaps. *Communication Research*, 27, 27~50.

Viswanath, K., P.Arora(2000). Ethnic media in the United State:An Essay on their role in integration, Assimilation, and social control. Mass Communication & Society, Vol. 3(1), 39-56.

Waismel-Manor, I. and Yariv Tsfati(2011). Why Do Better-Looking Members of Congress Receive More Television Coverage?. *Political Communication*, 28:440463.

Wattenberg, M. P and C. L. Brians(1999). Negative Campaign Advertising : Demovilizer or Movilizer? *American Political Science Review* 93(4) : 891-900.

Weaver Lariscy, R. A., & Tinkham, S. F.(1999). Watching the adwatch: Does it make a difference? Should it? Paper presented to the Political Communication Division, International Communication Association, San Francisco, CA.

Weaver, D.H., M.E.McCombs(1980). Journalism and social science:A new relationship. POQ, Vol.44, 477-494.

Wei, R., & Golan, G.(2013). Political Advertising on Social Media in the 2012 Presidential Election: Exploring the Perceptual and Behavioral Components of the Third-Person Effect. *Electronic News*, 7(4). 223-242

Wei, R., Chia, S. C., Lo, V. H. (2011). Third-person Effect and Hostile Media Perception Influences on Voter Attitudes toward Polls in the 2008 U.S. Presidential Election. *International Journal of Public Opinion Research*, 23(2), 169-190

Wei, R., Lo, V. H., & Lu, H. Y. (2010). The third-person effect of tainted food product recall news: Examining the role of credibility, attention, and elaboration for college students in Taiwan. *Journalism & Mass Communication Quarterly*, 87(34), 598614.

Wei, R., Lo, V. H., & Lu, H. Y. (2008). Third-person effects of health news: Exploring the relationships among media exposure, presumed media influence, and behavioral intentions. *American Behavioral Scientist*, 52(2), 261277.

Wei, R., & Lo, V. H. (2007). The third-person effects of political attack ads in the 2004 U.S. presidential election. *Media Psychology*, 9(2), 367388.

Wei, R., Lo, V., & Lu, H. (2007). Reconsidering the relationship between the third-person effect and optimistic bias. *Communication Research*, 34, 665684.

Weimann, G.(1983). Pre-elections polls in the Israeli press. JQ,Vol.60-2, 288-292.

Wilkins, K. G. (2000). The role of media in public disengagement from political life . Journal of Broadcasting & Electronic Media, 44, 569-580.

Witte, K. (1994). Fear control and danger control: An empirical test of the extended parallel process model. *Communication Monographs*, 61(2), 113134.

Wojcieszak, M., and Price, V. (2010). Bridging the divide or intensifying the conflict? How disagreement affects strong predilections about sexual minorities. *Political Psychology*, 31(3): 315-339.

Wu, W., & Koo, S. H. (2001). Perceived effects of sexually explicit Internet context: The third-person effect in Singapore. *Journalism & Mass Communication Quarterly*, 78, 260274.

Youn, S., Faber, R. J., & Shah, D. V. (2000). Restricting gambling advertising and the thirdperson effect. *Psychology & Marketing*, 17, 633649.

Young, D. G., and R. Tisinger(2006). Dispelling Late-night Myths : News Consumption among Late-night Comedy Viewers and the Predictors of Exposure to Various Late-night Shows. *Harvard International Journal of Press-Politics* 11(3) : 113-34

Zaller, J.(2002). The Statistical Power of Election Studies to Detect Media Exposure Effects in Political Campaigns. Electoral Studies 21:297-330.

Zeh, Reimar, David Nicolas Hopmann(2013). Indicating mediatization? Two decades of election campaign television coverage. European Journal of Communication, 28(3) 225240.

색인

ㅇ

ㅈ

ㅊ

ㅋ

ㅌ

ㅍ

ㅎ

정치 커뮤니케이션 연구의 실제

지은이 권혁남
펴낸이 이남호
펴낸곳 전북대학교출판문화원

초판 1쇄 발행 2017. 2. 20
2쇄 발행 2017. 8. 21

전북대학교출판문화원 전라북도 전주시 완산구 어진길 32 (풍남동2가)
전화 (063) 219-5321~2
FAX (063) 219-5323
출판등록 2012년 8월 20일 제465-2012-000021호

값 25,000원

ISBN 979-11-87892-10-6 93340

이 도서의 국립중앙도서관 출판예정도서목록(CIP)은 서지정보유통지원시스템 홈페이지(http://seoji.nl.go.kr)와 국가자료공동목록시스템(http://www.nl.go.kr/kolisnet)에서 이용하실 수 있습니다. (CIP제어번호 : CIP2017002833)